GW01605061

La telaraña cubana de Trujillo

Tomo I

Archivo General de la Nación
Volumen CLVII

Eliades Acosta Matos

La telaraña cubana de Trujillo

Tomo I

Santo Domingo
2012

Edición: *Irene Hernández Álvarez*
Diagramación: *Rafael R. Delmonte Soriano*
Diseño de cubierta: *Esteban Rímoli*
Motivo de cubierta: *Imágenes de actores principales en la trama cubana: Rafael Leónidas Trujillo, coronel Johnny Abbes, jefe del SIM, y Porfirio Rubirosa, último embajador trujillista en La Habana.*

Primera edición, 2012

ISBN: 978-9945-074-50-5
Impresión: Editora Búho, S. R. L.

Archivo General de la Nación
Departamento de Investigación y Divulgación
Área de Publicaciones
Calle Modesto Díaz, Núm. 2, Zona Universitaria,
Santo Domingo, República Dominicana
Tel. 809-362-1111, Fax. 809-362-1110
www.agn.gov.do

Impreso en República Dominicana / Printed in Dominican Republic

Para Niurka, mi esposa,
sin cuyo amor, aliento y ejemplo
esta obra jamás se hubiese escrito.

ÍNDICE

CAPÍTULO 4

CAPÍTULO 5

CAPÍTULO 6

CAPÍTULO 7

CAPÍTULO 8

INTRODUCCIÓN

En el mes de abril del 2010 arribé a República Dominicana para impartir un ciclo de conferencias invitado por la Academia Dominicana de la Historia y mi buen amigo, el Dr. Emilio Cordero Michel. Hamlet Herman, lúcido escritor y combatiente de la guerrilla de Caamaño, había interpuesto sus buenos oficios para que conversase con los historiadores dominicanos sobre mi último libro, *Imperialismo del siglo* XXI: *Las guerras culturales.* Cuando el curso concluyó exitosamente, aún dispuse de unos días libres en el país. Recordé que había empezado a escribir una novela que transcurría en La Habana de 1931, durante la dictadura de Gerardo Machado, y me fui a consultar los legajos del Archivo General de la Nación. Me interesaba saber qué estaba sucediendo por aquella época en una isla tan cercana, y en un país muy querido por los cubanos, donde reinaba un personaje que desde mi infancia me intrigaba, y del que imaginaba compartía con Machado el pertenecer a la misma estirpe de dictadores peculiares y frondosos que habían asolado por décadas las naciones dolorosas de América, y que retrató de forma magistral Alejo Carpentier en su novela *El recurso del método.*

De esta institución tenía las buenas referencias que me habían brindado algunos historiadores y archiveros cubanos, y también el presidente del Instituto de Historia de Cuba, el Dr. Raúl Izquierdo. Sabía también de la labor, casi fundacional, que estaba desarrollando al frente del AGN una de las personalidades más íntegras y prestigiosas de la cultura dominicana, el Dr. Roberto Cassá. Con estos preliminares llegué a la sala de consultas, armado además de una cámara fotográfica, y con la amable eficiencia de su personal mediante, comencé a sumergirme en un océano de documentos insospechados, que cambiaron radicalmente mis planes creativos, obligándome, de paso, a transformar los escenarios y personajes de la novela que escribía, y aparcarla hasta terminar de escribir el libro que ahora el lector tiene en sus manos.

Para el 2010 ya tenía más de una decena de libros escritos y cientos de artículos y ensayos publicados en diversos medios de prensa, dentro y fuera de Cuba. Había desempeñado también una labor de 10 años inolvidables al frente de la Biblioteca Nacional de Cuba, y acumulado muchas horas investigando en archivos y bibliotecas de varios países, por lo que estaba en condiciones de saber que los papeles que estaban pasando por mis manos tenían un enorme valor para la historia que comparten Cuba y República Dominicana, y que hubiese sido casi un crimen no dedicar tiempo y esfuerzos a poner sobre la superficie tantos datos desconocidos o celosamente ocultados. Porque este libro que acabo de concluir es una obra casi detectivesca de develación de lo que siempre estuvo guardado bajo siete llaves, como si de los más tremendos arcanos imperiales se tratase. Muchos de los documentos consultados y citados aquí, no solo son inéditos, sino insospechados.

Con enorme júbilo, después de consultar y fotografiar papeles de la Era Trujillo durante tres días, le conté al Dr. Cassá lo que había hallado y su enorme importancia. Sin pensarlo dos veces, con su sagacidad y generosidad habituales, me propuso que regresase al país lo antes posible, y con el apoyo de la institución, trabajase para publicar un libro en el plazo de un año.

El año ha transcurrido. Por mis manos han pasado cientos de miles de documentos históricos depositados en archivos dominicanos y cubanos, pues antes de regresar recibí todas las facilidades para indagar en el Archivo del Ministerio de Relaciones Exteriores y en el del Instituto de Historia de Cuba, a cuyos directores y excelente personal pertenece también el mérito que pueda tener esta obra. La Biblioteca Nacional José Martí, el Archivo Nacional de Cuba, y el Centro de Documentación Canario-Americano, de Santa Cruz de Tenerife, España, también aportaron datos y me apoyaron en mis pesquisas. Trece gruesas libretas conteniendo datos, las guías de los documentos seleccionados y fotografiados, y la transcripción de cientos de cablegramas, cartas, memorándums, informes y recortes de prensa, son el testimonio de lo arduo que resultó este trabajo. La búsqueda de información complementaria en Internet, especialmente documentos recién desclasificados del Departamento de Estado de los Estados Unidos, y de los elementos que permitiesen reconstruir las biografías de los personajes principales que se mencionan, requirieron también de muchas horas de ardua labor, que por momentos llegó hasta el agotamiento.

Quiero especialmente agradecer la excelente labor de mi editora de siempre, Irene Hernández, quien trabajó este libro con la misma pasión y profesionalidad a que me tiene acostumbrado, y lo hizo pensando no solo en la edición dominicana, sino también en una eventual y deseable edición cubana.

Este ha sido el libro, de los que he escrito hasta la fecha, que más trabajo y esfuerzo intelectual y físico me ha exigido, por la forma y el plazo en que me vi obligado a desarrollar la investigación, y por el carácter confidencial o secreto de los datos que conforman su contenido. También a causa del reducido número de obras anteriores que hayan ahondado, con verdadero rigor y exhaustividad en la dictadura trujillista, desde el ángulo de sus acciones encubiertas fuera de sus fronteras, y que lo hayan hecho pensando en las necesidades del lector, y no en los avatares o apremios del momento.

Como era de esperar, el material encontrado, de interés para el libro, fue copioso, a pesar de que en el corto espacio de un año es imposible revisar a fondo una colección documental enorme, que aún está en proceso, y que ha sido expurgada antes, precisamente, con el objetivo de ocultar su contenido y borrar huellas de culpabilidades o complicidades. Tampoco el AGN posee la totalidad de los fondos presidenciales de la época. La transferencia de documentos, desde otros depósitos, aún está en marcha, y es de esperar que investigaciones futuras arrojen más luz.

El tema central del libro son las relaciones de Trujillo con los diferentes gobiernos, las instituciones y el pueblo de Cuba, en el período comprendido entre agosto de 1930, cuando asumió la presidencia del país, y el 30 de mayo de 1961, en que es emboscado y muerto por un grupo de complotados. Después de investigar los documentos originales del período, aparte de los de Estados Unidos, no conozco ningún otro gobierno extranjero que haya ejercido mayor influencia, pública y secreta, sobre la marcha de la historia de Cuba, que el de Trujillo. Y esto no solo no se sabía, sino que ni siquiera se suponía.

No es osado afirmar que este libro trata sobre lo que podría denominarse como «el eslabón perdido» en la historia que relaciona a varias naciones del Caribe, y de la que apenas se ha levantado la punta del velo. Por ejemplo, aún no hemos llegado a estudiar, porque el tiempo no lo permitió, las decenas de gavetas con miles de fichas personales de destinatarios o remitentes de su correspondencia. Estoy seguro que ellas nos deparan aún numerosas sorpresas.

Como es lógico, el grueso de los documentos seleccionados tiene relación con Cuba, pero no todos. Trujillo mantuvo redes secretas y *lobbies* no solo en los países más cercanos, sino también en algunos tan alejados como Chile, y en otros tan complejos, como los propios Estados Unidos. Desde los inicios comprendió la necesidad de adelantarse a los acontecimientos y de actuar con decisión y ejecutividad contra sus enemigos, allí donde estos se encontrasen. Nada lo detuvo y a ello dedicó millones de dólares, y también empleó la inteligencia y fidelidad de los más lúcidos intelectuales del país. Formado en la escuela del Marine Corp, supo tempranamente que una buena información de inteligencia, el control permanente de los adversarios, y poder golpearlos selectivamente, constituyen las claves para que un ejército de ocupación pueda vencer la resistencia de las poblaciones nativas, a las que debía sumar, y sumó, los elaborados rituales, la pompa y el boato del poder imperial del que se rodeó.

Los 15 capítulos del libro recogen cronológicamente esta historia y se complementan con notas al pie y fichas biográficas que permiten a lectores de Cuba y de República Dominicana sacar mayor provecho y poner en perspectiva la información que se les entrega.

Lamentablemente, el trujillismo no fue definitivamente enterrado en 1961 junto a su principal propulsor. Cierta idealización nostálgica de un pasado olvidado o desconocido por las nuevas generaciones de dominicanos, explican, por ejemplo, las propuestas de absolución de las graves deudas históricas contraídas con el pueblo al que reprimió, sojuzgó y saqueó por tres décadas, y los llamados a crear en San Cristóbal un museo dedicado a su mandato, y que incluya la repatriación de sus restos, actualmente en España, lo que se intentó justificar como una iniciativa «turística».

Sea este libro un modesto aporte cubano a la lucha anti-trujillista del pueblo dominicano, la que aún no ha cesado, y una apuesta por el fortalecimiento de la memoria y el conocimiento profundo de la historia de nuestros países, terrenos en los que, a la larga, se decide el equilibrio y la felicidad de cada nación.

DR. ELIADES ACOSTA MATOS.
Santo Domingo,
8 de septiembre de 2011.

Capítulo 1
EL SINIESTRO CAMPO DEL HASTÍO

Un mes antes de que el general Rafael Leónidas Trujillo y Molina «triunfase» arrolladoramente en las elecciones convocadas tras la destitución violenta del presidente Horacio Vázquez, los augurios de lo que sería su reinado de 31 años se transparentaron lejos de las fronteras del país. Y sería entre La Habana, Nueva York y Santiago de Cuba, y alrededor de un noticiario cinematográfico de la Casa Pathé,[1*] donde los presagios de la negra edad que se cernía sobre Quisqueya mostraron a las claras que un advenedizo intolerante y violento acababa de tomar el poder, y que sólo lo abandonaría como mismo lo había conquistado: por la fuerza.

La Era Trujillo es incomprensible sin tener en cuenta el uso recurrente de la fuerza y el despliegue sistemático de las más variadas formas de violencia contra las personas, los derechos y las instituciones dominicanas, e incluso, contra los demás países y gobiernos de la región. Así fue desde sus inicios. Es cierto que el régimen se rodeó de los más brillantes intelectuales de la época, a quienes puso

* Las notas, salvo caso expreso, son del autor y aparecen al final de los capítulos. *(N. del E.).*

a su servicio a través de la cooptación, las recompensas y el miedo, pero estos no produjeron una justificación medianamente creíble para su naturaleza criminal, ni vertebraron un *corpus* teórico que sirviese de coartada a sus desmanes. Y no fue por falta de talento, sino porque Trujillo jamás los necesitó para algo diferente a lo que fueron: funcionarios serviles y eficientes. Nada más.

Trujillo nunca sintió la necesidad de explicar ni justificar sus acciones mediante un discurso racional que fuese más allá de la propaganda directa y simple. Considerándose a sí mismo como un elegido divino y mesiánico, cuya figura y genio superaba los límites de su país y su región, no se sentía obligado por nada ni por nadie. La suya fue una dictadura que actuaba sin pudor alguno, a plena luz del día, sin coartadas ni melindres, dentro y fuera del país, lo cual no significa, ni por un momento, que fuese torpe o actuase a ciegas, sino que «no perdió tiempo» en disquisiciones filosóficas o en la elaboración de una ideología acabada. Por eso el trujillismo, tras su muerte, no ha pasado de ser un estado de ánimo nostálgico al que acuden algunos trasnochados cuando hay temor por el presente y el futuro del país, un *set* de anécdotas, muchas de ellas apócrifas, y los retratos que aún cuelgan en lo más recóndito de ciertas casas de buen nombre.

El flagrante desprecio del tirano hacia el intelecto y el libre ejercicio del pensamiento, a los que no concebía sino como siervos cuartelarios sujetos a sus órdenes y caprichos, nos indica que su largo reinado , con un nivel de control social que solo tiene parangón con el logrado por el nazismo alemán sobre la nación, no pertenece a la Edad Moderna, sino que fue la última expresión de aquellas formas paganas de gobierno, como las del despotismo oriental o de la Roma imperial posterior a Augusto, donde un caudillo no necesitaba buscar sustento ni apoyo en la ideología o la cultura, sino en su voluntad omnímoda y en los pretorianos que la hacían cumplir. No en vano José

Almoina, buen conocedor de la Antigüedad y el Medioevo, la llamó «satrapía».[2]

Su estreno, enfrentando, persiguiendo, censurando y logrando la destrucción, fuera de sus fronteras, de un noticiario cinematográfico de la Casa Pathè, que recogía instantes del levantamiento contra el gobierno de Horacio Vázquez, no pudo estar más ajustado al carácter que ostentaba el nuevo régimen, al que Trujillo impuso, desde la cuna, su sello personal. Para entender la exacta dimensión de este temprano augurio hagamos un breve paréntesis histórico.

El instante decisivo

El mandato constitucional del presidente Horacio Vázquez[3] debió concluir el 16 de agosto de 1928. Cometiendo el mismo error que tantas veces provocase en el país desórdenes, atentados y revueltas, Vázquez prorrogó su mandato hasta el 16 de agosto de 1930. Como su vicepresidente Velázquez no aceptó mantenerse en el cargo más allá de la fecha estipulada por la Constitución, se eligió para el mismo a José Dolores Alfonseca, presidente del Partido Nacional, principal adversario político del general Trujillo, entonces jefe del Ejército.

Desde 1929 la salud del presidente Vázquez estaba seriamente resentida, por lo que partió hacia una clínica de Boston, donde le extirparon un riñón. Su debilidad física y su prematuro envejecimiento facilitaron que la conspiración en su contra, alentada por Trujillo, sumase a elementos decisivos, como el general Desiderio Arias, del Partido Liberal, y el licenciado Rafael Estrella Ureña, del Partido Republicano. El factor que permitió la unión de aliados tan disímiles fueron las consignas contrarias a la reelección. La vida se encargaría de demostrar que, al menos en el caso de Trujillo, se trataba de una mera justificación para tomar el poder e instaurar una prolongada dictadura personal, al lado de la cual el tibio intento de Horacio Vázquez parecería un cuento infantil.

El 23 de febrero de 1930, en la fortaleza de San Luis, en Santiago de los Caballeros, las tropas del general José Estrella, bajo las órdenes de Trujillo, comienzan el golpe, capturando a un grupo de soldados leales a Vázquez. Los rebeldes marcharon sobre la capital, instante que es captado por un camarógrafo de la Casa Pathé. El corto incluyó tomas de rebeldes avanzando y disparando desde los matorrales, y formó parte del noticiario semanal marcado con los números 114-115, bajo el título *La revolución en Santo Domingo.*

Una serie de cablegramas, conservados en el Archivo General de la Nación, muestra la secuencia exacta de los sucesos, con más precisión que el noticiario de la Casa Pathé. En algunos, se hallan las claves para entender a profundidad ciertos sucesos históricos posteriores, como la obsesión del régimen por su buena imagen dentro de Estados Unidos, y el odio de Trujillo contra Benjamín Sumner Welles[4] y Ángel Morales,[5] el primero al frente de los asuntos latinoamericanos en la Secretaría de Estado, y el segundo, cercano amigo de Horacio Vázquez y embajador en Washington.

Dos días después de iniciado el alzamiento, en la madrugada, Sumner Welles telegrafió a Morales, alegando estar «sumamente inquieto por su carta y el cable de la AP publicado esta noche», por lo que ruega el envío inmediato, por telégrafo, de «noticias exactas».[6] Al día siguiente, 26 de febrero, el presidente Vázquez comunicaba de una manera curiosa a su embajador, para transmitir al Departamento de Estado, que «la revolución ha ocupado la capital sin resistencia» y que se hallaba en la mansión presidencial, con el Estado Mayor, «esperando el desarrollo de los acontecimientos».[7] El 27 de febrero, Morales le respondió con un cable, que al ser posteriormente conocido por Trujillo, debió desatar su ira. «Enterado desde ayer, transmití a Mr. Welles información su cable –escribe–. Acabamos de conversar por teléfono y me encarga decirle que **su posición como presidente es de una fortaleza incontrastable compartiendo mi opinión de que no renuncie de ningún modo».**[8*]

En los primeros días del golpe, semejante declaración de una figura política clave de Estados Unidos, como lo era Welles, debió ser motivo de enorme preocupación para Trujillo. En enero de 1933, en vísperas de iniciarse el gobierno de Franklin Delano Roosevelt, tuvo lugar un intercambio de cartas entre Welles y Federico Velázquez, ex vicepresidente de Horacio Vázquez, exiliado entonces en Puerto Rico. En ellos se puede comprobar la postura personal del primero, contraria al levantamiento militar, que como la historia demostraría, se diferenciaba mucho de la actitud oficial desplegada por el Departamento de Estado. Pero ya habían transcurrido tres años, se estaba ante un hecho consumado, con vientos antiimperialistas soplando en la región, y en tiempos de profunda crisis del sistema. Welles se mostró en este intercambio epistolar permeado por el pragmatismo de mantener buenas relaciones con el régimen,[9] obviando su naturaleza ilegal y anticonstitucional de origen. Así se lo recomendó a Roosevelt, y este, en su gobierno, continuó esta práctica, de dudosa moralidad política, al privilegiar la estabilidad sobre la democracia o el imperio de las leyes, manteniendo con Trujillo las más cordiales relaciones. El doble rasero gubernamental, de apoyo público y condena privada al régimen dominicano, es apreciable en las opiniones que figuran en documentos confidenciales de ese mismo Departamento de Estado, fechados desde enero de 1932 y hasta el año siguiente.[10]

* Los destaques en negrita son del autor del libro. La ortografía de las citas, salvo los casos indicados, se ha actualizado según las normas de la Academia. *(N. del E.)*.

Este telón de fondo, y la imperiosa necesidad de que el incipiente gobierno Estrella Ureña-Trujillo fuese reconocido y apoyado por el gobierno de Estados Unidos, explican el encono persecutorio que se desplegó contra un noticiario fílmico, en si mismo irrelevante.

El nuevo gobierno había asumido el poder el 1º de marzo, tras negociaciones con los derrotados Vázquez y Alfonseca. Al día siguiente Estrella Ureña y Trujillo juraron ante la Asamblea Nacional como presidente y vicepresidente provisionales. El día 14 de marzo, Vázquez y Alfonseca parten al exilio en Puerto Rico. Se convoca a elecciones en mayo, y para no dejar margen a las casualidades, el Ejército, que apoya la candidatura de Trujillo, comienza a sacar de las cárceles y armar a delincuentes comunes con los que se formó la banda paramilitar conocida como La 42, bajo el mando de Miguel Paulino. Esta sería ampliamente utilizada contra los candidatos y seguidores de la Alianza Nacional Progresista, promotora de la boleta conformada por Velázquez y Ángel Morales.

El mismo día 2 de marzo es presentado el gabinete del gobierno de Estrella Ureña-Trujillo en el que se designa a Elías Brache hijo,[11] al frente de la Secretaría de Exteriores. Este no tardaría en nombrar a su hermano Rafael para sustituir a Ángel Morales como embajador en Washington, presentando el 16 de abril sus Cartas Credenciales ante el Departamento de Estado.

Rafael Brache,[12] quien como su hermano parece haber contado desde el principio con la confianza de un astuto Trujillo, habilísimo para notar en las personas la inescrupulosidad y la obediencia ciega que exigía a sus subalternos, llegó a Estados Unidos con la misión de apuntalar de inmediato al gobierno Estrella Ureña-Trujillo. Para ello tenía la misión de influir sobre la opinión de los círculos de gobierno y del público, en general, y de preparar el camino para la definitiva toma de poder por parte del segundo. El 12 de abril, apenas llegado a Washington, inició frenéticos contactos con militares, banqueros y políticos, cumpliendo una agenda escrupulosamente diseñada por Trujillo.[13]

Es evidente, y ha quedado bien documentado, que a la astucia de Trujillo no escapaba la importancia que tenían la opinión pública internacional y la de los gobiernos extranjeros para el triunfo de sus planes. A esta empresa se dedicó por entero durante sus largos años de mandato, incluso, desde antes de ocupar la presidencia. Perfeccionista, ordenado, controlador insomne, siempre vigilante para adelantarse a sus enemigos, cimentaría su poder sobre la fuerza, y también sobre una abundante información que recibía de todas partes. La enorme papelería del fondo Presidencia del AGN, a pesar del saqueo a que fue sometida por personas interesadas en borrar huellas delatoras de su estrecha colaboración con el régimen, guarda en miles de cajas, los documentos que recogen tanto los comentarios políticos o alusiones personales hechas, entre tragos, por unos indiscretos compadres reunidos en un minúsculo colmado de provincias, y también lo que publicaba sobre su figura la prensa internacional, o lo que se discutía confidencialmente en círculos políticos distantes, incluso, en Washington.

La manera en que Trujillo vertebró a su alrededor, y puso a su servicio personal, redes de inteligencia, dentro y fuera del país, bien pagadas y que actuaban de manera eficaz; la forma en que comprendió, desde muy temprano, la importancia vital de contar con información que le permitiese adelantarse a los acontecimientos o influir sobre sus protagonistas; el enorme esfuerzo que representó llevar archivos escrupulosamente ordenados y el retener en sus manos la toma de todas las decisiones, hasta las más nimias, hicieron de este régimen un caso único en la historia de la región, con un grado de modernidad y eficacia represiva que no tienen parangón.

La persecución contra el noticiario de la Casa Pathé tuvo un interesante antecedente, curiosamente también vinculado con la ciudad de Santiago de Cuba. En fecha tan temprana como el 5 de marzo de 1930, a escasos 10 días de la deposición del presidente Vázquez y, evidentemente por órdenes de Trujillo, en momentos en que aún no estaba consolidado el gobierno que compartía con Estrella Ureña, el recién estrenado secretario de Estado de Exteriores enviaba una carta al cónsul en esa ciudad[14] reclamándole indagar quién había suministrado al *Diario de Cuba* una fotografía de Trujillo, «conjuntamente con notas relativas al reciente movimiento político ocurrido en el país», y urgiéndole rendir informes «a la mayor brevedad».

La respuesta del cónsul no se hizo esperar. El 10 de marzo informó que tras haberse entrevistado con el director del diario en cuestión, se enteró de que las notas habían sido redactadas y entregadas, junto a la fotografía, «por el Sr. Forment,[15] empleado de la Administración Provincial». Pudo comprobar también, después de hablar con este por teléfono, y personalmente con Nieves Trujillo, hermana del dictador residente en Santiago de Cuba, que ella había sido quien las entregase a Forment, es de suponer que con fines de relaciones públicas. Al parecer, esta aclaración calmó al siempre receloso Trujillo, pero no así al cónsul Casanova, quien se dispuso a no dejarse sorprender por ningún acontecimiento relacionado con sus funciones. Y un mes después tuvo ocasión de demostrar su celo.

El 7 de abril se proyectó en el teatro Cuba, el más importante de la ciudad de Santiago, el ya citado noticiario número 114-115 de la *Revista Pathé,* distribuido en el país por la sucursal de la empresa norteamericana Medal Film Co. Al día siguiente, el vigilante cónsul Casanova escribió una carta de protesta al Alcalde municipal, exigiendo el cese de la exhibición del mismo, por considerarlo lesivo a la dignidad de su país. Este a su vez, representante de la dictadura de Gerardo Machado y Morales,[16] se apresuró a informarlo, ese mismo día, a la Secretaría de Gobernación, aguardando instrucciones, que tampoco se hicieron esperar.

El 9 de abril, un obsequioso Alcalde Municipal escribía al cónsul Casanova que «[...] inmediatamente después de recibir su escrito, había dado las órdenes oportunas para evitar que en el teatro Cuba se proyectase la película relacionada con la Revolución de Santo Domingo», y que en el día de hoy había recibido un cable del Sr. Rosado Aybar, subsecretario de Gobernación, «donde se me comunica que se han tomado toda clase de medidas para impedir tal proyección», terminando por reiterarle «que esta Alcaldía siempre atenderá con el mayor gusto cualquier solicitud que usted le formule».[17]

El 14 de abril, enterado por una nota del *Diario de Cuba,*[18] de ese mismo día, que fue insertada de inmediato por *La Prensa,* de Nueva York, el cónsul general de República Dominicana en esta ciudad, Ricardo Juliá, escribió a Casanova felicitándolo y explicándole las gestiones realizadas ante los empresarios de Medal Film Co, quienes negaron tener en sus catálogos tal película y enviaron a sus representantes en Cuba un cable indicándoles «que en caso de estarla distribuyendo, suspéndanlo de inmediato».[19] En esta misma secuencia de acontecimientos, y probablemente desinformado por Juliá, quien a su vez lo había sido por los cautelosos empresarios de la Medal Film Co., tomó cartas en el asunto el Secretario de Exteriores, al enviar un cable a su hermano, a la Legación[20] dominicana en Washington, con fecha 15 de abril, donde le ordenaba que «procure obtener no se proyecte una película de revista de sucesos mundiales de Pathé, [...] por tratarse de una película absolutamente apócrifa. Avise a consulados».[21]

Cinco días después, Enrique Jiménez, encargado de negocios de República Dominicana en La Habana, escribió a Casanova felicitándolo también por su actuación «muy oportuna, al protestar por una película que tan poco favor le hace a nuestro país», agregando que «inmediatamente que recibí su telegrama di los pasos para que se prohibiera en esta República la exhibición de dicha película».[22]

Esta saga de temprana y premonitoria intolerancia y represión contra la libre emisión del pensamiento, incluso fuera de las fronteras del país, caracterizaría al gobierno de Trujillo. Un mes antes de ser «electo» ya se perfilaban sus rasgos, y se les podían adivinar tanto en las acciones criminales de La 42 como en la vigilancia de cónsules y diplomáticos, en el papel de polizontes, de todo lo que publicaban los periódicos del exterior o se presentaba en los cines. El mensaje que se mandaba con el caso del noticiario de la Casa Pathé, y antes, con el de la foto y las notas publicadas en el *Diario de Cuba,* era muy claro: en lo adelante no se toleraría nada que no fuese ordenado o aprobado por el tirano, ni se respetarían fronteras en la lucha contra sus enemigos.

Como si se tratase de una secuencia cinematográfica, el capítulo que enfrentó a la naciente dictadura con la Casa Pathé, se cierra con dos mensajes más. Uno, en carta enviada por Telésforo Calderón, entonces oficial mayor de la Secretaría de Estado de Relaciones Exteriores, al cónsul Casanova, el 30 de abril de 1930, informándole que, «[...] por gestiones de nuestro cónsul general en Nueva York, la Casa Pathé y la Medal Film Co han ordenado que dicha película sea retirada de la circulación y destruida, por lo que presento a usted las felicitaciones de la Secretaría por su eficaz y oportuna protesta [...]».[23] El otro, trágico en su brutal concisión, puede hallarse en el cable enviado por Elías Brache a Osvaldo Bazil, entonces embajador dominicano en Londres, y que pronto sería destinado a ese mismo cargo en La Habana. Está fechado el 21 de mayo: «Trujillo triunfó en todas las provincias. Paz completa en el país [...]».[24]

La Era había comenzado. Su estreno no podía ser más elocuente.

Antecedentes de una entente cordial caribeña

En su «Retrato de un dictador», publicado en el número de la revista madrileña *Octubre,* correspondiente a los meses de septiembre-octubre de 1933,[25] el novelista cubano Alejo Carpentier nos deja una descripción detallada y gráfica de lo que significó para la nación, la dictadura de Gerardo Machado. El lector dominicano que lea este artículo descubrirá asombrado la enorme similitud que tuvieron los métodos represivos y hasta la escandalosa depravación moral que emparentó a Trujillo con el dictador cubano. La documentación conservada sobre este período, especialmente la correspondencia diplomática, muestra un incesante pedido de información sobre el gobierno de Cuba, sus leyes, reglamentos y la formas en que tenía organizado sus cuerpos armados, la policía y las cárceles; cómo se vinculaba con las organizaciones obreras e intelectuales, con los estudiantes y las élites de poder; de qué manera había vertebrado su servicio exterior.

Para entonces, comenzó a ser frecuente la contratación en todas las esferas de especialistas y asesores cubanos para servir en República Dominicana, desde la aeronáutica hasta la veterinaria. De Cuba se importaban maquinarias y posturas de árboles maderables, vacunas para los humanos e insectos controladores biológicos de las plagas, aviones, buques, armamento y médicos para atender las necesidades de salud de la familia Trujillo. En La Habana se encargaban botas, uniformes y monturas para el puntilloso general y sus compinches; también pijamas, palomas y semillas de los famosos mangos de El Caney, incluso, hasta remesas de cangrejos moros vivos para surtir la mesa del sibarita. Desde esta óptica se comprenderá que muchos de los rasgos «exitosos» para consolidar un poder dictatorial, en medio de la correlación de fuerzas y las condiciones del Caribe a inicios de los años 30, estaban en Cuba, a la vista de un agudo observador y un astuto político, como era Trujillo. Por eso en República Dominicana, bajo su mandato, se reeditaron tantos rasgos de la dictadura machadista, corregidos y aumentados, junto a otros enteramente autóctonos. Eso explica también por qué dio refugio, protección y trabajo a tantos machadistas, tras la revolución de 1933, incluso, fugazmente, al propio Machado.

Carpentier nos lega en su «Retrato...» del «asno con garras», como bien lo llamase el poeta revolucionario Rubén Martínez Villena, una especie de manual para organizar la eficiente dictadura caribeña de la época; lo criticable o imitable de su funcionamiento, en dependencia de la lectura que se haga de sus datos; el *know how* de un régimen totalitario tropical, teatral y barroco, desmesurado y ridículo, en tiempos de ascenso del fascismo y el nazismo europeos, y del avance de las ideas comunistas y revolucionarias en el mundo; geográficamente cercano a Estados Unidos, dependiente de sus intereses económicos, mono-productor agrícola, con población mestiza, de habla hispana, y de fe mayoritariamente católica. De esta manera el «Retrato...», de haber sido leído en su época por Trujillo, debió de resultarle aleccionador y provechoso, en sentido contrario a la concepción de su autor.

Honores académicos inmerecidos, desfiles interminables en su honor, ríos de tinta laudatorios producidos por los alabarderos, propaganda que lo diviniza como al Mesías Salvador de la Patria, son algunos de los rasgos del machadismo que hallaremos, hiperbolizados, en el trujillismo. «Dios en el cielo y Machado en la Tierra»[26] apunta Carpentier la frase, y la pone en boca de monseñor Ruiz, arzobispo de La Habana, al finalizar un sermón en la catedral. También describe su alianza carnal con el gobierno y los capitalistas norteamericanos, sus afanes reeleccionistas sin tapujos, el desprecio a la Constitución y las leyes, la represión brutal contra toda disidencia, el amordazamiento de la opinión pública, la obsesión con el avance del comunismo, los programas faraónicos de obras públicas , la corrupción y enriquecimiento rapaz con los recursos nacionales, y las simpatías hacia los gobiernos fuertes y totalitarios: «Los pueblos más civilizados de la época actual –dice el propio dictador cubano– han comprendido que el único gobierno posible es **el de uno solo.** Por ello florece la dictadura en todo el mundo. No quiero más campañas antiimperialistas [...] ¡Yo soy imperialista!».[27]

Y aún dos rasgos más, enumerados en el elocuente «Retrato de un dictador», de Carpentier, permiten seguir una de las posibles líneas de ascendencia genealógica de La Era. El primero, vinculado con el clima moral dominante en las élites que apoyan semejante tipo de dictadura, donde la familia, la dignidad humana, y el decoro caen a lo más bajo.

> Hay un «pundonoroso caballero» que viene a ofrecerle su esposa [al dictador] a cambio de «una misión en el extranjero» –nos narra Carpentier–. Un «cumplido funcionario» que exalta los atractivos de su hija adolescente. Una «señora respetable» que tiene la ventaja de poder brindar simultáneamente las tres niñas de sus entrañas a la paternal codicia del presidente. [...] En las pesquerías escandalosas, a bordo de su yate, nacen condecoraciones, misiones, nombramientos y enviados especiales a Europa para estudiar el cultivo del arroz o la posible importación de vacas de Jersey a Cuba [...].[28]

El segundo es más íntimo e instrumental, pero no menos elocuente.

> Fuera de los jefes militares, del general Herrera, de Pepito Izquierdo, del gran canalla rector de la universidad, Averhoff, solo un hombre era capaz de infundirle valor y hallar justificaciones sutiles para los peores asesinatos: Orestes Ferrara.[29] *Condottiero* italiano, aventurero de la guerra hispano-americana, ex embajador de Cuba en Washington, [...] este personaje dúctil y artero, inteligente y culto, comentador de Maquiavelo, defensor de los Estados Unidos, [...] era para Machado el más perfecto paño de lágrimas. En él encontraba el bruto encumbrado, el cuatrero presidente, el pobre imbécil megalómano y sanguinario, al «intelectuar» [sic],[30] al «hombre que sabía», al dialéctico ingenioso habituado a sacar «de aquellos libros que había leído», unas razones capaces de aligerar las conciencias más taradas.[31]

No en vano Trujillo siempre distinguió a Ferrara con su amistad personal, y tan consciente estuvo de la necesidad de tener cerca a un personaje semejante, que se buscó el suyo: Joaquín Balaguer.[32]

Un año antes de que «la revolución» cercara a un abúlico presidente Vázquez en Palacio y lo obligase a dimitir, abriendo el camino a La Era Trujillo, la situación de Cuba se caracterizaba por el rechazo y la creciente resistencia contra el gobierno de Machado. Este respondía con la articulación y el despliegue de órganos represivos nunca antes conocidos en la isla, y con una violencia indiscriminada, y a la vez selectiva, que no reconocía ni respetaba fronteras, pero que sabía elegir muy bien sus blancos.

Entre 1929 y febrero de 1930, o sea, en los meses anteriores al derrocamiento de Vázquez, un estudio de los documentos conservados en archivos cubanos permite reconstruir el panorama en que se debatía la nación, así como el verdadero carácter de su régimen. Las torpezas del gobierno de Machado a la hora de manejar la situación interna del país, la intransigencia ante los reclamos populares, y una imagen negativa que se iba acumulando en el exterior, especialmente en la opinión pública norteamericana, marcarían, desde 1929, el comienzo del fin de la dictadura, aún cuando quedasen por delante cuatro años de sangre, sufrimientos y angustias.

Las pequeñas historias de este período, atesoradas en archivos cubanos, en sí mismas, dispersas y fragmentarias, muestran nombres y hechos que son muy elocuentes si sabemos ubicarlos en una perspectiva donde funcionen como complementos que matizan el contexto; concreciones palpables y pruebas tangibles de lo acertado del gran metarrelato historiográfico que nos explica el período desde la óptica de las luchas de clases sociales; piezas que, en fin, dan sentido al discurso general sobre el devenir de la nación. Es en estos pequeños rescoldos de la enorme hoguera social, en los acontecimientos aparentemente nimios, con rostro humano y que afectan la vida de personas específias, donde se percibe con mayor nitidez que, en fecha cercana a la deposición de Horacio Vázquez, los mecanismos coercitivos del gobierno machadista se habían transparentado, y ya estaba sensible e inexorablemente resquebrajada su capacidad de reprimir sin afectar su propio nivel simbólico de expresión, validación y consenso.

Entre las historias que lo demuestran, está el llamado «Caso Barlow», un vulgar litigio por la indemnización a un ciudadano norteamericano de tierras ubicadas al oeste de La Habana, debido a la construcción de un ferrocarril, negocio en el cual se vislumbraba el interés y la codicia de funcionarios machadistas y de sus protegidos. La cifra en litigio era irrisoria (entre 5,000 y 8,000 dólares), pero la demanda no fue satisfecha en su momento, por la manera arbitraria en que se aplicaban las leyes en el país. Joseph E. Barlow, que a su vez estaba relacionado con figuras políticas norteamericanas, fue también arrestado en Cuba y sometido a acoso, espionaje y amenazas de muerte. El caso llegó a la prensa norteamericana, y motivó la intervención del Comité de Relaciones Exteriores del Senado y del Departamento de Estado,[33] agregando el descrédito internacional al gobierno, y lo que es peor, desconfianza en los círculos de poder de Estados Unidos, sin cuyo apoyo, en aquella época, a cualquier gobierno del Caribe le era imposible sostenerse. Curiosamente, desde esa fecha, y tras este incidente, la poderosa cadena de periódicos de William Randolph Hearst[34] comenzó una dura campaña contra el gobierno de Machado, denunciando la situación en la isla.

Barlow murió en La Habana el 21 de abril de 1932, sin haber logrado avanzar en sus demandas.

Otro hecho simbólico de este período podemos hallarlo en la carta que remitió a José M. Torre, del diario *La Prensa* de Nueva York, a Augusto Merchán, cónsul general cubano en esa misma ciudad, fechada el 21 de agosto de 1929,[35] y el remitido de este último, tres días después, a Miguel Ángel de la Campa, subsecretario de Estado. En esta correspondencia se comunica que Leoncio Serpa, presidente del Comité pro-Cuba, un centro de propaganda y *lobby* a favor del gobierno de Machado, ha sido encarcelado por adeudar al hotel Plaza la ínfima cifra de US$632.00.

> No se puede dejar ir a la cárcel, con los brazos cruzados, a este pobre hombre –escribe José M. Torres–. Y la única manera que él tendrá será, precisamente, demostrar que su gobierno y las representaciones oficiales de su país, autorizaron sus actividades aquí y se beneficiaron de su publicidad [...].[36]

A los torpes manejos del «caso Barlow», que enajenaron una parte del apoyo oficial y de la decisiva opinión pública norteamericana al gobierno machadista, se sumaba ahora la incapacidad de este de mantener funcionando su maquinaria propagandística exterior. Y sintomáticamente, mientras los métodos de influir y consensuar hacían agua, arreciaban los métodos expeditos y descarnados de coerción, no hablando ya de Cuba, sino del propio territorio de Estados Unidos. Así se puede apreciar en comunicaciones confidenciales del segundo semestre de 1929,[37] en las que se constata la asignación del agente secreto Julio Roloff a la Oficina de Investigaciones de la embajada cubana en Estados Unidos con el objetivo de «controlar» los exiliados revolucionarios, y se cursaban instrucciones directas de la Secretaría de Estado para «observar actividades en esa de los Sres. Rafael Iturralde y Heliodoro Gil», sin reparar en los gastos necesarios para el cumplimiento de la misión.

En realidad, la guerra sin fronteras de Machado contra sus opositores había comenzado desde mucho antes, adelantándose a la que luego Trujillo llevaría a niveles insospechados. El 10 de enero de 1929, en Ciudad México, caía abatido a balazos disparados por agentes machadistas, protegidos por la embajada cubana, el líder estudiantil cubano, y fundador del Partido Comunista Julio Antonio Mella,[38] nieto de uno de los padres de la patria dominicana.

Investigaciones recientes[39] en archivos de México y Cuba han demostrado, de manera concluyente, que este crimen político internacional, fue alentado por funcionarios de la administración norteamericana de Calvin Coolidge, tras la campaña de Mella contra la VI Conferencia Internacional Americana que se celebró en La Habana del 16 de enero al 20 de febrero de 1928, y que le dio relieve continental, por su denodada lucha antiimperialista. El ejecutor directo fue el régimen de Machado.[40]

Para inicios de 1930, y hasta la toma de posesión de Trujillo, a finales de mayo, las relaciones entre los gobiernos de Cuba y República Dominicana transcurrían de manera apacible. Los problemas que enfrentaban estaban relacionados, en lo esencial, con el comercio mutuo, especialmente con el intercambio de productos agrícolas y ganaderos. Por ejemplo, el cónsul Casanova en Santiago de Cuba desplegó un celo encomiable[41] en indagar el volumen de la producción cubana de Espíritu Motor, o alcohol usado como combustible para los automóviles, sin dudas, buscando mercados para los alcoholes nacionales, y Luis E. Martí, jefe de la Sección VI, de la Secretaría de Estado de Agricultura y Comercio dominicana, mantenía una copiosa correspondencia con Casanova relacionada con el envío de palomas y gallinas al país para fomentar las crías.[42]

Como detalle curioso, 100 posturas de cedros donados por los Viveros Municipales de Cuba para «engalanar las calles de la Ciudad Primada»,[43] y obtenidas por un patriótico señor de apellido Amiama, se trasladaban simbólicamente a su destino a bordo del vapor *Presidente Machado.* En cuanto a gestos amables no se quedaba atrás el general Molinet, secretario de Agricultura, Comercio y Trabajo del gobierno cubano. Su carta al cónsul general dominicano en La Habana, del 23 de julio de 1929 evidenciaba el envío de «insectos predadores» para el control biológico de plagas en la isla hermana, y la reiteraba que «[...] nosotros estamos muy gustosos de contribuir y ayudar a la agricultura dominicana, en la medida de nuestras fuerzas».[44]

El informe estadístico de las exportaciones de República Dominicana en el primer trimestre de 1930,[45] comparado con igual período de 1929, muestra un país modestamente agroexportador, en el que las ventas al exterior, concentradas en 17 rubros (azúcar, miel de abeja, maíz, tabaco en rama y cigarrillos, cacao, café, maderas, frijoles, vegetales, algodón, cueros y pieles, cabezas de ganado, etc.), mostraban un desarrollo desigual, habiendo crecido en 10 de ellos y decrecido en el resto. Ese fue el país bucólico y casi inmóvil que alteró, para siempre, el golpe de mano contra el presidente Horacio Vázquez.

Para principios de enero de 1930, y al producirse una sensible baja de los precios del café en el mercado internacional, Raúl Masvidal, ministro de Cuba, sometió a la consideración de Francisco J. Peynado, secretario de Estado para las Relaciones Exteriores, una propuesta de comercio recíproco con rebajas de aranceles para productos cubanos y no tener que subir los gravámenes por la importación de café dominicano a la isla.[46] El dictamen de la Secretaría de Estado de Agricultura y Comercio[47] desaconsejaba la iniciativa y recomendaba, como «lo más práctico», la firma de «un convenio de reciprocidad comercial».

Otra cuestión interesante de las relaciones bilaterales, antes del levantamiento de finales de febrero de 1930, puede hallarse en la carta que remitiese a Casanova el Sr. Juan Grau, administrador en Santiago de Cuba de la empresa Marítima Parreño, fechada el 4 de febrero, acusando recibo de la circular con el artículo tercero de la ley de Inmigración de República Dominicana, que regulaba la entrada al país de inmigrantes y braceros «de raza no caucásica», y penaba con cien pesos por cabeza a los capitanes de buques que los hubiesen transportado sin permiso «del Ejecutivo», obligándolos a llevarlos de vuelta.[48]

Para entonces, más que la raza de los viajeros, desvelaba a los funcionarios del gobierno de Vázquez la entrada al país de «individuos ácratas o de tendencias radicales, que pudieran constituir una amenaza a la paz social».[49] Una simpática ironía a la luz de los acontecimientos posteriores: el golpe contra el gobierno de Vázquez no provendría del exterior, ni sería organizado por ácratas.

Las relaciones oficiales entre ambos países, bajo la presidencia de Horacio Vázquez y Gerardo Machado, heredadas por el gobierno provisional de Estrella Ureña-Trujillo, primero, y luego por el de este último, eran sin dudas, cordiales. Por ejemplo, la visita del general cubano de las guerras de independencia Enrique Loynaz del Castillo,[50] a finales de julio de 1929, fue saludada con una revista militar, organizada por el general Trujillo, entonces jefe del Ejército, por órdenes del Secretario de Defensa.[51] Y para seguir en la línea de dulces gestos recíprocos, el general Loynaz, entonces embajador en Portugal, regalaba al país, a través de la persona de su Presidente, «[...] el anteojo de campaña usado por el Generalísimo Máximo Gómez en las guerra de Independencia de Cuba, [...] gesto que la República agradece altamente».[52]

Al concluir en mayo de 1929 su misión en la isla y ser enviado a Haití, el ministro dominicano Ricardo Pérez Alfonseca fue condecorado por Machado con la Orden Carlos Manuel de Céspedes en el grado de Gran Oficial.[53] Cuando, un mes después, Enrique Jiménez presentó sus cartas credenciales como nuevo enviado extraordinario y ministro plenipotenciario, fue tan agasajado por personal de la Cancillería y el propio Presidente, que escribió un informe[54] lleno de euforia a la Secretaría de Estado de Relaciones Exteriores, presagiando una era interminable de felices relaciones bilaterales.

En solo una cosa se equivocaba el enviado del gobierno de Horacio Vázquez: tal grado de identidad y colaboración solo se lograría una vez derrocado el gobierno que representaba.

El principio homeopático de que lo semejante tiende a lo semejante se cumpliría plenamente en el contexto de la política del Caribe, especialmente después de mayo de 1930.

La globalización del terror

Catorce días después de la partida de Horacio Vázquez hacia su exilio en Puerto Rico, se asignaba a La Habana un nebuloso personaje llamado Atilio León y Marchena. Ocuparía el cargo de «primer secretario de la Legación dominicana con carácter honorario». Por azares del destino, sobreviviría en su puesto al derrocamiento del gobierno que lo nombrase y presenciaría, como testigo de primera fila, provisionalmente a cargo de la Embajada en La Habana, la debacle del régimen machadista. Su propuesta para el cargo había sido «verbalmente» indicada a Elías Brache[55] por el propio presidente Rafael Estrella Ureña, quien apenas tres días después devolvería el nombramiento debidamente firmado.[56] En el cargo de enviado extraordinario y ministro plenipotenciario, nombrado por el gobierno derrocado, se hallaba aún el entusiasta Enrique Jiménez. No es difícil deducir, mucho más después de conocer lo irregular del procedimiento seguido para su nombramiento, las instrucciones recibidas por León al partir hacia una plaza, como la de la isla, donde por razones disímiles, se tenía como un referente geográfico, histórico y cultural muy cercano.

El recién estrenado régimen de Trujillo no tuvo inicialmente mucha paz. No tanto por la oposición armada de antiguos generales horacistas, como fue el caso de Desiderio Arias[57] y Cipriano Bencosme,[58] rápidamente neutralizados, asesinados y exhibidos sus cadáveres, a manera de escarmiento, sino por una fuerza mayor: la de la naturaleza.

El 3 de septiembre de 1930, un poderoso ciclón, que pasaría a la historia asociado al nombre de San Zenón, barrería la ciudad de Santo Domingo, habitada entonces por alrededor de 50,000 habitantes, provocando una enorme destrucción de las viviendas, y lo peor, más de

4,000 muertos y 19,000 heridos. Semejante situación provocó la redacción de un desesperado cablegrama, firmado por Trujillo y Brache, y enviado al día siguiente a la Legación dominicana en Washington,[59] donde calificaba la situación de «pavorosa», informaba que cerca del 90% de la ciudad había sido destruida, y que los daños superaban los «30 millones de dólares, mínimo». En el mensaje se instruía a la Legación comunicarlo «al gobierno, a las naciones amigas, a la Cruz Roja y al noble pueblo americano». Entre las medidas a adoptar se mencionaba la urgente necesidad de solicitar un préstamo, para lo cual se indicaba «explorar la disposición del Departamento de Estado», y algo que, pasado el tiempo, adquiriría un relieve mayor y una fuerza destructiva superior al ciclón mismo: el otorgamiento de poderes ilimitados a Trujillo por parte del Congreso Nacional, «vista la colosal catástrofe».

Y mientras las luminarias de Hollywood se unían en un Comité de Socorro dirigido por Mary Pickford, Douglas Fairbanks y el guionista John Farrow,[60] las notas de un contagioso son del cubanísimo Trío Matamoros, sorprendidos por la tragedia mientras actuaban en la ciudad de Santo Domingo, conservarían para siempre el recuerdo de aquellos momentos trágicos, y presagiaban también el destino que aguardaba a víctimas y sobrevivientes.[61] Aquel giro de humor negro, sin proponérselo, adelantaba la manera en que de la tragedia saldría fortalecido el recién estrenado trujillato: vivito, coleando y rumboso. «No hay peligro en seguirme», había sido su consigna electoral.

En efecto, Trujillo siempre comprendió que debía asentar su poder en la proyección de una imagen de gobierno y de sí mismo como asideros firmes, como refugios de paz y seguridad en medio de tormentas. Casi una semana después del paso del ciclón, instruía a Persio C. Franco –al frente de la Legación en Washington–, que brindase todas las seguridades al Departamento de Estado de que la deuda dominicana, para cuyo pago estaban intervenidas las aduanas del país desde la ocupación militar norteamericana, continuaría siendo puntualmente pagada.[62] No había en ello prurito de decoro, sino cálculo político: el gobierno norteamericano respaldaría la permanencia en el poder del país solo a quien garantizase un cobro seguro de los servicios de aquella deuda. Y así ocurrió, con matemática precisión.

Entre los gobiernos de los países que primero concurrieron en socorro del pueblo dominicano, estuvo el cubano. Se enviaron médicos, alimentos y otros recursos de ayuda, tanto por vía marítima como aérea. Como siempre ha ocurrido, antes y después del ciclón San Zenón, antes y después de Trujillo y de Machado, son los pueblos los que primero se socorren en circunstancias semejantes. Tal disposición, y la presión resultante, es la que suele movilizar a los gobiernos, aunque sean estos últimos los que frecuentemente reivindiquen para sí los méritos, e incluso, que lo usen como coartada para anudar tristes convenios.

Las alianzas represivas entre regímenes de mano dura en América Latina son, por supuesto, mucho más antiguas que la que protagonizarían los gobiernos de Machado y Batista, por Cuba, y de Trujillo, por República Dominicana. Por ejemplo, hay pruebas de que la dictadura de Juan Vicente Gómez,[63] en Venezuela, pidió colaboración al gobierno de Horacio Vázquez para vigilar a los exiliados revolucionarios venezolanos en suelo de Quisqueya, entre ellos a Rómulo Betancourt,[64] e impedir la salida de expediciones armadas. A esa tarea se consagró un celoso general Trujillo, entonces jefe del Ejército.[65] Quizás de entonces date el largo antagonismo que lo llevó, 31 años después, a intentar volar con un carro-bomba al ya presidente Betancourt, a plena luz del día y en el centro de Caracas.

Ni Gómez, ni Machado, ni Trujillo, ni Batista, ni Marcos Pérez Jiménez, ni Rojas Pinillas, ni Somoza, entre otros, en el establecimiento de sus alianzas totalitarias trasnacionales, actuaron sin un respaldo legal, aunque este haya sido, en rigor, apenas una hoja de parra para ocultar las vergüenzas de sus dictaduras. Semejante «coartada» había sido acordada por los gobiernos de las naciones latinoamericanas reunidas en La Habana con el presidente Calvin Coolidge, entre enero y febrero de 1928, en la VI Conferencia Internacional Americana. Bajo el edulcorado título de «Convención de deberes y derechos de los Estados en caso de luchas civiles»[66] quedaron establecidas las reglas del juego para el mutuo cuidado de las espaldas, especialmente, ante intentos revolucionarios desde un tercer país. La alfombra roja para el gorilismo represor sin fronteras (y la nefasta Operación Cóndor de la década de los 70 y 80) quedaba tempranamente tendida. Los dictadores no dudaron nunca en hacer un uso discrecional de tales «deberes».

No más llegar Trujillo al poder, comenzó una arrobadora luna de miel con su parigual cubano. No había nada que temer y mucho que ganar, en primer lugar, la transferencia de experiencias para mantenerse en el poder desde una silla lograda por la brava. Y como Trujillo nunca fue un hombre indeciso, pronto empezaría a dar los pasos requeridos para beneficiarse de semejantes relaciones carnales.

La primera exploración comenzó apenas 4 meses después de haberse alzado con el poder total, en medio de la conmoción dejada por el ciclón San Zenón. En septiembre de 1930, de nuevo en Santiago de Cuba y una vez más alrededor del tema de la libertad de expresión, Trujillo tanteó los límites de su poder e influencia fuera de las fronteras del país que había tomado por asalto. Una noticia aparecida en el *Diario de Cuba,* el mismo que motivó su malestar por una foto publicada al asumir el poder junto al presidente provisional Estrella Ureña, volvería a provocar su enojo y nuevas exigencias cuartelarías, a través de Enrique Jiménez.

> Con fecha de hoy –escribe este a Eduardo Abril Amores,[67] director del periódico– he recibido un cablegrama urgente del general Trujillo, presidente de República Dominicana, en el cual me significa que el *Diario de Cuba* publica con grandes caracteres que él ha pedido a Estados Unidos [que] envíe 50 marines para amparar la distribución de comestibles [...] Esta noticia es completamente incierta –concluía Jiménez– y el gobierno dominicano desearía desmentirla cuanto antes, [...] suplicándole, a la vez, decirme por qué conducto recibió el periódico la noticia.[68]

La respuesta de Abril Amores no se hizo esperar, y Jiménez pudo cumplir la misión asignada con relativa facilidad: la noticia que tanto preocupaba a un debutante presidente Trujillo, en los momentos iniciales en que aún tomaba en cuenta la opinión pública de su país y no deseaba ser considerado como proclive a una nueva intervención norteamericana directa, había llegado por cable al *Diario de Cuba*... desde Washington.[69] Si bien esto no debió tranquilizar mucho al receloso Trujillo, al menos debió servirle para saber que en Abril Amores, según palabras de su Encargado de Negocios en La Habana, «tenían los dominicanos un gran amigo»,[70] lo que para su percepción de la vida y la política debió traducirse como que tenía precio y que podía ser de utilidad futura.

A pesar del entusiasmo de Enrique Jiménez, el 16 de julio de 1931 Trujillo le comunicó a Machado el cese de sus funciones al frente de la Legación dominicana en Cuba.[71] Con singular retraso, este le acusó recibo el 3 de octubre de ese mismo año, declarando su aprecio por la labor diplomática realizada.[72]

Desde el 10 de julio, por mediación de Rafael Vidal, ministro de Estado de la presidencia, Trujillo había ordenado al secretario de Estado de Relaciones Exteriores, «[...] solicitar del gobierno de la República cubana el *agreement* del Sr. Osvaldo Bazil como enviado extraordinario y ministro plenipotenciario en La Habana».

Con este nombramiento, las relaciones entre ambos gobiernos entrarían en una etapa nueva. Trujillo necesitaba un hombre de toda su confianza en La Habana, sin escrúpulos y a la altura de su maquiavelismo político. Como demostraría a lo largo de su dilatado gobierno a la hora de escoger al hombre exacto para cada misión, el dictador no se equivocó con Bazil.

Comenzaba en el Caribe el prolongado reinado de la trasnacional de la mano dura, sombra oscura planeando por los cielos de la región. O como describiese en versos premonitorios de 1907[73] el propio Bazil «[...] sobre el siniestro campo del hastío».

Notas

1 La Casa Pathé Fréres se fundó en París en 1890. En 1902 adquirió la patente de los hermanos Lumiére y se dedicó a la distribución mundial de filmes. Desde 1910, la empresa empezó a producir la *Pathé Animated Gazzette*, un noticiario cinematográfico con frecuencia quincenal, al que se denominó más tarde *Pathé Gazzette* y luego *Pathé News*. También produjo y distribuyó otros productos fílmicos noticiosos, como *Pathé Pictorial*, en 1918, *Pathe Supersound Gazzette*, en 1930, *Pathétone Weekly*, entre 1930 y 1941, y Eve´s Film Review, dedicado a la mujer, de 1921 a 1933. (*Las notas, salvo caso expreso, son del autor)*

2 El término «satrapía» proviene del griego satrápes y significa, literalmente, «protector de la tierra o del país». Es el nombre otorgado a los gobernadores de las provincias en los antiguos imperios Medo y Persa, quienes se caracterizaron por sus poderes omnímodos sobre sus súbditos. Se utiliza peyorativamente para definir a un gobernante que administra sujeto solo a su propia voluntad, despóticamente, sin respeto a leyes ni derechos. *(N. del E.)*

3 Felipe Horacio Vázquez Lajara: (Estancia Nueva, octubre de 1860-Tamboril, 1936). Político y militar dominicano. Fue presidente interino en 1899, y luego en dos ocasiones, de 1902 a 1903, y de 1924

a 1930, cuando fue derrocado por un alzamiento cívico-militar que abrió el camino hacia el poder al general Trujillo, entonces jefe del Ejército. Nacido en el seno de una importante familia de Moca, se destacó a los 26 años, al estallar la Revolución de Moya, defendiendo la ciudad de La Vega contra los insurrectos y apoyando al gobierno de Alejandro Woss y Gil. Primo de Ramón Cáceres, participó junto a este en los preparativos que culminaron con el asesinato del presidente Ulises Hereaux. Investido como presidente provisional, convocó a elecciones y apoyó decisivamente a Juan Isidro Jiménez, quien triunfó por abrumadora votación. Junto a su primo, dirigió el levantamiento militar que estalló el 26 de abril de 1902 contra Jiménez, logrando su salida del país, y asumiendo la presidencia con el apoyo del Partido Nacional. Al concluir la ocupación norteamericana, y con la anuencia de los mismos, ocupó la presidencia en 1924, hasta ser derrotado por al alzamiento dirigido por Rafael Estrella Ureña y Trujillo. Partió al exilio, a Puerto Rico, regresando a la nación, donde falleció en 1936. Fue representante de la política caudillista y patriarcal de viejo cuño a la que Trujillo usó como coartada para justificar el carácter «modernizador y ordenado» de su régimen.

4 Benjamín Sumner Welles: (14 de octubre de 1892-24 de septiembre de 1961) Destacado funcionario público y diplomático norteamericano. Fue el principal asesor en política exterior del presidente Franklin Delano Roosevelt y sirvió como subsecretario de Estado entre los años 1937-1943. Estudió en Harvard, graduándose en 1914 en Economía y Cultura ibérica. Fue considerado, en su tiempo, el principal experto en cuestiones latinoamericanas de la Secretaría de Estado. Estuvo asignado a la embajada de su país en Argentina en 1919 y al año siguiente fue nombrado jefe de la División de Asuntos Latinoamericanos en el Departamento de Estado. En 1923 es enviado por tres años en misión especial a República Dominicana, con el objetivo de negociar la retirada de las fuerzas de ocupación y asegurar los intereses económicos de los inversionistas norteamericanos. En 1924, por encargo del presidente Coolidge, actúa como mediador en un conflicto político interno de Honduras. Su libro *Naboth's Vineyard: The Dominican Republic, 1844-1924* fue publicado en 1928, en dos tomos. Sirvió como asesor no oficial del presidente Horacio Vázquez, y desde las posiciones liberales y civilistas que profesaba, se opuso a la deposición de Vázquez y a que la presidencia fuese ocupada, tras un golpe y unas elecciones bajo presión militar, por el general Trujillo. En abril de 1933 es enviado como mediador a Cuba, para intentar evitar el estallido de una revolución contra el tirano Gerardo Machado, y una intervención directa norteamericana. Su actuación en Cuba contribuyó a frustrar la Revolución del 33, que derrocó a Machado, pero no pudo cumplir sus objetivos transformadores, abriéndole el camino al poder al entonces coronel Fulgencio Batista. En 1937 es promovido a subsecretario de Estado. En 1939 presidió la delegación de su país a la Conferencia Panamericana, celebrada en Panamá. En 1940 visitó Alemania, Italia e Inglaterra buscando evitar una

conflagración mundial que era ya inevitable. Su rivalidad con el entonces secretario de Estado, Corder Hull, alcanzó sus cotas más altas hacia 1943, provocando su renuncia, para lo cual sus enemigos esgrimieron un incidente de su vida privada, ocurrido en 1940, acusándolo de homosexual. Continuó vinculado al mundo de la diplomacia de su país mediante artículos, escritos y conferencias radiales. Fue acusado de comunista por el senador Mc Carthy y apoyó la causa de Israel, tras el fin de la Segunda Guerra Mundial. Murió el 24 de septiembre de 1961, en Nueva Jersey.

5 Ángel Morales: Lamentablemente, como ocurre con ciertas figuras históricas dominicanas que por diversas causas se opusieron a Trujillo, existe poca información sobre su vida, lo cual demuestra que la política del régimen de silenciar a sus oponentes fue eficaz. Una de las fuentes más detalladas de información de inteligencia sobre personalidades dominicanas del período, mezclada con apreciaciones no siempre objetivas y chismes vulgares, lo constituye el Documento 137, de enero de 1932, del Departamento de Estado, titulado «Reports on Leading Personalities in the Dominican Republic», con adiciones que llegan hasta marzo de 1933, y donde se puede suponer la mano de Sumner Welles. En él se caracteriza a Morales como «un hombre de 37 años, graduado con honores en Leyes. Fue ministro de Relaciones Exteriores del gobierno provisional de 1924 y miembro de la Comisión para la delimitación de límites fronterizos con Haití. Fue el primer ministro del Interior del gobierno de Vázquez, y luego ministro en París y Washington». No se equivocaron los informantes al afirmar que sería «uno de los principales líderes de la próxima revolución», pues estuvo en primera fila en todos los planes contra Trujillo, entre ellos, las frustradas expediciones del Mariel (1934), Cayo Confites (1947), y la de Luperón (1949). Sobrevive a un intento de asesinato en su contra, en Nueva York, en 1935, donde muere por error Sergio Bencosme. Fallece en 1959, en Puerto Rico. Datos tomados de la versión digital del fondo Bernardo Vega, AGN, entrada correspondiente a Rafael Estrella Ureña.

6 Archivo General de la Nación (AGN), fondo Relaciones Exteriores. Consulados en Estados Unidos, Cable de Welles a Morales, 25 de febrero de 1930.

7 Ibíd., Cable del presidente Vázquez a Morales, 26 de febrero de 1930.

8 Ibíd., Morales a Vázquez, 27 de febrero de 1930. (Las negritas de las citas son del autor).

9 Intercambio epistolar entre Federico Velázquez y Benjamín Sumner Welles, enero de 1933. fondo Bernardo Vega, AGN, entrada correspondiente a Rafael Estrella Ureña. Mientras Velázquez reclama al nuevo gobierno de Roosevelt una postura fuerte y activa para terminar con la dictadura trujillista, pues la pasividad y connivencia con que ha actuado hasta el presente se entiende «[...] como una forma de intervención en beneficio de aquel gobierno y en prejuicio del pueblo dominicano». (Carta del 12 de enero de 1933). Sumner Welles le responde, de manera tajante, que «[...] ese mismo gobierno es un gobierno reconocido desde hace años por el gobierno

norteamericano, y con el cual se mantienen cordiales relaciones oficiales», dejando claro que tal política será mantenida por la nueva administración, y recomienda a Velázquez que transmita a sus correligionarios políticos que «[...] no se hagan ilusiones en cuanto a lo que hará o no hará el nuevo gobierno que asumirá su mandato el 4 de marzo». (Respuesta de Welles a Velázquez, del 21 de enero de 1933).

10 Sobre la oposición, desde el inicio, de Sumner Welles al reconocimiento u apoyo al gobierno de facto creado tras el derrocamiento de Horacio Vázquez, no por razones constitucionales o éticas, sino por preservar a largo plazo los intereses norteamericanos en la región, ver carta a Velázquez, anteriormente citada: «Usted sabe perfectamente que estoy en desacuerdo con muchas de las políticas del Departamento de Estado, en los últimos tres años. Creo quc sc han cometido graves errores de juicio [...]».
Sobre la opinión que merecía Trujillo en documentos confidenciales del Departamento de Estado de este período, ver: «Report on Leading Personalities in the Dominican Republic», enero de 1932 y 1933, *ob. cit.* «Su campaña electoral se caracterizó por el uso de métodos intimidatorios y terroristas por parte del Ejército, [...] la legalidad de sus resultados es dudosa. Ha acumulado una inmensa fortuna como jefe del Ejército mediante el robo de ganado y la apropiación de tierras. Es ambicioso, inescrupuloso, autocrático e irrespetuoso [...]. Su ambición es insaciable. Es un dictador militar. Es un mulato claro y de mejor presencia que la mayoría de sus colegas, es un orador mediocre, pero puede leer eficazmente un discurso [...]».

11 Elías Brache, hijo: Según la caracterización confidencial del Departamento de Estado de Estados Unidos de un grupo de personalidades del gobierno y la oposición dominicana, oportunamente citada, se le retrata como «un hombre de 50 años, que fue Ministro de Justicia e Instrucción Pública en el gabinete del presidente Vázquez, y que retuvo una cartera tras la revolución del 23 de febrero de 1930 [...]. Es un granuja en quien no se puede confiar, de pobre presencia, pero blanco. Junto a su hermano Rafael controla un pequeño partido que apoyará a cualquier gobierno que asuma el poder en el país [...]». Había nacido el 25 de febrero de 1870, en Moca. Abogado, diputado nacional en 1899, ministro de Hacienda en 1900, secretario de Guerra y Marina en 1912, y secretario de Relaciones Exteriores en ese mismo año. Secretario de Fomento y Obras Públicas en 1926. Delegado a la VI Conferencia Internacional Americana, de La Habana, en 1928, enviado extraordinario en misión especial a Cuba, en 1929; secretario de Estado de Justicia e Instrucción Pública, en 1930. Delegado a la Asamblea de la Sociedad de Naciones en 1931, y enviado extraordinario y ministro plenipotenciario en España, a partir del 6 de mayo de 1931.

12 Rafael Brache: Nació en Moca, en 1881. Cónsul general en Londres, en 1914. Diputado al Congreso, en 1924. Enviado extraordinario y ministro plenipotenciario en Washington, en 1930. Enviado extraordinario y ministro plenipotenciario en Londres, La Haya y Copenhague, en 1931.

[13] Carta de Rafael Brache al capitán de Marines Thomas Watson, de Quántico, Virginia, del 12 de abril de 1930. AGN, fondo Relaciones Exteriores. Consulados en Estados Unidos: «Tengo cartas introductorias ante usted y el general Richards enviadas por el general Trujillo, con instrucciones de comunicarles asuntos importantes [...]. El general Richards me llamará mañana en la mañana». Cablegrama de Rafael Brache a G. P. Hanneman, vicepresidente del National City Bank, del 15 de mayo de 1930. Ibíd., «Es para recordarle sobre la cooperación ofrecida en nuestra reciente plática [...]».

[14] Carta de Elías Brache a L. Casanova, cónsul en Santiago de Cuba, del 5 de marzo de 1930. AGN, fondo Relaciones Exteriores. Consulados Cuba.

[15] Carlos Forment Rovira: Periodista e historiador de Santiago de Cuba quien continuó la compilación de las crónicas de la ciudad iniciadas por Emilio Bacardí Moreau. Recogió el período republicano en dos tomos, y se dice que escribió un tercero que llega hasta 1959.

[16] General Gerardo Machado y Morales (Camajuaní, 28 de septiembre de 1871-Miami, 29 de marzo de 1939). Quinto presidente republicano de Cuba, cuyo gobierno se caracterizó por una férrea dictadura, la supeditación a los dictados del gobierno y los intereses económicos norteamericanos y la corrupción. Ingresó muy joven al Ejército Libertador, donde alcanzaría el grado de coronel y luego de general. Combatió a las órdenes del general José Miguel Gómez, quien al llegar a la presidencia lo nombraría secretario de Gobernación. Fue gobernador de la provincia de Las Villas, alto ejecutivo de la General Electric Co. y vicepresidente de la Cuban Electric Co. Se presenta como candidato presidencial por el Partido Liberal en las elecciones de 1924. Resultó electo y asumió el cargo el 20 de mayo de 1925. Durante su mandato desarrolló grandes obras públicas como la construcción de la Carretera Central, la extensión del Malecón de La Habana y la construcción del Capitolio Nacional, sede del Congreso, que constituyeron fuente de peculado en momentos en que reinaba el hambre y la miseria en el país. Modificó la Constitución de 1901 para prorrogarse indefinidamente en el poder. Combatió a la oposición con métodos de terrorismo de Estado, e incluso estableció vínculos secretos con Trujillo para deshacerse cooperadamente de sus adversarios respectivos. Tras una larga y sangrienta lucha, fue derrocado el 12 de agosto de 1933 por una huelga general, huyendo hacia Nassau, Bahamas, y estableciéndose luego en Canadá y Estados Unidos.

[17] Carta del Alcalde Municipal de Santiago de Cuba al cónsul Casanova, del 9 de abril de 1930. AGN, fondo Relaciones Exteriores. Consulados Cuba.

[18] *La Prensa,* de Nueva York, recorte del 14 de abril de 1930 que inserta lo publicado por el *Diario de Cuba,* bajo el título «Exhiben en Cuba una película que desacredita a República Dominicana». AGN, fondo Relaciones Exteriores, Consulados Cuba.

[19] Carta de Ricardo Julia, cónsul general en Nueva York, a Casanova, del 14 de abril de 1930. AGN, fondo Relaciones Exteriores, Consulados Cuba.

[20] Denominación que recibían las misiones diplomáticas en los países que no eran considerados «potencias», y al frente de la cual se nombraba a un ministro plenipotenciario, un ministro residente o un encargado de negocios. Solo los países considerados potencias tenían embajadas y se enviaban embajadores entre sí, el resto tuvo legaciones hasta la primera mitad del siglo xx, durante cuyo decurso la situación fue cambiando paulatinamente, las legaciones devinieron embajadas y los ministros embajadores. *(N. del E.).*

[21] Cable de Elias Brache a Legación USA, del 15 de abril de 1930. AGN, fondo Relaciones Exteriores, Consulados Cuba.

[22] Carta de Enrique Jiménez, encargado de negocios en La Habana, a Casanova, del 19 de abril de 1930. AGN, fondo Relaciones Exteriores, Consulados Cuba.

[23] Carta de Telésforo Calderón, oficial mayor de la Secretaría de Relaciones Exteriores a Casanova, del 30 de abril de 1930. AGN, fondo Relaciones Exteriores, Consulados Cuba. A pesar de lo afirmado, en vez de recibir una recompensa, mediante la comunicación 1757 de dicha Secretaría, con fecha 12 de abril, se le había comunicado a Casanova el cese de sus funciones y que el Sr. Manuel V. Álvarez había sido nombrado en su lugar.

[24] Cable de Elías Brache a Osvaldo Bazil, embajador dominicano en Londres, con fecha 21 de mayo de 1930. AGN, fondo Relaciones Exteriores, Consulados USA.

[25] Alejo Carpentier: «Retrato de un dictador», revista *Octubre,* Madrid, septiembre-octubre de 1933. Ver en: http://www.rimed.cu

[26] Alejo Carpentier, *ob. cit.*

[27] Ibídem.

[28] Ibídem.

[29] Orestes Ferrara Marino: (Nápoles, 18 de julio de 1876-Roma, 16 de febrero de 1972). Militar, político, diplomático, profesor, escritor y periodista de origen italiano vinculado a Cuba. Nacido en una familia acomodada, estudió Derecho en su ciudad natal y por simpatías con la lucha independentista cubana se trasladó con un amigo a Tampa, desde donde desembarcó en la isla, en la sexta expedición mambisa del vapor *Dauntless*, que arribase el 24 de mayo de 1897. Recibió ascensos por acciones de guerra, hasta ser asignado al Estado Mayor del *Generalísimo* Máximo Gómez con el grado de teniente coronel. Peleó a las órdenes directas del mayor general José Miguel Gómez, sirviendo como auditor del Cuarto Cuerpo del Ejército Libertador. Terminó la guerra con el grado de coronel. Fundó el Partido Liberal, junto al general José Miguel Gómez y otras figuras políticas del momento. En 1901 es nombrado por el gobierno interventor militar norteamericano como gobernador interino de Santa Clara. En 1902 se diplomó de Derecho Social y Economía por la Universidad de La Habana. En 1902 es nombrado director del Diario de Sesiones de la Cámara y el Senado. Desde 1904 y hasta 1933 impartiría clases en la Universidad de La Habana. Tomó parte junto a su partido en la llamada Guerrita de Agosto de 1906, que combatió el intento reeleccionista del presidente Estrada Palma, y que facilitó la Segunda Intervención Militar norteamericana. Bajo la

presidencia del general José Miguel Gómez es elegido presidente de la Cámara de Representantes, y reelecto en 1911 y 1913, pues en 1912 se desempeñó como embajador de Cuba en Estados Unidos. En 1913 publicó la revista *La Reforma Social,* que se difundió hasta 1926. Al año siguiente fundó el periódico *El Heraldo de Cuba,* que durante años fue el de mayor tirada del país. En 1926 fue designado embajador en Brasil, y desde 1927 hasta 1932 se desempeñó de nuevo como embajador en Washington. En 1932 es nombrado por el presidente Machado como secretario de Estado y le es concedida la medalla Carlos Manuel de Céspedes. A la caída del gobierno de Machado, el 12 de agosto de 1933, es de los últimos en abandonar el Palacio Presidencial y logra escapar en un hidroavión que fue tiroteado por los revolucionarios. Se exilió en Miami, regresando al país cinco años después para dirigir el Partido Liberal. Fue delegado a la Asamblea Constituyente de 1940, y en los días de sesiones sufre un atentado realizado por elementos revolucionarios de 1933 en el que resulta herido, por lo que decide salir hacia Portugal. Fue colaborador de la dictadura de Fulgencio Batista. Durante su vida en el exterior, fungió como embajador *at large* con misiones especiales en España, Francia e Italia. Fue también embajador de Cuba en la UNESCO. Después de 1959, cesado de sus misiones diplomáticas por el Gobierno Revolucionario, se retiró a Roma, donde falleció el 16 de febrero de 1972. Fue una reconocida figura intelectual destacándose sus obras *Vida de Nicolás Maquiavelo, La correspondencia privada de Nicolás Maquiavelo, El Papa Borgia, Mis relaciones con Máximo Gómez, El Estado y la sociedad futuros: El mundo por venir* y *Memorias: una mirada sobre tres siglos.*

[30] Las aclaraciones entre corchetes son del autor del libro. *(N. del E.).*

[31] Ibídem.

[32] Joaquín Antonio Balaguer Ricardo: (Navarrete, 1° de septiembre de 1906-Santo Domingo, 14 de julio del 2002). Abogado, escritor y político dominicano. Presidente de la República en los períodos 1960-1962,1966-1978 y 1986-1996. Desde muy temprano se sintió atraído por la literatura, publicando en revistas locales. Se graduó de Bachiller en Ciencias Sociales en 1916, y obtuvo una licenciatura en Derecho en la Universidad de Santo Domingo, mientras trabajó como corrector del diario La Información, de Santiago de los Caballeros, entre 1924 y 1928. En 1930 es nombrado fiscal, se inscribe en el Partido Dominicano, de Trujillo, y pasó a formar parte de sus colaboradores más cercanos. Fue secretario de la Legación Dominicana en Madrid (1932-1935), subsecretario de la Presidencia (1936), subsecretario de Relaciones Exteriores(1937), Embajador en Colombia y Ecuador(1940-43 y 1943-47), embajador en México(1947-49), secretario de Educación(1949-1955), secretario de Estado de Relaciones Exteriores (1955-1957) y vicepresidente de la República(1957-60) Al ser ajusticiado Trujillo, a finales de mayo de 1961, Balaguer ostentaba la presidencia del país de manera formal e intentó frenar la ola revolucionaria con medidas de «destrujillización». Fue derrocado por un golpe militar dirigido por el general Pedro Rodríguez, y obligado a exiliarse en Estados Unidos

y Puerto Rico. Tras el derrocamiento del gobierno constitucional de Juan Bosch y el inicio de la Revolución de abril de 1965, se produce la intervención militar norteamericana, que culmina con la presidencia provisional de Héctor García Godoy y la convocatoria a elecciones en 1966. Balaguer regresa al país y funda el Partido Reformista, resultando electo. Durante su segundo mandato, que se prolongó por 12 años, su gobierno implementó métodos represivos de terrorismo de Estado, utilizando elementos paramilitares que desataron la cacería y el asesinato de revolucionarios o simplemente sospechosos. Su programa de obras públicas fue fuente de peculado y corrupción, fomentador del clientelismo político. Se supeditó a los dictados de los gobiernos norteamericanos, facilitando la penetración de su capital en el país. Fue derrotado por Antonio Guzmán Blanco en las elecciones del 16 de mayo de 1978. Regresó a la presidencia, con 80 años y casi ciego, tras las elecciones de 1986, y es reelecto en 1990, por escaso margen y una alta abstención, su mandato duró hasta 1996. Siguió incidiendo en la política del país y fue candidato presidencial en las elecciones del 2000. Murió en Santo Domingo, el 14 de julio del 2002. Su extensa obra literaria le valió en 1990 el Premio Nacional de Literatura, que fuera compartido con Juan Bosch. Hasta 1970 tenía publicados 24 libros, 7 de ellos en defensa de la Era Trujillo. Entre 1971 y hasta 1996 publicó otras 31 obras, la mayoría con temas políticos e históricos, entre las que destaca *Memorias de un cortesano de la Era de Trujillo* (1988).

[33] Ver carta del vicecónsul cubano en Miami, Jesús Alvarez, del 13 de junio de 1929, al embajador Ferrara, alertando sobre publicación del caso en *The Miami Herald,* y solicitando instrucciones. Archivo del Ministerio de Relaciones Exteriores de Cuba, fondo Consulados. Sobre reacción del Departamento de Estado ante el «caso Barlow»: «El Jefe de la División Latinoamericana del Departamento de Estado me pidió fuera a verlo con urgencia «informa confidencialmente Barón, funcionario de la embajada cubana a la Secretaría de Estado, en carta del 30 de octubre de 1929». Me informó lo enojoso que había sido la detención de Barlow, y el daño que esto hacía a las relaciones entre Cuba y los Estados Unidos». Se indicaba también que los abogados de Barlow viajarían a La Habana, con el apoyo de la embajada de su país, y que solicitaban una audiencia con el presidente Machado. Ibíd anterior.

[34] William Randolph Hearst: (San Francisco, 29 de abril de 1863-Beverly Hill, 14 de agosto de 1951). Magnate de la prensa norteamericana y promotor de la llamada «prensa amarilla», o sensacionalista. Lucró con los acontecimiento de la Guerra Hispano-cubano-norteamericana, de 1898, y fue el personaje en que se inspiró Orson Welles para su film *El ciudadano Kane.*

[35] Carta de José M. Torres a Augusto Merchán, del 21 de agosto de 1929, y de Merchán a Miguel Ángel Campa, subsecretario de Estado, del 24 de agosto de ese mismo año sobre la detención por deudas de Leoncio Serpa, presidente del Comité Pro-Cuba en Nueva York. Ministerio de Relaciones Exteriores de Cuba. fondo Consulados.

[36] Ibídem.

[37] Carta de Baron, embajada cubana en Washington a la Secretaría de Estado, del 30 de diciembre de 1929 sobre Julio Roloff, y carta de Miguel Ángel Campa, Secretaría de Estado a Embajada cubana, del 24 de septiembre de 1929, sobre seguimiento a los Sres. Rafael Iturralde y Heliodoro Gil. Archivo del Ministerio de Relaciones Exteriores de Cuba, fondo Consulados.

[38] Julio Antonio Mella: (25 de marzo de 1903-10 de enero de 1929). Revolucionario cubano fundador del Partido Comunista de Cuba y de la Federación Estudiantil Universitaria (FEU). Hijo de Antonio Nicanor Mella Brea, hijo a su vez del prócer dominicano Matías Ramón Mella. Hizo sus primeros estudios en La Habana, siendo alumno del poeta mexicano Salvador Díaz Mirón. Obtuvo su título de bachiller, en 1921, en el Instituto de Segunda Enseñanza de Pinar del Río, y ese mismo año matriculó Derecho, Filosofía y Letras en la Universidad de La Habana. Fue uno de los principales dirigentes de la lucha por la reforma universitaria. En 1922 fundó la revista *Alma Mater* y en 1923 la FEU. En octubre de ese mismo año organiza y dirige el Primer Congreso Nacional de Estudiantes, y en noviembre inaugura la Universidad Popular José Martí. En 1924 funda la Liga Anticlerical. En 1925 publicó su folleto «Cuba, un pueblo que jamás ha sido libre», y en julio fundó la Liga Antiimperialista, en agosto ayuda a constituir la Confederación Nacional Obrera de Cuba y participa como fundador en la constitución del primer Partido Comunista. Al finalizar ese año es expulsado de la Universidad por sus actividades revolucionarias, es detenido y se declara en huelga de hambre. Por presión popular es liberado el 23 de diciembre, y a inicios de 1926 sale al exilio en México. Allí se vincula al movimiento revolucionario continental y universal, colabora con periódicos revolucionarios como *El Machete* y el *Boletín de Torcedores*. En 1927 asiste al Congreso Mundial contra la opresión colonial y el imperialismo, celebrado en Bruselas, y viaja a Moscú, donde participa en el Congreso de la Internacional Sindical Roja. Electo miembro del Comité Central del Partido Comunista de México, donde funda organizaciones obreras, estudiantiles, campesinas y antiimperialistas. Ese mismo año, junto a Leonardo Fernández Sánchez y Alejandro Barreiro funda la Asociación de Nuevos Emigrados Revolucionarios Cubanos. El 10 de enero de 1929, mientras caminaba de noche por una calle de Ciudad México junto a su compañera, la fotógrafa comunista italiana Tina Modotti, es emboscado por sicarios machadistas y asesinado.

[39] Froilán González y Adys Cupull: *Julio Antonio Mella en medio del fuego: Un asesinato en México,* Ediciones El Caballito, México DF, 2003.

[40] Las investigaciones demuestran que los ejecutores directos fueron los pistoleros cubanos, José Agustín López Valiñas y Miguel Francisco Sanabria, expresamente llegados a México para esta tarea. También participaron José Magriñat, Francisco Rey Merodio, quien posteriormente trabajaría como agente trujillista, Alfonso Luis Fors, quien fuese jefe de la Policía Judicial machadista y organi-

zase la policía secreta trujillista, después de 1933. De una u otra manera también estuvieron relacionados con el crimen, Guillermo Fernández Mascaró, embajador de Cuba en México, Orestes Ferrara, embajador en Estados Unidos, Marcelino Blanco, Raúl Amaral Agramante, Santiago Trujillo, jefe de la Policía Secreta de Machado, y Valente Quintana, jefe de la Policía mexicana.

41 Cartas al cónsul Casanova respondiendo a sus preguntas sobre el volumen de producción cubana de Espíritu Motor, de Rovira y Co. (7 de febrero de 1930), de Ron Bacardí S.A. (7 de febrero de 1930), y de la Secretaría de Hacienda (16 de febrero de 1930). AGN, fondo Relaciones Exteriores, Consulados Cuba.

42 Cartas de Luis E Martí al cónsul Casanova, del 1° de enero, del 4 y del 14 de febrero de 1930. AGN, fondo Relaciones Exteriores, Consulados Cuba.

43 Carta del Sr. Amiama a Enrique Jiménez, del 30 de septiembre de 1929. AGN, fondo Relaciones Exteriores, Consulados en Cuba.

44 Carta del general Eugenio Molinet, secretario de Estado de Agricultura, Comercio y Trabajo a Enrique Jiménez, Ministro dominicano, del 23 de julio de 1929. AGN, fondo Relaciones Exteriores, Consulados en Cuba.

45 Informe de la Sección de Estadísticas de la Secretaría de Estado de Agricultura y Comercio de los tres primeros meses de 1930, comparado con igual período de 1929. AGN, fondo Relaciones Exteriores.

46 Raúl Masvidal, ministro de Cuba, a Francisco J. Peynado, sSecretario de Estado para las Relaciones Exteriores, del 8 de enero de 1930. AGN, fondo Relaciones Exteriores, Consulados en Cuba.

47 Dictamen sobre la propuesta anterior de Felipe A. Vicini, jefe del Departamento de Comercio de la Secretaría de Estado de Agricultura y Comercio, enviada a Francisco J. Peynado, del 20 de enero de 1930. Ibíd.

48 Carta de Juan Grau, administrador de la Marítima Parreño, en Santiago de Cuba, al cónsul Casanova, del 4 de febrero de 1930. AGN, fondo Relaciones Exteriores, Consulados en Cuba.

49 Carta de Alfredo Ricart, secretario de Estado de Relaciones Exteriores, a F. Ricart, cónsul general en La Habana, del 27 de agosto de 1929. AGN, fondo Relaciones Exteriores, Consulados en Cuba.

50 General Enrique Loynaz del Castillo: (Puerto Plata, 5 de junio de 1871-La Habana, 10 de febrero de 1963). Patriota cubano que alcanzó los grados de general del Ejército Libertador. Nació en un hogar de exiliados revolucionarios cubanos en Santo Domingo, donde se graduó de bachiller en Ciencias y Letras y fue profesor. Desde 1885 se suma a la conspiración revolucionaria de los generales Máximo Gómez y Serafín Sánchez. En 1892 se entrevista con Martí en Nueva York y regresa a Cuba donde en 1893 funda el periódico *El Guajiro*, de corte separatista, lo que lo hace objeto de represión por parte de las autoridades españolas. Ese mismo año funda la empresa de tranvías de Camagüey. En 1894 es sorprendido trasegando armas para la rebelión, por lo que tiene que huir hacia Nueva York. Desde 1895 se incorporó a la guerra, primero bajo las órdenes del general Serafín Sánchez y luego en la columna invasora del

lugarteniente general Antonio Maceo. Fue delegado a la Asamblea Constituyente de Jimaguayú, y el 15 de noviembre de 1895 compuso el Himno Invasor. Tras el fin del dominio colonial, se licenció del Ejército con el grado de general de brigada, desempeñó funciones empresariales y fue designado embajador en México (1910-1911), Portugal (1929-1931) Centroamérica, Santo Domingo (1932-1933), Haití y Venezuela. Fue un tenaz crítico de la dictadura trujillista. Participó activamente en la política cubana, hasta 1959. Entre sus hijos se encuentra la notable poetisa Dulce María Loynaz, Premio Cervantes de Literatura. Murió en La Habana, el 10 de febrero de 1963.

[51] Carta del general Trujillo al Secretario de Defensa, del 27 de julio de 1929. AGN, fondo Relaciones Exteriores, Consulados en Cuba.

[52] Carta del presidente Horacio Vázquez a Enrique Jiménez, del 31 de julio de 1929. AGN, fondo Relaciones Exteriores, Consulados en Cuba.

[53] Cable de Ricardo Pérez Alfonseca a Secretario de Estado de Relaciones Exteriores, del 13 de mayo de 1929. Ibíd.

[54] De Enrique Jiménez a Secretaría de Estado de Relaciones Exteriores, del 13 de junio de 1929. AGN, fondo Relaciones Exteriores, Consulados en Cuba: «En el cambio de impresiones, el presidente Machado no pudo estar más cordial ni más sincero en cuanto se refiere a las relaciones entre ambos países. Díjome, y me lo repitió con verdadero entusiasmo, que él siente grandísimo amor por Santo Domingo y simpatías sinceras por el presidente Vázquez [...]. Todo el personal de la Cancillería cubana ha derrochado amabilidad y cortesía [...]».

[55] Carta de Elías Brache, secretario de Estado de Relaciones Exteriores, al presidente Estrella Ureña, del 28 del 28 de marzo de 1930, elevando a su firma el nombramiento de Atilio León. AGN, fondo Relaciones Exteriores, Consulados en Cuba.

[56] Carta del presidente Estrella Ureña a Elías Brache, del 1° de abril de 1930. AGN, fondo Relaciones Exteriores, Consulados en Cuba.

[57] General Desiderio Arias: (Muñoz, 1872-Montecristi, 20 de junio de 1931) Destacado caudillo militar dominicano. Trabajador desde niño en labores ganaderas, se alzó en armas en julio de 1899, tras el ajusticiamiento del presidente Hereaux, uniéndose a las partidas de Horacio Vázquez y Ramón Cáceres. Fue ayudante del presidente Juan Isidro Jiménez. Fue nombrado comandante de armas y luego gobernador de Montecristi, hasta 1905. En 1906, tras un levantamiento contra el presidente Cáceres, parte al exilio en Puerto Rico. Regresó al país durante la llamada Guerra del Doce, peleando junto al general Horacio Vázquez. En 1914, al regresar Jiménez al poder, es nombrado secretario de Guerra y Marina y luego destituido, produciéndose la intervención militar norteamericana, en la que es vencido. Se alió a Estrella Ureña y Trujillo para el derrocamiento de Horacio Vázquez, resultando electo senador por Montecristi. Se alza en armas contra Trujillo y es asesinado el 20 de junio de 1931 por militares leales a este.

58 General Cipriano Bencosme Comprés: Hacendado de Moca, guerrillero y general. En 1911, tras la muerte del presidente Ramón Cáceres participa en la guerra civil que asoló al país. Partidario de Horacio Vázquez, fue nombrado gobernador de Moca en 1912. Se alzó en armas en 1913 contra el gobierno del arzobispo Nouel, pero fue derrotado. Intentó oponerse por las armas a la ocupación militar norteamericana, sin lograrlo, retirándose a las labores del campo. Al iniciarse el gobierno de Vázquez, fue nombrado diputado. Tras el triunfo de Trujillo, intentó alzarse en armas a favor de Horacio Vázquez, pero quedó solo, fue delatado y asesinado por soldados trujillistas, el 19 de noviembre de 1930.

59 Cable del presidente Trujillo y Brache a la Legación dominicana en Washington, del 4 de septiembre de 1930. AGN, fondo Relaciones Exteriores, Consulados.

60 Cable de Jiménez Saenz, cónsul dominicano en Los Ángeles, a Persio C. Franco, encargado de negocios en Washington, del 15 de septiembre de 1930. AGN, fondo Relaciones Exteriores, Consulados.

61 El trío y el ciclón, de Miguel Matamoros: «Aquí termina la historia, de tan tremendo ciclón, [...] los muertos van a la gloria, y los vivos a bailar el son».

62 Cablegrama de Trujillo a Persio C. Franco, Legación dominicana en Washington, del 9 de septiembre de 1930, fondo Relaciones Exteriores, Consulados.

63 Juan Vicente Gómez (La Mulera, 24 de julio de 1857-Maracay, 17 de diciembre de 1935). Nacido en una familia vinculada con la producción agrícola. Junto al general Cipriano Castro, y con el grado de coronel, combate a la llamada Revolución Legalista de 1892, son derrotados y obligados a marchar al exilio en Colombia, hasta 1899. Se alza en armas en el Táchira, junto a Castro, el 23 de mayo de 1899 dentro del movimiento que llevó al poder a un gobierno conocido como Liberal Restaurador, que se instala en Caracas el 22 de octubre de ese año. En diciembre es nombrado gobernador del Distrito Federal. Bajo la presidencia de Castro, en 1901, es electo segundo vicepresidente. Combatió en 1902 y 1903 a los caudillos locales que se habían unido a la llamada Revolución Libertadora, derrotándolos. Nombrado Pacificador de Venezuela, y ya con el grado de general, resulta electo vicepresidente. Al enfermar Cipriano Castro, en 1908, y partir a Europa, da un golpe de Estado y se proclama presidente. En 1910 es electo presidente constitucional para el período 1910-1914 y luego para los períodos de 1915-1921, 1922-1929, y 1929-1935. Tras gobernar con mano de hierro y como dictador, murió en Maracay el 17 de diciembre de 1935.

64 Rómulo Antonio Betancourt Bello (Guatire, 22 de febrero de 1908-Nueva York, 28 de septiembre de 1981). Político, periodista, escritor y orador venezolano, presidente de la República entre 1945 y 1948, y de 1959 a 1964. Comenzó su vida pública como líder estudiantil, en 1928, dirigiendo el movimiento clandestino contra el dictador Juan Vicente Gómez hasta su encarcelamiento y destierro a Costa Rica, donde participó en la fundación del Partido Comunista, con el que rompió en 1936, año en el que fundó el Partido

Democrático Nacional y el periódico Orbe. En 1939 se exilia en Chile. Fundó en 1941 el Partido Acción Democrática. En 1945, tras el derrocamiento del gobierno de Medina Angarita, es designado presidente provisional de la Junta Revolucionaria. El 15 de febrero de 1948, tras las elecciones, entrega el poder a Rómulo Gallegos, quien es derrocado en 1948 por un golpe militar. Se exilia en Cuba, donde residirá hasta el derrocamiento de la dictadura de Pérez Jiménez, en 1959. Es electo presidente, cargo que desempeñaría hasta 1964. Mantuvo una política cercana a los designios norteamericanos en América Latina; se enfrentó a la dictadura de Trujillo y también a la Revolución cubana.

65 Carta de Alejandro Fuenmayor, cónsul general de Venezuela a Alfredo Ricart, secretario de Estado de Relaciones Exteriores. Transcripción incluida en carta de este último al Secretario de Defensa, fechada el 8 de agosto de 1929. Es una denuncia formal «del atentado revolucionario que de manera desenvuelta y pública se está fraguando contra la paz de Venezuela», y pregunta, «[...] ¿cuáles medidas efectivas se han tomado o han de tomarse por parte del gobierno dominicano para evitar que sea una penosa realidad el proyecto dirigido por los venezolanos Simón y Rómulo Betancourt, y de cómplices venezolanos y dominicanos, de organizar contra Venezuela una expedición revolucionaria?».

Carta del general Trujillo, Jefe del Ejército, al Secretario de Defensa, del 27 de agosto de 1929. Tras reseñar intentos fracasados de partir hacia Venezuela por Barahona y San Pedro de Macoris, «por la vigilancia de cerca del Ejército», se concluye informando que «en ninguna otra parte hay, ni ha habido, indicios actualmente de actividades en relación con este asunto». AGN, fondo Relaciones Exteriores. Consulados.

66 «Convención de deberes y derechos de los Estados en caso de luchas sociales», adoptada en la VI Conferencia Internacional Americana (La Habana, 16 de enero-20 de febrero de 1928): «Artículo 1: Los Estados contratantes se obligan a observar los siguientes deberes respecto a la lucha civil dentro de ellos: Emplear los medios a su alcance para evitar que los habitantes de su territorio, nacionales o extranjeros, tomen parte, reunan elementos, pasen la frontera o embarquen en su territorio nacional para iniciar o fomentar la lucha civil [...]». Biblioteca Digital Daniel Cosío Villegas: Conferencias Internacionales Americanas, 1889-1936, en. http://biblio2.colmex.mx/coinam_1889_1936/base2.htm

67 Eduardo Abril Amores: Curioso personaje del periodismo cubano. Nacido en Baracoa, en 1887, se desconoce su fecha de defunción. Fue autor de libros y folletos que le dieron cierta fama durante la República, entre ellos: *Bajo la garra, Si Cristo perdonó a Magdalena, Adentro del alma cubana* y *El águila acecha: Notas del momento,* de 1922. Con este último tomó parte en la polémica acerca de si se debía promover en América Latina el hispanismo o el americanismo, optando por una posición intermedia que llamó cubanismo. Fue director del *Diario de Cuba,* en la ciudad de Santiago de Cuba. Su

nombre figuraba en la lista de periodistas cubanos a los que Batista sobornaba mensualmente, hallada tras su derrocamiento. En ella se refiere que Abril Amores recibía cada mes $6,000 pesos por sus servicios al dictador.

68 Carta de Enrique Jiménez a Eduardo Abril Amores, del 16 de septiembre de 1930. AGN, fondo Relaciones Exteriores, Consulados en Cuba.

69 Carta de Enrique Jiménez al presidente Trujillo, del 20 de septiembre de 1930. AGN, fondo Relaciones Exteriores. Consulados en Cuba.

70 Ibíd.

71 Carta de Trujillo a Machado, del 16 de julio de 1931. AGN, fondo Relaciones Exteriores, Consulados en Cuba.

72 Carta de Machado a Trujillo, del 3 de octubre de 1931. Ibíd.

73 En la recepción ofrecida en julio de 1907 por Ricardo Dolz al poeta colombiano Julio Flores y Roa, en el Palacio de Lombillo, en La Habana, Bazil leyó un poema laudatorio, publicado luego por el periódico *La Habana Elegante,* que termina así: «[...] mientras tu corazón sigue sangrando/ a la par que tu lira sollozando/ sobre el siniestro campo del hastío».

Capítulo 2
UNA TRANSNACIONAL DE MANO DURA

Durante su dilatado reinado absoluto, Rafael Leónidas Trujillo apeló a diferentes métodos para influir sobre la política de los gobiernos vecinos, especialmente los de: Haití, Cuba, México, Venezuela, Colombia, Puerto Rico y los propios Estados Unidos. El más visible de ellos, y el más lógico, estuvo basado en la labor pública de sus representantes diplomáticos, a la que pronto se agregaría un abultado capítulo de espionaje y acciones encubiertas, que llegarían hasta los secuestros y los asesinatos selectivos. La más absoluta ausencia de límites y el irrespeto más flagrante a las leyes internacionales fue la constante de su régimen. Trujillo fue siempre muy coherente: se comportó en la arena internacional como el sátrapa omnímodo que era en el interior de su país. Ni más ni menos.

En los años iniciales de su mandato, no obstante, la proyección internacional de su gobierno fue cautelosa y de tanteos, como de aprendizaje. Es de suponer que en esa época aún escuchase a los más avezados diplomáticos heredados del gobierno de Vázquez, si tenemos en cuenta que carecía de experiencia en este terreno y no conocía los usos y costumbres de las relaciones entre Estados. La documentación que se conserva de este período lo muestra en la postura de un «dios adolescente» que, por necesidad y hasta tanto crezca, permitirá la participación de otros en sus decisiones, escuchará consejos y respetará, en lo posible, el lenguaje y las dulces maneras de la diplomacia. Luego, drásticamente, por sí y ante sí, lo cambiará todo.

Los primeros pasos en esta línea tuvieron por escenario las naciones vecinas que para entonces eran las más influyentes en la política interna dominicana: Estados Unidos y Cuba. Esto explica la llegada a La Habana de ese poeta cortesano llamado Osvaldo Bazil,[1] sin dudas, el hombre exacto para la tarea, a ratos nauseabunda, de anudar una estrecha alianza estratégica entre regímenes gemelos. A ello se consagró con el mismo afán con que prodigaba sonetos modernistas y nutría con su ubicua presencia de *bon vivant* las páginas sociales de la prensa. Muy cercano al dictador, experto en el halago gentil, los regalos costosos al Jefe, los servicios incondicionales, aún aquellos de ninguna moralidad, era considerado por este «el más sobresaliente de nuestros poetas», al extremo de regalar a sus visitantes ejemplares de su obra *La cruz transparente.*[2] En la extensa documentación que conserva el Archivo General de la Nación, solo Osvaldo Bazil figura tuteando a un generalmente inaccesible y mayestático Trujillo.

Bazil había ejercido el periodismo en Cuba, incluso, había pertenecido a la redacción del *Diario de la Marina* –bien conocido por sus posiciones conservadoras–. En su país natal se había destacado al poner, desde el inicio, su pluma a las órdenes del tirano.[3] También figuró en los cenáculos artístico-literarios y frecuentó los círculos de poder cubanos. Allí conoció a su segunda esposa, Leonor Artamendi, miembro de una acaudalada familia de Matanzas. Simpático, brillante y ocurrente; galante e inescrupuloso, bien acreditado y relacionado, era el hombre que el Jefe necesitaba en La Habana. Su rostro henchido de orgullo aparece en la foto del 10 de agosto de 1931 en *La Marina,* antes de presentar las cartas credenciales a Machado, enfundado en el uniforme de los embajadores, con bicornio emplumado, alamares y pechera bordada, su mano enguantada sosteniendo las copias de estilo y haciendo un desmañado saludo militar junto al Introductor de Embajadores y al comandante Gali Menéndez. Curiosamente, el decreto de Trujillo que lo nombra, del 15 de julio de 1931, aparece refrendado también por Rafael Estrella Ureña, secretario de Estado de Exteriores, y a quien, ya en el exilio, Bazil perseguiría con denodada saña.

No más llegar a la isla, investido de todos los honores y poderes, Bazil puso manos a la obra, secundado por Atilio León. En carta al tirano del 13 de agosto, amplió lo conversado con Machado, y que antes había informado por cable cifrado.

> Machado me suplicó que le comunicara a usted su franca disposición a solamente oír mi voz como representante de usted ante él y que jamás permitiría aquí ninguna labor revolucionaria contra usted. Que se consideraba amigo del ex presidente Vázquez, pero que su hospitalidad quedaba fuera de toda actividad revolucionaria.[4]

Este primer encuentro oficial documentado, del que data la «transnacional de la mano dura en el Caribe», tuvo como antecedente la estrecha cooperación establecida entre Machado y Trujillo para intentar impedir que el buque alemán *Ilse Vermaner,* transportando armas y a 40 revolucionarios cubanos, desembarcase en Gibara, como ocurriría, el 17 de agosto de ese año. Un entusiasta Bazil, aún sin haber presentado sus cartas credenciales, medió en el asunto,[5] asegurando la cooperación de las autoridades dominicanas a petición de la Secretaría de Estado cubana. Curiosamente, la experiencia de Gibara serviría de inspiración a futuras expediciones dominicanas desde Cuba, (como se apreciará en la del Mariel, en 1934, y la de Cayo Confites, en 1947). En esta última fungirá como segundo al mando Feliciano Maderne, un expedicionario de Gibara.

En carta a Trujillo del 9 de agosto, Bazil desplegaba lo que serían las constantes de sus notificaciones, una mezcla de noticias ciertas con chismes y presunciones, todo aderezado con denodados esfuerzos, más o menos disimulados, de consolidar su influencia sobre el mandatario y ser el único canal de comunicación con Machado. Otra vez informando acerca de la mencionada expedición, agregaba que «estaban en connivencia con Ángel Morales, en el hotel Alamac, de Nueva York, y deduzco que si [el buque] va para Santo Domingo, debe ser mediante algún acuerdo con Morales».[6] En esta carta Bazil se despedirá de Trujillo recordándole el envío de «las medidas y el cuello para ordenarle las camisas y un traje blanco de muestra».[7]

Pero el flamante agente de Trujillo en la isla fue designado para asumir otras tareas más serias, no precisamente relacionadas con la moda. Con el objetivo de cumplirlas, se dedicó de lleno a lo que llamó, en carta del 14 de agosto a un destinatario desconocido, «el visiteo oficial».[8] La primera de todas las tareas de orden estratégico, consistía en convencer a Machado de que en Trujillo tenía un aliado confiable e incondicional, lo cual significaba, a su vez, que en el gobierno cubano tendría el dominicano todo el apoyo requerido para neutralizar a sus enemigos. Una y otra vez, en la escasa documentación conservada de estos meses, se puede apreciar a un infatigable Bazil tejiendo, con tenacidad a toda prueba y primoroso cuidado, la alianza entre ambos dictadores, llegando al extremo de indicarle al Jefe la conveniencia de brindar por escrito todas las seguridades, para poder mostrar su carta a Machado,[9] y lo que es aún más asombroso, que este aceptara la recomendación.[10]

Hechas las declaraciones pertinentes, y cimentando en una mutua cordialidad la alianza, Bazil comenzó a dar otros pasos, como por ejemplo, atender los estudios de dos oficiales dominicanos que se encontraban estudiando aviación en instituciones militares cubanas, a los que Trujillo cortejó personalmente para asegurar su adhesión.[11] También medió para la adquisición de armas en la isla.[12] Y antes de concluir el año, ya podía mostrar un primer resultado alentador: había sumado al carro de la dictadura que representaba, en calidad de consejero *ad honorem* de la Legación, a Néstor Carbonell, un joven abogado cubano, hijo del Presidente de la Academia Nacional de Artes y Letras, y nieto de un cercano colaborador de José Martí,[13] indicio de que mantenía derecho de picaporte sobre la puerta de la intelectualidad de la época. Y esto, por supuesto, resultaría estratégico para el cumplimiento de las tareas encomendadas.

Pero donde Bazil daría el paso decisivo sería en las negociaciones para lograr un «acuerdo secreto» entre ambos gobiernos, un pacto verbal, del que no ha quedado más rastro que el de las propias conversaciones realizadas, pero que es suficiente para comprender el alcance de aquel recién estrenado maridaje del terror.

«[...] La labor que usted ha confiado a mi inteligencia [...]»

En una fecha imprecisa, a finales de diciembre de 1931 y antes del 2 de enero de 1932, Bazil remitió una nota manuscrita a Trujillo en la que afirmaba: «[...] hablaré al presidente Machado del tratado secreto de mutua ayuda. Pondré en ello todo mi empeño [...]. Creo que llegaremos al acuerdo que usted me dice, a juzgar por la buena disposición que él muestra hacia usted [...]».[14]

El 4 de enero de 1932, un inspirado Osvaldo Bazil envió una de sus frecuentes cartas a Trujillo en la cual acusaba recibo de informes políticos confidenciales sobre la labor de sus enemigos en Cuba y otros países, entre los que ya se encontraba un exiliado Rafael Estrella Ureña. Con prosa limpia y precisa, a ratos irónica, y siempre propensa al chismorreo cortesano, un poeta excesivamente pagado de su talento, cortejaba al Jefe en un tono cómplice, conspirador y discreto. Bazil respondía dos cartas anteriores de Trujillo que no han sido halladas en los archivos: la correspondiente al 23 de diciembre, con instrucciones secretas para su representante en La Habana, y otra enviada cinco días después, a la que anexaba los informes citados.

> He leído todos los documentos con creciente interés y sumo cuidado, y me abisma el cúmulo de infidencias que ellos relatan –se escandalizaba el consumado actor–. Aprovecharé la parte que refiere a Cuba e informaré al presidente Machado [...].[15]

Es evidente que la **entrega de información de inteligencia sobre los enemigos recíprocos** fue el primer paso que dieron ambos dictadores. Por este medio se alertaban mutuamente de los peligros y se aseguraba la acción común contra ellos. Sus representantes diplomáticos canalizaron las confidencias y los informes del espionaje. Pero la labor conjunta de la transnacional de la mano dura no se limitaría a ello. Bazil lo demostró en esa misma carta cuando alertó a Trujillo de lo que estaba publicando sobre el gobierno cubano el vespertino dominicano *La Opinión,*[16] bajo la dirección de Álvaro Álvarez, alegando que podía «[...] perjudicar la labor que usted ha confiado a mi inteligencia en su carta de fecha 23 de diciembre último».[17]

> Le envío un recorte de *La Opinión,* de Santo Domingo –escribía este cancerbero que había sufrido en carne propia los rigores de la censura en tiempos de Horacio Vázquez, junto al periodista que ahora delataba–[18] que le ruego leer, con súplicas de que usted le haga saber o le haga ver a Alvaro Alvarez, de modo amistoso, que acoger y patrocinar insultos a un Jefe de Estado de nación amiga, es una torpeza para las relaciones cordiales de naciones que comparten un mismo interés en su política internacional.[19]

Se llegaba así a otra modalidad de la colaboración represiva, la de censurar a la prensa de cada país, evitando no ya que criticase al tirano que le tocaba padecer, sino también al vecino. De esta manera, de oficio, **cada dictadura se encargaba de velar por los intereses públicos y el buen nombre de la otra, apelando para ello a la censura más brutal de la prensa nacional**. Un periodista como Osvaldo Bazil se brindó jubilosamente para la tarea. Y para cerrar el círculo de la intriga –aprovechando su denuncia–, también se dedicó a instruir a Trujillo sobre cómo Machado había impuesto la censura en Cuba,[20] lo cual fue puesto en práctica, apenas unos días después, por el aventajado discípulo. De ello un feliz Trujillo da cuenta a su enviado, para que transmita a Machado, sobre el arresto del periodista Ricardo Roques Román de *La Cuna de América,* debido a un artículo considerado por el Jefe como «ofensivo» para su parigual cubano, y a la vez, de uno laudatorio «inspirado por mí [sic], e interpretado por el señor M.G. Soriano, empleado de mi despacho».[21]

El 4 de febrero, un inquisitorial Bazil lo congratulaba por estar «[...] muy bien ordenada la prisión del Sr. Ricardo Roques Román», y también por «el hermoso artículo de Germán Soriano».[22]

Según describe en su extensa carta del 7 de enero de 1932, Osvaldo Bazil sostuvo el día anterior una crucial reunión de dos horas con Machado, «[...] en un ambiente de franca y cariñosa cordialidad».[23] Después de mostrarle las pruebas documentales enviadas por Trujillo sobre supuestas entrevistas en Nueva York entre Ángel Morales y el líder opositor cubano Miguel Mariano Gómez,[24] y en Puerto Rico entre Sergio Carbó[25] y Velázquez, Bazil puso sobre el tapete la carta decisiva, expresándole a Machado que:

> [...] como los enemigos de usted y de él hacían causa común en Nueva York, había llegado la hora de considerar la conveniencia de **una alianza ofensiva y defensiva entre usted y él**, **de mutua defensa y que era prudente la concertación de un convenio político secreto.** Le expresé que yo estaba autorizado por una carta de usted para proponerle este convenio secreto [...].[26]

La reacción de Machado fue la prevista.

> Dígale al presidente Trujillo –afirmó, según relata Bazil–, que estoy dispuesto a este convenio y que lo acepto, en principio, que para mí es un deber hasta de orden sentimental, ayudarlo en todo, que desde hace tiempo ya lo tenía pensado [...]. Que yo siempre he estado dispuesto a prestarle la ayuda que él me pida, con o sin convenio [...].[27]

La única condición que puso Machado retrataba de cuerpo entero a su gobierno. También al de Trujillo, a juzgar por la naturalidad y hasta la tierna comprensión con que Bazil se la informó a su Jefe, recomendándole aceptarla.

> Para no aventurarnos a producir alguna sospecha que pudiera molestar a Washington –aconsejaba Machado– deberíamos explorar antes de firmarlo [...]. A mi Washington no me estorba en nada –se jactaba– sino antes bien, me apoya en todo. Mi situación en Washington es cada día mejor. Con Mr. Hoover[28] sostengo estrechas relaciones de amistad. Y su gobierno me respalda en todo. Y conviene, hasta por cortesía, esa exploración [...]. Que él era un hombre de palabra y que la empeñaba en la promesa de servir al presidente Trujillo y en aceptar su alianza [...].[29]

Bazil también relató a Trujillo en esa carta, con la prolijidad y fruición de quien conoce bien el peso de las palabras, los consejos que un paternal Machado le enviaba a su joven discípulo para que triunfase en la dura carrera de consolidar una dictadura en los trópicos.

> Dígale usted al presidente Trujillo –sermoneaba– que yo soy más viejo que él, que mantenga bien organizado al ejército, alejado de la política, sin darle mando único sobre él a nadie, y sin ponerlo bajo la justicia [...]. Que lo importante es tener buenos oficiales, que una oficialidad leal y competente es todo lo que se necesita [...]. Que cuide sus relaciones con Washington, [...] que se preocupe en mantenerlas dentro de la mayor cordialidad [...]. Que él puede mandar aquí a todos los oficiales que quiera a cursar estudios, como también si quiere asesores militares, yo les mando todos los que él necesite; que era muy importante que mandara los oficiales que sabían inglés a los centros de enseñanza militar de los Estados Unidos, [...] que los más decididos enemigos de la injerencia en Cuba eran los

> oficiales americanos que habían fraternizado con los oficiales cubanos en las escuelas militares [...].[30]

En esta comunicación confidencial de Bazil a Trujillo, figuran, además, dos aspectos que resultarían cruciales en lo adelante: la constatación de que aún sin haber firmado aquel «acuerdo secreto» que ambas partes procuraban, ya funcionaba *de facto* la cooperación más estrecha contra enemigos comunes, y que ambos dictadores proyectaban visitarse.[31]

Trujillo acusó recibo del informe confidencial No. 5 remitido por Bazil. Lo hizo mediante carta del 15 de enero.[32] En ella se transcribía su cable del 12 de julio en el que, con su astucia habitual y su infinito recelo, lo instruía de cómo debía ser el acuerdo que se negociaba.

> Expresamente **debe prescindir de todo acuerdo escrito** que nos obligue a someternos a los trámites de las cancillerías –ordenaba–. Espero que usted haya interpretado cabalmente mi intención al dirigirle ese cable, porque aunque en él le hablo de un entendido verbal, es evidente que yo no puedo por ahora hacer un viaje a La Habana, y que por lo tanto lo convendríamos por la mediación de usted, salvo que el presidente Machado quisiera venir a Santo Domingo.

Y para no dejar los detalles de tal pacto secreto en manos de su locuaz y a ratos incontrolable Ministro en La Habana, Trujillo le avisaba que remitiría «[...] un memorándum contentivo de las líneas generales del entendido personal que deseo celebrar con mi ilustre colega [...]».[33]

Ya para entonces, y por su cuenta, Bazil se encontraba en conversaciones con el Secretario de la Presidencia del gobierno cubano, ultimando el programa oficial de una hipotética visita del dictador a la isla. Como era habitual, esta incluiría el intercambio de condecoraciones entre los gobernantes.[34] Frenado por la carta del 15 de enero, no tuvo más remedio que detener los preparativos, cargar sobre otros la culpa y proponerle a Trujillo la variante rocambolesca de hacer un viaje «de riguroso incógnito».[35]

Es de imaginar la decepción que causó en el ánimo de un consumado estratega del oportunismo, como fue Osvaldo Bazil, la renuncia del Jefe a realizar esa visita, inicialmente proyectada para «la primera decena de febrero» de 1932.[36] Su copiosa correspondencia de enero con el tirano[37] estaba colmada de detalles protocolares a observar, hasta llegar a indicaciones que mucho debieron contrariar a un Trujillo reacio a dejarse conducir, de la ropa que debía traer en su equipaje, cómo debía estar conformada la comitiva presidencial, la ruta de su vuelo a La Habana, los donativos a realizar a hospitales cubanos, los regalos a entregar a las nietas de Machado, y a quién destinar condecoraciones, retratos dedicados y ramos de rosas, sin olvidar siquiera a la guardia de Palacio. También la insinuación canallesca de que debía hacer el viaje «sin mujeres» para poder disfrutar de la «fiesta íntima» que un Machado crápula había ordenado organizarle entre «cúmbilas» en la finca Mariana del senador Panchito Camps, el más cercano de sus amigos.

Con su habitual volubilidad cortesana, Bazil no tardó en hacer suyas las razones esbozadas por Trujillo, tanto para llegar a un acuerdo secreto no escrito con Machado, como las aducidas para no viajar, de momento. De apoyar sin restricciones lo primero, se ocuparía en la carta a Trujillo del 13 de enero,[38] después de recibir su cable cifrado, calificando la decisión de «extraordinariamente inteligente», y convencido de que «le hará también una gran impresión al presidente Machado». Sin remordimiento alguno, y después de haberse propuesto para sondear la opinión del Embajador de Estados Unidos en La Habana, y de Ferrara, de vacaciones en Cuba, Bazil declaraba a su Jefe que «[...] le temía a esa "exploración"». Ocho días después sería aún más explícito, legándonos atisbos del *modus operandi* y la doble moral con que los gobiernos democráticos de Estados Unidos se entendían con sus dictaduras clientelares del Caribe. «En convenio escrito no hay que esperar nada –afirmaba–, porque Washington se opondría resueltamente. Se opuso al regalo de los caballos y a otro regalo o cesión de armas, en la época de Vázquez, según me afirmó el Subsecretario [cubano] de Estado [...]».[39]

En cuanto a la posposición de las visitas que proyectaban hacerse ambos gobernantes, un ya resignado Bazil se encargó de fundamentarla, en carta a Trujillo del 20 de enero.

> La situación política cubana [...] sigue siendo en extremo amenazadora y grave. La campaña terrorista se ha intensificado. En esta situación no es prudente que el general Machado le haga a usted una visita, como tampoco que usted se la hiciera a él [...].[40]

Pero ni la suspensión de los viajes, ni la repugnancia de Washington a que sus dictadores de bolsillo mostraran en público sus afinidades y cooperación represiva, pudo impedir que en la correspondencia entre Trujillo y su representante en Cuba siguiera presente el tema, de lo cual se deduce que continuaron las negociaciones que tuvieron a Bazil por intermediario. Los hechos posteriores lo demostrarían.

¿Cuáles fueron las otras «líneas generales» del «entendido secreto», que Trujillo se disponía enviar a Machado por mediación de Bazil, para evitar que este se dispersara en futilidades tales como los ramos de rosas a regalar y la ropa interior que no debía olvidar su Jefe al viajar?

A lo ya apuntado habría que agregar que la gravedad del acuerdo y lo comprometedor de su contenido debió de pesar en el deseo expreso de que fuera secreto y verbal. No tenía por qué serlo de haberse ajustado a las leyes internacionales. Precisamente su carácter doloso implicó lo demás. Y no queda más que sospechar que **se trataba de crear un mecanismo de concertación para que cada dictadura se encargase de eliminar físicamente a los revolucionarios y disidentes de la otra, bien exiliados o de paso por sus respectivos territorios, incluso, en terceros países**. Bazil lo dejó entrever, en su carta del 21 de enero:

> Lo que usted quiera, yo lo proveo, lo presiento: a usted no le importan los enemigos criollos; a esos los tiene usted vencidos de antemano. Lo que usted quiere del presidente Machado, eso solo lo puede conseguir hablando en un balcón de Palacio, o en un desayuno, y ese *entendido*[41] entre ustedes dos tiene una gran fuerza, que no puedo yo obtener y hacer valer más tarde. A mí me dice todo lo más amable, pero no es lo mismo lo que ofrezca a usted [...] De modo que solo usted podría obtener en un entendido verbal, las seguridades que equivaldrían a un convenio escrito.[42]

Pero no todo quedó en supuestos y medias palabras. El 22 de abril Bazil informaba a Trujillo, en carta confidencial, lo conversado con Machado durante una visita y almuerzo privado celebrado en su finca Nenita.[43] Junto a la confirmación de que el gobernante cubano había decidido otorgarle la Gran Cruz de Carlos Manuel de Céspedes, que le remitiría antes del 20 de mayo, y que solicitaba el envío de semillas dominicanas de auyama (calabaza) para plantar en su finca, «[...] que produce todo cuanto se sirve en sus comidas», se abordaron otros temas más sustanciosos como las perspectivas de Trujillo en el poder, cuál debía ser el programa de mejoramiento agropecuario a desarrollar con la ayuda cubana en su segundo mandato, sin dudas, un lucrativo negocio personal para ambos dictadores, y el contenido del tan llevado y traído «acuerdo secreto».

> Me dijo que estaba de acuerdo [con el pacto verbal] –informaba Bazil–. Le dije que como base principal debiera concertarse el **préstamo mutuo de elementos de guerra de toda clase**, a título devolutivo o reparativo, en los casos de guerra de uno u otro país. Y me dijo que él estaba de acuerdo, así como **con la prisión, persecución y entrega de los enemigos de usted en Cuba, y los de él en Santo Domingo**. Me dijo que algo parecido tenía concertado con el presidente Gómez, de Venezuela, y que él había tenido ocasión de servirle más a Gómez, que Gómez a él. Me manifestó que a la hora que llegara aquí algún enemigo de usted, se lo manifestara **para meterlo en la cárcel y acabar con él** [...].[44]

Y a fin de que no quedaran dudas sobre la seriedad de aquel pacto siniestro, en esa misma conversación Machado reclamó a Trujillo honrar la palabra empeñada ocupándose de uno de sus enemigos, de apellido Jordán, quien, «[...] según sus informes, le constaba que se hallaba en Santo Domingo, seguramente bajo otro nombre».[45] Se cimentaba de esta manera, en el secreto de los entendidos verbales y bajo el arrullo de la lira poética de Osvaldo Bazil, una alianza criminal entre las dos dictaduras. La sangre de sus enemigos respectivos actuaría como cemento aglutinador y testimonio de un compadrazgo brutal que solo respetaba la lógica de retener el poder a cualquier precio.

Por irónico que parezca, también se usó cemento cubano, enviado por Machado y fabricado en sus factorías personales, para preparar el concreto con que Trujillo construyó su primer bunker dentro del Palacio Nacional, al que un previsor y un poco medieval Bazil recomendó adicionar un túnel secreto, «[...] para que usted pudiera, a la hora que le conviniera, ir de un lugar a otro sin ser visto [...]».[46]

Hermanados por la espada de los mamelucos

Entre los años 1932 y 1933, una vez consolidado en lo fundamental su control interno del país, Trujillo dio los primeros pasos para el despliegue de sus redes de inteligencia y terror en países vecinos, especialmente aquellos en que se habían refugiado sus enemigos. Donde existían gobiernos dictatoriales aliados, como es el caso de Cuba y Venezuela, y sin dejar de tener a su servicio fuentes alternativas y privadas de espionaje y *lobby*, las relaciones de esta naturaleza se establecieron de manera oficial, aunque eludiendo, en lo posible, que salieran a la luz pública.

No fue solo su astucia natural y el rodearse de hábiles conspiradores lo que llevó a Trujillo a ir basando su poder, de manera creciente, en esta guerra secreta y global contra sus adversarios, ni lo que lo llevó a crear mecanismos de inteligencia y terror cada vez más sofisticados. Para Julio Manuel Rodríguez,[47] gran parte de su éxito al aplastar todos los complots militares a que se enfrentó se debió a:

> [...] el bien organizado servicio secreto que poseía, pues aprendió desde sus días en el Constabulary la importancia de tener espiado a todo el mundo. Fue en los días de la intervención americana de 1916 a

> 1924 que por primera vez se organizó un servicio secreto en el país –concluye– cuyos agentes diseminados por toda la geografía nacional reportaban continuamente los movimientos de civiles y militares de cierto relieve.

En consecuencia, y bien aprendida la lección, no le fue difícil a Trujillo exportar fuera del país sus mecanismos de seguridad y represión ya probados en el interior, toda vez que el respeto a las leyes internacionales, que era lo único que podría limitarlo, jamás pesó en el ánimo de quien se sentía un predestinado divino para imponer su mandato, sin respetar fronteras ni otros límites que los de su absoluta voluntad.

No puede entenderse el *modus operandi* del dictador sin tener en cuenta quiénes y de qué manera lo formaron como militar y político; de quiénes aprendió esa pasión desenfrenada por el control total, sin desdeñar la puesta en práctica de métodos brutales. Tampoco la manera en que se podía desacreditar a las víctimas, establecer una feroz censura de prensa, incoar procesos legales amañados y hacer propaganda y adoctrinamiento alrededor de las medidas de higiene pública y modernización emprendidas. Todo eso, y más, lo aprendió un sagaz Trujillo de los ocupantes militares norteamericanos, especialmente del Cuerpo de Marines. Ellos fueron los encargados directos de sostener al gobierno militar de ocupación impuesto por Estados Unidos al país, desde el amanecer del 15 de mayo de 1916, que se prolongaría hasta el 13 de junio de 1924, cuando asumió la presidencia el general Horacio Vázquez. Las últimas unidades de Marines de la Segunda Brigada Provisional, solo se retirarían de suelo dominicano el 18 de septiembre de ese mismo año.

Desde un principio la Proclama de la Intervención Estadounidense[48] dejaba sentadas las reglas del juego.

Entre las primeras medidas del ocupante estuvieron el desarme de la población, la destitución de los ministros del gobierno de Francisco Henríquez y Carvajal, la censura de prensa, la prohibición de que ciudadanos dominicanos pudiesen ocupar las carteras de Interior y Policía o Guerra y Marina, y la creación de la llamada Guardia Nacional. Esta sería el *Alma Mater* del futuro dictador.

Al desembarcar en Santo Domingo, los marines venían precedidos por una sólida reputación como cuerpo expedicionario,[49] siempre listo para cumplir misiones fuera de las fronteras nacionales y ocupar territorios extranjeros. El Cuerpo estuvo inicialmente formado por dos batallones de Continental Marines al mando del capitán Samuel Nicholas, de Filadelfia. El 10 de noviembre de 1775, curiosamente en la Turn Tavern, tuvo lugar la constitución de lo que con el tiempo sería el símbolo de la expansión imperialista norteamericana.[50] Cuando sus efectivos desembarcaron en Santo Domingo, ya lo habían hecho antes, desde principios del siglo XIX, en sitios tan lejanos entre sí como Tripolí y Haití.[51] No en vano, junto al lema de *Semper Fidelis,* el Cuerpo aún se identifica con símbolos elocuentes: un ancla y un globo terráqueo vigilado por un águila.

Al tomar el control directo de la situación en el país, las tropas de ocupación pusieron bajo su mando a los remanentes de las fuerzas dominicanas del Ejército, la Marina y la Policía que no habían sido desarmadas, especialmente a la conocida como Guardia Republicana, considerada «una fuerza de élite», que se mantuvo junto a los marines, «[...] tomando parte en algunos choques con los forajidos».[52] Para reorganizarla, a tono con sus nuevas funciones, el contraalmirante H. S. Knapp, emitió la Orden Ejecutiva número 47, del 7 de abril de 1917, del Gobierno Militar.[53] Quedaba así constituida la Guardia Nacional Dominicana, inicialmente bajo el mando del teniente coronel George Thorpe, que cambiaría su nombre por el de Policía Nacional en virtud de la Orden Ejecutiva número 631, del 2 de junio de 1921. En 1928 se creó el Ejército Nacional.

> En su reporte anual de 1917 al gobierno de su país –señala Valentina Peguero–[54] el contraalmirante Knapp se quejaba de no poder contar con dominicanos «del calibre apropiado» que aceptaran cargos administrativos, por lo que los ocupaban funcionarios norteamericanos.

Lo mismo ocurría con la naciente fuerza represiva local de los ocupantes. «Sin el apoyo de la rica clase terrateniente, y sufriendo el rechazo popular, la Guardia Nacional Dominicana completó sus filas con representantes de los estratos sociales más bajos, que nada debían a las élites».[55] Esto explica la meteórica carrera militar de un desclasado como Trujillo, al servicio incondicional del gobierno de ocupación.

Los jefes y oficiales de Marines que tuvieron a su cargo la tarea de reprimir la resistencia dominicana contra el invasor, y de «pacificar» al país, habían servido antes en otras guerras y ocupaciones, por lo que trajeron sus experiencias tras haber tomado parte en lo que aún se llama, en el argot militar norteamericano, como «pequeñas guerras o campañas de contrainsurgencia».[56] Por ejemplo, el coronel Richard Malcolm Cutts, quien fuera jefe de los marines y del Constabulary en República Dominicana, entre 1923 y 1924, ya había tomado parte en la Guerra Hispano-cubano-norteamericana, de 1898, en la guerra contra los insurgentes filipinos, en 1903, en desembarcos en Cuba, en 1912, y en Honolulu, en 1915. Otros coroneles que tuvieron mando sobre esta fuerza, como George Crogahm Reid y James C. Breckinridge, habían servido durante la guerra de 1898 y la ocupación de Veracruz, en 1914, y en Filipinas, Cuba, Panamá, Nicaragua y México, entre 1899 y 1914, respectivamente.

La experiencia contrainsurgente y represiva de los Marines, ampliamente probada ya contra las poblaciones nativas de los países invadidos, se basaba en principios que se siguen recomendando hasta nuestros días, en la llamada «guerra contra el terrorismo», a saber, «[...] unidad de esfuerzos entre las fuerzas de ocupación, uso selectivo de la violencia, uso máximo de la inteligencia y construcción de un "gobierno responsable"».[57] De todos estos principios, el despliegue de amplias operaciones represivas y de inteligencia fue constante durante la ocupación dominicana, y lo que enseñaron con esmero a sus discípulos del Constabulary.

Los historiadores militares norteamericanos, capitán Stephen M. Fuller y Graham Cosmas en su obra *Marines in the Dominican Republic,*[58] de 1974, dedican espacio a analizar la manera en que el Cuerpo de Marines organizó este primer aparato nacional de inteligencia y represión, en la isla ocupada. Según ellos, los principales aportes del Cuerpo al éxito del gobierno militar fueron «[...] la supresión del bandidaje [sic], el entrenamiento del cuerpo policíaco nativo y algunas funciones desempeñadas en la administración civil».[59] La prioridad otorgada a la vertebración de un sistema propio de inteligencia, con cobertura nacional fue inicialmente motivada por la absoluta falta de conocimiento del país, y las dificultades confrontadas en la lucha contra la resistencia armada.

Los oficiales de Marines en Santo Domingo –afirman estos historiadores– atribuían la falta de éxito en su lucha contra los bandidos a la «sostenida falta de información de inteligencia sobre sus adversarios, a las dificultades con las comunicaciones, y a la descoordinación entre las patrullas».[60] Para poder enfrentar la situación, el país fue dividido en distritos militares, al frente de los cuales se ubicó a oficiales de Marines. «Tenían amplios poderes para arrestar personas y para investigar asuntos militares y civiles, llevando a cabo la vigilancia y el espionaje sobre los rebeldes y también, sobre los sospechosos de serlo»[61] –se afirmaba–. De esta manera quedaba establecido un *modus operandi* signado por la impunidad. Para dirigir todo aquello,

> [...] la Segunda Brigada del Cuerpo creó un aparato de inteligencia muy sofisticado para la época. Al frente del mismo se encontraba un oficial de inteligencia, que tenía representantes escogidos en los distritos y regimientos. Esa red usaba patrullas especiales, traductores dominicanos, investigadores e informantes con el objetivo de reunir información. Esos informes, no solo relacionados con la actividad de los rebeldes, sino también con asuntos políticos, económicos y sociales, se elevaban diariamente al Comandante de la Brigada, al Gobernador Militar y al Buró de Operaciones Navales y de Inteligencia. Existieron también resúmenes mensuales.[62]

El control del territorio dominicano por parte de las fuerzas de ocupación exigió de mapas fiables y actualizados, y de la compilación de todo tipo de datos sobre: su población, actividades económicas, historia y personalidades políticas. Esa tarea fue asumida por el Departamento de Inteligencia del Cuerpo de Marines. En un artículo publicado en septiembre de 1923 en la *Marine Corp Gazzette,*[63] el teniente Leslie H. Wellman detallaba los pasos dados para el cumplimiento de esta misión y sus resultados.

Por si fuera poco, desde su inicio el recién creado cuerpo policial dominicano tuvo entre sus filas a un nutrido grupo de oficiales de marines, clases y alistados con mando: 3 coroneles, 2 tenientes coroneles, 8 mayores, 15 capitanes, 23 tenientes, 4 artilleros navales, 9 sargentos primeros,[64] 3 sargentos de Cuartel Maestre, 6 sargentos artilleros, 19 sargentos, 29 cabos, un escribano y 13 marines rasos.[65]

Para 1926, en la mentalidad imperialista del Departamento de Estado norteamericano y en su brazo armado, el Cuerpo de Marines, era artículo de fe que la «estabilización» de las pequeñas naciones latinoamericanas, tras alguna de las *small wars* de turno, solo se podría garantizar mediante la disolución de sus ejércitos y la creación de cuerpos nativos de policía, bajo las órdenes de los ocupantes, y absolutamente fieles a ellos.

> No hay una cura política para esa enfermedad [latinoamericana] –afirmaba Ralph Stover Keyser, en un artículo publicado en junio de ese año, en el *Marine Corp Gazzette*[66]–la única posibilidad de romper el círculo vicioso descansa en la creación de fuerzas policíacas [nativas]. Solo una espada cortará el Nudo Gordiano [...]. Si no se aprovecha esta oportunidad, los marines tendrán que seguir desembarcando.

La pobre opinión que merecía el pueblo dominicano a los ojos del invasor permeó la mentalidad de los nuevos oficiales policiales que formó, entre ellos el propio Trujillo. Al producirse la invasión, era jefe de la guardia particular del ingenio Boca Chica, entrando al nuevo cuerpo, por solicitud propia, el 18 de diciembre de 1918, recibiendo de inmediato el grado de segundo teniente. En enero de 1919 es asignado a la Oncena Compañía, que desarrollaba acciones contra-guerrilleras al este del país, en El Seibo. Al abrirse la escuela de entrenamiento de oficiales de Haina, en agosto de 1921, recibió un curso de cuatro meses, formando parte de su primera graduación. Precisamente, un artículo publicado por su fundador, el capitán Edward A. Fellowes en la *Marine Corp Gazzette,* de diciembre de 1923,[67] permite constatar la manera en que percibían los ocupantes a sus compañeros de armas dominicanos, y lo que ello pudo significar en la formación de la mentalidad de la futura élite policial y militar del país.

> Nuestros primeros alistados [aspirantes a oficiales en la fuerza policial en formación] eran los hombres más ignorantes y los especímenes más crudos posibles en lo tocante a inteligencia. Los reclutas más negros eran gigantes de mente simple, que cumplían las órdenes por el hábito de la disciplina, carentes de sentido de la responsabilidad e iniciativas. Los de piel más clara [algo de lo que siempre se preció Trujillo] eran, por lo general, los más inteligentes [...]. El soldado dominicano es un luchador fiero, implacable, que seguirá a sus jefes a cualquier parte, pero incapaz de asumir tareas responsables [...].

Esa misma opinión era compartida por el oficial Henry C. Davis, autor también de un *Himno de los Marines,* quien estuvo destacado en San Pedro de Macoris, entre enero de 1917 y julio de 1918.

> El dominicano solo respeta la fuerza –escribió en el artículo «Indoctrination on Latin American Service», de junio de 1920–. Para ganar su respeto, usted deberá poner mano dura en su trato [...]. [En esta zona], solo un carácter fuerte será fuente de respeto. Durante toda su vida han tenido amos y reconocen la necesidad de tenerlo [...].

La colaboración entre el aparato de inteligencia del Cuerpo de Marines y los órganos represivos del trujillismo, no se limitaría a este momento inicial en que en sus escuelas se formaron los represores del pueblo dominicano. Tampoco en la transferencia ideológica y de técnicas de contra-insurgencia con que se nutrieron las élites militares de la dictadura, empezando por el propio dictador. Existen numerosas evidencias de que tal cooperación se mantuvo en etapas posteriores a la evacuación, y durante toda la larga noche de la dictadura. Sirva, a manera de ejemplo, la colaboración, discreta pero tenaz que la inteligencia de los Marines prestó al espionaje, control y persecución de los exiliados dominicanos anti-trujillistas asentados en la ocupada Haití, período que se extendió desde julio de 1915 hasta agosto de 1934.

En carta de don Francisco Henríquez y Carvajal a Bazil, del 21 de julio de 1932, enviada desde Puerto Príncipe, Haití, donde se encontraba al frente de la Legación, el ex presidente dominicano y activo opositor a la ocupación militar norteamericana de su país, le comentaba que:

> [...] la Policía [haitiana, formada también por los ocupantes], a juzgar por lo que dicen los periódicos, está tan prevenida contra ciertos cubanos [exiliados revolucionarios], que parecen tener misiones secretas [...]. Y lo singular parece ser que son oficiales americanos los más decididos a actuar.[68]

El 30 de septiembre de 1933, Arturo Logroño, secretario de Estado de Relaciones Exteriores, reenvía a Trujillo la comunicación confidencial remitida desde la Legación dominicana en Puerto Príncipe, dando cuenta del arribo del vapor *Carimare* con 10,000 volantes antigubernamentales de la Organización Democrática Dominicana. Como el objetivo era introducirlos clandestinamente en el país, los diplomáticos dominicanos en Haití recomendaban activar la vigilancia en las fronteras y someter a un minucioso registro a los pasajeros del buque, al arribar a

Santo Domingo. «Policía Secreta americana –afirmaban– ayúdanos activamente».[69]

También, con la entusiasta cooperación de la inteligencia de los Marines, enemigos naturales de los revolucionarios de cualquier signo ideológico y nacionalidad, Trujillo logró la intercepción de la correspondencia de sus enemigos, aún cuando esta circulara fuera de sus fronteras. Así se evidencia en carta de Ángel Morales a Federico Velázquez, del 18 de diciembre de 1933, remitida desde La Habana a Puerto Rico. «No escriba por Haití –recomendaba Morales– porque el gobierno de Vincent[70] está aliado con el de Trujillo para unificar sus maldades». Idéntica sospecha se aprecia en la respuesta a la carta anterior de Velázquez.[71]

A finales de 1926, de paso entre Islas Vírgenes y Haití en viaje de inspección, el general de Marines George Richards fue el primer oficial norteamericano de alto rango que visitó el país, tras la retirada. Era presidente Horacio Vázquez y jefe del Ejército el entonces coronel Trujillo, quien no desperdició la ocasión para rendir tributo a sus maestros en el arte del control y la represión de su propio pueblo. Una crónica anónima de la visita fue deslizada, con toda intención, en las páginas del número de *Marine Corp Gazzette*[72] correspondiente a noviembre de 1930, seis meses después de que Trujillo hubiese tomado el poder, como «presidente electo».

> El general Richards consideró a Trujillo un hombre muy interesante –se afirmaba– este último le contó de sus servicios a las órdenes de los marines, de su amistad con el coronel Cutts y el mayor Thomas E. Watson,[73] y de que sus éxitos en el servicio se debían a las enseñanzas recibidas de Watson [...]. El coronel Trujillo es de la opinión de que el Ejército Nacional es impopular por llevar el uniforme de los Marines, pero que él y sus oficiales estaban

> orgullosos de haber sido formados por ellos [...]. Al entregarle como presente de Trujillo una de las espadas, que son el arma reglamentaria de los oficiales dominicanos, idéntica a las usadas por los oficiales de Marines, el teniente Padilla comunicó al general Richard, «[...] que el coronel Trujillo quería hacerle saber de esta manera que, para honrar a los Marines, se ha adoptado su espada como la espada de nuestro Ejército».

Se trataba de la réplica de un sable curvo sarraceno, conocido como «La espada mameluca», copia de la obsequiada por el virrey Otomano, príncipe Hamet, al primer teniente de Marines Presley O. Bannon, en diciembre de 1805, por la participación de su tropa en la Batalla de Derne, durante la Primera Guerra Berberisca. Desde 1825 es la espada oficial de los marines. La que con toda intención Trujillo adoptó para sus oficiales.

La que se necesitaba, en opinión de los estrategas imperiales, para cortar el Nudo Gordiano de la región.

Notas

1 Osvaldo Bazil Leiva: (Santo Domingo, 9 de octubre de 1884 - 5 de octubre de 1946). Poeta, escritor, periodista y diplomático. Mantuvo una estrecha amistad con Rubén Darío, a quien conoció en La Habana. Es considerado el máximo exponente del modernismo en el país. Publicó dos importantes antologías poéticas, *Parnaso dominicano,* en 1915 y *Parnaso Antillano,* 1916. También publicó *Movimiento intelectual dominicano* (1924), *Vidas de iluminación* (1932), *Cabezas de América* (1933), *La cruz transparente* (1939) y *Santo Domingo y su Jefe: Remos en la sombra* (1946). Fue cónsul en Boston, a los 19 años, y luego en Santiago de Cuba. Secretario de primera clase en Puerto Príncipe, cónsul general en Barcelona y encargado de negocios en La Habana, en 1911. Ministro en Madrid, en 1928, encargado de negocios en Londres, en 1930, y ministro en Cuba, a partir de 1931 y hasta 1933, donde cesó, tras el derrocamiento de Machado, por sus estrechos vínculos con este. Fungió en 1934 como secretario de Estado de Trabajo y Comunicaciones. Mantuvo

intimas relaciones con Trujillo, quien lo consideraba «el más sobresaliente de nuestros poetas», aunque al parecer también sufrió sus desplantes. Para la Secretaría de Estado de Estados Unidos, en su «Report on Leading Personalities Dominican Republic» de 1934, Bazil era «un hombre de cerca de 48 años, con un ligero tono de color en su piel, casado con una cubana rica (Leonor Artamendi, de Matanzas), que incurrió en Madrid en impago de deudas: un sujeto de naturaleza nerviosa».

2 R.A. Font Bernard: «Trujillo y Haití», en: http://www.hoy.com.do/opiniones/2004/3/6/13684

3 Osvaldo Bazil en La Opinión, del 22 de junio de 1931: «Yo he visto el cadáver del general Desiderio Arias. El espíritu revolucionario ha muerto en el pueblo dominicano. El país quiere vivir en paz. Todos los mejores soldados de Arias, todas sus mejores columnas, están identificadas con el gobierno del general Trujillo [...]». Diecisiete días antes Bazil publicó en este mismo periódico la reseña «Vida de don José Trujillo y Monagas», sobre un libro de 1882 dedicado al abuelo del dictador, quien había sido tres veces y por más de 18 años, jefe de la Policía colonial de La Habana. «Como escritor y dominicano –afirmaba– gozo leyendo este libro que narra historias de preclaros varones de leyenda». Tras identificar al abuelo con el nieto, y a este como amante de los versos, Bazil no tuvo reparos en agregar un remitido de Alfonso Luis Fors, jefe de la Policía Judicial de Machado, alabando «el ilustre y preclaro abolengo» del presidente Trujillo. Fors se refugiaría bajo esta dinastía, tras la caída de Machado, ayudaría a formar la policía secreta del trujillato, y moriría en un atentado en La Habana, el 18 de octubre de 1953.

4 Carta de Bazil a Trujillo, 13 de agosto de 1931, AGN, fondo Bernardo Vega.

5 Cable de Bazil a Trujillo del 8 de agosto de 1931. AGN, fondo Bernardo Vega. Inicialmente, la alerta de las autoridades machadistas iba dirigida a impedir que el buque recalara en puertos dominicanos, para lo cual solicitaban ayuda de Trujillo. En nota manuscrita sobre el texto del cable puede leerse: «Se ha tomado nota y que [Trujillo] está dispuesto a ayudar al gobierno amigo del general Machado en todo lo que así se ha solicitado».

6 Carta de Bazil a Trujillo, del 9 de agosto de 1931. AGN, fondo Bernardo Vega.

7 Ibídem.

8 Carta de Osvaldo Basil, del 14 de agosto de 1931. AGN, fondo Bernardo Vega.

9 Carta de Bazil a Trujillo, del 12 de noviembre de 1931. AGN, fondo Bernardo Vega. «Le envío con carácter confidencial la copia de un informe que esta mañana me mostró el Secretario de Estado, a quien prometí que usted no permitiría jamás que en Santo Domingo se fraguara un movimiento contra el gobierno del general Machado. Escríbame por avión una carta que pueda mostrar [...]».

10 Carta de Trujillo a Bazil, del 19 de noviembre de 1931. AGN, fondo Bernardo Vega. «En relación con el asunto de la nota puede dar al gobierno de ese país amigo la seguridad de que el gobierno

dominicano no permitirá que aquí se haga labor sediciosa contra él. Se puede tener plena confianza en esta declaración y espero que así se lo hará conocer al presidente Machado».

[11] Se trataba del capitán Aníbal Vallejo y el teniente Frank Félix, con quienes Trujillo sostuvo correspondencia interesándose en sus estudios. En carta del 22 de septiembre, Trujillo los felicitaba por el éxito alcanzado, la que es respondida por el capitán Vallejo, con fecha 19 de diciembre: «Bueno, mi querido general, ya usted cuenta con dos pilotos aviadores militares en su Ejército, que siempre han estado dispuestos al cumplimiento de cualquier orden suya». A su vez, este le comentó a Bazil, en carta del 26 de diciembre: «Todo ha culminado en una hermosa realidad que yo ansiaba, interesado, como me hallo en poder contar con un cuerpo de aviación [...]». AGN, fondo Bernardo Vega. El capitán Vallejo será acusado de participar en la conspiración militar del coronel Leoncio Blanco, en 1933, guardará prisión hasta 1937 y será asesinado ese mismo año por órdenes de Trujillo.

[12] Carta de Trujillo a Bazil, del 2 de enero de 1932: «Obtenga una lista detallada de las armas, pues de convenirme podría hacer una compra de ellas al gobierno cubano [...]». AGN, fondo Bernardo Vega.

[13] Aparentemente, se trató de una solicitud de su padre, José Manuel Carbonell y Rivero, nacido en Alquízar en 1880 y muerto en La Habana, en 1968, periodista independentista que alcanzó los grados de teniente combatiendo en la manigua. Compilador de la monumental Evolución de la cultura cubana (1608-1927) publicada en 1928, en 18 tomos. En esta época era miembro de la Academia Cubana de la Lengua, de la de Historia, y presidente de la Nacional de Artes y Letras. Así lo solicitó a Max Henríquez Ureña, secretario de Estado de Relaciones Exteriores, por indicaciones de Bazil, en carta del 14 de diciembre de 1931. (AGN, fondo Relaciones Exteriores 1923-1939, legajo 707 912). Apenas 16 días después, ya Trujillo y Max Henríquez Ureña habían firmado el nombramiento (Max Henríquez Ureña a Carbonell, del 30 de diciembre de 1931, ibíd). El joven abogado era nieto de Néstor Leonelo Carbonell Figueroa, capitán del Ejército Libertador, periodista y cercano colaborador de Martí, nacido en Sancti Spíritus, el 22 de mayo de 1846 y muerto en La Habana, el 8 de noviembre de 1923.

[14] Bazil a Trujillo, sin fecha, nota manuscrita anterior al 2 de enero de 1932. AGN, fondo Bernardo Vega.

[15] De Bazil a Trujillo, carta del 4 de enero de 1932. AGN, fondo Bernardo Vega.

[16] La Opinión era uno de los tres periódicos más importante del país, al asumir Trujillo el poder. Caracterizado por Alejandro Paulino como «órgano no oficial del trujillismo» (ver «Los intelectuales al inicio de la dictadura de Trujillo». En: http://encontrarte.aporrea.org/media/los iintelectualesal inicio de.pdf), había surgido como revista ilustrada, convirtiéndose en periódico vespertino en 1927. En él se formaron futuros cuadros intelectuales de la dictadura como Ramón Marrero Aristy y José Ángel Saviñón. Según José Pérez Sánchez. Ver: «La Prensa durante los primeros años de Trujillo»,

en: http://www.monografias.com/trabajos-pdf-2/prensa-escrita... pdf), «[...] en 1946 Trujillo lo usó y lo adquirió a mediados de ese año. Ramón Fernández Mato lo dirigió a principios de 1947, hasta que desapareció en ese año, ahogado económicamente».

17 Ibídem.

18 Álvaro Álvarez figura junto a Osvaldo Bazil, Américo Lugo, Rafael Estrella Ureña, y Manuel Peña Batlle, entre otros, en la lista de «periodistas condenados, agredidos o perseguidos» por el gobierno de Horacio Vázquez compilada por Emilio A. Morel en *Desde mi sector*, publicado en 1936, y citado por Alejandro Paulino en «Los intelectuales al inicio de la dictadura de Trujillo». En: http://encontrarte.aporrea.org/media/los iintelectualesal inicio de.pdf. En uno de los Legation Reports, de Schoenfeld al Secretario de Estado, del 13 de febrero de 1934 (839.00/3753.RG 59. National Archive), se afirmaba que Álvarez había sido represaliado «al ser eliminado de las boletas para elegir Diputados [...]».

19 De Bazil a Trujillo, carta del 4 de enero de 1932. AGN, fondo Bernardo Vega.

20 Ibíd. «Aquí sería imposible la publicación de injurias o de insultos a ningún Jefe de Estado. No ahora, bajo la previa censura, sino por recomendaciones desde hace tiempo emanadas del presidente Machado [...]».

21 De Trujillo a Bazil, carta del 28 de enero de 1932. AGN, fondo Bernardo Vega.

22 Bazil a Trujillo, carta del 4 de febrero de 1932. AGN, fondo Relaciones Exteriores, Legación dominicana en La Habana, legajo 707 706.

23 Bazil a Trujillo, carta confidencial número 5, del 7 de enero de 1932. AGN, fondo Relaciones Exteriores, Legación dominicana en La Habana, legajo 707 706.

24 Miguel Mariano Gómez: (6 de octubre, 1889-26 de octubre, 1950) Político cubano, hijo del presidente José Miguel Gómez y él mismo presidente de la República en 1936, el primero elegido por el voto popular, tras la tiranía de Machado. Alcalde de La Habana, en 1926 y 1934, se opuso al machadato, por lo que tuvo que exiliarse en Nueva York. Destituido por el Congreso, a los siete meses de ocupar la presidencia, acusado de extralimitarse en sus poderes, había protagonizado una ardua confrontación con el coronel Batista, jefe del Ejército.

25 Sergio Carbó Morera: (1892-1971) Periodista cubano, colaborador de *El Fígaro, La Discusión* y *El Día,* del que fue director en 1915. Fundador de *La Libertad* y *La Semana*, en 1921. Decidido opositor de Machado, fue uno de los jefes de la expedición de Gibara, en 1931. Como miembro de la Pentarquía, tras el fin de la dictadura, fue responsable de haber firmado el ascenso de Batista de sargento a coronel, fortaleciendo su papel en la política de la época. En 1937 fundó Radiodiario Nacional, y *Prensa Libre* en 1941. Después de 1959 se enfrentó a la Revolución cubana y marchó a Estados Unidos, donde murió.

26 Bazil a Trujillo, carta confidencial número 5, del 7 de enero de 1932. Fuente citada.

27 Ibídem.

28 Hebert Clark Hoover (10 de agosto, 1874-20 octubre, 1964). Político norteamericano, 31 presidente de la nación. Graduado de ingeniero en la universidad de Stanford. Desarrolló una campaña filantrópica tras el fin de la Primera Guerra Mundial que le ganó un buen prestigio. Fue secretario de Comercio, en 1921, en el gabinete Harding. Postulado por el Partido Republicano en las elecciones de 1928, alcanzó la presidencia. Inició su mandato en un clima de prosperidad hasta que estalló la Gran Depresión, el 24 de octubre de 1929. La subestimó y delegó la lucha contra el desempleo en los gobiernos locales, lo que lo hizo impopular. En las elecciones de noviembre de 1932 fue derrotado por Franklin Delano Roosevelt.

29 Bazil a Trujillo, carta confidencial número 5, ibíd.

30 Ibídem.

31 Ibíd. «Él [Machado], me recordó que se valió de mi para informarle de que Carbó no debía seguir revolucionando en Santo Domingo, y que sabía que usted lo hizo salir del país [...]» y que «[...] estamos entendidos [sic], y quedamos en que llegaremos al convenio, pero que mientras tanto, estoy dispuesto a prestarle la ayuda que él necesite [...]». Sobre una posible visita oficial de Machado a República Dominicana, informaba Bazil que «[...] me dijo el presidente Machado que él siempre mantenía su ilusión de ir a Santo Domingo [...]».

32 Trujillo a Bazil, carta del 15 de enero de 1932. Ibíd.

33 Ibídem.

34 Bazil a Trujillo, carta del 15 de enero de 1932. Ibíd. «Me ocupo del cambio de impresiones sobre su viaje a Cuba, y del programa oficial de actos [...]. Quedó convenido celebrar un intercambio de condecoraciones entre usted y el presidente Machado, quien le impondrá la Gran Cruz de Carlos Manuel de Céspedes, en su categoría más alta [...]».

35 Bazil a Trujillo, carta del 19 de enero de 1932. Ibíd.

36 De Bazil a Trujillo, carta del 18 de enero de 1932. AGN, fondo Relaciones Exteriores, Legación dominicana en La Habana, legajo 707 706.

37 Ver cartas de Bazil a Trujillo del 13, 15, 16, 18, 20 y 21 de enero de 1932. Fuente citada. El programa de la visita, preparado en conjunto con las autoridades cubanas, comprendía una parada militar, banquete oficial en Palacio, intercambio de condecoraciones, un concierto, recepción en el Capitolio, un día de campo en la finca Nenita, y esa misma noche, la «fiesta privada», en la finca Mariana, del senador Camps. El Dr. Ferrara, con plena razón, propuso agregar una visita al Presidio Modelo, de Isla de Pinos. Bazil le indicaba a Trujillo traer «uniforme militar, frac, chaquet, smoking , y 4 o 5 trajes de calle, aparte de su ropa interior [...]». La seguridad estaría garantizada por «una guardia especial, aparte de una porción de detectives». En cuanto a la ruta del viaje, para no tener que tocar Haití, se recomendaba la de «Macorís-Nuevitas-La Habana». Entre los destinatarios de las donaciones «de no menos de $500 a cada uno», estaban los asilos para niños ciegos y tuberculosos, que habían quedado sin subvenciones del gobierno «por forzosos

reajustes», y entre los honrados con la entrega de fotos dedicadas, se contemplaba «a los periódicos».

38 De Bazil a Trujillo, carta del 13 de enero de 1932. Fuente citada.

39 De Bazil a Trujillo, carta del 21 de enero de 1932. Ibíd.

40 De Bazil a Trujillo, carta del 20 de enero de 1932. Ibíd.

41 El subrayado es del original.

42 Bazil a Trujillo, carta del 21 de enero de 1932. Fuente citada.

43 Bazil a Trujillo, carta del 22 de abril de 1932. AGN, fondo Relaciones Exteriores, Legación dominicana en La Habana, legajo 707 706.

44 Ibídem.

45 Ibídem.

46 De Bazil a Trujillo, carta del 9 de enero de 1931. AGN, fondo Relaciones Exteriores, Legación dominicana en La Habana, legajo 707 706. Se reseña en la misiva la compra de pintura y 800 barriles de cemento Portland en la fábrica propiedad de Machado, administrada por el capitán Vila. Se enviaron por tren a Santiago de Cuba y de ahí por vía marítima a Santo Domingo. Bazil se brindó para enviarle a Trujillo las losetas blancas que debían recubrir el túnel aconsejado, «entre la Mansión y el Cuartel».

47 Julio Manuel Rodríguez Grullón: «Primeras conspiraciones militares contra Trujillo», en: http://juliomanuelrodríguez.blogspot.com/2009/08-primerasconspiraciones...html.

48 Proclama de la Intervención Estadounidense, del 29 de noviembre de 1916, del capitán Harry S. Knapp, comandante del Cuerpo Force: «Declaro y proclamo [...] que la República Dominicana queda por la presente puesta en un estado de ocupación militar por las fuerzas bajo mi mando y queda sometida al Gobierno Militar y al ejercicio de la ley militar. Esta ocupación militar no es emprendida con el propósito, ni inmediato ni ulterior, de destruir la soberanía de la República Dominicana, sino al contrario, es la intención ayudar a este país a volver a una condición de orden interno que lo habilitará para las condiciones de cumplir [...] las obligaciones que le corresponde, como miembro de la familia de naciones [...]».

49 Aún hoy, el Cuerpo de Marines continúa reivindicando con orgullo su carácter de «primera fuerza expedicionaria de Estados Unidos», y de ser «los primeros en llegar, los primeros en ayudar y los primeros en pelear». «Cuando el compromiso de nuestra nación con la democracia sea desafiado –afirman en su página web oficial–; cuando nuestros intereses nacionales sean amenazados, en tiempos de desastres internacionales, crisis y guerras, los Marines siempre estaremos preparados [...]». Ver: http://www.marines.com/main/index/making_marines/culture/traditions/first_ to_ fight.

50 En junio de 1916, el Cuerpo de Marines contaba con 348 oficiales y 10,253 marines. En octubre del 2005, transcurridos 230 años desde su fundación, y 89 años de la ocupación de República Dominicana, el Cuerpo de Marines contaba con 203,000 efectivos, en activo, y 40,000 más en la reserva.

51 Para 1916 la cronología con los hechos de armas protagonizados por esta tropa de choque imperial incluía ya desembarcos y ocupación en Marruecos, Samoa, Grecia, territorios indios, Azores, México,

Comores, Congo, Perú, Hawaii, Japón, Filipinas, Cuba, Puerto Rico, Guam, Haití, Panamá, Nicaragua y China, entre otros.

52 Un interesante recorrido por lo sucedido aquellos años, y por las ideas estratégicas que aconsejaron la creación de un cuerpo militar nativo al servicio de los ocupantes, donde se formaría Trujillo, puede ser consultado en la *Marine Corp Gazzette*, órgano oficial del Cuerpo, fundado en 1916, en Quántico, por el entonces coronel John A. Lejeune, que llegaría a ser comandante general entre 1920 y 1929. Aún se edita. Sobre este tema ver, de Charles F. William «La Guardia Nacional Dominicana», *Marine Corp Gazzette*, septiembre de 1919. En: http://www.mca-marines.org/gazzette

53 Orden Ejecutiva del Gobierno Militar número 47, del 17 de abril de 1917, citada por William, *ob. cit:* «La Marina y la Guardia Republicana fueron absorbidas por la Guardia Nacional Dominicana [...]. El oficial al mando de la Guardia Nacional Dominicana será un ciudadano de Estados Unidos [...]». Aquellos primeros guardias recibían $0.20 centavos diarios para su alimentación y US$45.00 al año para la ropa. Los cocineros US$5.00 extra cada mes. Para el cuidado de los caballos se asignaba un poco más.

54 Valentina Peguero: *The Militarization of Culture in the Dominican Republic: From the Captains General to General Trujillo*, en: http:// books.google.es/books.

55 «Dominican Constabulary Guard», en: http://www.country-data.com/gi-bin/query/r-3871.html

56 El concepto de «pequeñas guerras» o «small wars» surgió como resultado de las experiencias de lucha contrainsurgente y de ocupación de territorios extranjeros por parte de potencias coloniales occidentales y del Cuerpo de Marines de Estados Unidos, especialmente después del fin de la Guerra Hispano-cubano-americana, de 1898, y ha continuado elaborándose hasta nuestros días. La primera exposición teórica del mismo puede hallarse en la obra *Small Wars: Their Principles and Practice* (1896) del coronel C. E. Calwell, del ejército británico, quien había participado en la segunda guerra Afgana y en la primera guerra Anglo-Boer. Los primeros teóricos del cuerpo de Marines fueron el mayor S. M. Harrington con su obra *The Strategy and Tactics of Small Wars*, de 1921, y el mayor C.J. Miller con *Diplomacy and Spurs in Dominican Republic*, de 1923. Como colofón de esta línea de pensamiento, vio la luz el *Small Wars Operations*, de 1935 publicado por el Cuerpo de Marines, cuya edición revisada y ampliada de 1940 recibió el nombre de *Small Wars Manual*. Desde el 2005, existe en Estados Unidos una Small Wars Foundation que edita una revista del mismo nombre y promueve una reflexión y actualización de las experiencias contrainsurgentes occidentales, motivada por la resistencia a la ocupación norteamericana en Iraq y Afganistàn.

57 «Military Operation in Low Intensity Conflict». Headquarter Department of the Army and Air Force, Normativa FM 100-20/AFP 3-20, del 12 de mayo de 1990. En: http://earthops.org/sovereign/low_intensity/100-20.2.html.

[58] Cap Stephen M. Fuller y Graham Cosmas: «Marines in the Dominican Republic, 1916-1924», de 1974. En: http://www.USMC.Mil/News/Publications/Documents/Marines...
[59] Ibíd, p.33.
[60] Ibíd, p. 41.
[61] Ibíd, pp. 52-55.
[62] Ibíd, p. 58.
[63] Leslie H.Wellman: «Mapping Activities and Compilation of Hand-Books by the Second Brigade, USMC, in the Dominican Republic». En: *Marine Corp Gazzette. Ob. cit.,* septiembre de 1923. Puede consultarse también, en la misma publicación, el artículo «Diplomatic Spurs», de Charles J. Miller, de febrero de 1935. Por ambos es posible conocer que la misión del levantamiento topográfico fue distribuida entre los Regimientos de Marines, y coordinada por oficiales de Inteligencia. Concluyó en 18 meses, obteniéndose un mapa estratégico del país, mapas políticos, judiciales y administrativos de cada provincia, mapas de carreteras y caminos, y planos de las ciudades y pueblos más importantes. El *Manual de la República Dominicana, 1922-23,* contaba de dos volúmenes y un total de 456 páginas.
[64] Entre ellos, Charles A. Mc Laughlin, quien sería socio de Trujillo en sus empresas, garante de su contabilidad, y que ocuparía el lucrativo cargo de jefe de Intendencia y Logística en el Ejército Nacional bajo su mando
[65] Ver: «Marines in the Dominican Republic», ob. cit., Apéndice A, sobre oficiales, clases y alistados de marines que sirvieron en el Constabulary dominicano.
[66] Ralph Stover Keyser: «Constabularies for Central America», *Marine Corp Gazzette, ob. cit.,* junio de 1926.
[67] Edward A. Fellowes: «Training Native Troops in Santo Domingo», *Marine Corp Gazzette, ob. cit.*, diciembre de 1923. Ver también, en la propia publicación, «Indoctrination in Santo Domingo», del teniente Robert C. Kilmartin, de diciembre de 1922, y de Henry C. Davis «Indoctrination on Latin American Service», de junio de 1920.
[68] Don Francisco Henríquez y Carvajal a Bazil, carta del 21 de julio de 1932. AGN, fondo Relaciones Exteriores, Legación Habana, legajo 707 707.
[69] De Logroño a Trujillo, memorándum 5367, del 30 de septiembre de 1933. Bernardo Vega. Control y represión en la dictadura trujillista, Fundación Cultural Dominicana, Santo Domingo, 1986, p. 45.
[70] Stenio Joseph Vincent: Presidente de Haití del 18 de noviembre de 1930 hasta el 15 de mayo de 1941. Nació el 22 de febrero de 1874 y falleció el 3 de septiembre de 1959. Fue presidente de la Cámara de Representantes de su país en 1915 y encabezó una campaña política contra la ocupación norteamericana de Haití. Al asumir el poder desplegó medidas autoritarias contra sus rivales, como Jacques Roumain y Max Hudicout. Se convirtió en uno de los líderes más pro-norteamericanos del hemisferio, y sostuvo cordiales relaciones de cooperación con la dictadura trujillista. En 1941, en medio de amplias protestas populares, entregó la presidencia a Ellie Lescot.

[71] Ver, de Velázquez a Morales, carta del 22 de diciembre de 1933. Bernardo Vega, ob. cit., pp48-49

[72] «Santo Domingo after the Marines», *Marine Corp Gazzette, ob. cit.*, noviembre de 1930.

[73] Thomas E. Watson, conocido como *Terrible Tommy*, fue un destacado oficial de Marines, que alcanzaría el grado de teniente general. Nacido el 18 de enero de 1892, falleció el 6 de marzo de 1966, tras servir en el Cuerpo desde 1912 hasta 1950. Como segundo teniente estuvo destacado en República Dominicana, entre 1916 y 1919, y en una segunda estancia, entre 1920 y 1924, formando parte de la Guardia Nacional. Por su cercana amistad con Trujillo, fue nombrado attaché naval en Santo Domingo, cargo que desempeñó de octubre de 1930 a febrero de 1934, contribuyendo a cimentar la hermandad entre los gobiernos norteamericanos y el dictador.

Capítulo 3
CONTACT MAN EN LA HABANA

Para Trujillo, 1932 había comenzado con la febril actividad de siempre. Pocos detalles y esferas de interés escapaban a sus agudos sentidos de la vista y el olfato. Y como siempre, la primera tarea, la que consumía más tiempo en su apretadísima agenda, era la de vigilar, controlar, y en lo posible, ahogar en la cuna cualquier atisbo de acción o plan conspirativo de sus enemigos internos y externos.

Trujillo se armaba, fortalecía su ejército y sus cuerpos de inteligencia, aceitaba la máquina propagandística que siempre le acompañaría, compraba armamento y tejía alianzas represivas secretas con sus pariguales de la región, sin dejar, ni por un momento de cortejar al gobierno norteamericano, a sus banqueros, diplomáticos y militares.

En sus relaciones con la dictadura de Machado,1932 sería el año de la consolidación y el despliegue de nuevos proyectos. Una vez asegurada la buena voluntad y la cooperación secreta del dictador cubano, Trujillo se lanzó a explorar y hacer un uso intenso de todo lo que esta alianza le permitía. Osvaldo Bazil, su eficiente representante en La Habana, recibiría órdenes sin cesar, ocupándose de asuntos tan disímiles como tomar nota de la experiencia cubana en la producción de pan de yuca, explorar los precios de los armamentos en venta, proponer la actualización del tratado de extradición entre ambos países y avalar la contratación de compañías teatrales y coristas que aceptasen girar por la isla vecina.

Enero comenzaba con un proyecto estratégico para el sostenimiento de la dictadura dominicana: la creación de su Fuerza Aérea, para lo cual se solicitó el dictamen de una comisión de expertos militares cubanos.

El 13 de enero Trujillo enviaba a Bazil dos proyectos para que, a través del capitán Vallejo, se sometiesen a los especialistas cubanos. Uno era el de un avispado empresario norteamericano de apellido Ottinger, que mezclaba los aspectos militares con la rentabilidad de una empresa de aviación civil, y el otro, del propio capitán Vallejo. El 2 de febrero un impaciente Trujillo indicaba a su Ministro en La Habana, «[...] que esperaba en el vapor *Guantánamo* la anunciada contestación de los técnicos cubanos».[1] Nueve días después recibía un dictamen de nueve páginas, firmado por los tres miembros de la comisión, encabezada por el capitán piloto Mario Torres Menier, presidente ejecutivo del Cuerpo de Aviación Militar cubano.[2] Curiosamente, sería Torres Menier y su amenaza de bombardear el Palacio Presidencial lo que precipitaría la renuncia y fuga del país de Gerardo Machado, el 13 de agosto de 1933.

Por el Decreto 283 del presidente Trujillo, se creaba este mismo año el Arma de Aviación del Ejército Nacional, y se designaba al capitán Vallejo como su comandante. El 1° de marzo, a solicitud de Bazil, la Secretaría de Guerra y Marina de Cuba[3] autorizó vuelos sobre el territorio nacional del capitán Figueroa, conduciendo a República Dominicana aviones de guerra adquiridos en Estados Unidos. En el continuado apoyo militar cubano al régimen de Trujillo, para agosto, Bazil logra que se autorice la contratación por su gobierno del raso Quírico Cruz, experto en la reparación de alas de aviones.[4]

La ansiedad febril por armarse y estar en condiciones de defenderse de enemigos reales o supuestos llevó a Trujillo a ordenar a Bazil la ampliación de sus gestiones en otras direcciones, como por ejemplo, la búsqueda de ofertas de armas y municiones de infantería, bombas de aviación y buques de transporte. En este último caso, se agregaba la necesidad de comprar un yate para uso personal del Presidente, incluso, de invertir en la Empresa Naviera de Cuba en lo que, a todas luces sería un lucrativo negocio personal para Trujillo y le permitiría un control absoluto sobre los buques de carga y pasajeros que rendían servicios en la estratégica ruta entre Cuba y Santo Domingo.

Según los documentos disponibles, la primera alusión de Trujillo a la posibilidad de comprar armas en Cuba data de fecha tan temprana como el 2 de enero de1931, precisamente, respondiendo a una sugerencia de Bazil. «Obtenga una lista detallada del armamento del que me habla en su carta –le indicaba– pues de convenirme, podría hacerle una compra al gobierno cubano».[5]

El 19 de abril, y cumpliendo órdenes de su jefe, Osvaldo Bazil inspecciona el buque *El Rápido,* acompañado por el Sr. Cadenas, capitán de navío de la Marina de Guerra cubana. Se trataba de un buque construido en Francia, usado para cazar minas durante la Primera Guerra Mundial, y que pertenecía a la Empresa Naviera de Cuba. En el recorrido fueron acompañados por Julián Alonso, gerente de la misma, y por Eusebio Coterillo, su inspector, un viejo amigo y colaborador del dictador, que sería también su espía y testaferro en la compra de inmuebles en Cuba. El informe final fue desalentador.

> Mi impresión al entrar al barco –apuntaba Bazil, siempre metafórico– es el de una casa en plena

> ruina [...]. De buena máquina y casco deficiente, considera Cadena que es un robo pedir $35,000 pesos por él. Si usted ofrece $ 20,000 lo aceptarán, porque esta compañía está «reventada», como dicen en Cuba [...]. El Sr. Coterillo me dijo que usted pensaba subvencionar la compañía [...].[6]

Tras recibir los informes de su Ministro en La Habana, Trujillo desistió de hacer la compra, indicándole que «[...] no debía hacer ninguna otra operación sobre ese barco».[7]

Ante el fracaso en la adquisición de *El Rápido,* Bazil respondió, apenas unos días después, proponiendo una alternativa que debía reportarle una buena comisión y una gruesa tajada al senador Francisco Camps Valdés, el amigo más cercano de Machado, su confidente, y uno de sus testaferros de lujo en negocios sucios y artimañas. Tras un paseo «casual» en su compañía por el río Almendares, Camps le propuso la compra del yate *Ivis*, propiedad de dos acaudalados comerciantes, para servir como nave presidencial y, de ser necesario, como transporte de tropas.[8] Pero un perennemente receloso Trujillo no era una presa fácil de atrapar. «Ya estoy adquiriendo un *yacht* más nuevo –comentaba, tajante– y por lo tanto no lo intereso».

Sin embargo, Bazil era un hombre de recursos infinitos e imaginación a toda prueba. Días después le envíaba recortes de la prensa habanera que consignaban la venta de cañoneras españolas a México. «Yo creo que usted tendría éxito si le propone a España la misma compra, a pagar en tabaco»[9] –sugería.

Pocos, como Osvaldo Bazil, supieron en esta etapa inicial de la dictadura incentivar los profundos miedos de Trujillo. Para ello el poeta deslizaba pequeñas frases «inocentes» que encerraban alertas, o recomendaba aprender de sucesos ocurridos en Cuba, en la lucha contra Machado. De antemano, Bazil había previsto la inevitable crispación que esto provocaba en el ánimo paranoico del dictador, y contaba con sus consecuencias que, casi siempre, le reportaron influencias o ganancias personales. Después de caer en desgracia, como casi todos los colaboradores cercanos a Trujillo, este papel sería desempeñado por sus ayudantes, amigos y familiares más allegados, hasta llegar a Johnny Abbes, quien llevaría a alturas insuperables el método patentado por el etéreo modernista.

En la misma cuerda, y no sin razón, en medio de las gestiones para adquirir buques en Cuba, el 7 de marzo Bazil remitía a Trujillo, con una cándida sonrisa, unos recortes de *El Heraldo de Cuba* sobre cómo se había organizado en Nueva York la expedición de Gibara, de 1931.[10]

Finalmente, el Jefe se decidiría en 1933, comprándole a la Empresa Naviera de Cuba uno de sus 14 buques, el *Guantánamo.* Transformado en buque de guerra y transporte de tropas en los astilleros de Regla, en La Habana, zarpó hacia su destino el 7 de diciembre de ese año, provocando una nostálgica nota lacrimógena en el diario *Información.*[11] Eusebio Coterillo lo entregó oficialmente a las autoridades dominicanas en Puerto Plata. Rebautizado como *Presidente Trujillo* tendría un triste destino –ya en calidad de propiedad de la Empresa Naviera Dominicana desde 1938–, al ser hundido por el submarino alemán *U-156,* el 21 de mayo de 1942, cerca de las costas venezolanas, con un costo de 14 vidas humanas.

En cuanto a la adquisición de armas de infantería, el dictador también volvió los ojos hacia Cuba, a pesar de que el gobierno mexicano le envió un muestrario de fusiles y carabinas *Máuser,* a su propia solicitud, a través de Bazil.[12] Es curioso, y levanta sospechas, que la caja con las muestras, enviadas desde agosto, solo llegaron a su destino a finales de noviembre, a pesar de las constantes reclamaciones a La Habana del Encargado de Negocios dominicano en México. El «celo» desplegado por el poeta al servir de mediador en ventas de este tipo –siempre con lucrativas comisiones–, hace pensar en la demora como un vulgar truco de competencia desleal.

Los primeros pasos para la adquisición de armamento de infantería en Cuba se dieron con la firma González y Marina, «[...] una casa seria en La Habana, acreditada de antiguo en el negocio de armas con los gobiernos»[13] –al decir de Bazil–. El contacto se había establecido a través del capitán Anibal Vallejo. «Dentro de tres días –afirmaba exultante– la firma tendrá las muestras de rifles y de bombas de mano para el Ejército [...]».[14] Se abriría, de esta manera, una intensa negociación en la que tomaría parte el propio Trujillo.

> Los señores González y Marina me encargan decirle, en respuesta a su carta del 25 de abril –escribía Bazil un mes después– que tienen 853 rifles *Springfield,* modelo oficial del Ejército cubano, que es el mismo que usa el Ejército de los Estados Unidos. El precio es el mismo del que se le mandó de muestra. Pueden hacer la entrega inmediatamente. Tienen 4 millones de cartuchos en existencia. Las bombas aérea son europeas, de 10, 25 y 50 kilos [...].[15]

A esta danza de los millones, no tardó en ser invitado el propio Machado. Así se deprende de la carta del 3 de agosto, de Bazil a Trujillo.

> El plan mío sobre armamentos posibles, del que volvimos a hablar en San José de las Matas, está en buen pie –afirmaba–. Lo hubiera avanzado más, pero el presidente Machado, desde que regresó de San José, casi siempre se recoge enfermo en sus habitaciones. Así y todo, he podido informarle y puedo asegurarle que cada día es mayor su

> disposición a corresponder a las instrucciones verbales que usted me dio [...].[16]

Sobre este particular, una de las cartas de Bazil –la fechada el 12 de abril de 1932–,[17] indica que el negocio con la firma de González y Marina, ocultaba la participación, tras bambalinas, de altos oficiales machadistas, y del propio Machado, siempre ávido de lucro. La conexión con sus homólogos dominicanos quedó establecida, bajo las mismas premisas.

Al parecer, la calidad del armamento ofertado no estuvo a la altura del sospechoso celo de Bazil, como agente intermediario.

> Debo decirle que esas armas no son todo lo satisfactorias que yo hubiera deseado –volvía a cortarlo Trujillo en su entusiasmo mercantil–. Tomo nota de la información relativa a las bombas aéreas y en caso de decidirme a comprarlas, le daré oportuno aviso.[18]

Trujillo no solo se armó en La Habana, sino que también encargó allí una buena parte de los documentos rectores usados para reorganizar su ejército y policía, especialmente en labores de inteligencia y represión. Algunos de los programas aplicados con éxito por la dictadura machadista, sobre todo sus métodos de control de la población y de los inmigrantes, le sirvieron de modelo. La correspondencia con Bazil es pródiga en solicitudes y demandas en este sentido, e incluye también las de otros altos funcionarios del régimen. Entre las atendidas por el Ministro dominicano en La Habana, estuvieron la de tomar experiencia en la organización del cuerpo de enfermeras militares,[19] la organización del Presidio Modelo,[20] la de los mecanismos de identificación de ciudadanos –tarea que en la isla correspondía a la Secretaría del Interior–,[21] la de la organización del ejército cubano,[22] y el texto del Decreto Presidencial, del 19 de abril de ese año[23] por el que establecía un documento obligatorio de identificación para los extranjeros, al costo de $1.45 pesos.

Para que se tenga una idea de la extensión y alcance de este trasvase informativo, basta leer el anexo a la carta que Bazil remite al dictador, el 1° de abril de 1932, y que relaciona ocho textos de leyes y manuales militares y policíacos, comprados por el diplomático para regalar a Trujillo, como muestra de que «[...] su Ministro en La Habana siempre está pensando en usted».[24]

La avidez por los negocios y el lucro que caracterizó siempre a Trujillo, y el considerar a la República y sus instituciones como propiedad personal y dispositivos a sus servicios, llegaba a permear la labor de sus funcionarios en el país, y de sus representantes diplomáticos en el exterior. Todo lo que se hacía era para agradar y beneficiar al implacable dictador, sumamente puntilloso en esos detalles. Nada escapaba a su celo extremo y nadie a sus represalias, si olvidaba que en sus funciones se debía, antes que nada, a los caprichos e intereses del déspota. La lección fue rápidamente aprendida por la burocracia del régimen. La correspondencia de Trujillo con Bazil es un ejemplo palpable de esta práctica, y también de sus consecuencias al ir formando en los empleados del Estado la mentalidad de pequeñas alimañas que han de pelear por las sobras del festín del rey de la selva.

> Ayer visité una gran finca en Caimito del Guayabal –contaba Bazil a Trujillo–[25] para ver y pedir precios por los 2,000 laureles que quiere la Junta de Ornato para la Avenida Colombina [...] Me quedé maravillado por la belleza de la finca y del negocio que hace [...]. Ella surte las necesidades del gobierno cubano –desliza al oído del Jefe, como encandilándolo

> con la vista de una presa fácil– su dueño es el senador Celso Cuellar del Río [...].

La idea de un vivero de plantas en sus manos, para atender las crecientes necesidades ornamentales del propio Estado dominicano, era del tipo de negocio seguro y de rápida amortización que tanto le gustaba a Trujillo, especialmente porque era juez y parte en la operación. Por eso, en este caso, su respuesta a Bazil fue entusiasta. «Me agrada mucho la idea –concluía– ojalá que eso pueda hacerse por aquí».[26]

En otra misiva, al recordarle a Trujillo que quedaba una deuda pendiente de pago por concepto de adquisición de pinturas del gobierno de Horacio Vázquez, «casualmente» en la fábrica que era propiedad personal de Machado, y tras adularlo como «campeón de la honorabilidad de la Patria», el poeta cortesano también aprovechó la oportunidad para hacerle una propuesta asombrosa, que encerraba un guiño al mercader que ambos llevaban dentro. «Yo voy a conseguir a favor de la ferretería de Doña María –afirmaba– que sea la exclusiva representación de esas pinturas en Santo Domingo».[27]

Son muy numerosas las cartas en uno y otro sentido que reflejan que la Embajada en La Habana era para Trujillo, aparte de un pilar en la política de fortalecimiento de su régimen, también una agencia personal de encargos. Bazil era empleado no solo para forjar alianzas secretas con Machado, sino también en procurar muestrarios de telas de camisa de la célebre tienda El Encanto[28] y encargar allí los trajes militares y civiles del encumbrado *dandy,* y también para adquirir o remitirle: botas, gorras, sombreros, pijamas, calzoncillos, perfumes, accesorios y hasta los vestidos de la Primera Dama, en este último caso, de la no menos célebre tienda La Emperatriz.[29] Solo en guerreras militares para el Jefe, confeccionadas en talleres de la Intendencia del Ejército de Cuba, se pagaron –a finales de mayo de 1933– $253.02 pesos.[30]

No es de extrañar que Manuel Celito Peña Morros, estenógrafo de la Secretaría de Estado de la Presidencia, por cuyas manos pasaba buena parte de la correspondencia recibida y enviada, se montase en la ola de pedidos al eficiente Bazil y le solicitase, en carta del 10 de mayo de 1932, el envío desde La Habana «[...] de un frasco de brillantina para el pelo Milord, fabricada en Barcelona, España».[31]

No solo de represión se vive

En octubre de 1932, la Legación dominicana en La Habana, además del ministro Osvaldo Bazil, contaba con los servicios del secretario Atilio León y Marchena, de un chofer y una mecanógrafa, ambos cubanos; y de dos criadas, una cocinera y un jardinero españoles. También disponía de cuatro automóviles, curiosamente todos de color carmelita. Meses antes Bazil había solicitado permiso para que dos militares dominicanos, Porfirio Pena e Ismael de la Cruz, pudiesen portar armas en Cuba, lo cual había sido rápidamente autorizado por las autoridades machadistas.[32] Se trataba de los dos guardaespaldas de la esposa de Trujillo y de su hijo Ramfis, por entonces de tres años, que se encontraban visitando y consultando médicos en la capital cubana.

Para el mes de abril, de oficio, ya la trasnacional de la mano dura había echado a andar, aunque no se había concertado, formalmente. A ello contribuiría el recrudecimiento de la lucha contra Machado, lo cual, a su vez, demandaba acciones fuera de las fronteras nacionales para anular a los opositores. Con especial encono, los sabuesos machadistas buscaban la alianza con sus homólogos trujillistas para neutralizar a los miembros del

Partido ABC,[33] fundado el 31 de diciembre de 1931. Dotado de una estructura paramilitar secreta, su objetivo era derrocar a la dictadura mediante acciones violentas que incluían las bombas y el atentado personal. Una de sus acciones más sonadas fue el ajusticiamiento, el 27 de septiembre de 1932, del presidente del Partido Liberal, y presidente del Senado, Clemente Vázquez Bello,[34] calificado por el Secretario de Estado, en carta al Cuerpo Diplomático, de «[...] ciudadano ejemplar», y al hecho de «acto antisocial e inhumano». En represalia, la policía del régimen asesinó a dos Representes conservadores a la Cámara, y a dos hermanos de uno de ellos, de apellido Freyre de Andrade.

El 15 de abril, en carta de Bazil a Trujillo,[35] aparecen evidencias de que lo pactado empezaba a ser puesto en práctica.

> Le adjunto la nota que me entregó el presidente Machado sobre el individuo al que se refiere Usted en su cable –señalaba–. Yo me permito sugerirle, complacerlo en este caso porque he aprovechado esta circunstancia para hacerle ver la necesidad del entendido político secreto entre ustedes dos [...].

El 27 del propio mes, Bazil comunicaba que había informado a Machado sobre el cable enviado desde Santo Domingo, «con los resultados de las investigaciones del caso que usted conoce».[36]

El misterioso individuo del que Machado quería desembarazarse, pues según sus informes, se hallaba en Santo Domingo, era un joven estudiante revolucionario de apellido Jordán. Las investigaciones practicadas por Trujillo no hallaron huellas de su paso por la isla,[37] pero la respuesta no satisfizo a Machado. Tres meses después, el caso aún continuaba abierto, y provocaba un intercambio epistolar entre el Secretario de Estado cubano y Bazil.

Tras agradecer la deferencia de que se le enviase copia de una carta interceptada al cubano Benito Lalueza, supuestamente enviada desde República Dominicana, Bazil se explayó en detalles de una extraña historia, que aunque poco creíble, nos permite apreciar el nivel de concertación entre ambas dictaduras.

> Ya conocía esta carta de modo oficioso –explicaba–. Durante mi reciente viaje a Santo Domingo le hablé de ello al presidente Trujillo y me contestó que ya la conocía.[38]

> Al pasar recientemente por Puerto Príncipe –continuaba su relato–, me enteré que este señor se encontraba en un parque en unión de otros cubanos terroristas, entre ellos Jordán y Sabas Alomá [...]. Creo, como usted, que en esa carta hay un lenguaje en términos de clave para compra de armas, pero en Santo Domingo esta compra es totalmente imposible. Todo este elemento cubano terrorista se encuentra residiendo en la ciudad de Puerto Príncipe, precisamente porque el gobierno dominicano los persigue. Yo no dudo que puedan adquirir viejas e inútiles armas que estén escondidas. Pero usted sabe que Haití está bajo el control militar de Estados Unidos, y que sus oficiales no se prestarían a una venta clandestina de armas [...].[39]

Para cerrar, aunque Bazil reconocía que «estos cubanos desesperados, [...] pueden armarse malamente para una desgraciada torpeza por las costas de Oriente», no lo creía muy probable, no obstante, se comprometía a mantener informado a Machado, «[...] de los particulares que me comunique mi gobierno».[40] Menos de un mes después, y a instancias de Trujillo, Bazil comunicaba a la Secretaría de Estado que se encontraba autorizado para iniciar conversaciones para la revisión del Tratado de Extradición entre ambos países. De esta manera, la trasnacional de la mano dura comenzaba a poner en orden y dar visos legales a su concertación represiva secreta.

Para Trujillo estas actividades de permanente vigilancia y represión preventiva de enemigos, técnicas aprendidas con los Marines, no eran nada inusual. Desde fines de 1931 ya tenía montado una aparato de intercepción de correspondencia y espionaje fuera de las fronteras del país.

> Con carácter confidencial –escribía a Bazil el 28 de diciembre de 1931– le envío copia de un texto contentivo de los planes revolucionarios de nuestros contrarios residentes en el exterior [es de suponer que refugiados en Cuba] para que se entere de su contenido –concluyendo, sibilinamente, para estimular el celo policial de su Ministro–. Espero siempre sus interesantes noticias [...].[41]

Por supuesto que Bazil no se mostró perezoso ante la exhortación. Debieron menudear sus informaciones confidenciales sobre los planes, reales o supuestos, de los exiliados dominicanos en Cuba. A una de ellas respondió Trujillo a Bazil, a través de Bonetti Burgos, secretario de la Presidencia, con una nota manuscrita que merece figurar en los anales del humor negro de las peores dictaduras del mundo. «Después del honorable Presidente haberse enterado del contenido de tu carta –transmitía Bonetti– me encarga decirte lo siguiente, escrito de su puño y letra: **"Si vienen aquí, podrían aparecer en Cuba en algún centro espiritista"».[42]**

La actividad de Bazil, y el despliegue de redes de influencia trujillista en la mayor de las Antillas no se concentraron solo en la esfera militar, policial, ni de inteligencia y represión. Pocos asuntos y facetas de la vida social de la isla escaparon a ellas. El tejido laborioso de esta telaraña que solo cesaría con la muerte del tirano, el 30 de mayo de 1961, ya comenzaba a cubrir también, desde antes de 1932, lo económico, lo cultural y lo intelectual.

Al ocurrir el terremoto del 3 de febrero de 1932 en Santiago de Cuba,[43] un poético y conmovido Trujillo escribía a su Ministro en Cuba: «Aquí se ha sentido sobremanera la catástrofe [...]. Es claro: los sufrimientos de Cuba son nuestros sufrimientos, de la misma manera que sabemos compartir sus satisfacciones. En esto no hay literatura».[44]

La ayuda dominicana a los damnificados santiagueros del terremoto se haría llegar en el mes de diciembre. En carta de Bazil a Enrique González, secretario interino de la Cruz Roja cubana, del 2 de diciembre,[45] se comunicaba que a bordo del vapor *Presidente Machado,* que había zarpado de Santo Domingo, viajaba el licenciado Pedro Bonilla, comisionado por su homóloga dominicana para entregar 79 reses y 1,329 bultos de provisiones. En cable a Bazil de Virgilio Trujillo, secretario de Interior y Policía, y hermano del dictador, se anunciaba que para no dejar nada en el terreno literario, el Presidente había donado, personalmente, 100 reses y 100 quintales de arroz.

Para Trujillo, lo literario debía ser usado para apuntalar la imagen del régimen y agitar a favor de sus supuestas bondades. Siendo, como siempre lo fue, muy activa la vida cultural e intelectual en la isla, el envío de un poeta para representar a un régimen basado en la fuerza bruta y la violencia irracional fue una jugada audaz, que no dejaría de rendir frutos.

Jacinto B. Peynado, secretario de Estado de la Presidencia, en carta a Bazil del 8 de marzo de 1932,[46] cumpliendo órdenes de Trujillo, le indicaba averiguar la calidad artística de la compañía de ópera italiana de Víctor Parisi, de paso por La Habana, y que solicitaba la ayuda del gobierno dominicano para hacer presentaciones en el país. Las razones de esta enternecedora pasión del dictador por las artes, sin dudas, con fines de relaciones públicas y de limpieza exterior de su imagen, eran explicadas por Peynado con imperturbable desparpajo. «Nuestro ilustre Jefe –afirmaba– amante de las cosas del arte y deseoso de proporcionar a sus compatriotas ocasiones que contribuyan a su solaz, y al mismo tiempo a su desarrollo cultural, está dispuesto a brindar la ayuda solicitada».

Es de suponer que el Ministro poeta haya disfrutado, por sus inclinaciones naturales, de estos rarísimos raptos culturales de un hombre poco instruido, como Trujillo. Por su parte, no despreciaba oportunidad alguna para dejar sentada su propia imagen de persona sensible y refinada. Junto a las intrigas y componendas palaciegas, sirviendo de bisagra obsequiosa a dos dictaduras feroces, Bazil aún tenía tiempo para cortejar a los intelectuales cubanos, como evidencian sus conferencias sobre el poeta Hilarión Cabrisas, Rubén Darío o Martí, impartidas por esa época en La Habana, e impresas en folletos que el propio autor se encargaba de obsequiar, profusamente. Fácil de palabra, cínico, bonachón y aparentemente ajeno al protocolo, Bazil se colaba por cualquier resquicio. Muy amigo de promesas y de hacer favores a cambio de ventajas personales, no dejaba pasar oportunidad alguna para frecuentar a escritores, poetas y periodistas del patio, con quienes mantenía una copiosa correspondencia, como lo demuestran sus cartas a Jesús González Scarpetta y Ruy de Lugo Viñas,[47] este último, presidente del gremio de los periodistas cubanos, y director por entonces del todopoderoso *Heraldo de Cuba,* propiedad de Orestes Ferrara, y vocero del partido de gobierno.

Sutil y taimado, Bazil reveló su método de influencia sobre las personas en carta a Trujillo, en marzo de ese mismo año.

> Tengo desde hace tiempo obtenida para usted la gran condecoración cubana de Carlos Manuel de Céspedes –se ufanaba–, también le gestiono la Gran Cruz de la Corona de Italia a través de mis relaciones con el Ministro de Italia en Cuba [...]. Y lo hago de una forma tan sutil que parece que parte de ellos el deseos de homenajearlo a usted.[48]

Pero el cortesano exageraba al alabar su propia sutileza. También solía ser directo y brutal, aunque sin dejar nunca sus acostumbradas zalamerías. Así se mostraba, quizás a su pesar, cuando se trataba de temas económicos, de inversiones y frente a la posibilidad de obtener jugosas comisiones o favores de Trujillo.

> En virtud de sus instrucciones privadas al salir de esa –escribía a inicios de febrero–,[49] he conseguido que un grupo de cubanos a cuya cabeza se encuentra el millonario José Manuel Castillo, se interese en conocer nuestro país, y por ver si es posible llegar inmediatamente a un acuerdo con Usted, para la construcción de un gran hotel, tipo moderno, con fines al turismo, con toda clase de juegos [de azar] propios del deseo de los turistas norteamericanos. El señor Castillo es, positivamente, un hombre de tres millones de pesos ganados en este negocio, en el cual es un experto [...].

Junto a Castillo, según Bazil, viajarían también los señores Florencio Menéndez, «íntimo amigo del presidente Machado», y el Subdirector de la Renta de Loterías, secretario personal del dictador cubano. Vislumbrando las ganancias, un impaciente Bazil, se atrevía, sin tapujos, a presionar al mismísimo Trujillo para que «[...] ponga toda su voluntad progresista y patriótica en llegar a un acuerdo práctico y rápido con este grupo de cubanos». La idea era «[...] hacer de Boca Chica un balneario civilizado».

Al final de esta carta, que ilustra la manera en que la telaraña incorporaba hilos financieros transnacionales y mezclaba los intereses públicos con las prebendas particulares, Bazil confesaba que en la jugada se llevaría pingues ganancias, lo cual disculpa a los ojos de su insaciable jefe alegando que, en la minuta que le presentaran los inversionistas cubanos:

> [...] en cuanto a mi [lo que le tocaba en comisión], usted puede hacer o deshacer, es una galantería de ellos, agradecidos a la insinuación de negocios que les he presentado, y por lo demás, porque es lo corriente y acostumbrado a todo animador o promotor de negocios, o como ahora se dice **«contact man».** Pero usted sabe que no soy hombre de interés [...].[50]

Los resultados de aquella misión no pudieron ser más reconfortantes para todos los involucrados, tanto para los visitantes como para los visitados. Trujillo deja constancia de su satisfacción en carta a Bazil, del 10 de marzo.[51] En carta del 8 de abril, también a Bazil,[52] un eufórico Teódulo Pina Chevalier, tío materno de Trujillo y su secretario de Estado de Trabajo y Comunicaciones, le comunicaba que había sido encargado de recibir «con los brazos abiertos» a Menéndez y Castillo.

> Después de hablar con mi sobrino –comentaba– puedo decirte que ha quedado resuelto, definitivamente, el arrendamiento de la Renta de Lotería Nacional, el club, cabaret y casino que será instalado en la carretera del Sur (playa de Guibia), y el Censo Nacional, que lo dirigirá y organizará

> Menéndez. Los demás puntos, están aceptados, en principio [...].[53]

El entusiasta y desinteresado *contact man* que era Bazil, dedicaba buena parte de su correspondencia con Trujillo a recomendar o dispensar favores a empresarios, políticos y demás valedores de su estancia en Cuba.[54] Es de suponer la frenética noria de regalos y prebendas que se ocultaba tras esta constante remisión de nombres. La agencia de recomendaciones personales de Bazil, el gestor de las redes clientelares[55] donde también se afincaba la telaraña trujillista en Cuba, recomendó también a Antonio Lancis, para dirigir las escuelas industriales de República Dominicana, y para hacer exponer sus planes de inversiones a Trujillo, al Dr. José Ricardo Martínez Prieto,[56] «hombre de negocios y de ciencia, vinculado a compañías norteamericanas y cubanas, actual rector de La Universidad de La Habana, y persona de toda confianza del presidente Machado». Detrás de este último caso, como en el del los empresarios hoteleros, ya se podía percibir un sutil repliegue de personeros del machadato fuera de las fronteras, preparando la retirada definitiva, reubicando sus negocios y su dinero fuera de la isla a la que sabían presa de una inminente revolución. Lo mismo ocurrirá a fines del batistato.

También a Bazil le pedían favores de esta índole, a lo que se prestaba con la gracia natural de un hombre-bisagra, consciente de las reglas del juego. El 12 de noviembre de 1932, Bonetti Burgos le escribe, en papel timbrado de la Secretaría de Estado de la Presidencia, pidiéndole interceder para que la Compañía Naviera de Cuba nombre como nuevo agente en el país a un protegido. «Me interesa sobremanera –no tiene empacho en declarar– conseguirle la Agencia a este amigo [...]».[57]

La manera en que un favor era devuelto con otro quedaba expresado en el minucioso informe confidencial enviado a Bazil por Juan Manuel Amezachurra, mecanógrafo y archivero de la Legación en La Habana, en carta escrita en Santo Domingo donde se hallaba en gestiones personales y espiando el ambiente para su jefe. Durante la comida de despedida que ofreció Trujillo a Luis Eugenio Ricart, ambos empresarios cubanos fueron invitados.

> Menéndez dijo –apuntaba Amezachurra–que usted es en La Habana el diplomático de mayor relieve social, el que hace más intensa vida social y cultural [...]. El que Machado estima y distingue entre sus más íntimos amigos, al extremo de que esta deferencia ha provocado pequeños celos en la Cancillería cubana. Esto agradó mucho al Jefe –concluía– que manifestó lo contento que estaba de la gestión de usted en La Habana.[58]

El mismo Amezachurra, hombre de toda confianza de Bazil, para quien este logró una entrevista con Trujillo durante su estancia en Santo Domingo, formaba parte de un intento del Ministro en La Habana dirigido a conformar su propia red clientelar. Para ello, como en este caso, promovía ante Trujillo a personajes que luego le serían incondicionales y de quienes siempre se podrían esperar favores. Más o menos, de la misma forma en que Trujillo operaba, solo que en versión bonzai. Y uno de los señuelos que solía usar Bazil, era que sus recomendados nunca llegasen ante el Jefe con las manos vacías, sino con jugosas ofertas de negocios, donde este se llevaría siempre la parte del león.

> Hoy, a las 10:00 de la mañana he tenido el gusto y el honor de ser recibido por el Presidente –informaba Amezachurra a Bazil–.[59] Después de hablarle al Jefe de tu incansable labor y tus constantes desvelos en la Legación, le hablé de la conveniencia de

> crear el cargo de Secretario efectivo en la misión [...]. El Presidente está contento y satisfecho con tu brillante labor [...]. Quiere que le escribas al Secretario de Estado de Relaciones Exteriores pidiéndole la creación del cargo a mi favor.

La ofrenda enviada por Bazil, que Amezachurra llevaba bajo el brazo al trasponer el umbral del despacho del Jefe, aparte de unos gallos de pelea que el senador Camps le había obsequiado a nombre de Machado, era sencilla y directa, muy bien escogida, un señuelo de lujo que un tiburón como Trujillo jamás hubiese dejado pasar.

> El asunto de la sal le ha interesado mucho –afirmaba, supongo que mientras se frotaba las manos– me hizo mil preguntas y me dijo que se va a poner en contacto con el personaje de Montecristi para ver si es posible realizar el negocio. El Presidente desearía que Roa le envíe, por tu conducto, un informe sobre la sal, respecto a lo que él haría en Estados Unidos. Yo le hice un informe sobre La Habana y le sugerí la conveniencia de establecer allí un gran depósito para vender una gran cantidad de ese producto.[60]

Para terminar, y como el que deja caer otro caramelo para deslumbrar a un niño goloso y terrible, Amezachurra remató la jugada con una propuesta final, por supuesto que de buenos negocios. «Le hablé al Presidente del alcohol carburante, y se mostró muy atento e interesado sobre ese asunto –revelaba– al extremo que me ha dado instrucciones de carácter personal para ese negocio».[61]

Los halagos a Bazil también llegaban desde Cuba por la vía diplomática oficial, pagando de esta manera sus servicios incondicionales al régimen machadista.

> Hace pocos días recibí una grata carta de Ferrara elogiando tu personalidad y tu actuación oficial y privada en La Habana –le escribía Max Henríquez Ureña, secretario de Estado de Relaciones Exteriores entre 1931 y 1933–. Tuve el gusto de transmitirla en el acto a nuestro querido Presidente.[62]

Claro que Ferrara, y el propio Machado, estaban sumamente complacidos con la fidelidad de Bazil, a quien daban órdenes como si se tratase de un empleado propio. A tal extremo llegaron estas carnales relaciones –que le pasarían factura al avispado poeta una vez derrocada la dictadura–, que se le asignaban delicadas misiones, como la de influir y amenazar a los demás representantes diplomáticos en La Habana. Así se desprende de la carta del propio Bazil a su Canciller, del 12 de noviembre de 1932. Tras pasar revista a la cantidad de asilados políticos que se hallaban en las Embajadas y Legaciones en La Habana, incluyendo las de España e Inglaterra, Bazil informa que en la recepción celebrada el día anterior en el Hotel Nacional, organizada por el Ministro italiano, Ferrara tuvo un aparte con él para confiarle una misión delicada y comprometedora.

> Me llamó para que de cierto modo influyera sobre mis colegas hispanoamericanos –susurraba con mal disimulado orgullo–. Se ha enterado de que algunos de esos diplomáticos comentan desagradablemente y tratan de hacer una acción común (alrededor del problema de los asilados políticos). Él y el gobierno consideran que tratar ese asunto colectivamente es un acto de hostilidad al gobierno [...]. Serviré, con mucho gusto, la misión confidencial que me ha confiado el Dr. Ferrara.[63]

Bazil siempre se empleó a fondo ante Trujillo para construir y apuntalar la reputación de personajes afines a él, como fue el caso de Orestes Ferrara y otros personeros del machadato. El Jefe, siempre susceptible a los halagos, se dejaba querer, recibiendo regalos útiles, como la memoria de la construcción del Capitolio de La Habana, que le obsequiase el Secretario de Estado cubano de Obras Públicas,[64] y otros más discutibles, como la serie en siete artículos de Ferrara bajo el premonitorio título de «Lecciones de una Revolución», a los que un cursi Trujillo calificó de «soldados de pluma maestra».

Un momento significativo en la línea de toma y daca de favores entre personeros de las dos dictaduras tuvo como centro la detención de Max Rodríguez, en República Dominicana, y del Dr. Enrique Cotubanamá Henríquez,[65] en Cuba. El primero por sospechas de tomar parte en un complot para matar a Trujillo. El hecho de que Orestes Ferrara intercediera vehemente por su liberación ante Bazil, se debía a que era hermano de un alto empleado de Oscar Cintas, embajador de Cuba en Washington. El caso del Dr. Henríquez era más desesperado. El hijo de don Francisco Henríquez y Carvajal, era un revolucionario de acción y activo opositor a Machado. Los reclamos por su liberación, a excepción de los realizados por su padre y el resto de la familia, no fueron oficialmente tan vehementes.

Cotubanamá Henríquez fue detenido por la policía machadista el 1° de junio de 1932. Dos días después, Bazil escribía a Trujillo[66] informándole del suceso comprometedor, y achacando la detención al hecho de estar acusado de «[...] graves cargos y sometido a tres procesos». Con una inusual sinceridad en este sirviente fiel de dos dictaduras, el Ministro trujillista reconocía que debió «mover todos los resortes para obtener, como obtuve, garantías para su vida». Ante las perspectivas del caso, que sería juzgado por un tribunal militar, Bazil recomendaba gestionarlo «por la vía privada», no oficial, y terminaba prometiendo «hacer todo lo que se pueda».

Existe una copiosa correspondencia alrededor del caso del Dr. Enrique Cotubanamá Henríquez, que involucra a Bazil, al padre de este, por entonces ministro en Haití y luego en Francia, y al mismo prisionero. Las cartas de este último fueron remitidas desde el Presidio Modelo en Isla de Pinos, y la fortaleza de El Príncipe, en La Habana.

Desde un inicio, las dos detenciones fueron percibidas como peligros potenciales para la luna de miel que se vivía entre ambas dictaduras, especialmente la del Dr. Henríquez, dado el clima de ingobernabilidad y violencia que se vivía en Cuba. De ahí que ambos gobiernos se esforzaron en buscar soluciones aceptables y discretas para solucionarlas. Bazil se empleó a fondo, derrochó energía y talento cortesano para evitar que el problema llegara a mayores. Pero, como era de esperar, su gestión estuvo marcada por compromisos y claudicaciones.

> Tengo el honor de escribirle para expresarle mi profundo agradecimiento por las gestiones que usted ha hecho en mi favor –le escribía Cotubanama, evidentemente receloso, desde Isla de Pinos–. Estoy seguro que dichas gestiones habrán sido y serán tales, por su forma y por su índole, que no podrán arrojar descrédito alguno sobre mí en el mañana.[67]

En este largo calvario, que tuvo momentos de desaliento y peligros evidentes, Bazil se comportó acertadamente, no tanto por respeto al venerable don Pancho, padre del joven encarcelado, sino para evitar complicaciones y terminar un asunto enojoso, donde una sola equivocación podía costarle caro. Se entrevistó varias veces con Ferrara,[68] quien tenía una pésima opinión del prisionero, y contactó al comandante Pedro Castell, del Presidio Modelo, para que reprimiera sus excesos, al menos con este interno, invocando el interés personal de Trujillo en el caso. Por la obsequiosidad con que este respondió, es posible que también haya sido sobornado.

El caso del Dr. Cotubanama Henríquez fue resuelto, finalmente, tras una entrevista de Ferrara y Bazil con Machado, que tuvo lugar en Palacio, el 1° de octubre de ese año. Días antes don Pancho tuvo que enviar una carta al dictador, a través de Octavio Zubizarreta, secretario de Gobernación,[69] comprometiéndose a que su hijo, al ser liberado, sería embarcado inmediatamente para París, y no regresaría a Cuba, ni tomaría parte en acciones políticas. El *affaire* tocó sensiblemente el alma del venerable anciano, quien escribió, en medio de la incertidumbre:

> Estoy sometido a una tortura insuperable y no puedo concebir que a mí se me deje padecer de este modo [...]. En nuestro caso interviene nada menos que el presidente Trujillo, quien apoya la petición que hacemos Federico, Max y yo, que algo representamos en la vida e historia de Cuba, y en la dignidad y soberanía de los pueblos de Hispanoamérica.[70]

Un socarrón Bazil, representante oficial y oficioso de dos dictaduras que encarnaban exactamente lo opuesto a lo que simbolizaba don Pancho, le había escrito días antes, casi con sorna: «No pierda los ánimos. Usted es nuestro viejo roble».[71]

Por aquellos mismos días la atención de Ferrara estaba también dirigida hacia el caso de Max Rodríguez.[72] «Ferrara me llamó a su despacho para interesarse por su liberación y obtener datos acerca de los motivos de su prisión –informaba Bazil al Canciller–. Le ha contestado a Loynaz diciéndole que haga lo que pueda, teniendo siempre en cuenta las cordiales relaciones que existen entre ambos gobiernos».[73] Como desde el 1° de agosto se habían iniciado los trabajos para la actualización del Tratado de Extradición, en el que los dos gobiernos estaban sumamente interesados, se derrochaban finezas y melindres. «Yo sugiero complacer la petición del Dr. Ferrara –concluía Bazil–. Si accedemos, él se sentiría siempre dispuesto a pedirle a Cintas cualquier asunto que conviniera a nuestro gobierno en Washington».[74]

Unos días después la situación se complicaba por la postura vertical en defensa del cubano adoptada por el general Loynaz del Castillo, ministro en Santo Domingo. Anteponiendo a cualquier otra consideración o deber la conveniencia de prolongar la luna de miel entre Machado y Trujillo, adoptando una actitud vergonzosa, Ferrara se explayó ante Bazil contra su propio representante diplomático.

> Me dijo que cree que Loynaz busca dar un escándalo a Cuba y Santo Domingo, el cual conviene evitar –reportaba Bazil a Trujillo[75] mediante un cable– Loynaz informa que Rodríguez fue sometido a trabajos forzados, sin haber sido interrogado. Ferrara me pide sea suspendida esta medida, de ser cierta, para desautorizar a Loynaz. Le telegrafió ordenándole que cesara toda acción sobre el caso, hasta recibir instrucciones [...].

En carta de ese mismo día a José M. Bonetti Burgos, subsecretario de la Presidencia, Bazil se mostraba más explícito.

> Ferrara me mostró todo el expediente de este asunto, con todo lo que ha escrito Loynaz a la Cancillería [cubana] –reconocía, sin ambages–. De ese expediente me entregó las copias de las instrucciones

> que ha enviado a Loynaz, que te acompaño [...]. Loynaz es un loco y un simulador de patriotismo. Ferrara lo conoce bien. Pero yo prefiero, dado el ofrecimiento de Machado, que sea Cuba quien lo declare *non grato.* Ferrara teme que al enterarse Machado, procederá violentamente.

No podía pedirse un intercambio de zalamerías más visible. Pero Bazil fue aún más allá, trasvasando a su tiranía la experiencia de lidiar con tales casos, acumulada por la más veterana tiranía cubana. Eso hizo en la carta del 20 de septiembre a Bonetti Burgos:

> Parece que hay cierto temor a Loynaz, pero yo le expliqué a Ferrara que el presidente Trujillo no le teme a nadie [...]. Procedan ustedes ahí como convenga, que yo aquí doy la batalla [...]. Ahora sería bueno tener un par de causas abiertas por rebelión, por atentados al Presidente, sin cerrarlas nunca, y meter en ellas a todo el que se ponga fuera del orden, o a todos aquellos que el gobierno quiera tener en la cárcel [...]. No son juzgados nunca, pero el gobierno cumple con las prerrogativas legales. Aquí Machado tiene dos o tres causas abiertas permanentemente, y mete a todo el mundo dentro de ellas.[76]

El 25 de octubre un orondo Bazil envía carta a Eduardo Uzubiaga Llaguno, subsecretario de Estado cubano, comunicándole:

> [...] ayer fui informado por mi gobierno, en un cable, que el preso cubano Max Rodríguez fue liberado [como gracia el día del cumpleaños del dictador]. Ruego informarlo al Dr. Ferrara, porque él se interesó

> mucho en esta libertad, y me es grato que él sepa que ha sido complacido por mi gobierno.

El *affaire* con Max Rodríguez le proporcionó a Bazil una satisfacción final, la de ser halagado por Trujillo. De eso da fe la carta que le dirigiera Bonetti Burgos, con fecha 29 de octubre de 1932. «El Jefe ha quedado muy satisfecho por tu gestión en este caso –afirmaba–. Elogió conmigo la rapidez de tu acción diplomática y lo eficaz que resultó tu amistad con el Dr. Ferrara [...]. La conducta de Loynaz ha cambiado algo después de recibir el cable de Ferrara».[77]

Tendría que transcurrir un año para que saliera a flote parte de la verdad sobre este caso.

Apenas dos meses después de la liberación de Max Rodríguez, el periódico *Información* de La Habana anunciaba, el 13 de diciembre de 1932, que Loynaz estaba en La Habana y había ido, infructuosamente, a entrevistarse con Ferrara, quien por razones desconocidas no lo recibió, en medio de insistentes rumores sobre su renuncia. El 21 de enero de 1933 se divulgaba, en este mismo periódico, que Loynaz había sido designado ministro en Panamá, y que se enviaba a sustituirlo en República Dominicana al brigadier Samidey.

El 2 de diciembre de 1933, en una isla liberada ya de la dictadura machadista, Loynaz pudo hacer las declaraciones, que sus jefes no le habían permitido un año antes.

> ¿Qué crédito pueden tener las felicitaciones al dictador de Max Rodríguez [liberado de la prisión, pero sin permitírsele abandonar el país], cuya vida amparó la energía de mis reclamaciones, cuando es sabido que aún el dictador le adeuda muchos miles de pesos, que le debía desde antes de encerrarlo en la cárcel de Nigua? El de Trujillo no es un gobierno, es una garra [...].[78]

Sembrando para el futuro

El año 1932, se decidió el futuro de la dictadura machadista que caería ocho meses después de iniciado 1933. Para Trujillo, por el contrario, significó un momento de consolidación y puesta en marcha de mecanismos de control e influencia, dentro y fuera del país, que tuvo en Cuba su campo de prueba.

El haber contado con un representante como Bazil, en el lugar y el momento apropiados, constituyó una ventaja estratégica para el dictador dominicano, la garantía de hacer funcionar la manera maquiavélica de influir, para su favor, sobre la política de los Estados vecinos, tomando de ellos lo que el monstruo necesitaba para terminar de adquirir su fisonomía definitiva.

Fue también un año de acciones políticas, públicas y encubiertas, de establecer alianzas y de «sembrar para el futuro». Al menos eso pensó Trujillo cuando envió a Cuba, para tratamientos médicos al más alto nivel y sin reparar en costos, a su esposa y su hijo Ramfis, de apenas tres años. La importancia de esto no debe subestimarse: mucho debió pesar en su ánimo la necesidad de disponer en el futuro de un heredero de su linaje, cuando se arriesgó a tratarlo en un país que atravesaba un momento sumamente convulso y peligroso.

Bazil se esmeró, como era de esperar, en hacer de la estancia de «la familia real» lo más segura y placentera posible, y que la misma le rindiera beneficios personales, especialmente, influencia sobre Trujillo y cercanía a su persona. Se comportó todo el tiempo, como un compadre ejemplar que vela por los intereses familiares de un viejo amigo, y se permite, incluso, dar consejos privados.

En marzo ya la familia de Trujillo se encontraba en La Habana. El día 16 de mayo Bazil le informaba que «[...]puede Usted estar tranquilo en cuanto al cuidado y vigilancia de su hijito»,[79] detallándole el dispositivo de seguridad establecido a su alrededor, que incluía a los dos guardaespaldas que habían viajado expresamente para ello, el policía cubano destinado al cuidado de la Legación,[80] sus hermanas y su madre, residentes entonces en la isla, y los cinco criados de que se había rodeado la Primera Dama *de facto,* pues para esta época aún Trujillo no estaba oficialmente casado con María de los Ángeles Martínez. La boda tendría que espera aún tres años más, y se consumó en 1935 al deshacer su anterior nexo con Bienvenida Ricardo.

> El niño no está solo ni un momento. Duerme con la madre –abundaba un maternal Bazil–. Ayer lo llevé con toda la familia a almorzar a Batabanó, frente al mar, y comió como un león. Mi plan es que se pase la mañana sobre la arena en el Yacht Club, con mi chiquita. Irían con la manejadora y el policía.[81]

A pesar de las seguridades ofrecidas, Ramfis enfermó seriamente en La Habana. Bazil menciona, en carta del 21 de mayo, «[...] las horas angustiosas que pasó Ramfis»,[82] encomiando las atenciones, para nada gratuitas, del señor Florencio Menéndez, quien se disponía a viajar a Santo Domingo formando parte de la misión Castillo. Parece haber sido, no obstante, un mal de fácil tratamiento, pues apenas duró unos días.

En cuanto a los achaques de María de los Ángeles Martínez, otra carta de Bazil[83] aclara que estaban originados en una hernia derivada del parto de Ramfis, y una precoz obesidad, de la que no se podría librar nunca. Un solícito Bazil la acompañaba a la consulta del Dr. Montoro, al que calificaba, para conjurar posibles dudas en su Jefe, de «cumbre médica cubana, de solvencia científica y moral a toda prueba». También visitaron la del ginecólogo Dr. Ortíz y la de Dr. Souza, quien apoyó la idea de la señora de someterse a una operación para adelgazar.

> Ramfis está muy bien –concluía Bazil– más bello que nunca, sano y alegre, con un apetito asombroso. Toda la familia está bien, recordándolo a usted en todo momento. Yo creo que si usted pudiera venir una semana a Cuba, a consultar especialistas, sería un hombre que nunca se enfermaría. Su salud nos es muy necesaria y grata [...]. Pero si usted no pudiese hacer este viaje, yo podría mandarle los especialistas que necesite.[84]

La oferta de Bazil sería aceptada más adelante. Los más importantes médicos cubanos de la época, especialmente pediatras para tratar a Ramfis, y otros para atender a Trujillo, iniciarían un incesante peregrinar entre ambos países, movilizando para ello aviones de la Fuerza Aérea cubana, autorizados por Batista, cuando la situación se tornaba apremiante.

En carta a Bazil del 21 de mayo, un enternecido Trujillo en su papel de padre le agradece «[...] los datos relativos a su cuidado con mi niño, y lo bien atendido y custodiado que se halla».[85]

Y mientras estas conmovedoras escenas de devoción familiar tenían lugar, en las calles de Cuba arreciaba la represión y eran muchas las familias desgarradas. El 20 de agosto, Rafael Fonts,[86] cónsul honorario de República Dominicana en Camagüey, consultaba a Bazil si los jóvenes de la ciudad que habían decidido continuar sus estudios en Santo Domingo necesitaban visas para el viaje.[87] Detrás de la consulta era fácil adivinar la angustia de las familias ante las perspectivas de perder a sus hijos por la represión machadista, que se cebaba especialmente en los estudiantes.

La situación era tal, mientras Bazil se refocilaba admirando los juegos de Ramfis sobre las pulcras arenas del Havana Yacht Club, que a fines de octubre el cónsul Fonts sondeaba a Bazil sobre la posibilidad de brindar asilo a los perseguidos políticos en las oficinas del consulado. «Sobre este delicado asunto –concluía– espero instrucciones, para lo que pudiera acontecer».[88]

La respuesta a la consulta elevada por el cónsul Fonts, no tardó en llegar. El secretario de Estado de Relaciones Exteriores, Max Henríquez Ureña, hijo de don Pancho y hermano del Dr. Cotubanamá Henríquez, fue tajante y se lo transmitió a Bazil: «No existe ninguna disposición legal, ni precedente digno de tomarse en cuenta, que autorice a un cónsul a dar asilo en sus oficinas o en su residencia».[89]

De todas formas, Bazil estaba ocupado en tareas de otra índole, que iban, precisamente, en la dirección opuesta a la que indicaban las preocupaciones del cónsul camagüeyano. Por esos días sembraba para el futuro, abonando el terreno para garantizar una larga vida al heredero del dictador, y a la propia dictadura.

En noviembre recibía dos envíos con ejemplares del folleto *La Obra de un Renovador,* contentivo de 25 disertaciones difundidas por la emisora HIX, de Santo Domingo. Al serle remitidos por Celito, junto a ejemplares de la *Cartilla Cívica* «[...] que ha producido nuestro querido Jefe»,[90] se le indicaba distribuirlos entre los más importantes periodistas e intelectuales cubanos. Se abría de esta manera un nuevo frente en la construcción de la telaraña cubana de Trujillo, la cual no tardaría en atrapar a voceros ilustrados, que por una mesada secreta, o por simpatías ideológicas, o simplemente por prebendas y viajes, desplegarían una sostenida campaña de enaltecimiento y lavado de la imagen de una de las más sangrientas y despiadadas dictaduras del hemisferio. Y en esta nueva misión, un exultante Bazil se movía como pez en el agua.

Como resultado de sus gestiones, y apelando a sus amistades en el mundo del periodismo, Bazil logró tender un puente entre la propaganda trujillista y la gran prensa habanera. En sus inicios, aquella proto-maquinaria se movió por el intercambio de favores, pero no tardaría en aceitar sus mecanismos con el dinero del régimen. En cartas a los directores de publicaciones[91] como *Mercurio, El Diario de la Marina, El País, El Mundo,* y en especial con *El Heraldo de Cuba,* al frente del cual se encontraba Ramiro Guerra,[92] quien sería también secretario de la Presidencia de Machado, Bazil da rienda suelta a su imaginación, garantizando espacio para la promoción de Trujillo. Intercambios de publicaciones, desmentidos a críticas, promoción triunfalista de logros y avances, o sencillamente la publicación de discursos y proclamas enteras,[93] fueron algunos de los mecanismos usados por Bazil para cumplir su cometido.

En noviembre, el tesorero del Comité de Festejos por el Natalicio de Trujillo, escribía al Canciller, encomiando el aporte espontáneo de $25.00 pesos, donados por Bazil desde La Habana, a título personal, para que la conmemoración estuviese a la altura del egregio agasajado. Casualmente, el Vicepresidente Primero del Comité era el propio Canciller.

El año concluía con un laborioso Ministro dominicano en La Habana entregado en cuerpo y alma a la elaboración de un nuevo Tratado de Extradición entre los gobiernos de Cuba y República Dominicana. «El proyecto en el que hemos trabajado el Dr. Ferrara y yo durante muchos días, aún no está terminado –señalaba–. Él quiere que este Tratado sea un modelo de perfección y de modernidad».

Pero un temblor subterráneo estremecía la tierra donde Bazil derrochaba simpatía y campechanía ilustrada, presagiando horas amargas para la cohorte de Machado y sus defensores. La revolución inminente ya latía y se acercaba a pasos agigantados. Bazil debió percibirlo, venteando en el aire las señales de peligro. Para fines de 1932 todos esperaban la explosión, de un momento a otro.

Tres días antes de que se despidiese el año, Bazil lo hacía en carta a Octavio Zubizarreta,[94] secretario de Gobernación de la dictadura.

> Ruego a usted expedir licencia para porte de armas a favor de mi chofer –pedía con precaución el Ministro precavido–. Su nombre es Juan Ignacio Moreno y Rodríguez, natural de La Habana [...]. Se trata de un revólver *Colt 32* [...]. A mi mc es necesario que el chofer oficial de la Legación pueda portar armas, porque yo no la uso.

No le faltaba razón al astuto Bazil: los cómplices comprometidos con la dictadura de Machado, como era su caso, hacían bien en armarse para intentar defenderse de la ira del pueblo.

Donde sí le fallaron las dotes agoreras al poeta fue en la despedida de la carta a Zubizarreta, precisamente uno de los funcionarios más involucrados con la represión machadista.

«Le deseo, mi querido Secretario, todas las venturas personales y los éxitos oficiales con motivo del Año Nuevo».[95]

Mil novecientos treinta y tres, como pronto comprobaría Zubizarreta, se encargaría del desmentido.

Mientras tanto, un maquiavélico Orestes Ferrara, experto en percibir a tiempo los cambios en la dirección del viento, mostraba una de sus cartas en la manga. Apenas 16 días antes de que el tirano huyese a Nassau en un hidroavión, había formulado a Trujillo una interesante pregunta: si en República Dominicana había tierras adecuadas para la siembra de garbanzos.

Notas

1 Trujillo a Bazil, carta del 5 de febrero de 1932. AGN, fondo Relaciones Exteriores, Legación Habana, 1932, legajo 707 708.

2 El dictamen, fechado el 25 de enero de 1932, aparece firmado por el capitán Torres Menier, y los primeros tenientes pilotos Gutiérrez González, de la Oficina de Ingenieros, y J. Zayas Bazán Guerrero, de Operaciones y Vuelos. Tras someter a fuerte crítica el proyecto norteamericano, «por haberse elaborado festinadamente», lo desestima, recomendando la aprobación del proyecto dominicano, con ligeras variaciones, entre ellas, la de destinar un aparto como avión presidencial y para otros usos.

3 De José Clemente Vivanco a Bazil, carta del 1° de marzo de 1932, AGN, fondo Relaciones Exteriores, Legación Habana, 1932, legajo 707 708.

4 De Ricardo Herrera a Bazil, carta del 24 de agosto de 1932. AGN, fondo Relaciones Exteriores, Legación Habana, legajo 707 708.

5 Trujillo a Bazil, carta del 2 de enero de 1931. AGN, fondo Relaciones Exteriores, Legación Habana, legajo 707 709.

6 De Bazil a Trujillo, carta del 19 de abril de 1932, AGN, fondo Relaciones Exteriores, Legación Habana, 1932, legajo 707 706

7 Trujillo a Bazil, carta del 6 de mayo de 1932. AGN, fondo Relaciones Exteriores, Legación Habana, legajo 707 709.

8 En la carta de Bazil a Trujillo, del 23 de abril de 1932(AGN, fondo Relaciones Exteriores, Legación Habana, legajo 707 706). Camps figura en el papel de un hábil mercader: «Yo mismo iría a entregarle el yate, libre de todo gasto y con la bodega abastecida [...]. Le pondría aparato de radio transmisor y receptor para que siempre esté en contacto con la tierra [...]». Bazil vislumbró de inmediato la posibilidad de una buena comisión: «A mí me encantó la presencia de este yacht [...]» –afirmaría.

9 Bazil a Trujillo, carta del 26 de abril de 1932. fondo Relaciones Exteriores, Legación Habana, legajo 707 706.

10 Bazil a Trujillo, carta del 7 de marzo de 1932. AGN, fondo Relaciones Exteriores, Legación Habana, legajo 707 706.

11 *Información*, Habana, 7 de diciembre de 1933. Ver: AGN, colección Bernardo Vega, entrada «Eusebio Coterillo». «El vapor *Guantánamo* es ahora el primer acorazado de la República Dominicana [...]. El presidente Trujillo, necesitado de hacerse fuerte en el poder, toma medidas bélicas para contrarrestar cualquier intento de rebelión [...]. ¡Quién sabe cuál será el destino de las cosas que nos han sido amables!».

12 De Rafael Damirón, encargado de negocios dominicano en México a Bazil, carta del 28 de agosto de 1932. AGN, fondo Relaciones Exteriores, Legación Habana, legajo 707 706.

13 De Bazil a Trujillo, carta del 4 de marzo de 1932. AGN, fondo Relaciones Exteriores, Legación Habana, legajo 707 706

14 Ibídem.

15 Bazil a Trujillo, carta del 5 de mayo de 1932. AGN, fondo Relaciones Exteriores, Legación Habana, legajo 707 706. Armarse, ha

sido siempre un hobby caro: los cartuchos de 7mm en su peine, se ofrecían a $38.00 pesos el millar. Las bombas se ofertaban a $20, 55 y 85 pesos cada una, sin los explosivos.

[16] Bazil a Trujillo, carta del 3 de agosto de 1932. AGN, fondo Relaciones Exteriores, Legación Habana, legajo 707 706.

[17] Bazil a Trujillo, carta del 12 de abril de 1932. AGN, fondo Relaciones Exteriores, Legación Habana, legajo 707 706. En esta carta, Bazil reconoce que las armas que ofertaba la firma de González y Marina, «[...] habían sido consignada al Ejército cubano», lo que indica que se trataba de una reventa, probablemente fuera de la ley.

[18] Trujillo a Bazil, carta del 25 de abril de 1932. AGN, fondo Relaciones Exteriores, Legación Habana, legajo 707 709.

[19] Del Dr. Wensceslao Medrano, director del Cuerpo Médico del Ejército Nacional a Bazil, del 25 de febrero de 1932, y del Dr. Rodríguez Barahona, secretario de Sanidad de Cuba a Bazil, del 26 de marzo de 1932, sobre la visita a la isla de la enfermera militar dominicana Ana Dalia Pérez. AGN, fondo Relaciones Exteriores, Legación Habana, legajo 707 706.

[20] El Presidio Modelo: construido por Machado, e inaugurado el 16 de septiembre de 1931, imitaba la Joliet Prison, de Illinois. Ubicado a 4 kilómetros de la ciudad de Nueva Gerona, en la Isla de Pinos, constaba de 4 galeras circulares en forma de panóptico, con 5 niveles cada una y 465 cubículos para dos presos. Su director fue el comandante Pedro Castell, de quien dijo el periodista Pablo de la Torriente Brau, preso por lucha contra Machado, que «era un hombre sádico, como no lo fue ni el mismo Iván el Terrible», fue amigo y corresponsal de Trujillo, y tras ser juzgado y condenado en 1936, motivo de sus desvelos para que fuese liberado y puesto a su servicio. Bazil le recomendó a Trujillo adoptar esta experiencia. Ver carta de Bazil a Trujillo, del 11 de agosto de 1932. AGN, fondo Relaciones Exteriores, Legación Habana, legajo 707 706.

[21] Bazil a Trujillo, carta del 1° de junio de 1932. AGN, fondo Relaciones Exteriores, Legación Habana, legajo 707 706.

[22] Bazil a Trujillo, carta del 24 de junio de 1932. AGN, fondo Relaciones Exteriores, Legación Habana, legajo 707 706.

[23] Bazil a Trujillo, carta del 2 de julio de 1932. AGN, fondo Relaciones Exteriores, Legación Habana, legajo 707 706. «Esto puede ser aplicado en Santo Domingo –afirmaba Bazil– y así la Policía tendría el control de los extranjeros que llegasen al país [...]».

[24] Bazil a Trujillo, carta del 1° de abril de 1934. AGN, fondo Relaciones Exteriores, Legación Habana, legajo 707 706. La lista incluye la Ley de Retiro del Cuerpo de Policía de La Habana, Reglamento Especial para las fuerzas del orden en los campos, Reglamento de la Policía Secreta Nacional, El Reglamento del Servicio de Sanidad Militar, la Cartilla-Manual del Servicio de Policía, Ley Orgánica del Retiro Militar, Reglamento de Cárceles y Ley de Orden Público.

[25] Bazil a Trujillo, carta del 2 de abril de 1932. AGN, fondo Relaciones Exteriores, Legación Habana, legajo 707 706.

[26] Trujillo a Bazil, carta del 8 de abril de 1932. AGN, fondo Relaciones Exteriores, Legación Habana, legajo 707 709.

[27] Bazil a Trujillo, carta del 25 de junio de 1932. AGN, fondo Relaciones Exteriores, Legación Habana, legajo 707 706. Debe tratarse de la ferretería Read, propiedad de Trujillo, y que figuraba a nombre de su esposa María de los Ángeles Martínez Alba, por lo que el negocio entre cúmbilas quedaría en familia. Curiosamente, frente a esta ferretería, ubicada en la avenida Bolivar, de Santo Domingo, murieron en un intercambio de disparos con la Policía dos de los ejecutores de Trujillo, Antonio de la Maza y Juan Tomás Díaz, el 4 de junio de 1961.

[28] La tienda El Encanto, ubicada en la intersección de las calles Galiano y San Rafael, en La Habana, fue fundada en 1880 por los hermanos asturianos José y Bernardo Solís, aunque luego el negocio quedaría en mano de cubanos. Llegó a tener un edificio de cinco plantas y 65 departamentos, y ser famosa por la excelencia de sus productos y las técnicas modernas de venta. Tuvo oficinas de compra en las principales capitales de la moda mundial, y la exclusiva de la Casa Dior para Norteamèrica. De entre sus ejecutivos salieron los fundadores y presidentes de Galerías Preciado y El Corte Inglès, en España. Fue destruido por un sabotaje de la contrarrevolución, el 13 de abril de 1961.

[29] Ver cartas de Bazil a Trujillo de los días 24 y 25 de junio y 6 de julio de 1932.AGN, fondo Relaciones Exteriores, Legación Habana, legajo 707 706. La lista de las compras de aquel año, en que la esposa de Trujillo y su hijo Ramfis estuvieron de médicos en La Habana, es digna de un escrutinio psicológico para comprender la mentalidad de aquellos personajes: trajes de gabardina verde aceituna, trajes de dril blanco, gorras militares y con viseras bordadas en oro, espolines y chambrón fino, cuyo baño de oro «[...] era el triple del que se usa corrientemente». Bazil sirvió de modelo para las compras y con orgullo le escribió a Trujillo, que esperaba que «los cuatro trajes sean obras de arte de tu gusto. Sería esto para mí un gran éxito».

[30] Celito a Bazil, carta del 25 de mayo de 1933, remitiendo el cheque 13 573 del National City Bank. AGN, fondo Relaciones Exteriores, Legación Habana, legajo 707 709.

[31] Celito a Bazil, carta del 10 de mayo de 1932. AGN, fondo Relaciones Exteriores, Legación Habana, legajo 707 706.

[32] Comunicación de Herrera Güiral, secretario de Estado de la Presidencia, a Bazil, del 6 de mayo de 1932. AGN, fondo Relaciones Exteriores, Legación Habana, legajo 707 706.

[33] La dirección del ABC estaba en manos de representantes de la pequeña burguesía, especialmente de abogados e intelectuales. En su dirección figuraban Joaquín Martínez Saenz, Carlos Saladrigas, Ramón Hermida, Jorge Mañach, y Francisco Ichazo, entre otros. Su Manifiesto-Programa lo acercaba ideológicamente al fascismo italiano. Terminó asumiendo una posición reaccionaria, diluyéndose en 1947.

[34] Clemente Vázquez Bello había sido el principal alentador de la reelección de Machado, en 1928. Su muerte debía dar paso a la segunda fase del plan: volar con 60 kilos de dinamita al gobierno de Macha-

do en pleno, al asistir a su sepelio en el cementerio de Colón. La decisión de trasladar el cuerpo e inhumarlo en su provincia natal, salvó la vida a numerosas personas, entre ellas, al locuaz Osvaldo Bazil.

[35] Bazil a Trujillo, carta del 15 de abril de 1932. AGN, fondo Relaciones Exteriores, Legación Habana, legajo 707 708.

[36] Bazil a Trujillo, carta del 27 de abril de 1932. AGN, fondo Relaciones Exteriores, Legación Habana, legajo 707 706.

[37] Bazil a Ricardo Herrera, secretario de la Presidencia. AGN, fondo Relaciones Exteriores, Legación Habana, legajo 707 707. En la carta, Bazil transcribía un revelador cable cifrado que Trujillo le enviase: «No aparece nombre del individuo en el registro policial. Ordenada investigación con la reserva indicada. Si está aquí será preso, conforme deseos del presidente Machado, a quien deseo complacer [...]». En la misiva se conoce también que, para facilitar la búsqueda, las autoridades machadistas habían entregado a Bazil una fotografía de Jordán.

[38] Bazil a Secretario de Estado de Cuba, carta del 8 de julio de 1932. AGN, fondo Relaciones Exteriores, Legación Habana, legajo 707 706. Esta afirmación de Bazil, de no ser uno de sus constantes *bluffs,* indicaría que, o bien Trujillo ya contaba en fecha tan temprana con agentes confidenciales en las altas esferas gubernamentales cubanas, que le filtraban informaciones de interés, o tenía sus propias redes actuando en Haití, el lugar donde se originó la carta en cuestión.

[39] Ibídem.

[40] Ibídem.

[41] Trujillo a Bazil, carta del 28 de diciembre de 1931. AGN, fondo Relaciones Exteriores, Legación Habana, legajo 707 709.

[42] Bonetti Burgos a Bazil, carta del 12 de noviembre de 1932. AGN, fondo Relaciones Exteriores, Legación Habana, legajo 707 709.

[43] Terremoto del 3 de febrero de 1932, en Santiago de Cuba: Sismo de 6.2 grados, que en 30 segundos provocó la muerte de 25 personas y causó heridas a más de 400, así como la destrucción del 80 % de las edificaciones de la ciudad.

[44] Trujillo a Bazil, carta del 5 de febrero de 1932. AGN, fondo Relaciones Exteriores, Legación Habana, legajo 707 706.

[45] Bazil a Enrique González, carta del 2 de diciembre de 1932. AGN, fondo Relaciones Exteriores, Legación Habana, legajo 707 707.

[46] Jacinto B. Peynado a Bazil, cartas del 8 de marzo y el 9 de abril de 1932. AGN, fondo Relaciones Exteriores, Legación Habana, legajo 707 706.

[47] González Scarpetta a Bazil, carta del 4 de mayo de 1932. AGN, fondo Relaciones Exteriores, Legación Habana, legajo 707 706. En esta carta se aprecia la cercana relación que Bazil mantenía con periodistas de *El Heraldo de Cuba,* del que González Scarpetta era redactor y Ruy Viña Lugo, su director. Periódico fundado en 1913 por Manuel Márquez Sterling, había sido adquirido por Orestes Ferrara y convertido en vocero oficial del machadato. Fue saqueado e incendiado por una multitud tras la caída de la dictadura, el 12

de agosto de 1933. Ruy Viña Lugo, nacido el 23 de septiembre de 1888 en la provincia de Las Villas, fue un destacado dramaturgo, periodista, historiador y político cubano, fundador de periódicos y revistas en Nueva York, México y España, primer historiador de La Habana y presidente del gremio de periodistas cubano. Salió de Cuba en 1933 y regresó en 1936. Fue el cronista oficial del Vuelo Panamericano Pro Faro de Colón, y muere en el accidente aéreo ocurrido durante el mismo, en Cali, Colombia, el 29 de diciembre de 1937. En la carta citada, se habla de un artículo laudatorio de Machado, entregado por Bazil para ser publicado en *El Heraldo de Cuba*. Así funcionaba el *lobby* trujillista por entonces.

[48] Bazil a Trujillo, carta del 30 de marzo de 1932. AGN, fondo Relaciones Exteriores, Legación Habana, legajo 707 706.

[49] Bazil a Trujillo, carta del 17 de febrero de 1932. AGN, fondo Relaciones Exteriores, Legación Habana, legajo 707 706.

[50] Ibídem.

[51] Trujillo a Bazil, carta del 10 de marzo de 1932. AGN, fondo Relaciones Exteriores, Legación Habana, legajo 707 709. «En principio –reconocía– estoy de acuerdo con las líneas generales del negocio, y probablemente lleguemos a un acuerdo».

[52] Teódulo Pina Chevalier a Bazil, carta del 8 de abril de 1932. AGN, fondo Relaciones Exteriores, Legación Habana, legajo 707 707.

[53] Ibídem.

[54] La carta en la que Bazil solicita al arzobispo Adolfo A. Nouel, de Santo Domingo, que reciba a Castillo y Menéndez durante su estancia en el país, deliciosamente demostrativa de su *modus operandi*. «Los señores se sienten fieles devotos de la virgen de la Altagracia, y seguramente harán algún pequeño donativo por mediación de usted [...]. Deles a besar su noble amatista arzobispal y recíbalos en sus brazos, como a dos hijos más [...]». Bazil al arzobispo Nouel, carta del 22 de febrero de 1932. AGN, fondo Relaciones Exteriores, Legación Habana, legajo 707 707.

[55] Las redes clientelares suelen estar asociadas al clientelismo político, el que se define como «un sistema extraoficial de intercambio de favores [...]. En el mismo, el poder sobre las decisiones del aparato administrativo del Estado se utilizan para obtener beneficio privado». Ver: http:// Wikipedia.org/wiki/Clientelismo_Politico. En el caso de Bazil y sus sucesores en la Legación de La Habana, fue usado, primero para beneficiar a Trujillo, y después, en beneficio privado.

[56] Bazil a Trujillo, carta del 23 de junio de 1932. AGN, fondo Relaciones Exteriores, Legación Habana, legajo 707 706. El Dr. Ricardo Martínez Prieto había sido integrante de los Consejos Disciplinarios Universitarios de 1927, que decretaron la expulsión de estudiantes revolucionarios, entre ellos, de Julio Antonio Mella. Fue expulsado de la Universidad por sus antecedentes machadistas, en 1934, en la depuración que siguió a la caída del dictador. Durante su estancia en República Dominicana, y a pesar de la represión trujillista, fue declarado «persona no grata» por los estudiantes universitarios, recibiendo una comida de desagravio ofrecida por la familia Henríquez

Ureña, interesada en resolver el caso de Cotubanamá. Ver carta de don Pancho a Bazil, del 27 de julio de 1932. AGN, fondo Relaciones Exteriores, Legación Habana, legajo 707 707.

57 Bonetti Burgos a Bazil, carta del 12 de noviembre de 1932. AGN, fondo Relaciones Exteriores, Legación Habana, legajo 707 709.

58 Juan Manuel Amezachurra a Bazil, carta del 9 de abril de 1932. AGN, fondo Relaciones Exteriores, Legación Habana, legajo 707 707.

59 Amezachurra a Bazil, carta del 24 de marzo de 1932. AGN, fondo Relaciones Exteriores, Legación Habana, legajo 707 707.

60 Idem. Ese mismo año, curiosamente después de esta entrevista que, al parecer lo iluminó, el gobierno de Trujillo promulgaría la Ley 281 de 1932, por la que se prohibía le extracción de sal de Baní y Montecristi, concediendo a la empresa Salinera Nacional, o sea, al propio Trujillo, el monopolio sobre la extracción y venta del producto, aumentándole, de paso, su precio en el mercado. Se valoran en 400,000 pesos los ingresos personales que recibía el dictador, solo por este concepto. Al morir, según balances realizados, Trujillo poseía 111 empresas declaradas y una fortuna de 800 millones de pesos, sin contar las que poseía a través de familiares y testaferros.

61 Ibídem.

62 Max Henríquez Ureña a Bazil, carta del 23 de agosto de 1932. AGN, fondo Relaciones Exteriores, Legación Habana, legajo 707 707.

63 Bazil a Max Henríquez Ureña, carta del 12 de noviembre de 1932. AGN, fondo Relaciones Exteriores, Legación Habana, legajo 707 708.

64 Enrique Jiménez a Bazil, carta del 22 de marzo de 1933, y carta del 10 de febrero de 1932, de Trujillo a Bazil. AGN, fondo Relaciones Exteriores, Legación Habana, legajo 707 709.

65 Dr. Enrique Cotubanama Henríquez: Uno de los hijos de don Francisco Henríquez y Carvajal, quien fuera el presidente de República Dominicana depuesto durante la invasión norteamericana de 1916. Estudió Medicina en Cuba. Músico, escritor y activo opositor a las dictaduras de Machado y Trujillo. Preso político durante el machadato. Estuvo entre los fundadores, en 1939, en La Habana, del Partido Revolucionario Dominicano, del que escribió el Programa. Casado con Regla Prío Socarras, hermana del que sería Presidente de Cuba en 1948, fue electo representante a la Cámara. El 9 de julio de 1951, agentes trujillistas atentaron contra su vida en La Habana, resultando ileso.

66 Bazil a Trujillo, carta del 3 de junio de 1932. AGN, fondo Relaciones Exteriores, Legación Habana, legajo 707 706.

67 Cotubanamá Henríquez a Bazil, carta del 4 de junio de 1932. AGN, fondo Relaciones Exteriores, Legación Habana, legajo 707 707.

68 Bazil a Max Henríquez Ureña, carta del 28 de junio de 1932. AGN, fondo Relaciones Exteriores, Legación Habana, legajo 707 707. En esta carta, Bazil informa: «[Ferrara] me dijo que lo considerara el primer interesado en la suerte del Dr. Henríquez, por amistad y por gratitud a tu padre, pero que Cotubanama es un joven loco, que retardará, por sus locuras, las soluciones que todos deseamos. Me

dijo que encabeza en el presidio un movimiento contra Mendieta y Méndez Peñate [políticos nacionalistas tradicionales, presos también por una intentona armada contra Machado], a quienes él y sus amigos han silbado y apostrofados de «ladrones».

69 Bazil a Zubizarreta, carta del 26 de septiembre de 1932. AGN, fondo Relaciones Exteriores, Legación Habana, legajo 707 707.

70 Don Francisco Henríquez y Carvajal a Bazil, carta del 31 de agosto de 1932. AGN, fondo Relaciones Exteriores, Legación Habana, legajo 707 707.

71 Bazil a Don Francisco Henríquez y Carvajal, carta del 15 de agosto de 1932. AGN, fondo Relaciones Exteriores, Legación Habana, legajo 707 707.

72 En la carta de Bonetti Burgos a Bazil, del 15 de noviembre de 1932, por órdenes de Trujillo, se brinda la explicación oficial del caso para que el Ministro en La Habana, la trasladase a las autoridades cubanas. En ella se califica a Max Rodríguez, quien era el representante en Santo Domingo de la firma Atlas Comercial Co, de vehículos automotores, de haber sido favorecido con la protección de Trujillo en los años anteriores, recibiendo la exclusiva nacional en la venta de estos equipos. Por sus cercanas relaciones de amistad con Rafael (*Fello)* Vidal Torres, que había sido secretario particular de Trujillo y secretario de Estado, caído en desgracia, se le acusó de conspirar para asesinar a Trujillo, y de haber contactado a altos oficiales del Ejército con este fin. Con relación a las gestiones de Loynaz del Castillo, se afirmaba que «el Presidente está muy enojado con él» y se solicitaba reciprocidad del gobierno de Machado, por el apoyo que se le brindaba.

73 Bazil a Max Henríquez Ureña, carta del 15 de septiembre de 1932. AGN, fondo Relaciones Exteriores, Legación Habana, legajo 707 707.

74 Ibídem.

75 Bazil a Trujillo, cable del 19 de septiembre de 1932. AGN, fondo Bernardo Vega, entrada correspondiente a Loynaz del Castillo.

76 Bazil a Bonetti Burgos, carta del 20 de septiembre de 1932. AGN, fondo Bernardo Vega. Oport Cit.

77 Bonetti Burgos a Bazil, carta del 29 de septiembre de 1932. AGN, fondo Relaciones Exteriores, Legación Habana, legajo 707 709. La amistad entre ambos estaba bien cimentada sobre la base de favores mutuos. Pertenece a Bonetti una de las más aberrantes definiciones de Trujillo, precisamente en carta a Bazil del 12 de noviembre de 1932, donde lo llamó «[...] mi ilustre Jefe, El Superhombre». Sin dudas, secuelas de una mal digerida lectura de las obras de Federico Nietzsche.

78 Periódico *Información,* 2 de diciembre de 1933. AGN, fondo Bernardo Vega, entrada correspondiente a Loynaz del Castillo.

79 Bazil a Trujillo, carta del 16 de mayo de 1932. AGN, fondo Relaciones Exteriores, Legación Habana, legajo 707 706.

80 Ibíd.: «Este policía es un hombre de toda confianza, y desde hace años está al servicio de esta Legación. Usted sabe que aquí la Policía es algo muy serio y el pueblo le teme y la respeta».

[81] Ibídem.
[82] Bazil a Trujillo, carta del 21 de mayo de 1932. AGN, fondo Relaciones Exteriores, Legación Habana, legajo 707 706.
[83] Bazil a Trujillo, carta del 25 de marzo de 1932. AGN, fondo Relaciones Exteriores, Legación Habana, legajo 707 706.
[84] Ibídem.
[85] Trujillo a Bazil, carta del 21 de mayo de 1932. AGN, fondo Relaciones Exteriores, Legación Habana, legajo 707 709.
[86] Rafael Fonts Sterling, cónsul honorario en Camagüey desde 1929, sería cancelado por Trujillo en octubre de 1933 debido a tener un hermano miembro de la Junta Revolucionaria Dominicana de La Habana.
[87] Rafael Fonts a Bazil, carta del 20 de agosto de 1932. AGN, fondo Relaciones Exteriores, Legación Habana, legajo 707 706.
[88] Rafael Fonts a Bazil, carta del 3 de octubre de 1932. AGN, fondo Relaciones Exteriores, Legación Habana, legajo 707 706.
[89] Max Henríquez Ureña a Bazil, carta del 11 de octubre de 1932. AGN; fondo Relaciones Exteriores, Legación Habana, legajo 707 707.
[90] Celito a Bazil, cartas del 4 y 24 de noviembre de 1932. AGN, fondo Relaciones Exteriores, legación Habana, legajo 707 708.
[91] Cartas de Bazil a directivos de la prensa habanera del 12 de agosto, 17 de septiembre, 25 de octubre y 8 de noviembre de 1932. AGN, fondo Relaciones Exteriores, Legación Habana, legajo 707 707.
[92] Ramiro Guerra y Sánchez (Batabanó, 31 de enero, 1880 - La Habana, 29 de octubre, 1970). Notable historiador, pedagogo y economista cubano. En 1915, director Escuela Normal de La Habana. En 1926 superintendente de Escuelas de la República. Director de *El Heraldo de Cuba* entre 1930 y 1932, y secretario de la Presidencia, a partir de este año. Tras la caída de Machado, residió en Estados Unidos, regresando a Cuba al poco tiempo. Dirigió *El Diario de la Marina* de 1943 a 1946. Entre sus obras más importantes se destacan *Azúcar y población de Las Antillas (1927)* e *Historia de la nación cubana,* 1952.
[93] Bazil a Ramiro Guerra, carta del 12 de agosto de 1932. AGN, fondo Relaciones Exteriores, Legación Habana, legajo 707 707. «Tengo a bien remitirle reciente proclama del presidente Trujillo –explicaba– por si tiene a bien publicarla en nuestro grande y querido *Heraldo*, con algún comentario de su ilustre y prestigiosa pluma [...]».
[94] Bazil a Octavio Zubizarreta, carta del 28 de diciembre de 1932. AGN, fondo Relaciones Exteriores, Legación Habana, legajo 707 707.
[95] Ibídem.

Capítulo 4
LA HORA DE LA VERDAD

En los primeros años de la Era ya se vendía en Santo Domingo talco Presidente Trujillo y sombreros Reelección. El traicionero sabor del poder absoluto demostraría ser arrebatador para la conciencia del dictador, haciéndolo perder la percepción de los límites y el sentido común. Lo que vino después fue una especie de *delirium tremen* con tintes operáticos, una ininterrumpida embriaguez acompañada por las vaharadas del incienso cortesano que se derrochaba para ensalzar al nuevo faraón. La posibilidad de eternizarse plácidamente en su puesto y luego legarlo a sus descendientes, parecía cada día más a la mano, en la misma medida en que se consolidaba en la silla, aplastando toda resistencia, violentando toda indiferencia o neutralidad posible.

Pero en 1933 una clarinada súbita, un fulgor salido desde otra isla cercana cayó como un rayo en medio del festín, recordándole a Trujillo que no solo debía estar en guardia contra políticos de otras camarillas, sino que el golpe podría venir de allí, de donde no se lo esperaba: del seno del pueblo.

Los sucesos de 1933 en Cuba, la revolución que el 12 de agosto logró barrer al régimen de Machado, hasta ese momento un obligado referente para todo aprendiz de dictador en el Caribe, puede que no tomaran por sorpresa a Trujillo, pero sí debió estremecerlo en lo más íntimo.

Informado minuto a minuto sobre la marcha de los sucesos cubanos por diferentes vías, especialmente la de su locuaz Ministro habanero, pudo notar que entre las informaciones de Bazil, un tanto apaciguadoras y triunfalistas, y la cruda realidad, con su inevitable desenlace, mediaba un espacio notorio. Es de imaginar que en agosto de 1933, en el ánimo profundo del dictador, no solo hubiera terminado aquella otra dictadura hermana, sino también la estimación por los servicios del poeta-compadre. Ese año, al parecer, no solo se eclipsó Machado, sino también Osvaldo Bazil.

El avispado Bazil, como suele ocurrir en estos casos, no desplegó en el primer semestre de 1933 ninguna actividad especial que demostrase que se preparaba para las contingencias del porvenir, ni para capear la tormenta que se avecinaba. Lejos de consagrase a causas políticas, inició el año preparando viajes de placer con la minuciosidad de un potentado, cultivando amistades complacientes y promoviendo su último libro de poesía. Desinteresado, abúlico y pendiente solo de su enorme ego, Bazil se mostró ciego ante la conmoción social que se acercaba a pasos agigantados.

El 16 de febrero mandaba a Trujillo, a través de Celito, recortes de *El Heraldo de Cuba* sobre el atentado que se cometió contra Franklin Delano Roosevelt, presidente electo de Estados Unidos. Recomendaba publicarlo en *La Opinión*, «[...] para que el pueblo aprenda a repudiar lo tenebroso de tales procedimientos».[1] Por esos días preparaba su llegada triunfal a Santo Domingo, de licencia temporal. A tales efectos, reclamaba a la Empresa Naviera el mejor camarote del vapor *Presidente Trujillo*, exigía a Celito que se le esperase en el muelle con un auto oficial, y enviaba la foto y el pie que debía publicarse en ese mismo diario para anunciar su llegada, «[...] porque yo mismo me doy el bombo que creo merecer».[2]

Como cortesano ejemplar, y político miope, Bazil dedicaba más tiempo a revisar mercadería de lujo en las tiendas habaneras, para mantener surtidos los guardarropas del dictador, que a alertarlo sobre la situación de la tambaleante dictadura de Machado.[3] Estaba confiado del brillante futuro que le esperaba, y así se lo comunicó a Jorge Roa, cuando se preparaba para viajar. «De Santo Domingo recibo muy buenas noticias de mí y de la seguridad de mi cargo –comentaba orondo–. No hay hombre de talento sin un país detrás que lo honre».[4]

Donde único empleaba Bazil una parte de su tiempo, con más o menos entusiasmo, era en la tarea de cortejar y ser cortejado por algunos intelectuales cubanos, a quienes frecuentaba en el cumplimiento de la misión de captarlos para servir al régimen que representaba. Y también a Ferrara, que aún el 10 de febrero lo invitaba a su casa versallesca, «[...] a tomar una taza de té».

Entre los corresponsales cubanos de Bazil en estos días, estaban el compositor Eduardo Sánchez de Fuentes, los poetas Hilarión Cabrisas, Agustín Acosta, y el eminente jurisconsulto Antonio Sánchez de Bustamante, quien el 23 de enero le escribía deslumbrado por un «magnífico» discurso de Trujillo que antes le había remitido el Ministro dominicano. «Realmente es un discurso muy notable –comentaba con pasmosa ingenuidad– y contiene apreciaciones de gran importancia sobre la independencia del Poder Judicial, siendo muy grato verlas en labios de un Jefe de Estado».[5]

Otra carta de esos días, remitida por Enrique Soler y Baró, director de protocolo de la Cancillería cubana, permite conocer que Bazil se estaba preparando, cuando más convulsa era la situación en el país donde estaba destacado, para fungir como *Grand Chef du Protocole*, durante la proyectada visita del Presidente de España a República Dominicana.[6]

Quince días antes del estallido, aún tuvo tiempo para recomendar y enviarle a la Sra. María Martínez de Alba una cocinera catalana[7] y un jardinero de Lugo,[8] atendiendo a sus solicitudes.

En junio se firmaba el Tratado de Extradición entre los gobiernos de Cuba y República Dominicana, representados, respectivamente, por el general Herrera y el propio Bazil. Antes, se había firmado el de Bultos Postales, y se avanzaba hacia un Acuerdo Comercial Bilateral. A juzgar por estas señales, nada podría obstaculizar la creciente cooperación entre ambos regímenes. El mismo día primero, Bazil sostuvo una cordial entrevista con el general Herrera, interinamente al frente de la Secretaría de Estado, de la que dio cuenta a Trujillo. «El general Herrera me dijo que si usted nos visitase, él quisiera que viese todo lo relativo al Ejército, [...] que él sentía por Usted grandes simpatías».[9]

En esta misma carta, Bazil comentaba sobre ciertas medidas tomadas por Machado, a partir de informaciones suministradas por su conducto, basadas en cables confidenciales remitidos por Trujillo. «Ya ve Usted que si esa gente se atreve a venir –concluía refiriéndose al grupo de Estrella Ureña– ya hay dada la orden de detenerlos al desembarcar. Y probablemente los pondrán a mi disposición. Por eso le pedía en una de mis cartas que me diese instrucciones [...]».[10]

Julio se inició con señales fatídicas para esta luna de miel. Mientras el representante de Trujillo remitía a sus cónsules en Santiago de Cuba y Cienfuegos[11] ejemplares de su último libro de poesía, para ser ofertados a libreros locales, y poco antes llegaban a sus manos ejemplares de la *Cartilla Cívica*, para promocionar los desvelos doctrinarios de Trujillo,[12] la situación cubana se tornaba asfixiante.

Entre las señales inequívocas que indicaban que la maquinaria represiva machadista perdía terreno y se replegaba, estaba la aparición en periódicos habaneros y del interior del país, de artículos cada vez más osados que levantaban su voz contra la dictadura de Trujillo y criticaban, abiertamente, al propio dictador y a su Ministro en La Habana. El primer toque de alarma provino de Emilio Ferrer Bahr, el cónsul en Cienfuegos, quien en carta a Bazil del 10 de julio, ponía en su conocimiento que en el diario *El Comercio* del día 7, había aparecido un artículo con el título de «Postal habanera», «[...] donde se hacían comentarios inexactos e infundados sobre la actuación de nuestro Presidente».[13] Terminaba, definitivamente, para Bazil y para su representado, la dulce siesta cubana.

El 17, la respuesta del poeta a la carta del teniente coronel Fernando Sánchez, destacado en la fortaleza Ozama, en Santo Domingo, permite reconstruir la situación económica por la que atravesaba el país. Ante la solicitud de apoyo para que su tía, residente en Cuba y viuda de un veterano de las Guerras de Independencia, pudiese cobrar su pensión, responde Bazil que:

> [...] el momento es grave, pues esas pensiones no se pagan desde hace un año. La hermana de Maceo no cobra la suya. La hija de Máximo Gómez, tampoco, lo mismo que la hermana de Enrique Villuendas. Ningún veterano las cobra –concluye– porque no hay dinero para pagarlas.[14]

El 20 de julio, en carta a Ramiro Guerra, Bazil alumbra otra faceta de la debacle machadista: la paralización del cuerpo legislativo, tradicionalmente dócil ante el dictador.

> El presidente Machado envió al Senado el Tratado de Bultos Postales con Santo Domingo hace como 8 meses –se quejaba amargamente–, urgiendo su

> aprobación, y aún no ha sido aprobado. Necesito que también le pida urgir la aprobación del nuevo Tratado de Extradición, firmado hace dos meses. Ambos Tratados ya están aprobados por la Cámara dominicana.[15]

Al día siguiente, un nuevo motivo de queja, esta vez contra un artículo publicado en la primera página de *El País,* en su edición matutina. En carta a Pizzi de Porras, su director, Bazil clamaba contra los subtítulos «nada bien intencionados» de un largo despacho enviado desde Washington, «[...] que acoge el falso rumor de que mi reciente viaje a los Estados Unidos, fue en apoyo del Presidente Machado, y que sostuve varias entrevistas con Mr. Welles».[16]

En medio de su cólera, Bazil declaraba que «[...] es una impostura criminal de mala fe la especie contendida en ese artículo; que Santo Domingo está contra Cuba y que sus Ministros en Washington y La Habana son enemigos de Cuba»,[17] y que «era amigo de antiguo de Mr. Welles». Y terminaba con dos mentiras flagrantes y descaradas: la primera que no se había mezclado nunca en los asuntos de política interna de Cuba, y la segunda, aún más despampanante: «En el cable se califica al presidente Trujillo de dictador, **cuando él es un modelo admirable de vida ciudadana, y ejemplo vivo de fe en los principios de la más pura moral democrática**».[18]

La respuesta de *El País* no se hizo esperar, y llegó en forma de zumbona nota comentando una foto de Ramfis, vestido de militar, con entorchados y grados. «Otro caso de nepotismo [...]. El pequeño coronel queda autorizado, por decreto refrendado por su padre, a obtener todos los derechos del coronelato [...]. y ninguno de sus deberes. El futuro mariscal será ascendido tan pronto cumpla 10 años [...]».[19] En julio, aún tuvo tiempo Bazil de intentar las últimas acciones de relaciones públicas en Cuba, a favor de Trujillo y de sí mismo. El día 10, cortejando a José Ignacio (Pepín) Rivero, director y heredero del reaccionario *Diario de la Marina,*[20] para lo cual no halló mejor vía que desenterrar recuerdos de su infancia, «[...] cuando ibas en faldetas y rayas azules a meterte en mi cuarto de la calle Zulueta 36, y apenas tenías nueve años», y de paso, ensalzando la figura de su padre. También cortejó a Carlos Manuel de Céspedes,[21] hijo del Padre de la Patria, priorizando la publicación en la prensa de sus opiniones sobre su último libro. Para ello indicaba al periodista Miguel Baguer, que «[...] le diera más importancia a estas [por encima de las demás recibidas], pues, políticamente tienen más importancia para mí».[22] Por último, a Ramón Emilio Jiménez, subsecretario de la presidencia de su país, quien le remitiese antes su libro *La Patria en la canción.* Publicada por «la generosidad del Presidente, y ofrecida a su hidalguía», ya eso disculpaba las hipérboles desplegadas por Bazil en su apreciación. «La considero –finalizaba, suponemos que con un dejo de malignidad en el halago a todas luces inmerecido– como la más transcendental en la bibliografía dominicana [...]. No creo que haya obra más útil ni más importante que la tuya a todo lo largo del Caribe».[23]

Para preparar el escenario a lo que vendría, en vísperas de la revolución contra Machado, también en casa estaban ocurriendo cambios. Manuel Celito Peña Morros, su seguro confidente en el despacho de Trujillo, era trasladado a inicios de julio a la Secretaría de Relaciones Exteriores, al parecer por alguna de las incontables intrigas palaciegas,[24] y en esa misma secretaría Max Henríquez Ureña era sustituido por el voluminoso orador y destacado historiador Arturo Logroño.[25] Las circulares de Logroño,[26] emitidas a partir de junio de ese año, reflejan sus intenciones de poner algún orden en las aguas turbulentas de la diplomacia nacional, en las que alguien como Bazil solía chapotear, jubilosamente. También para promover con más intencionalidad y con fines de relaciones públicas, las obras del gobierno de Trujillo,[27] y el alto aprecio en que las tenían los representantes del capital extranjero asentado en el país.

Julio cerraba con un bucólico retiro espiritual de Bazil y su esposa en el balneario de San Antonio de los Baños, en las afueras de La Habana, adonde llegaron el domingo 23 de julio. Por su lado, el flamante Secretario Logroño demostraba su celo enviando días antes a su Ministro 20 ejemplares de la *Cartilla*[28] de lectura del catalán Eladio Homs, en una edición especial dominicana de 20,000 ejemplares, «costeada de su peculio por el Presidente»,[29] y que, por supuesto, incluía sus fotografías y la *Cartilla Cívica* que antes impulsase.

Y para demostrar que Trujillo no tenía compasión con nadie cuando venteaba un negocio lucrativo, apenas dos días antes del estallido de la revolución anti-machadista, César Tolentino, secretario de Estado de Agricultura, le escribía a Bazil, por órdenes superiores, pidiéndole el envío de cinco quintales de garbanzos mejicanos, «[...] de los que importa Cuba, del llamado cribado gordo, lo más frescos posible [...]»,[30] para intentar una producción nacional, a gran escala. De esta manera, Trujillo se adelantaba a los planes pastoriles de su admirado Dr. Ferrara, cerrándole el camino a un posible modo de subsistencia, tras la inminente caída de Machado.

En carta a María Martínez Alba, del 29 de julio, Bazil se había quejado de que, por el mal estado de salud de su esposa, tendría que quedarse en La Habana durante todo el mes entrante. «No tendremos más remedio que sufrir los terribles calores de agosto»[31] –decía.

No tuvo que hacerlo: la revolución lo dispensaría de semejante sacrificio.

En el ojo del huracán

El 11 de mayo Benjamín Sumner Welles presentó sus cartas credenciales al presidente Machado, en su calidad de embajador extraordinario y plenipotenciario de los Estados Unidos en Cuba. La misión que llevaba era la de evitar que la intransigencia suicida del dictador desembocase en una temida revolución popular de consecuencias impredecibles, y donde la izquierda radical, y muy especialmente los comunistas, podrían resultar triunfantes. Los intereses geopolíticos y económicos norteamericanos en la isla aconsejaban una mediación que no era tal, pero que debía parecerlo. El Mediador no lograría eludir lo inevitable, pero sí propiciar la activación de ciertos sectores reaccionarios antimachadistas, que recibieron la orden de mantenerse atentos para tomar el poder, en la primera ocasión que se presentase, y al precio que fuese. Con la mediación de Welles se frustraría la Revolución de 1933 y entrarían en la escena política cubana los golpes de Estado protagonizados por Fulgencio Batista.

El mismo día que presentó sus cartas credenciales, Sumner Welles lo comunicó por carta al Cuerpo Diplomático acreditado en La Habana. Una de ellas fue recibida por Bazil, y es de suponer que endulzó un poco su creciente amargura ante las perspectivas de lo que ya se veía venir. «Le expreso, con placer –escribía Welles con su habitual retorcimiento hipócrita– mi intención de mantener la misma cordial relación que ha existido siempre entre nuestras respectivas misiones».[32]

Sin duda, los últimos meses de la estancia de Bazil en Cuba, como ministro del gobierno dominicano, no fueron nada placenteros. Aunque siguió llevando a cabo sus tareas, es evidente que ya sabía que los días de Machado estaban contados, y que todo lo que había construido desde su llegada, para bien de su Jefe y de sí mismo, amenazaba con venirse abajo.

Antes del estallido popular del 12 de agosto, aún tuvo tiempo de solicitar y recibir, por indicaciones de Logroño, un último informe a la Policía Secreta de Machado, sobre un exiliado dominicano,[33] y creerse celebrado por la opinión pública debido a su respuesta al despacho publicado en *El País* sobre su amistad con el dictador cubano.[34]

El mismo 1° de agosto, Bazil escribiría a su amiga María Martínez una carta significativa. En ella, aparte de comunicarle que la cocinera catalana ya estaba en camino hacia Santo Domingo, insinuaba la necesidad de abandonar urgentemente el país donde estaba acreditado. «Estoy dispuesto a irme para allá –le confesaba–, necesito tranquilidad, reposo en alguna finca. Díselo así al Presidente. Me gustaría pasarme una temporada en [la hacienda] Fundación, en donde no me vea nadie, donde solo reciba la visita de él y de algún otro grato amigo».[35]

La idea de huir de Cuba, lo antes posible, al parecer, se convirtió en el *leitmotiv* de la conducta de Bazil durante los días anteriores al estallido revolucionario. No se ha encontrado la carta que en esta época remitiese a Trujillo exponiéndole sus razones y la conveniencia de ser trasladado, pero si la que Jacinto B. Peynado le respondiese, desde la Secretaría de la presidencia.

> En cuanto a las razones que aduce usted para que se le destine a otro cargo en la Administración Pública –puede leerse en ella– el ilustre Jefe de Estado me encarga manifestarle **que no tiene que tener temor alguno en permanecer al frente de la Legación, en la cual debe usted estar tranquilo y preparado para pelear, cuando fuese necesario**.[36]

No es difícil notar en esta respuesta, y en las palabras de Trujillo, cierto tono de burla ante la pusilanimidad del otrora desafiante poeta, y a la vez, la más completa indiferencia ante su suerte.

Por fin, los acontecimientos represados comenzaron a desbordar el muro de contención de la dictadura. La manera en que se desarrollaron en Cienfuegos fue acuciosamente narrada por el cónsul Ferrer Bahr, en cartas a Bazil correspondientes a los días 4 y 5 de agosto.[37] La imagen de una ciudad copada por manifestantes «hostiles al gobierno», contra los cuales fue necesario movilizar tropas desde la cercana Santa Clara; la huelga general que «la ha paralizado», la destrucción de las vidrieras del comercio, especialmente de los negocios de españoles y norteamericanos, de las bombillas del alumbrado público y de oficinas gubernamentales, ante «la simpatía de la población», demostraba que el huracán revolucionario estaba en marcha, y que pronto se abatiría sobre la capital.

Para conjurarlo, en lo posible, o al menos para mediatizarlo rebajándole las aristas revolucionarias, había arribado Sumner Welles a La Habana, en el mes de mayo, a bordo del buque *El Petén,* compartiendo casualmente la travesía con Osvaldo Bazil. Sus gestiones diplomáticas, y abiertamente injerencistas, no evitaron, a corto plazo, el estallido imparable, pero a la larga, obtuvieron la neutralización progresiva y la frustración final de la revolución.

Para aplacar al pueblo, no surtió efecto ni el plan de Reforma Constitucional, en que trabajaba por encargo de Welles y Machado el senador José Manuel Cortina, ni el remedo de Conferencia de Sectores, convocada por el tirano para dar una imagen conciliadora, de la que estaban expresamente excluidos los sindicatos revolucionarios, el Directorio Estudiantil y el Partido Comunista, quienes llevaban sobre sus hombros el peso mayor de la represión. La huelga que estalló en los primeros días de agosto, y de la que fue cronista en Cienfuegos el cónsul dominicano, paralizó el comercio en la isla. La noticia de la falsa renuncia de Machado, lanzada al aire por una emisora clandestina del ABC Radical, provocó un estallido de júbilo popular en la capital, y una marcha espontánea sobre el Capitolio y el Palacio Presidencial, siendo ametrallada por los esbirros machadistas, con un saldo de 22 muertos y 72 heridos.

El 7 de agosto, ante la marea revolucionaria que no paraba de crecer, Welles envía un ultimátum a Machado exigiéndole su renuncia. A esto el dictador responde con una contrapropuesta zorruna,[38] típica jugada de gatopardismo político, mediante la cual intentaba cambiar algunas cosas, para que no cambiase nada. La misma fue depositada, de inmediato, en la Casa Blanca por el embajador Oscar Cintas, sin influir sobre la inexorable marcha de los acontecimientos. Cuatro días después, por instigación directa de la embajada norteamericana en La Habana, se inicia un golpe de Estado militar, que unido a la huelga general que mantenía al país completamente paralizado, logra la renuncia y huída del dictador, no sin antes «despedirse» mediante un comunicado de prensa.[39]

La desbandada de los machadistas, los saqueos de sus casas y oficinas y los ajustes de cuenta, no se hicieron esperar.[40] Durante tres días se dio rienda suelta a la violencia reprimida por años de dictadura. El carácter espontáneo de la Revolución y la división dentro de las fuerzas revolucionarias, posibilitaron la manifestación de tales expresiones anárquicas. Uno de los blancos escogidos fue, precisamente, la Cancillería dominicana en La Habana.

En la misma mañana del sábado 12 de agosto, cuando tenía lugar el derrocamiento del gobierno, se produjo un incidente en el Consulado General dominicano, ubicado en la oficina 250 del céntrico edificio conocido como Manzana de Gómez, sobre el cual, dos días después, el cónsul Villanueva rindió informe escrito a Bazil. Tras poner los hechos en conocimiento del gobierno dominicano, Bazil recibió instrucciones de presentar una queja formal ante las nuevas autoridades, lo cual cumple mediante carta del 15 de agosto.[41] En el más que caldeado ambiente habanero, y sin faltar a la verdad, los representantes de Trujillo eran considerados estrechos aliados de la dictadura. La hostilidad era especialmente dirigida contra la figura de Bazil. En Cienfuegos,[42] y al parecer en el resto de los consulados, el cambio de autoridades no provocó agresiones contra los representantes del gobierno dominicano.

El primer informe de Bazil a Trujillo acerca del huracán revolucionario que azotaba Cuba, fue recogido en su extensa carta del lunes 14 de agosto,[43] a la que adjuntaba recortes de periódicos. Para caracterizar «el desastre que ya usted conoce por mis frecuentes informaciones», Bazil comunicaba «que ayer y antes de ayer quisieron asesinarme», y que si había logrado escapar se debía a que había «tomado precauciones», frustrando así a los «artistas del crimen que recorren las calles de La Habana». Los intentos por acercarse a la Legación también fracasaron, «pues yo estaba montado a pie de campaña, dispuesto a defender mi vida, a los míos, y sobre todo el honor y la dignidad de mi representación». En realidad, si las cosas no pasaron a mayores con el odiado Ministro trujillista, roto el dique de contención de la dictadura machadista, se debió, como confesase en esa misma carta, a que había pedido ayuda y protección «a sus amigos», el Jefe de la Marina y el Jefe del Ejército. Es de suponer que debió pedir también protección a Mr. Welles, «a quien todo el mundo acude en busca de garantías», aunque lo negase expresamente.

La situación en La Habana, según la descripción de Bazil, era de completo caos. «Se han registrado en estos tres días espantosos crímenes –afirmaba–. Se incendiaron y despojaron todas las residencias de los Secretarios del presidente Machado y sus amigos. A toda esta ola de crímenes –ironizaba– se le llama "expansión de los primeros momentos"». Por último comunicaba que la huelga aún no había terminado, esperándose su conclusión en el transcurso del día, y que confiaba que «cuando la situación se normalice, Cuba se reincorporaría a la civilización», demostrando con hechos que no es expresión de «la barbarie de una tribu africana».

«Muchas personas han querido asilarse en la Legación dominicana –continuaba informando Bazil, con evidente doblez–, pero la misma razón que tuve para no acoger a los enemigos de Machado, la he aplicado a sus amigos». Y como hablaba de amigos, Bazil no perdió la oportunidad, en su carta a Trujillo, de jactarse de ser amigo de los hombres que formaban el nuevo gobierno, especialmente del presidente Céspedes.

Aún tuvo tiempo, en su carta, para abordar dos asuntos esenciales: el origen de la campaña de prensa contra Trujillo, cuya marea ascendía junto con la de la propia revolución, y la urgente necesidad de que lo sacaran de un país donde peligraba su vida. Sobre lo primero, Bazil fue tajante: las denuncias que se hacían «contra usted, contra el país y contra mí» provenían de estudiantes vinculados al ABC Radical que habían buscado refugio en Santo Domingo, y que declaraban haber sufrido persecuciones allí, y que aunque él no tenía nada que ver con eso «aceptaba los cargos, los aceptaba todos». También insinuó que algunos enemigos de Trujillo, como el general Loynaz y del Castillo, «ahora jefe de la Policía Nacional», habían tenido responsabilidad con la campaña. Sobre su destino, Bazil fue aún más preciso:

> Estoy ansioso de que Usted me comunique por cable la orden de ir a Santo Domingo, para embarcar por la primera ocasión aérea –y concluía, como siempre, teatralmente–. Pero si decide que yo deba permanecer aquí, estoy dispuesto a darle esta nueva prueba de amistad y fidelidad».

En carta a Tulio M. Cestero,[44] del día 17 de agosto, remitida al hotel Palace, en Santo Domingo, un acongojado

Bazil continuó dando rienda suelta a sus impresiones sobre la revolución en marcha y su situación personal.

> El día 12 y el día 13 –explicaba–, fueron días aciagos y trágicos. La Legación fue custodiada desde los primeros momentos por las tropas [...]. Tengo la más diáfana y honradora actuación. Mi conciencia es la más blanca de las conciencias. No le he hecho daño a nadie [...]. No sé de dónde ha pretendido la oposición señalarme como favorito de Machado [...]. Ni Machado me dio nunca un centavo, ni yo lo hubiera aceptado [...]. Lo cierto es que alguien ha llevado al ánimo del ABC que yo era algo parecido a un favorito de Machado.[45]

En esta carta, Bazil también dió la clave para entender sucesos posteriores.

> El Presidente sabe que yo deseo irme cuanto antes. Si tú tienes medios de robustecer en su ánimo mi aspiración de una permuta con Elías Brache,[46] debes hacerlo –ordenaba, más que pedía a Tulio M. Cestero, presa de pánico–. El hombre que cuadra venir aquí en estos momentos es el Dr. [Francisco] Henríquez y Carvajal [...]. Mr. Welles se ha portado muy bien conmigo, personalmente le advirtió al ABC que les prohibía manifestaciones hostiles ante las Legaciones, y menos ante la de Santo Domingo. Y gestionó el envío de dos guardias, que han continuado prestando sus servicios aquí.

Un nuevo motivo de inquietud, aún mayor que el provocado por la revolución, vendría a amargar los postreros días habaneros de Bazil. En uno de sus últimos libros,[47] una recopilación de artículos publicados en *El Diario de la Marina,* entre los años 1925-1926, compilados por

Gaspar Carbonell, había uno dedicado a elogiar la obra del poeta Fabio Fiallo,[48] enemigo político de Trujillo, residente en Santiago de Cuba. Al parecer, sus enemigos en Santo Domingo lo hicieron notar al tirano, quien redujo visiblemente la correspondencia con su Ministro, para mantenerlo preocupado.

En otra carta a Cestero, que pedía le fuese mostrada a Trujillo, fechada el 22 de agosto, Bazil se explayó contra Fiallo al que tachaba de «no ser amigo mío, ni de nadie», concluyendo con la afirmación, destinada a infundirse ánimos, de que «[...] el Presidente se reirá de esta preocupación mía, pero como conozco el medio, la he querido tomar».[49] Ese mismo día, escribe a Alejandro Amable Nadal, secretario de Trujillo, reiterando que «[...] de yo haber revisado el libro, habría quitado muchas cosas, y una de ellas habría sido lo de Fiallo».[50] Para terminar, se quejaba de no recibir !hace tiempo! cartas ni del tirano, ni de la Secretaría de la Presidencia, y declaraba estar esperando «[...] de un momento a otro, que el Presidente me conceda la licencia pedida», terminando con una de sus típicas boutades:[51] «Te llevaré las corbatas y el par de zapatos, extranjeros o criollos, de la mejor calidad».[52]

Por una breve nota fechada el 26 de agosto, podemos imaginar que los días finales del otrora poderoso Ministro trujillista en La Habana transcurrieron en medio de una creciente agonía. En ella pedía, con urgencia, entrevistarse en su residencia, con Sergio Carbó, de donde se deduce que no se atrevía a salir a la calle, desde el 12 de agosto. Y sus temores se basaban en lo que llamó «justicia tumultuaria»,[53] que se estaba aplicando «[...] como no se ejerce en ningún país civilizado», a pesar de los llamados del gobierno a la calma. También atestiguan sus temores el trámite realizado con un tal Dr. Castella,[54] un agente aduanero, para extraer mercancías entradas al país bajo franquicia diplomática. Al parecer se trataba de balas para revólveres pues –quien había dicho en carta al Ministro de Gobernación de Machado que nunca iba armado–, confesaba tener varios, incluso, sin estar registrados, ni declarados.

El 30 de agosto, en carta a su amigo Néstor Carbonell, ministro de Cuba en Argentina, acusándole recibo del envío de su último folleto sobre José Martí, Bazil intentaba mostrase como un decidido martiano y un mártir incomprendido. «Dios te lo premie y que Cuba te lo agradezca –escribía con cinismo– si es que aquí habrá gratitud algún día, para los que veneran, como tú y como yo, a las figuras fundadoras de la nacionalidad cubana».[55]

Ese mismo día, ya en plan liquidación, escribía también a Max Henríquez Ureña, a quien ya daba por su sustituto en Cuba, recomendándole mantener la protección que había dispensado en la Legación a un personero del machadato en fuga, el asilado Dr. Evelio Alvarez del Real. Para este tipo de fugitivo, a diferencia de los revolucionarios antes perseguidos por la represión, si se abrían las puertas de la embajada dominicana en la isla.

Al día siguiente, 1º de septiembre de 1933, a escasos 18 días después de haber sido derrocada la dictadura machadista, el ministro de Trujillo en Cuba, Osvaldo Bazil, embarcaba hacia su país, atropelladamente, dejando tras de sí cajas, muebles y parte de la familia, como mismo había huido su carnal Dr. Ferrara. «Seguramente no volveré a ver más a Cuba –escribió antes de la partida–. En mi lugar viene Max Henríquez Ureña. Yo he provocado este cambio, avergonzado de todo lo que está ocurriendo en Cuba. Mi perspectiva es Madrid, Washington, o la Secretaría de Estado en Santo Domingo [...]».[56]

En todos sus vaticinios se equivocaría. Si bien al regresar, aún con el favor del Jefe, sería nombrado Secretario de Trabajo, no desempeñaría el cargo por mucho tiempo. Para 1936, ya en desgracia, la Secretaría de Estado dominicana, envió al gobierno norteamericano, un listado de nombres para inhabilitar un grupo de pasaportes diplomáticos, en manos de ex funcionarios del régimen asentados en ese país.

Entre ellos figuraba el nombre melancólico y poético de Osvaldo Bazil.

El interludio de don Pancho

Interludio –palabra proveniente del latín *interludere*–, significa «jugar a ratos». En el lenguaje de la creación musical, designa a una pieza o pasaje que se interpreta entre dos partes de una misma obra, o entre dos escenas de una misma ópera. Eso, precisamente, fue lo que significó la breve y accidentada designación de don Francisco Henríquez y Carvajal como enviado extraordinario y ministro plenipotenciario de su país ante el gobierno de la República de Cuba, en sustitución de Osvaldo Bazil, en medio de la Revolución de 1933.

El 12 de agosto, casualmente el mismo día que caía la dictadura machadista, don Pancho escribía a Bazil desde París, comunicándole que «[...] por razones económicas, según despacho del día 8, el presidente Trujillo ha puesto fin a mi misión diplomática [...] El día 1° de septiembre parto de regreso a nuestro país».[57] Por azares de la vida, y obra de las revoluciones, ese mismo día saldría un espantado Bazil de la isla convulsa hacia el seguro refugio de Santo Domingo, dejando atrás a su esposa.

La decisión de sacar a Bazil del país se debió más al interés de Trujillo por mantener relaciones cordiales con el gobierno de una nación vecina, de las cuales dependía que no se abriera un frente hostil a su costado, que a la de conservar lo que el poeta debió considerar «su preciosa vida». Su casi unánime impopularidad en la isla estaba haciendo peligrar esta visión de su Jefe. Para el día 29, la orden ya había sido cursada, como se evidencia en un cable enviado por Trujillo a su prima María

Antonia de Palacio,[58] quien vivía en el Hotel Central, de La Habana. Pronto sería asignada a la Legación dominicana, y de hecho, resultaría una informante privada del eternamente receloso dictador dominicano.

El 30 de agosto, un día antes de su estampida, Bazil comunicó a Logroño, por cable, que «había solicitado el *agreement*», que salía al día siguiente por avión, y que dejaba al frente de la Legación a «Atilio León, como encargado de negocios».[59] Lo curioso, en este caso, como se demostraría después, fue que en su creciente turbación y premura por huir, Bazil confundió la persona para la que se la había ordenado solicitar dicho *agreement,* y en vez de pedirlo para el Dr. Francisco Henríquez y Carvajal, lo hizo para su hijo, el Dr. Max Henríquez Ureña, a la sazón, en los Estados Unidos.

El mismo 29 de agosto, Logroño enviaba un escueto cablegrama a don Pancho, que todavía se encontraba en París: «Ruego decirme si acepta Ministerio en Cuba»,[60] a lo que este contestaba en otro, fechado el 31 de agosto: «Obedeceré órdenes del Presidente. Complaceríame previo cambio de impresiones y nombrar cónsul, segundo secretario, a mi hijo Frank»,[61] quien residía en La Habana. Ese mismo día, apremiados por la urgencia de la situación cubana, Logroño le respondía[62] que se habían situado US$879.00 para costear su viaje, pero que no había tiempo para conferencias previas, sino que, por órdenes de Trujillo, debía dirigirse directamente a La Habana, «donde encontrará la documentación lista, acreditándolo», y que «el Presidente resolverá simpática solicitud [sic] sobre Frank». Para terminar, y no dejar espacio a las dudas, Logroño le confirmaba: «[...] la situación de Cuba requiere su presencia».

En efecto, la situación política cubana era altamente explosiva y volátil. Las fuerzas centrífugas desatadas con la caída del régimen, ya carentes de unidad y en sí mismas caóticas, incluso, enfrentadas debido a rivalidades de signo ideológico e intereses clasistas irreconciliables, pugnaban por imponerse bajo los atentos ojos de la embajada norteamericana. Sumner Welles no actuaba, en realidad, con la imparcialidad de un mediador, sino con la cínica impunidad de un procónsul. Su misión se iba cumpliendo escrupulosamente: evitar la consolidación en la isla de cualquier gobierno revolucionario y radical que pudiese afectar los intereses geopolíticos y económicos de su país.

El 24 de agosto, el gobierno de Carlos Manuel de Céspedes, mediante el decreto 1298, deroga la constitución machadista de 1928 y establece la de 1901, convocando a elecciones generales para el 24 de febrero de 1934. Ese mismo día Welles comunica, en telegrama a Roosevelt, que «[...] Cuba está en un proceso de total desintegración». Las maniobras injerencistas del Mediador adquieren una notable aceleración, ante la posibilidad de que triunfen los comunistas, único partido bien organizado, disciplinado, con prestigio ganado en la lucha e influencia sobre diversos sectores de la población».

El 4 de septiembre se produce el llamado Golpe de Estado de los Sargentos,[63] inicialmente motivado por demandas castrenses, pero que pronto sería enfilado contra el ya de por si tambaleante gobierno de Céspedes, provocando su caída. La Pentarquía asume el poder por apenas seis días, disolviéndose el 10 de septiembre para dar paso al llamado Gobierno Revolucionario de los Cien Días, encabezado por el Dr. Ramón Grau San Martín, con Antonio Guiteras, como ministro de Gobernación y el recién ascendido coronel Fulgencio Batista, al mando del Ejército.

Las medidas más radicales del gobierno de Grau se debieron a la influencia de Guiteras, entre ellas, la disolución de los partidos que habían apoyado a Machado, el establecimiento de jornadas laborales de ocho horas y la intervención de la Compañía Cubana de Electricidad, que era, en realidad, un monopolio norteamericano. Apenas 11 días después de que Grau asumiese la presidencia, Batista sostiene la primera de una serie de entrevistas secretas con Welles, y luego con Jefferson Caffery,[64] su sucesor en Cuba a partir del 18 de diciembre de 1933.

El 10 de enero de 1934, el embajador Caffery reportaba a la Secretaría de Estado que el gobierno de Grau es «[...] ineficaz, inepto e impopular, según la opinión de las mejores clases del país», y que si se deseaba evitar una nueva intervención militar norteamericana, habría que propiciar «su ruptura con el Ejército». El 14 concluía afirmando que «[...] la situación es muy grave», y si no se maniobraba para llevar al poder a Carlos Mendieta, «[...] Batista podría girar hacia la izquierda, provocando un desastre definitivo para nuestros intereses aquí». El 10 de enero de 1934, bajo la amenaza de un golpe militar inminente dirigido por Batista, Grau renuncia. El 15 de enero, Carlos Mendieta llega al poder. Este será el telón de fondo del breve interludio cubano de don Pancho.

Aún siendo presidente Carlos Manuel de Céspedes se emiten las primeras señales confusas sobre el envío a Cuba de un nuevo Ministro dominicano. Así consta en la carta del 2 de septiembre,[65] de Carlos Saladrigas, secretario de Estado, a Atilio León, el encargado de negocios.

> Acuso recibo de la nota 55 de esa Legación, del 30 de agosto –confirmaba– en la que el Sr. Ministro comunica que su gobierno desea nombrar al Sr. Max Henríquez Ureña como enviado extraordinario y ministro plenipotenciario cerca del gobierno cubano, y solicita se le exprese si es persona grata a este gobierno. Me complace en responderle, que es persona grata al gobierno de Cuba.

A la luz de los acontecimientos, queda la duda de si en realidad Bazil equivocó los nombres, en el atolondramiento de la fuga, o intentó, maquiavélicamente, presentarle el hecho consumado a Trujillo, bloqueando la posibilidad de que Max Henríquez Ureña pudiese ser considerado para la Legación en Washington, cargo que ambicionaba.

Don Pancho, bloqueado en Francia por la alta demanda de pasajes en los buques que cruzaban el Atlántico, solo lograría partir el 13 de septiembre, vía Nueva York, donde se vería obligado a guardar cama por 10 días, utilizando el tiempo restante para entrevistarse con funcionarios del gobierno norteamericano, diplomáticos y especialmente, por dos veces, con el recién nombrado embajador cubano en Estados Unidos, el periodista Manuel Márquez Sterling.[66] Mientras, crecía el nerviosismo de Trujillo y Logroño, ante la marcha de los acontecimientos en la isla.

> Dr. Henríquez, le encarezco trasladarse a Cuba, a cumplir misión que le ha confiado el Honorable Presidente –le reclamaba Logroño en un cablegrama de finales de septiembre, copiado para información del Jefe–. Espero noticias embarque. Se le situaron fondos con tal objeto.[67]

La respuesta de don Pancho fue también tajante: «Salgo martes Habana. Imposible hacerlo antes, en cama 10 días [...]».[68] No debemos de olvidar, que por esta fecha, don Pancho tenía 74 años cumplidos. A pesar de eso, ya el 11 de octubre se hacía cargo de la Legación, donde aún se hacinaban los bultos de Bazil y todavía residía su esposa.

Una interesante carta de Max Henríquez Ureña a Trujillo, fechada el 6 de septiembre, permite establecer, a grandes rasgos, el origen y alcance de la confusión de la que don Pancho fue víctima, y también por qué, a pesar de los informes positivos del seráfico Saladrigas, Cuba no lo consideraba grato para el cargo, en cuestión.

Tras afirmar que la equivocación partió de Bazil, como atestiguaban los recortes de la prensa cubana que anexaba, Max Henríquez Ureña no desaprovechó la ocasión de herirlo a los ojos del dictador. «Es sensible –reconocía, no sin razón– que esta confusión del momento haya impedido que se lograra, inmediatamente, el efecto moral que la designación de mi padre, respetable y respetado por la nueva situación, habría de causar».[69] Abundando en quiénes estaban detrás de la campaña en su contra, el ex Canciller señalaba a «elementos que en Nueva York son hostiles al actual gobierno dominicano, y que tratan de estar ligados a los que entonces eran revolucionarios cubanos», refiriéndose al grupo de Estrella Ureña. Ellos, en su opinión, habían «lanzado la especie de que yo había venido por encargo de usted a hacer gestiones por Machado en la Casa Blanca, y que después vino Bazil a reforzar esas gestiones con Welles».[70] Al igual que el poeta fugitivo, Max Henríquez Ureña se jactaba de que mantenía excelentes relaciones con las figuras más prominentes del gobierno de Céspedes, y que esa misma semana «había recibido cartas de tres de ellos», al parecer, sin enterarse de que dos días antes habían sido desplazados del poder.

El mismo día del golpe cuartelario, el cónsul general, José E. Villanueva enviaba a Logroño cinco recortes de la prensa cubana que tenían un común denominador: el rechazo a la posibilidad de que el hijo de don Pancho sustituyese a Bazil en La Habana, y las denuncias contra el gobierno de Trujillo. «El Encargado de Negocios ha enviado un cable al Presidente –concluía– sobre la conveniencia de que el Dr. Henríquez no venga, por ahora, ya que hay predisposición contra él».[71]

Para la mentalidad eminentemente recelosa de Trujillo, cuya desconfianza lindaba con la paranoia, nada de lo que estaba sucediendo en Cuba podía ser otra cosa que el fruto de una amplia conspiración en su contra.

Convencido de ello, debió ordenar a sus representantes que priorizaran la búsqueda de información sobre los conspiradores, quizás pensando en castigarlos, como haría luego. Es, bajo este prisma, que han de entenderse la carta y las denuncias de Max Henríquez Ureña, y también un informe confidencial que enviase a Logroño su primo, Fernando Abel Henríquez, a la sazón cónsul dominicano en Santiago de Cuba, con fecha 1° de septiembre.

Hijo de don Federico Henríquez y Carvajal, y según las palabras de José Martí, «su edecán» a la edad de 11 años, al visitar por primera vez República Dominicana, en septiembre de 1892, Fernando Abel Henríquez fue uno de los más rabiosos defensores de Trujillo en Cuba y su informante personal. De figura insignificante y personalidad retorcida, llegará a embajador en la isla, después de ser cónsul en Santiago de Cuba durante muchos años. Su informe confidencial a Logroño intentaba establecer las personas que se encontraban detrás de lo que caracterizó como «numerosa propaganda que ha circulado en esta localidad contra el gobierno dominicano»,[72] así como los móviles que tenían para hacerlo.

La lista del cónsul en Santiago de Cuba era extensa, e incluía a nueve personas, de las cuales, solo dos eran dominicanos, el poeta Fabio Fiallo y su hijo René. Los móviles de su anti-trujillismo iban, según su informe, desde pérdidas en los negocios que poseían en la isla vecina y ansias de notoriedad, hasta la venganza de supuestos agravios sufridos durante el exilio dominicano, especialmente denunciados por dos jóvenes maestros normalistas recién regresados al país, y del que culpaban directamente a Max Henríquez Ureña, quien fuera director de la Escuela Normal para Maestros en la ciudad.

La manera en que el cónsul dominicano en Santiago de Cuba remataba su informe confidencial, retrataba de cuerpo entero a este fruto desnaturalizado del digno tronco de los Henríquez, y aún más, al ambiente cortesano que ya se había entronizado alrededor de Trujillo.

> Si la prensa de esta ciudad –alardeaba– abandona la actitud discreta asumida hasta ahora [...] esa Secretaría tendrá ocasión de poder apreciar, una vez más, mi vigilante actitud [...]. Yo sabré en todo momento cumplir mis deberes de dominicano, de afiliado al Partido Dominicano y de leal y consecuente amigo del Jefe.[73]

Al parecer, Trujillo se molestó mucho por la demora de don Pancho en llegar a Cuba. Acostumbrado al miedo y al celo castrense, debió considerarlo como una especie de insubordinación o desaire. A mediados de septiembre, en un cablegrama enviado por Logroño a Atilio León, en respuesta a un cifrado del 14 de septiembre, donde este preguntaba si debía retomar la solicitud de *agreement* para don Pancho, ante los nuevos funcionarios del gobierno de Grau San Martín, los ánimos adversos al ilustre enviado se concentraban en una sola palabra: «Absténgase».[74] León, como era de esperar respondió que esperaría instrucciones.

A pesar de ello, don Pancho llegó a La Habana, y nadie le dijo que ya no gozaba del favor presidencial en su nuevo puesto. Con su entereza habitual se instaló en la Legación como «agente confidencial», término que en la Diplomacia designa a un agente que no ha sido reconocido, oficialmente, por el país donde se encuentra, pero que goza de la confianza de las autoridades del país de origen, de manera que sus opiniones reservadas son tomadas en cuenta a la hora de elaborar su política exterior.

A partir de ese momento, don Pancho se aplicó a enviar unos informes secretos sobre la realidad política y social cubana, que se caracterizarían por su tono profesional y su objetividad. En el Archivo General de la Nación, en el fondo de Relaciones Exteriores, se conservan 30 de ellos, redactados entre el 7 de octubre y el 30 de diciembre de 1933. También se guardan algunas cartas cruzadas por estos mismos días con Logroño y Trujillo. Ni uno ni otro quedaron conformes con la tarea cumplida por don Pancho, acostumbrados como estaban a las maniobras injerencistas y al cotilleo político que saturaba los informes de Osvaldo Bazil.

Es evidente que don Pancho no era el hombre adecuado para la tarea, y que con su habitual sagacidad, pronto Trujillo se percataría de ello. Lo que se necesitaba en La Habana, en tiempos de marea alta de revolución, era una marioneta inescrupulosa y dócil capaz de cumplir con las misiones que asegurasen los intereses del dictador dominicano, a saber: impedir la unidad y frenar la beligerancia creciente de los exiliados dominicanos, animados por los aires que soplaban en la isla, la solidaridad de las nuevas autoridades del gobierno de Grau y el apoyo del pueblo cubano; ganar tiempo y esperar a que la situación fuese revertida por las fuerzas conservadoras nacionales, que junto a la Embajada norteamericana, ya habían iniciado su contraofensiva, y por último, seguir propiciando la compra de voluntades, a su favor, entre políticos, periodistas, militares, empresarios e intelectuales cubanos.

Lo que si justificó el envío de don Pancho a La Habana, en tan singulares momentos, fue que su prestigio logró atenuar en algo la ola de protestas y denuncias realizadas contra la dictadura que representaba. Su breve y nebuloso paso por la capital de la isla, durante estos meses trepidantes, sirvió a manera de transición entre la política trujillista, abiertamente favorable a la dictadura de Machado, y un nuevo período de relaciones bilaterales que establecería con sus sucesores. Podía cambiar el gobierno cubano, pensaba Trujillo, mientras el suyo se mantendría inalterable en sus esencias. A eso debían consagrase, en lo adelante y una vez retirado don Pancho, sus enviados diplomáticos en la isla vecina.

Los informes confidenciales de don Pancho, a pesar de no haber satisfecho a sus superiores, constituyen una fuente, hasta ahora desconocida, que permite seguir lo sucesos cubanos de 1933 e inicios de 1934, casi minuto a minuto, y desde una óptica serena.

Apenas instalado en la Legación, informaba que el gobierno de Grau «[...] había logrado una gran mejoría en la situación política y que la tranquilidad parece extenderse a toda la República»,[75] lo que se expresaba en la inminente reapertura de la universidad y el pago de los haberes atrasados a los empleados públicos. Menos tranquilizador se mostraba con la actividad de los exiliados anti-trujillistas, cuya propaganda «seguía, aunque las entrevistas que publican son descabelladas y les acarrean el descrédito», recomendando para contrarrestarla «[...] el silencio y el tiempo, como remedios a este mal».[76] Precisamente, para contribuir a enfrentarla, se hacía eco de una propuesta realizada por «el activo e inteligente coronel Villanueva[77] [sic], y me permito sugerirle que lo provea de fondos extraordinarios para gastos, si forzosamente tuviese que utilizar los servicios de la prensa [habanera]».[78] En carta a Trujillo, del 18 de octubre, don Pancho explicaba mejor el plan de la campaña de prensa que Villanueva había propuesto, y cuyo costo total era de $500.00 pesos.[79]

El 25 de octubre el agente confidencial calificaba la situación de «grave, con fisonomía de inseguridad, pues a pesar de los esfuerzos empeñados, en el corto tiempo que lleva, el actual gobierno no ha logrado una organización gubernamental que inspire confianza a la mayoría de la población nacional y extranjera».[80] La causa, en su opinión, radicaba en las «graves disidencias surgidas entre los diversos sectores revolucionarios» y que las clases económicas pudientes, y los que llamó «políticos de las pasadas situaciones», eran unánimemente hostiles al gobierno, que se apoyaba en «el Ejército, los estudiantes y el pueblo». La confrontación se expresaba en intentos de huelgas, tiroteos nocturnos y estallidos de bombas. Ese mismo día era recibido, junto a Atilio León, «con carácter oficioso y confidencial» por el Secretario de Estado cubano, ocasión en que ambas partes manifestaron su deseo de «mantener con todo brillo y eficacia las fraternales relaciones que siempre han existido entre nuestros pueblos y gobiernos».[81]

Dos días después, según informaba don Pancho a Trujillo, «[...] la campaña de los dominicanos hostiles, después de un período de relativa calma, se ha recrudecido, no solo en la prensa, sino también organizando comités revolucionarios en distintas localidades de la República».[82] Tras conversar con Tulio M. Cestero,[83] por esos días en La Habana en tránsito hacia Chile, vía Panamá, don Pancho proponía al Jefe «[...] la posibilidad de organizar una contra campaña de prensa, hábil y dotada de la capacidad y las relaciones adecuadas al caso», que era, en su opinión, lo que estaba haciendo Cestero en la isla, «[...] tal vez cumpliendo instrucciones personales de usted». Con elegante sutileza, don Pancho casi le sugería a Trujillo que fuese Cestero su sustituto. Probablemente, no solo se sentía cansado de cuerpo, en medio del ciclón cubano, sino también de alma, al comprender que lo que se esperaba de él, en tales circunstancias, sobrepasaría lo que consideraba sus deberes y su ética personal.

La situación, por minutos, se complicaba. El 26 de octubre los estudiantes habían organizado una manifestación ante la Legación haitiana en La Habana, provocada por el rumor de que ese gobierno había aceptado la extradición a República Dominicana de los exiliados del país vecino. Aunque la noticia fue desmentida, don Pancho alertaba que, según informes confidenciales del cónsul Villanueva, al día siguiente se intentaría reeditar la jornada ante la Legación dominicana, «la cual podía asumir cierto carácter de agresividad».[84]

No obstante lo informado, y a pesar de la creciente hostilidad popular y estudiantil contra el gobierno de Trujillo, aún sin ostentar representación diplomática oficial, Tulio M. Cestero fue recibido el 31 de octubre por el presidente Grau en Palacio, lo cual no dejaba de ser una deferencia, en medio de la creciente crisis política. La visita revistió «[...] la más significativa cordialidad»,[85] y fue marco propicio para uno de los enjuagues políticos secretos que tanto gustaban a Trujillo. Los detalles no trascendieron, pero es lógico suponer que se trataba de ofrecer a Grau la continuación de la amistad que Trujillo tuvo con Machado, quizás a cambio de no dar asilo ni apoyo a sus enemigos políticos, que ya comenzaban a reconcentrarse en Cuba.

> He sido informado por el mismo Cestero –informaba don Pancho a Trujillo, en carta del 1° de noviembre– de los pasos que, con actividad digna de encomio, hubo de dar en esta capital para dejar cumplida la misión confidencial que usted le encomendó. Ayer visitó al presidente Grau y tuvo con él un cambio de impresiones que han resultado favorables a nuestras miras y derechos [...]. Anoche se embarcó rumbo a Panamá.[86]

El alzamiento contrarrevolucionario del ABC y sectores afines a la Fuerza Aérea y la Policía,[87] que tuvo lugar en La Habana y algunas ciudades del interior del país, entre los días 7 y 8 de noviembre, así como su derrota a manos del Ejército, la Marina, las milicias estudiantiles, de Pro Ley y Justicia, y el Ejército Caribe, de seguidores de Antonio Guiteras, fue también ampliamente reseñado en cablegramas e informes confidenciales de don Pancho, enviados los días 8, 9 y 10, y resumidos en cartas del

14 y el 15 de de noviembre. La manera en que terminaba su cablegrama del día 10 fue el epílogo perfecto para esta aventura reaccionaria: «Triunfo del gobierno. Ciudad tranquila».[88]

Quien no debió gozar de paz por aquellos días era don Pancho. No solo la situación cubana «era nebulosa»,[89] sino también la suya. No se había solicitado oficialmente su *agreement* a la Cancillería cubana, ni ostentaba una representación oficial. Se hallaba bajo el fuego de la opinión pública cubana, y de los exiliados dominicanos, como representante oficioso de Trujillo. Se le indicaba mantenerse fuera de las negociaciones con el nuevo gobierno de la isla, y a manera de desaire, se encargaba de ello a Tulio M. Cestero, de paso por La Habana. Para colmo, por su carta a Trujillo del 19 de noviembre se deduce que no solo no era bien visto, sino que también se desconfiaba de él. Por encargo de Trujillo, Logroño le comunicó que ya no existían razones para autorizar que su hijo Rodolfo regresase a acompañarlo a La Habana, donde había cursado estudios de Medicina y Cirugía Dental. Con su perfidia habitual Trujillo le proponía brindarle «[...] todo su apoyo, para que desarrolle, con éxito, sus actividades profesionales en Santo Domingo».[90]

En la práctica represiva de la dictadura, era frecuente que se controlasen con sumo rigor los viajes de los dominicanos al exterior, y se les usase a manera de recompensa, en caso de ser autorizados, o como castigo o advertencia, cuando eran negados. El mensaje que Trujillo enviaba a don Pancho, al oponerse a que su hijo viajase a Cuba, era más que obvio: no confiaba en él y tomaba a un miembro de su familia como rehén. Su retiro de Cuba era cosa de tiempo.[91]

Don Pancho se mantuvo cumpliendo estoicamente su deber, pero desde esta fecha sus informes fueron estrictamente los de un observador imparcial. En los dos meses que mediaron entre noviembre de 1933 y enero de 1934, solo escribió dos cartas a Trujillo, limitándose a informar regularmente a Logroño sobre la situación política, económica y social cubana.[92] A su aguda observación no escapaba la creciente hostilidad del gobierno norteamericano hacia el de Grau, y los movimientos subterráneos que se hacían para provocar su caída, utilizando a Batista, y pactando la entrega de la presidencia al moderado coronel Carlos Mendieta. Cumpliendo los deberes de todo enviado diplomático culto y profesional, se extendía comentando cuestiones de la realidad cubana que debieron exasperar a Trujillo y a Logroño, acostumbrados a la política activa y abiertamente injerencista, encarnada antes por Bazil. Don Pancho ni siquiera la intentó, y ellos se resignaron, habiendo decidido ya su remoción, aunque le llegaron a delimitar, de manera grosera los tópicos a que debía ceñirse en sus informaciones. «Esta Secretaría de Estado –le ordenaba Logroño, con rispidez, siguiendo evidentemente órdenes de Trujillo–, preferiría que Usted diera información sobre la actualidad política cubana y sobre las actividades de los revolucionarios dominicanos en esa ciudad».[93]

Don Pancho no cumplió tales instrucciones. En sus informes no se menciona, por su nombre y apellido, ni a un solo exiliado dominicano, ni se dedicó al cabildeo que tanto ocupaba el tiempo de su antecesor. Pero lo que aceleró su retirada de la isla no fueron las intrigas del corte, ni la evidente malquerencia de Trujillo. Para ello se utilizó uno de sus nexos familiares, pleno de connotaciones políticas, y si se quiere, la falta de una coma en la información de un periódico habanero.

> El periódico *Luz* de esta capital viene publicando una serie de artículos escritos por mi hijo, el Dr. Enrique Cotubanamá Henríquez –informaba don Pancho a Trujillo–. En el número del aludido diario, de fecha 6 del corriente, confundió la Redacción el

> nombre de mi hijo con el del Dr. Carlos C. Enríquez, miembro de una familia cubana que escribe sin h el apellido. En la edición del día 9, la Redacción enmendó el error, y queriendo desagraviar a mi hijo le dedicó un suelto elogioso, en que por ausencia del signo ortográfico de la coma, se atribuye a mi hijo el calificativo de «revolucionario dominicano», cuando en realidad, lo que quiso decir fue era «revolucionario, dominicano, etc.

Don Pancho se apresuraba a explicar a Trujillo que el único título que reivindicaba para sí su hijo era el de «revolucionario cubano», condición que le había permitido ocupar un alto cargo en el gobierno de Grau, y que «[...] nunca había tenido nexos con la política dominicana». Finalmente, le expresaba que le había parecido oportuno «[...] instruirle de este pequeño incidente, anticipándome a cualquier información equivocada que pudiera llegarle».

Pero Trujillo no creía en comas. Ocho días después de que don Pancho le escribiese la carta, su reacción fue fulminante. «Suspenda servicios del Dr. Henríquez y Carvajal en La Habana –ordenaba a Logroño, mediante una escueta nota–. Extienda provisionalmente jurisdicción nuestro Ministro en México para que actúe en La Habana. Efectivo desde el 1° de febrero».[94]

Un despistado Atilio León estuvo al borde de ser también despedido cuando, dos días después, envió a Logroño el siguiente cablegrama:

> Cancillería cubana solicitó a Legación otórguese *agreement* al Dr. René Lufriú, designado Ministro en Santo Domingo. Cancillería cubana declaró, espontáneamente, que el gobierno actual anticipa *agreement* para el Dr. Henríquez y Carvajal, y expresó deseos de que presente credenciales, a la mayor brevedad.[95]

Un airado Logroño le respondió, mediante cable del 3 de febrero. «Gobierno desaprueba solicitud que usted hizo, sin autorización, para que Cancillería cubana confirmara *agreement* adelantado. Gobierno solicitó *agreement* para el Dr. Cestero, y usted debe confirmarlo».[96]

De manera inmediata, ese mismo día y también mediante un cable, Atilio León confirmó que «[...] Secretaría de Estado avísame *agreement* Cestero concedido». Se sellaba así la suerte del breve interludio habanero de don Pancho.

Pero un hombre como él no regresaría a su patria con la frente baja. Acostumbrado a la altura y el decoro, don Pancho aún tendría tiempo para fijar su posición, directamente ante Trujillo, la cual dejó en dos cartas, una del 30 de enero, y la otra del 5 de febrero, cuando ya era segura su retirada.

> Si las necesidades de la política de su gobierno no están de acuerdo con aquellos deseos –escribía, altivamente, refiriéndose a las razones que le habían sido expuestas, meses atrás, para su envío a La Habana– acogeré con gusto las instrucciones que a ese respecto se me comuniquen.[97]

En la última, la del 5 de febrero, don Pancho daba una inolvidable lección de ética a quienes carecían de ella.

> Me es grato participarle la satisfacción con que he visto que ha escogido Usted para ocupar la Legación en La Habana –afirmaba– a mi excelente amigo y compañero de campaña nacionalista, el Dr. Tulio M. Cestero [...]. Es lástima que esta Legación no estuviera informada a tiempo de la decisión del gobierno [...] La Legación ha vivido en la ignorancia absoluta de las intenciones y decisiones del gobierno, hasta el día 3, en que la Cancillería lo comunicó por cable.[98]

Cuando don Pancho partió de La Habana hacia su patria, llevó consigo el recuerdo de su breve paso por la Legación Dominicana, y el inusual carácter de dignidad y decoro que le imprimió. Ni antes ni después, durante toda la Era de Trujillo, tuvo su país un enviado en la isla con tales virtudes, ni más independiente de las órdenes del dictador. Precisamente por eso sus meses cubanos en calidad de Agente Confidencial, fueron tan primaverales. Y tan cortos.

El 12 de marzo, a las 11.00 a.m., en Palacio, el Dr. Tulio Manuel Cestero presentaba sus cartas credenciales al presidente Mendieta. En la recepción que ofreció en el Hotel Nacional, concluida la ceremonia, estuvo don Pancho. Pensando en su patria y en Cuba, esa copa de champagne debió resultarle muy amarga.

Notas

1 Bazil a Celito, carta del 16 de febrero de 1933. AGN, fondo Relaciones Exteriores, Legación Habana, legajo 707 709. El 15 de febrero de 1933, en Miami, Roosevelt fue atacado a tiros por un sicario de la mafia de apellido Zangara. Resultó herido, pero sobrevivió. Antón Cernak, alcalde de Chicago, presente en la comitiva, resultó muerto.

2 Bazil a Álvaro Álvarez, carta del 23 de febrero de 1933. AGN, fondo Relaciones Exteriores, Legación Habana, legajo 707 709.

3 Bazil a Celito, carta de febrero (s/f) de 1933. AGN, fondo Relaciones Exteriores, Legación Habana, legajo 707 709. «Necesito que sin que el Presidente lo sepa, me mandes la medida de su cintura para llevarle un nuevo tipo de calzoncillo que ha lanzado El Encanto [...]. Quiero llevarle unas pijamas rusas y unas guayaberas típicas cubanas para cuando visite sus haciendas [...]. También un sombrero de fieltro y otro de paja [...]».

4 Bazil a Jorge Roa, carta de febrero(s/f) de 1933. AGN, fondo Relaciones Exteriores, Legación Habana, legajo 707 709.

5 Sánchez de Bustamante a Bazil, carta del 23 de enero de 1933. AGN, fondo Relaciones Exteriores, Legación Habana, legajo 707 709. La labor de influencia de Bazil, con este comentario, se anotaba un tanto importante. Antonio Sánchez de Bustamante y Sirvén (La Habana, 13 de abril de 1865-24 de agosto de 1951), autor del Código de Derecho Internacional Privado que lleva su nombre. Había sido miembro de la Corte de Arbitraje de la Haya, en 1908, y de la

de Justicia Internacional, en 1921. Fue el primer presidente de la Academia de Artes y Letras de Cuba.

6 Soler y Baró a Bazil, carta del 31 de marzo de 1933. AGN, fondo Relaciones Exteriores, Legación Habana, legajo 707 709.

7 Bazil a María Martínez Alba, carta del 29 de julio de 1933. AGN; fondo Relaciones Exteriores, Legación Habana, legajo 707 709. Se llamaba Teresa Benach, y además, «hablaba francés y tocaba piano», lo cual no fue óbice para que Bazil escribiese «[...] que si no le convenía, la despachase para Cuba, pues aquí sobran las cocineras».

8 Ibíd., carta del 27 de julio de 1933. AGN, fondo Relaciones Exteriores, Legación Habana, legajo 707 709. El jardinero recomendado se llamaba Venancio Lorigado.

9 Bazil a Trujillo, carta del 1° de junio de 1933. AGN, fondo Bernardo Vega, entrada Osvaldo Bazil.

10 Ibídem.

11 Bazil a Fernando Abel Henríquez, cónsul en Santiago de Cuba, y a Ferrer Bahr, cónsul en Cienfuegos, cartas del 6 de julio de 1933. AGN, fondo Relaciones Exteriores, Legación Habana, legajo 707 709.

12 Rafael Fonts, cónsul en Camagüey, a Bazil, carta del 7 de junio de 1933. AGN, fondo Relaciones Exteriores, Legación Habana, legajo 707 709. Se trataba de la «Cartilla Cívica para el pueblo dominicano [...]. Ofrecida por el presidente Trujillo a sus conciudadanos, con el deseo de ayudar a pensar bien y a proceder de acuerdo con el honor y el patriotismo». Publicada en 1932, era considerada por Fonts, como «una idea luminosa, que no ha tenido ningún otro Presidente de América Republicana».

13 Emilio Ferrer Bahr a Bazil, carta del 10 de julio de 1933. AGN, fondo Relaciones Exteriores, Legación Habana, legajo 707 709.

14 Bazil al teniente coronel Fernando Sánchez, carta del 17 de julio de 1933. AGN, fondo Relaciones Exteriores, Legación Habana, legajo 707 709.

15 Bazil a Ramiro Guerra, carta del 20 de julio de 1933. AGN, fondo Relaciones Exteriores, Legación Habana, legajo 707 709.

16 Bazil a Pizzi de Porras, carta del 21 de julio de 1933. AGN, fondo Relaciones Exteriores, Legación Habana, legajo 707 709. Inicialmente, Bazil envió a Jorge Roa a contactar a Welles, en una trama mal urdida y torpe, probablemente en defensa de Machado y de conversión de la deuda dominicana. Welles reportó este intento en carta a Ángel Morales, del 26 de enero de 1933 (AGN; fondo Bernardo Vega, entrada Osvaldo Bazil). Este le respondió dos días después, explicándole que Roa era un aventurero cubano al servicio de Trujillo, quien lo presentaba como experto en finanzas y ex profesor de la Universidad de Columbia, todo lo cual era falso (Ibíd.) Welles le respondió en carta del 30 de enero, que no tenía intenciones de recibirlo, «precisamente por sus conexiones», y en cuanto a Bazil, aunque reconoció tenerle algún aprecio, reveló que en sus conversaciones más recientes, a las que aludía la prensa habanera, «se mostró ansioso por recibir el cargo de Ministro de su

país en Washington, me sondeó sobre los planes de Estrella Ureña y su grupo de asentarse en Cuba, y se mostró ofendido por no haberle consultado cada paso durante mi misión en La Habana». Ibíd.

[17] Ibídem.

[18] Ibídem.

[19] De Villanueva, cónsul general, a Bazil, carta del 24 de julio de 1933. AGN, fondo Relaciones Exteriores, Legación Habana, legajo 707 709.

[20] *El Diario de la Marina* fue uno de los más importantes periódicos cubanos, famoso por la calidad de sus colaboradores y también por su defensa de la causa del integrismo español contra el independentismo cubano, primero, y luego por su radical alineamiento conservador con las causas de la oligarquía nacional y los intereses norteamericanos en Cuba. Fundado el 1° de abril de 1844 por el español Isidoro Araujo de Lira. A partir de 1895, coincidiendo con el reinicio de las guerras de independencia, comenzó a ser dirigido por el asturiano Nicolás Rivero Muñiz, Conde de Rivero a partir de 1919. Le sucedió su hijo José Ignacio Rivero Alonso *(Pepín),* a quien escribió Bazil su carta, y luego su nieto, José Ignacio Rivero *(Pepinillo).* Fue clausurado por la Revolución en 1959, por su intransigencia reaccionaria y su anticomunismo visceral.

[21] Carlos Manuel de Céspedes y Quesada: Político, escritor y diplomático cubano, hijo del iniciador de la Guerra de Independencia de 1868 y primer Presidente de la República en Armas. Realizó estudios en Estados Unidos, Alemania y Francia. En octubre de 1895 llegó a la isla en la expedición del *Laureada,* alcanzando los grados de coronel del Ejército Libertador. Delegado a las Asambleas de Representantes de Santa Cruz y El Cerro. Representante a la Cámara en 1902 y 1905. Embajador en México, Argentina, Estados Unidos, Francia y el Reino Unido. Al ocurrir el derrocamiento de Machado por la Revolución del 12 de agosto de 1933, es designado Presidente, hasta ser derrocado por la sublevación militar del entonces sargento Fulgencio Batista, que tuvo lugar el 4 de septiembre de ese mismo año. Retirado de la política, murió en La Habana, el 28 de marzo de 1939. Al cortejarlo en julio de 1933, un mes antes de que llegase a la presidencia, Bazil demostró poseer un fino olfato político.

[22] Bazil a Miguel Baguer, carta del 13 de julio de 1933. AGN, fondo Relaciones Exteriores, Legación Habana, legajo 707 709.

[23] Bazil a Ramón Emilio Jiménez, carta del 4 de julio de 1933. AGN, fondo Relaciones Exteriores, Legación Habana, legajo 707 709. Ramón Emilio Jiménez había nacido en Santiago de los Caballeros, el 17 de septiembre de 1886. Fue superintendente del Departamento Norte, inspector de Instrucción Pública, secretario de Educación y subsecretario de la Presidencia, bajo Trujillo. Fue miembro fundador de la Academia Dominicana de la Historia y del Ateneo Dominicano. Poeta, autor de obras como «Naturaleza y hombre», «La Patria en la canción», «Del lenguaje dominicano» y «Espigas sueltas». Fue biógrafo y autor de artículos costumbristas. Murió en Santo Domingo, el 13 de noviembre de 1970. Al cortejarlo exageradamente

en la carta citada, Bazil estaba sembrando para el futuro, al creerlo merecedor de una brillante carrera política.

24 Bazil a Celito, carta del 27 de julio de 1933. AGN, fondo Relaciones Exteriores, Legación Habana, legajo 707 709.»Tengo fe absoluta en el espíritu de justicia del Jefe –lo consolaba Bazil–. Toda intriga contra ti la considero de corta duración». Aún despidiéndose, Bazil lo usaba para transmitir *off the record* a Trujillo que el cónsul Villanueva «[...] ha vuelto a dejarse el bigote y la chiva».

25 Arturo Logroño Cohén: Nació en Santo Domingo, el 11 de septiembre de 1891. Graduado como licenciado en Farmacia en 1915, y de Derecho, en 1920. Se dedicó al magisterio y el periodismo, llegando a ser jefe de Redacción y editorialista del *Listín Diario.* Fue secretario particular del presidente Jiménez, en 1915 y se opuso a la intervención norteamericana en el país. Durante el gobierno de Trujillo fue secretario de Relaciones Exteriores, entre 1933 y 1934; de Trabajo, en 1933; de Interior y Policía; de la Presidencia; de Educación; senador y consultor jurídico del Poder Ejecutivo. Fue miembro fundador de la academia Dominicana de la Historia y su secretario, entre 1931 y 1935. Orador barroco y apasionado, le pertenecen frases antológicas como que «Trujillo es como el sándalo, que perfuma al hacha que lo hiere», lo que motivó que Balaguer le atribuyera haber convertido al cinismo en arma política. Entre sus obras destacan: *Compendio didáctico de Historia Patria, Los Yanquis en Santo Domingo, Pro Duarte, Día del Presidente Trujillo* y *En el huerto de la Virgen.* Caído en desgracia, murió en Santo Domingo, el 24 de enero de 1949.

26 Entre ellas, la del 9 de junio de 1933 que intentaba actualizar la pertenencia obligatoria de los diplomáticos al Partido Dominicano, y la del 18 de julio, que prohibía el uso de las valijas diplomáticas para el trasiego de nada que no tuviese directa relación con el servicio «[...] con excepción de los paquetes o correspondencia para el Presidente o su esposa».

27 Como por ejemplo, la del 23 de mayo, ordenando divulgar el discurso de Mr. E. I. Kilbourne, representante de las empresas azucareras extranjeras en el país, donde se reconocía la conveniencia de mantener en el poder a Trujillo, y la del 25 de julio, promoviendo la entrevista de Trujillo con periodistas de la capital, sobre la marcha de las obras públicas de su gobierno y la importancia de su reelección.

28 El nombre completo es Cartilla*: Método científico para enseñar simultáneamente a leery escribir,* cuya primera edición se realizó en 1921, y para 1949 ya se realizaba la edición número 17.

29 De Logroño a Bazil, carta del 5 de junio de 1933. AGN, fondo Relaciones Exteriores, Legación Habana, legajo 707 709.

30 César Tolentino a Bazil, carta del 10 de agosto de 1933. AGN, fondo Relaciones Exteriores, Legación Habana, legajo 707 709.

31 Bazil a María Martínez Trujillo, carta del 29 de julio de 1833. AGN, fondo Relaciones Exteriores, Legación Habana, legajo 707 709.

32 Summner Welles a Bazil, carta del 11 de mayo de 1933. AGN, fondo Relaciones Exteriores, Legación Habana, legajo 707 710.

33 Cartas de Bazil a Logroño del 21 y 27 de julio de 1933. AGN, fondo Relaciones Exteriores, Legación Habana, legajo 707 710. Logroño

había pedido, en carta del 14 de julio, informes sobre el exiliado dominicano Leonte Hernández y Pérez, quien aparecía registrado en el Consulado, desde el 4 de noviembre de 1932, como tipógrafo, de 31 años, natural de Santiago de los Caballeros, y residente en San Ignacio 122, La Habana. Bazil solicitó informes a la Policía Judicial, dirigida por Alfonso L. Fors, y a la Secreta, dirigida por el comandante Trujillo, pariente del dictador dominicano, según Bernardo Vega (Ver: *Los Trujillo se escriben,* Fundación Cultural Dominicana, 1987, p. 139). Este último respondió, apenas 3 días después, siendo inmediatamente remitido el informe a Logroño. Como se aprecia, la trasnacional de la mano dura funcionaba con asombrosa diligencia, aún en las postrimerías del machadato.

34 Bazil a Álvaro Álvarez, director de *La Opinión,* carta del 1° de agosto de 1933. AGN, fondo Relaciones Exteriores, Legación Habana, legajo 707 710. Por esta carta es posible conocer que Bazil remitió su desmentido a los principales periódicos habaneros, y que «todos han publicado mi carta», la cual ha sido «celebrada y comentada favorablemente». A partir de este desenmascaramiento público, el poeta cortesano entró en pánico.

35 Bazil a María Martinez, carta del 1° de agosto de 1933. AGN, fondo Relaciones Exteriores, Legación Habana, legajo 707 710.

36 Jacinto B. Peynado a Bazil, carta del 7 de agosto de 1933. AGN, fondo Relaciones Exteriores, Legación Habana, legajo 707 710.

37 Ferrer Bahr a Bazil, cartas del 4 y 5 de agosto de 1933. AGN, fondo Relaciones Exteriores, Legación Habana, legajo 707 710.

38 La contrapropuesta de Machado contemplaba su renuncia «por licencia», la delegación del poder presidencial en el Canciller Ferrara, su más íntimo colaborador, la convocatoria a una Constituyente, la solicitud de ayuda económica a Estados Unidos, la modificación del Tratado de Relaciones Permanente, desterrándose a sí la práctica «legal» de las intervenciones militares norteamericanas en la isla, admitiéndolas solo en los casos previstos por las leyes internacionales, y «el respeto a las Fuerzas Armadas, hasta 1935, sin separación ni castigos a sus miembros [...]».

39 «Razones que no debo explicar en estos momentos, me llevan a la decisión de presentar la renuncia a mi cargo. Por una fórmula constitucional, pido ahora una simple licencia [...]. La obra patriótica que hemos realizado, será tranquilamente juzgada por la historia [...]». Texto de la renuncia de Gerardo Machado.

40 Para una vívida descripción de esos primeros momentos de júbilo, confusión y violencia, ver el libro de Paco Ignacio Taibo II: Tony Guiteras, un hombre guapo, Editorial Ciencias Sociales, La Habana, 2009. Un fragmento puede hallarse en http:www.cubaliteraria/ laletradelescriba/76/articulo- 6.html. «Ferrara huyó en un hidroavión que despegó bajo una lluvia de balazos [...]. Su equipaje quedó en tierra y sus corbatas fueron repartidas como botín [...]. Se inician tres días de cacerías por las calles. Fue incendiado y saqueado *El Heraldo de Cuba* y el Palacio Presidencial. En el Capitolio se destruye con mandarrias la efigie de Machado [...]. El pueblo saquea 26 mansiones de funcionarios del gobierno. Los cuerpos de

los porristas son paseados en automóviles [...]. El saldo del día será de 18 muertos y 90 heridos», esta violencia duraría, con mayor o menor intensidad, varios meses, y abarcaría a todo el país. Por todas las vías posibles, los machadistas más comprometidos huyeron de la isla. Trujillo recibiría a muchos con los brazos abiertos.

41 De Villanueva a Bazil, carta del 14 de agosto de 1933, y de Bazil al Secretario de Estado de la República de Cuba, carta del 15 de agosto de 1933. AGN, fondo Relaciones Exteriores, Legación Habana, legajo 707 710. El incidente, según Villanueva, ocurrió cuando un cubano que tomaba bebidas alcohólicas con otras personas, en una oficina aledaña, rompió el cristal de la puerta del Consulado, volcó sillas, forcejeó con el cónsul, se subió al balcón exterior e intentó arriar la bandera dominicana, que, al igual que el trajc de Villanueva, resultó manchada con la sangre del agresor, herido al quebrar el vidrio de la puerta. Villanueva habla de no haber contado con el auxilio de nadie, a pesar de pedirlo a gritos, y que solo con la llegada de los bomberos se logró reducir y arrestar al colérico y achispado protestante. Tras llamar a una estación de Policía, se enviaron dos agentes que lo escoltaron hasta el hotel San Luis, donde vivía. El ambiente de hostilidad hacia los diplomáticos trujillistas es bien descrito por Bazil al referir que grupos exaltados que pasaban proferían gritos tildándolos de machadistas.

42 De Ferrer Bahr a Bazil, carta del 16 de agosto de 1933. AGN, fondo Relaciones Exteriores, Legación Habana, legajo 707 710. La entrega de la Alcaldía Municipal por el depuesto funcionario machadista, y la asunción por el alcalde designado por el denominado Gobierno Popular Revolucionario transcurrió con plena normalidad y hasta urbanidad, «en el mayor orden y cordura». Los cónsules acreditados presentaron sus respetos al nuevo alcalde, sin que se mencionase animadversión hacia el representante dominicano.

43 Bazil a Trujillo, carta del 14 de agosto de 1933. AGN, fondo Relaciones Exteriores, 1929-1939, legajo 707 912.

44 Tulio Manuel Cestero: (San Cristóbal, 10 de julio de 1877- Santiago de Chile, 27 de octubre de 1955) Escritor, político y diplomático dominicano. Fue secretario personal de Horacio Vázquez y colaborador del presidente Carlos Morales Languasco, a quienes acompañó en sus campañas bélicas. Entre 1928 y 1938 representó al país en convenciones y firmas de tratados internacionales. Fue periodista y ensayista. Su novela *La sangre,* de 1913 denunciaba los abusos de la tiranía de Ulises Hereaux. Estuvo al servicio de Trujillo, como diplomático.

45 Bazil a Tulio M. Cestero, carta del 17 de agosto de 1933. AGN, fondo Relaciones Exteriores, Legación Habana, legajo 707 709.

46 Por entonces, Embajador en Washington. De esas aspiraciones de Bazil ya había comentado Sumner Welles en su correspondencia con líderes dominicanos del exilio.

47 Se presume sea, o bien *Cabezas de Amèrica,* de 1932, o *Tarea literaria y patricia,* de 1933, ambos publicados en La Habana durante su misión diplomática.

48 Fabio Fiallo Cabral (Santo Domingo, 3 de febrero de 1866-La Habana, 29 de agosto de 1942). Poeta y narrador dominicano. Desempe-

ñó cargos públicos y políticos en su país, como el de subsecretario de Interior y Policía, en 1903, cónsul en La Habana y Nueva York, en 1905, gobernador de Santo Domingo, en 1913, y miembro de la Comisión de Pensiones, en 1932. Por su labor como periodista y sus ideas nacionalistas fue encarcelado en 1916, por los ocupantes norteamericanos y condenado a 5 años de trabajos forzados. Autor de *Canto a la bandera* (1925) y *Las manzanas de Mefisto* (1934), entre otras obras.

[49] Bazil a Tulio M. Cestero, carta del 22 de agosto de 1933, AGN, fondo Relaciones Exteriores, Legación Habana, legajo 707 709.

[50] Bazil a Alejandro Amable Nadal, carta del 22 de agosto de 1933. AGN, fondo Relaciones Exteriores, Legación Habana, legajo 707 709.

[51] Fanfarronería. *(N. del E.).*

[52] Bazil a Alejandro Amable Nadal, carta del 22 de agosto de 1933.Ibíd.

[53] Bazil a Cestero, carta del 22 de agosto de 1933. Ibíd.

[54] Bazil al Dr. Castella, carta del 27 de agosto de 1933. AGN, fondo Relaciones Exteriores, Legación Habana, legajo 707 709.

[55] Bazil a Néstor Carbonell, carta del 30 de agosto de 1933. AGN, fondo Relaciones Exteriores, Legación Habana, legajo 707 709.

[56] Ibíd.

[57] Francisco Henríquez y Carvajal a Bazil, carta del 12 de agosto de 1933. AGN, fondo Relaciones Exteriores, Legación Habana, legajo 707 710.

[58] Trujillo a María Antonia de Palacio, cablegrama del 29 de agosto de 1933. AGN, fondo Relaciones Exteriores, Exteriores 1929-1939, legajo 707 912. Su texto era elocuente: «Recibida tu carta del 16. Ministro será sustituido, rápidamente».

[59] Bazil a Logroño, cablegrama del 30 de agosto de 1933. AGN, fondo Relaciones Exteriores. Exteriores 1929-1939, legajo 707 912.

[60] Logroño al Dr. Francisco Henríquez y Carvajal, cablegrama del 29 de agosto de 1933. AGN, fondo Relaciones Exteriores, Exteriores 1929-1939, legajo 707 912.

[61] Dr. Francisco Henríquez y Carvajal, cablegrama del 31 de agosto de 1933. AGN, fondo Relaciones Exteriores, Exteriores 1929-1939, legajo 707 912.

[62] Logroño al Dr. Francisco Henríquez y Carvajal, cablegrama del 31 de agosto de 1933. AGN; fondo Relaciones Exteriores, Exteriores 1929-1939, legajo 707 912.

[63] Golpe del 4 de septiembre de 1933, o de los sargentos: Movimiento militar enfilado al logro de mejoras para sargentos, clases y soldados del ejército, tradicionalmente maltratados, explotados y humillados por sus oficiales. Sus demandas iniciales se reducían a asuntos castrenses, pero se les utilizó para enfrentar el ascenso del movimiento popular, las organizaciones revolucionarias, sindicales y de izquierda. Tuvo entre sus líderes a Pablo Rodríguez, Fulgencio Batista, José Eleuterio Pedraza y Manuel López Migoya. El golpe marcó la entrada de los militares a la vida política cubana y el debut de Fulgencio Batista.

64 Jefferson Caffery: (1° de diciembre de 1886 - 13 de abril de 1974) Diplomático norteamericano, que comenzó su carrera en 1911, en la Embajada en Caracas, Venezuela, y luego, en 1920, en España. Fue embajador en El Salvador (1926-1928), Colombia (1928-1933), Cuba (1933-1937), Brasil (1944-1949), y Egipto (1949-1955).

65 Carlos Saladrigas a Atilio León, carta del 2 de septiembre de 1933. AGN, fondo Relaciones Exteriores, Exteriores 1929-1939, legajo 707 912. Carlos Saladrigas Zayas: (La Habana, 13 de octubre de 1900 15 de abril de 1956). Periodista, político y diplomático cubano, y uno de los líderes del ABC. Fue secretario de Estado en el gobierno de Céspedes y tras el golpe de Estado de Batista, entre 1955 y 1956. Ministro de Justicia en 1934, durante el gobierno de Mendieta, y senador, entre 1936 y 1940. También primer ministro, de 1940 a 1942, embajador en Gran Bretaña y candidato presidencial en las elecciones de 1944.

66 Manuel Márquez Sterling: (Lima, 28 de agosto de 1872 - La Habana, 9 de diciembre de 1934) Escritor, diplomático, periodista y político cubano, colaborador de José Martí y luchador por la independencia. Fundador de los periódicos *El Mundo* (1901), *El Heraldo de Cuba* (1913) y *La Nación* (1916). Fue embajador en México. Se opuso abiertamente a la dictadura de Machado. Siendo secretario de Estado, tras la renuncia de Carlos Hevia, en 1934, ocupó por 6 horas la presidencia del país para entregarla a Carlos Mendieta.

67 De Logroño a Trujillo, informe del 2 de octubre de 1933. fondo Relaciones Exteriores, Exteriores 1929-1939, Legajo 707 912.

68 Ibídem.

69 De Max Henríquez Ureña a Trujillo, carta del 6 de septiembre de 1933. AGN, fondo Relaciones Exteriores, Exteriores, 1929-1936, legajo 707 912.

70 Ibídem.

71 De Villanueva a Logroño, carta del 4 de septiembre de 1933. AGN, fondo Relaciones Exteriores, Exteriores 1929-1939, legajo 707 912.

72 Fernando Abel Henríquez a Logroño, informe confidencial del 1° de septiembre de 1933. AGN, fondo Relaciones Exteriores, Exteriores 1929-1939, legajo 707 912. Los demás que figuraban en la lista, con sus respectivas caracterizaciones, fueron Ernesto López Vázquez, empresario y dirigente del ABC, fundador del periódico *Adelante;* Santiago Algeciras, de la Unión Nacionalista, Ramiro Zambrano; mecánico dental; Miguelito Portuondo y Moncholo Miranda, y los normalistas, «una joven señora de apellido Chaveco, y un jovencito de apellido Cardona, perteneciente al Directorio Estudiantil de Oriente».

73 Ibídem.

74 De Atilio León a Logroño, carta del 15 de septiembre de 1933. AGN, fondo Relaciones Exteriores, Exteriores 1929-1939, Legajo 707 912.

75 De Francisco Henríquez y Carvajal a Trujillo, carta confidencial del 13 de octubre de 1933. AGN, fondo Relaciones Exteriores, Legación Habana, legajo 707 710.

76 Ibídem.

[77] José E. Villanueva, hijo: Fue designado cónsul general en Cuba, el 25 de abril de 1933, tomando posesión en julio de ese mismo año, apenas un mes antes del derrocamiento de Machado. No se tiene otra evidencia, aparte de esta mención en el informe confidencial a Trujillo, sobre su procedencia, ni su grado militar, aunque su actuación en La Habana, y el momento en que fue nombrado, inclinan a creer lo afirmado por don Pancho y arrojan dudas sobre su verdadera misión, que a todas luces, no fue solo consular. Renunció a su destino, el 14 de enero de 1935.

[78] Ibídem.

[79] Francisco Henríquez y Carvajal a Trujillo, carta del 18 de octubre de 1933. AGN, fondo Relaciones Exteriores, Legación Habana, legajo 707 710. La propuesta había sido elaborada por Villanueva y el Dr. Néstor Carbonell, hijo, y consistía en «[...] hacer una edición especial ilustrada, en honor a la República Dominicana y su gobierno. Sería un folleto de más de 100 páginas nutrido con documentos irrefutables, gráficos y estadísticas que muestren al público siquiera una parte de la labor del gobierno dominicano, en cuanto a desarrollo, progreso y organización del Estado [...]».

[80] Francisco Henríquez y Carvajal a Logroño, carta del 25 de octubre de 1933. AGN, fondo Relaciones Exteriores, Legación Habana, legajo 707 710.

[81] Francisco Henríquez y Carvajal a Logroño, carta del 25 de octubre de 1933. AGN, fondo Relaciones Exteriores, Legación Habana, legajo 707 710.

[82] Francisco Henríquez y Carvajal a Trujillo, carta del 27 de octubre de 1933. AGN, fondo Relaciones Exteriores, Legación Habana, legajo 707 710.

[83] Don Pancho, con fino olfato político, intentaba desentrañar las razones de la hostilidad hacia su persona, que debió sentir en la correspondencia oficial, o en su ausencia, pues son muy escasas las respuestas recibidas a sus informes de este período. Muy pocas envió Logroño, y no hemos hallado ninguna de Trujillo. En cuanto a la sorpresiva llegada de Cestero y la manera en que se comportó, de lo cual da fe este comentario, y la reiteración en esta misma carta de que a él lo unían «antiguos vínculos de amistad y de labor patriótica», tampoco debió escapársele la posibilidad de que podría ser su sustituto, en viaje de tanteo. El tiempo le daría la razón.

[84] Francisco Henríquez y Carvajal a Logroño, carta del 27 de octubre de 1933. AGN, fondo Relaciones Exteriores, Legación Habana, legajo 707 710.

[85] Francisco Henríquez y Carvajal a Logroño, carta del 1° de noviembre de 1933. AGN, fondo Relaciones Exteriores, Legación Habana, legajo 707 710. En esta carta, don Pancho informa a Logroño haber tenido una entrevista con Grau, por puro trámite de cortesía. No obstante, como se verá en carta a Trujillo de esa misma fecha, quien se entrevistó fue Cestero, acudiendo a la cita para cumplir un encargo secreto y confidencial de Trujillo. De esta manera y siempre cumpliendo órdenes, don Pancho desinformaba deliberadamente a la Cancillería dominicana, de la cual Trujillo siempre desconfiaba.

86 Francisco Henríquez y Carvajal a Trujillo, carta del 1° de noviembre de 1933. AGN, fondo Relaciones Exteriores, Legación Habana, legajo 707 710.

87 Alzamiento del ABC del 7 y 8 de noviembre de 1933: Alentado por Welles, con el objetivo de frenar las medidas revolucionarias en marcha, mediante el derrocamiento del gobierno de Grau .Involucró a sus milicias, policías, oficiales y soldados del Ejército y la Fuerza Aérea. En La Habana los rebeldes lograron inicialmente tomar varios cuarteles, como San Ambrosio, La Fuerza, La Punta, Dragones y Atarés, así como varios aeródromos militares. Ocuparon también las estaciones de Policía, la sede de la Policía Judicial, las Secretarías de Instrucción Pública, Comunicaciones y el Gobierno Provincial. Los alzados dispararon indiscriminadamente sobre la población civil desde las azoteas y autos en marcha. Enfrentados por la Marina y una parte leal del Ejército, junto a milicias revolucionarias, fueron derrotados con un saldo de 100 muertos y más de 200 heridos.

88 Francisco Henríquez y Carvajal a Logroño, carta del 14 de noviembre de 1933. AGN, fondo Relaciones Exteriores, Legación Habana, legajo 707 710.

89 Francisco Henríquez y Carvajal a Trujillo, carta del 1° de noviembre de 1933. Ibíd.

90 Francisco Henríquez y Carvajal a Trujillo, carta del 19 de noviembre de 1933. Ibíd.

91 Un caso similar había tenido lugar por esos días, afectando a los hijos de Rafael Estrella Ureña, retenidos en Santo Domingo para presionarlo en sus actividades antitrujillistas. «Desmienta públicamente fantástica invención secuestro niños Estrella Ureña –ordenaba Logroño a León, encargado de negocios en La Habana, en cable del 18 de septiembre de 1933–. Familia de este sin novedad, rodeada de garantías y respeto, conforme gobierno honorable presidente Trujillo». Apenas 15 días después, se remitía a León el texto de la ley, aprobada por el Congreso Nacional, declarando «traidores a la República» a Estrella Ureña, Federico Velázquez, Ángel Morales, Federico Ellis Cambiado, Alexis Liz y Valentín Tejada.

92 Los informes de don Pancho a Logroño, de los dos últimos meses de su estancia en Cuba, abarcaron temas tales como la muerte del insigne pedagogo y filósofo cubano Enrique José Varona (carta del 26 de noviembre), el regreso y la partida definitiva del embajador Welles (cartas del 30 de noviembre y del 14 de diciembre), la llegada de Jefferson Caffery a La Habana, en calidad de enviado especial del presidente Roosevelt (carta del 19 de diciembre), las medidas aplicadas por el gobierno de Grau y la oposición a ella por parte de las clases adineradas de la isla (cartas del 6, 12, 28 y 29 de diciembre), las labores de mediación diplomática de las embajadas de Uruguay, México y Estados Unidos, para evitar la radicalización del gobierno y nuevos choques sangrientos (cartas del 8, 12 y 15 de diciembre), la grave situación que atravesaban las empresas periodísticas del país (carta del 29 de diciembre), los actos sociales donde se traslucían movimientos políticos de Caffery, Grau y Batista (carta del

30 de diciembre) y la situación financiera del país y el pago de los intereses de su deuda externa (29 de diciembre).

[93] De Logroño a Francisco Henríquez y Carvajal, carta del 26 de diciembre de 1933. AGN, fondo Relaciones Exteriores, Legación Habana, legajo 707 710.

[94] Trujillo a Logroño, nota del 24 de enero de 1934. Ibíd.

[95] Atilio León a Logroño, cablegrama del 26 de enero de 1934. Ibíd.

[96] Logroño a Atilio León, cablegrama del 3 de febrero de 1934. Ibíd.

[97] Francisco Henríquez y Carvajal a Trujillo, carta del 30 de enero de 1934. AGN, fondo Relaciones Exteriores, Legación Habana, legajo 707 709.

[98] Francisco Henríquez y Carvajal a Trujillo, carta del 5 de febrero de 1934. Ibíd.

Capítulo 5
LOS PÁJAROS EN LA JAULA

Dos meses antes de partir de Cuba, en su apresurada fuga tras la caída del gobierno de Machado, Osvaldo Bazil visitó a Sumner Welles en Estados Unidos para explorar sobre el supuesto traslado del grupo de Rafael Estrella Ureña a la isla.

> Bazil vino a verme hace pocos días –informaba este a Ángel Morales– y me dijo que Trujillo le había enviado un cable en el que le decía que tú y Estrella Ureña, y otros más del grupo de Nueva York, habían obtenido pasaportes del cónsul dominicano para ir a Cuba. Le dije que nada sabía de esos planes.[1]

En realidad, la posible conjunción de una revolución inevitable e inminente, con la presencia en la isla de los líderes más connotados de la oposición a su gobierno, mantenía en vilo por aquellos días al dictador dominicano. Y no era para menos.

Tras la fuga de Machado, la opinión pública cubana era estremecida diariamente con los relatos que empezaban a aflorar sobre los crímenes y los robos de aquella camarilla, ahora dispersa por diferentes países de la zona. La cálida recepción tributada por Trujillo a los machadistas acentuaba la sensación de que su gobierno era, de hecho, enemigo de los cambios que se producían en la isla. La evidente frialdad que lo separaba del gobierno de Ramón Grau San Martín, donde jugaban un importante papel figuras de la izquierda radical, como Antonio Guiteras, el ministro de Gobernación, contribuía al rechazo generalizado.

Los exiliados dominicanos que ya residían en Cuba, y los que comenzaban a llegar, encontraban la comprensión y solidaridad del pueblo y las nuevas autoridades. Muchos habían compartido juntos los riesgos de la lucha antimachadista. No es de extrañar, en consecuencia, que Cuba se estuviese convirtiendo, a finales de 1933, en el borde delantero de la lucha antitrujillista, desde el exterior, y que el dictador la situase en el punto de mira de sus políticas públicas y secretas.

Trujillo había recibido con los brazos a abiertos a la primera oleada de esbirros del depuesto régimen, como al capitán Crespo, al comandante Arsenio Ortiz, a Alfonso L. Fors, quien dirigiese en Cuba la Policía Judicial, y a otras figuras políticas y diplomáticas, como Pepito Izquierdo, y más adelante, al Dr. Ferrara, y al propio Machado. A todos los utilizaría como punta de lanza en sus amagos de apoyar la contrarrevolución en la isla, de la misma manera que las nuevas autoridades apoyaban la revolución en su contra. Para su régimen, además, los fugitivos tenían el valor agregado de que servirían para modernizar las técnicas de represión, tortura y control de la población, reorganizar las cárceles y transferir secretos y técnicas para la labor diplomática y política.

Ángel Morales, en su respuesta a la carta ya citada, se esforzó en desinformar a su buen amigo Sumner Welles.

> La información que le ha dado Bazil es absolutamente falsa –aseguraba–. Usted sabe que ningún

> cónsul dominicano nos extendería pasaportes, y mucho menos nosotros lo solicitaríamos. Trujillo sigue el sistema de denunciar las actividades que supone sus enemigos están realizando, como medio de hacerlas fracasar.[2]

De alguna misteriosa manera, quizás apelando al amparo del propio Welles, quien ya se encontraba como embajador de su país en La Habana, y desplegaba una frenética labor para frustrar la revolución, el grupo de Estrella Ureña comenzó a desplazarse hacia la isla, pocos días después del derrocamiento del tirano.

Más que por la represión de Trujillo, o la falta de apoyo o solidaridad de los revolucionarios cubanos, fue la división y el excesivo protagonismo individual, lo que lastró, definitivamente, la labor de este grupo, hasta anularla. Trujillo solo se aprovechó de ella y la fomentó, por todos los medios posibles. Representando una forma tradicional de hacer política, donde el contar con dinero abundante, firmar pactos secretos, propiciar golpes palaciegos y recibir el visto bueno del gobierno de los Estados Unidos era condición *sine cua non* para el éxito, aquellos líderes del primer exilo dominicano, tenían en contra, además, su extracción social, siempre alejada del pueblo, al cual utilizaban, pero que jamás tomaban en cuenta en sus aspiraciones.

Para Ángel Morales, por ejemplo, Estrella Ureña «[...] no estaba por ningún ideal de mejoración [sic] para la República; quiere, únicamente sustituir a Trujillo, y su único ideal es su ambición de mando».[3] Si lo apoyaba, afirmaba, se debía a que apoyaría las actividades de cualquiera, «[...] que contribuyese a la caída del régimen monstruoso que sufre la República».[4] En cuanto a Federico Velázquez, por entonces exiliado en Ponce, Puerto Rico, se le caracterizaba en el documento confidencial de la Secretaría de Estado norteamericana correspondiente a 1932-1933, dedicado a estudiar a personalidades políticas dominicanas, como «[...] un egoísta de naturaleza dominante, cuya única ambición es llegar a ser Presidente».[5]

El 21 de agosto de 1933 partía de Nueva York hacia Cuba, Rafael Estrella Ureña, y, con él, el epicentro de la lucha antitrujillista se desplazaba hacia la isla.

> Cuenta, o parece contar con la ayuda de algunos elementos cubanos –reconocía Morales– para entrar ahí en revolución contra Trujillo [...]. Los ánimos en el país están muy caldeados, tras la caída de Machado, y tengo informes de que actos de rebeldía y levantamientos en ciertos sectores del ejército pueden producirse, en cualquier momento.[6]

Pero Trujillo jamás se cruzó de brazos ante un peligro, y se caracterizó por intentar adelantarse a sus enemigos, mediante golpes preventivos. Ya en el poder el gobierno revolucionario de Grau San Martín, y asentado en la isla el núcleo principal de sus adversarios, propició la aprobación por el Congreso Nacional de una ley, publicada en la *Gaceta Oficial* del 4 de octubre de 1933, mediante la cual declaraba «[...] traidores a la Patria, privaba de sus derechos civiles y ubicaba fuera de la ley» al grupo de Estrella Ureña, «por sus declaraciones públicas hechas en ciertos periódicos de La Habana, Nueva York y Puerto Príncipe, contra la reputación del gobierno dominicano y el crédito de la República». Pero la jugada iba aún más lejos, y directamente enfilada contra el gobierno cubano. Así se expresaba en el Segundo artículo de la citada ley:

«Se considerará enemigo del pueblo dominicano a todo gobierno extranjero que de algún modo preste su ayuda o favorezca las actuaciones de las personas incluidas en esta ley, o las de toda otra que asuma una actitud semejante».[7]

A juzgar por los sucesos posteriores, las obvias amenazas contenidas en la ley, no limitaron el apoyo secreto y público que se daba en Cuba a los exiliados dominicanos que empezaban a preparar la primera expedición desde el exterior, contra el régimen de Trujillo.

Dos cartas cruzadas entre Ángel Morales, desde La Habana, y Federico Velázquez, desde Ponce, Puerto Rico, a finales de diciembre de 1933, permiten conocer los progresos experimentados por la que se conocería como Expedición del Mariel, de 1934, y también las razones de su fracaso. Ambas figuraban en el Archivo de la Presidencia de República Dominicana, señal de que fueron interceptadas y copiadas por órdenes de Trujillo, probablemente durante su escala en Haití. Muestra inequívoca de que desde fecha tan temprana, en los países de la región ya se habían desplegado los núcleos iniciales de lo que llegaría a ser una densa y eficaz telaraña de espionaje y acciones encubiertas trujillista.

La primera, remitida por Morales, el 18 de diciembre, alertaba sobre la violación de la correspondencia, y recomendaba que se enviase por Kingston, que se suponía era una ruta más segura. Sobre los preparativos bélicos, reconocía, con cierta euforia:

> [...] las cosas aquí marchan muy bien, y la gente del gobierno de Grau está entregada a nosotros en cuerpo y alma. Solo dos circunstancias nos son adversas: la retirada del amigo americano, aunque tengo muy buenas relaciones con el que ha de llegar de un momento a otro,[8] [...] y el poco crédito, la absoluta impopularidad del gobierno de Grau.[9]

Por supuesto que el gobierno de Grau era impopular a los ojos de las mismas fuerzas que no estaban interesadas, como se verá, en la salida de ninguna expedición revolucionaria hacia las costas de República Dominicana:

la burguesía cubana, los remanentes machadistas emboscados y la Embajada de los Estados Unidos. Para Morales, quienes le prestaban su concurso no eran dignos de regir los destinos de Cuba, «[...] pues Grau era un hombre que cambiaba de opinión todos los días, y Guiteras, un perfecto loco».[10] No más indulgente se mostraría Velázquez en su respuesta, del 22 de diciembre, al afirmar que «[...] siendo tan impopular el régimen de Grau, y habiendo tomado medidas tan repulsivas, pronto habrá dejado de existir, por lo que había que aprovechar la ocasión».[11] Para terminar de caracterizar a los líderes revolucionarios cubanos, Velázquez los tildaba de «gente sobornable y sin ningún valor moral, a quienes habrá que halagar, entre ellos Guiteras, Carbó y Batista, ofreciéndole concesiones y algunos monopolios para cuando ocupemos el poder».[12]

Para la causa que representaban Estrella Ureña, Morales y Velázquez, fue en extremo desafortunada la ceguera clasista que nubló su propio entendimiento, a la hora de juzgar la realidad de la isla y el valor de sus líderes. No confiaron en quienes estaban dispuestos a ayudarles por considerarlos, como diría Velázquez, «[...] gente que no tiene un concepto definido sobre las cuestiones de Estado, sin duda por proceder de una clase no habituada a actuar en primera fila»,[13] mientras que depositaron una confianza ciega en el coronel Batista, precisamente el hombre que, en su momento, y a pesar de sus compromisos, frustraría la salida de la expedición y la vendería a Trujillo.

> Con Batista sostengo largas entrevistas –comentaba Morales, con torpeza–, este hombre es un buen amigo mío. Lo creo sincero, aunque no tiene cultura, me parece que es un hombre que dará mucho que hacer. Es enemigo del gobierno de Trujillo, y se ha comprometido conmigo a ayudar la expedición que estamos preparando con 500 rifles, una

compañía de soldados y 30 ametralladoras, de las más modernas. Batista me ha asegurado –y lo admitía, seriamente– que si es necesario que se ponga al frente de la expedición él está dispuesto a hacerlo, yendo en el mismo barco que nos ha de proporcionar. Con Batista es con quien más cuento.[14]

Por supuesto que haber logrado lo que Morales calificaba como «el apoyo incondicional de Batista y sus medios de guerra» no se fue sin antes pagarle al contado. «Ya le he pagado un dinero –confesaba Morales– proveniente de la suma obtenida en Nueva York con la gente del acueducto,[15] y algún otro suplementario que le he prometido, cuando pronto seamos gobierno».

Nunca lo serían, por sus inconsistencias y una visión política anticuada, y en el fondo, tan reaccionaria como el régimen al que combatían.

«[...] Nuestra paciencia se ha agotado [...]»

Antes de la crisis del Mariel, otra estremeció los endebles cimientos sobre los que se asentaban las relaciones entre los gobiernos de Cuba y República Dominicana en los primeros meses de 1934: la provocada por las transmisiones radiales y de radioaficionados cubanos hacia la isla vecina, con programas y mensajes políticos antitrujillistas.

Como mismo la expedición que se preparaba en el Mariel intentaba reeditar la realizada contra Machado por Gibara, en 1931, y contaba entre sus animadores a Laurent, Feliciano Maderne y probablemente a Carbó, que fueron sus protagonistas, el empleo de radioemisoras clandestinas contra el régimen de Trujillo tenía sus antecedentes en plantas que desde lugares ocultos operó el ABC Radical contra la dictadura cubana, y que fueron efectivas en la movilización popular.

El ambiente público en la isla, estaba cada día más enrarecido contra un gobierno que no sólo había apoyado al derrocado, sino que cortejaba abiertamente al déspota defenestrado, y le tendía una alfombra roja para su regreso triunfal.

Los primeros pasos en este sentido, los dió Porfirio Rubirosa, cumpliendo una tarea personal de Trujillo. El 23 de enero de 1934, este último escribía directamente a Machado:

> Ojala realizara pronto su idea de viajar a Santo Domingo, donde usted puede venir en cualquier momento y en la forma en que a usted le plazca, en la seguridad de que será recibido no solamente con agrado, sino que pondré todo empeño para que aquí se sienta usted rodeado de afectos y de solicitudes de hermano.[16]

A finales de marzo, Rubirosa le escribe de nuevo, reiterándole la invitación para que asista, en calidad de invitado oficial, a los actos con que se dejará inaugurado, a mediados de mayo, el puente sobre el río Iguamo. El 2 de abril, Trujillo le reitera la invitación, subrayando «[...] aquí me encontrará siempre dispuesto a estrecharlo con afecto, y siempre firme en mi amistad hacia usted».[17]

Ese mismo año, Machado viajará a República Dominicana, más para explorar negocios de ganadería, que para mezclarse en la política cubana. Se han conservado fotos de la travesía marítima, donde el Asno con Garras aparece inocentemente vestido de marinero.

La impunidad de Machado y la manera desafiante en que Trujillo lo acogía y lo agasajaba, fueron convirtiendo en unánime el repudio que la prensa cubana expresaba hacia su gobierno, incluso, los periódicos más conservadores. La situación cubana amenazaba con escapársele de las manos, agravada por el no contar en La Habana con un representante cabildero e inescrupuloso, como lo había sido Bazil. En esta coyuntura tuvo lugar la peregrina idea, surgida quizás del propio Bazil, de explorar el ambiente en la Cancillería, por si se decidía proponer su regreso.

La ingrata misión se asignó a Rafael Damirón,[18] diplomático, escritor y político dominicano, que cumplía en La Habana uno de los encargos confidenciales, tan del agrado de Trujillo, y que al parecer, se desempeñó brevemente como enviado extraordinario y ministro plenipotenciario en Cuba, hasta la llegada de Cestero, simultaneando la tarea con igual cargo en México. Tras expresar a Logroño su desacuerdo inicial con la propuesta del gobierno, Damirón se dirigió directamente al Sr. Barnet, secretario de Estado cubano, a quien sondeó sobre la aceptación o el rechazo a un eventual retorno de Bazil. «Sería una torpeza del Sr. Bazil aspirar a eso –le respondió–. Es muy simpático el Sr. Bazil, pero fue demasiado lejos con Machado».[19] De su propia cosecha, Damirón agregaría: «Yo, personalmente, creo que Bazil debe estar loco. No hay persona de la Cancillería [cubana] que no lo odie a conciencia viva, pero es peor que esta valoración desate las iras de la prensa contra el gobierno dominicano, [...] pues toda nuestra labor vendría por tierra».[20]

A principios de febrero, un nuevo contencioso enfrentaría a ambos gobiernos, alrededor del tema de los esbirros machadistas que huían y recibían generoso asilo en República Dominicana, y del propio reflejo de estos sucesos en la prensa cubana.

El 4 de febrero,[21] al atracar en el puerto de Santo Domingo el vapor *Cuba* perteneciente a la Empresa Naviera, un grupo de sus tripulantes denunciaron ante las autoridades de inmigración, y ante Eduardo L. Sánchez, cónsul cubano, que el supuesto pasajero Manuel María Porro

Portuondo, con pasaporte dominicano expedido el 4 de enero de ese mismo año, por el consulado en La Habana, era en realidad un ex sargento cubano, que había estado bajo las órdenes del comandante Arsenio Ortiz,[22] refugiado actualmente en el país, y acusado junto con este de varios crímenes que tuvieron por escenario la región oriental del país, donde el segundo había sido nombrado supervisor militar por el gobierno de Machado. Tras un intento del cónsul de retenerlo a bordo, considerando al buque como territorio bajo la jurisdicción cubana, se produjo la protesta de las autoridades dominicanas, siendo este finalmente entregado a ellas, y puesto bajo custodia en la fortaleza Ozama.

A pesar de un informe tranquilizador sobre el incidente, que Logroño enviase a Trujillo, con fecha 12 de febrero, el suceso trascendió y el propio cónsul recibió un telegrama de Cosme de la Torriente, secretario de Estado, indicándole «[...] vigilar al prófugo Porro Portuondo, del que, posiblemente, será solicitada la extradición».[23]

Informada la prensa cubana del extraño caso, en que un cubano, prófugo de la justicia, reaparecía a bordo de un buque que arribaba a Santo Domingo, portando un pasaporte dominicano recién expedido, hizo de ello un nuevo motivo de denuncia contra Trujillo, cerrando las puertas a todo esclarecimiento ulterior. Al parecer, esta actitud frustró un burdo intento de contrapropaganda trujillista,[24] del que da cuenta a Logroño el cónsul Villanueva, su probable organizador.

De este informe de Villanueva, y de otro de Damirón a Logroño, del día anterior, se deduce algo, de enorme gravedad: Trujillo habría negociado un pacto secreto, y seguramente no escrito, dada su obsesión por no dejar huellas, con las fuerzas políticas opositoras al gobierno de Grau-Guiteras, especialmente con Menocal, Mendieta y Batista. Con tal de lograr su derrocamiento debió de aportar alguna ayuda, quizás de tipo económica, y también apoyo diplomático ante el gobierno de los Estados Unidos, a cambio de lo cual exigió que la prensa cubana no pudiese criticarlo, y que se pusiese coto a las actividades conspirativas de los exiliados dominicanos en la isla.[25] Al no cumplirse estas exigencias, una vez derrocado Grau, se creó una situación de abierta tirantez, incluso, a niveles gubernamentales, pues Trujillo se consideró estafado, y no sin razón.

Para entonces, hasta los periódicos más reaccionarios, como *El Diario de La Marina, El País, La Voz* e *Información* coincidían en sus ataques contra Trujillo. Villanueva lo consideraba expresión de una abierta y consciente complicidad del gobierno, ya que los dueños y directores de esos órganos de prensa eran todos «personas ligadas al gobierno, y muy especialmente al presidente Mendieta».[26] Damirón se mostraba aún más pesimista. «Estamos ahora peor que ayer –afirmaba–, pues la prensa, en su totalidad, se niega a dar cabida a todo lo que pueda significar una defensa a favor de nuestro Jefe. Esto parece ser una consigna para obligarnos a ofrecerles dinero, a cambio de un silencio que jamás cumplirán».[27]

Entre las posibles medidas a tomar para enfrentar la crisis, Damirón sugería «una actitud recta, firme y enérgica», el inicio de una protesta que partiese, no del gobierno, sino de un grupo de «prestantes amigos del presidente Trujillo», cuyo fin sería «exigirle» el cese de las relaciones diplomáticas con Cuba, de no cambiar las circunstancias.

La crisis definitiva estallaría a finales de ese mismo mes. Trujillo fue directamente alertado de las transmisiones radiales en su contra, mediante una carta enviada desde Barahona por el Dr. F. Barón González,[28] quien había escuchado en la localidad de Palo Alto, un programa «indigno y antipatriótico» contra el gobierno, radiado desde una emisora de Santiago de Cuba. Otro informante lo fue el comisario Pou, de Santiago de los Caballeros, quien en cablegrama a Teódulo Pina Chevalier, tío materno de Trujillo y secretario de Estado de Interior y Policía, informaba el 23 de febrero[29] haber oído una transmisión «subversiva, deprimiendo gobierno y persona del Generalísimo Trujillo», realizada desde una planta que se identificó como «CMCJ4, Estévez, Habana», lo cual, a todas luces, era una planta de radioaficionado. Para no quedar fuera del juego, también informó al respecto un reciclado Osvaldo Bazil, por aquellos días recién nombrado Secretario de Estado de Trabajo y Comunicaciones. En su oficio a Logroño del 2 de marzo,[30] solicitaba «gestiones» de la Secretaría de Exteriores para «evitar estas transmisiones subversivas», de las cuales se había enterado por un telefonema del comisario Pou.

Por su parte, Logroño había enviado una carta a Cestero fechada el 1° de marzo, en la cual le indicaba «que es deseo del gobierno [o sea, de Trujillo], que tan pronto como usted llegue a La Habana inicie una enérgica acción enderezada a obtener que se ponga cese en la procaz campaña que por la prensa, y por la radio, se está realizando en Cuba contra el gobierno dominicano».[31] Cinco días después, en una nueva carta,[32] también le comunicaba los datos de la planta habanera de radioaficionado, con el objetivo de robustecer la demanda ante las autoridades cubanas.

Después de haber presentado sus cartas credenciales a Mendieta, Cestero informaba a Trujillo[33] que «[...] la situación política cubana mejoraba, considerablemente», a pesar de la falta de cohesión del gobierno, y la agitación que provocaban «elementos radicales», entre los que mencionaba a «estudiantes, obreros, y políticos que se amparan en estos para demoler». En ese mismo informe, encomiaba la figura de Batista, quien se afirmaba «como sostén del orden», y al que Caffery consideraba «[...] la persona de más visión política en Cuba, en estos momentos».[34] Para terminar, el flamante Ministro dominicano en La Habana intentaba tranquilizar al dictador, afirmando, quizás con excesivo optimismo, que «en cuanto a nosotros, el ambiente está cambiando. Los diarios importantes nada han publicado desde mi llegada, y los revolucionarios dominicanos no dan muestras de actividad. Las noticias que tengo –concluía– coinciden en que no tienen recursos pecuniarios».[35] Para ilustrar la última afirmación, Cestero explicaba que Estrella Ureña se hallaba en mal estado de salud, por el recrudecimiento de una vieja dolencia denominada «anemia perniciosa», y que había enviado señales, a través de un conocido, de que se hallaba dispuesto a dialogar con Cestero.

Por supuesto que un ladino Trujillo captó enseguida lo que esto último podría significar para dividir y neutralizar a aquel grupo de adversarios que empezaba a molestarlo con sus preparativos expedicionarios y sus campañas de prensa. «El Presidente me ha manifestado –respondía de inmediato a Cestero el Subsecretario de Estado de Relaciones Exteriores– que le autoriza a entrevistarse con el señor Estrella Ureña, a fin de que pueda luego transmitirles sus impresiones personales».[36] En la misma carta se brindaban detalles de la partida de La Habana de Ángel Morales, con destino a los Estados Unidos, indicándose el día exacto en que debió haber regresado, lo cual significaba que Trujillo contaba ya con informantes a su servicio entre los funcionarios de Inmigración de la isla, o entre las mismas autoridades norteamericanas.

Combatido unánimemente por la prensa cubana, y sabedor de que se realizaban preparativos aún más serios de acciones armadas en su contra; ante el inicio de transmisiones radiales que llegaban impunemente a diferentes rincones del país, y sabiendo que el ejemplo de la revolución de agosto de 1933 había calado en ciertos sectores de la sociedad, incluso, del Ejército, Trujillo decidió jugarse el todo por el todo. Esa maniobra desesperada está plasmada en la carta del 7 de abril de 1934, en la que Logroño ordena a Cestero:

> [...] advertir al gobierno del presidente Mendieta, de la manera más enérgica, que el gobierno del presidente Trujillo, si no cesa inmediatamente la campaña difamatoria actual, y si no se hace una demostración ostensible, franca y sincera, de que el gobierno cubano desautoriza y está dispuesto a reprimir las gestiones revolucionarias que en él realizan, impunemente, los llamados «exiliados», está dispuesto a romper abiertamente relaciones diplomáticas con Cuba, con todas sus consecuencias [...].[37]

Al final de esta carta decisiva, Logroño plasmaba una de esas frases afortunadas que lo caracterizaban, y en la cual solía resumir, con concisión, el ambiente de un momento. «Comuníqueme sus impresiones –ordenaba a Cestero–, porque ya nuestra paciencia se ha agotado».[38]

Lejos de limitar el drenaje de machadistas hacia su país, Trujillo lo organizó, en abierto desafío a la opinión pública cubana. No acallado aún el escándalo por la fuga asistida del ex-sargento Porro, ya Logroño cursaba indicaciones a Cestero, en carta del 23 de mayo de 1934, para que viajase cuanto antes un tal «comandante Ferrer, con la misión que sabemos, en la seguridad de que el presidente Trujillo lo recibirá personalmente y con agrado».[39] Alertado por Cestero de que en una recepción en el Hotel Nacional, el secretario de Estado cubano, Cosme de la Torriente, había criticado en privado la decisión dominicana de brindar asilo a Machado, Logroño le indicó hacerle saber que consideraba curiosa esa postura, toda vez que «[...] en Cuba, actualmente, no sólo se permite vivir a individuos que han sido declarados traidores a nuestra

Patria, sino que se les ampara y auxilia en sus propósitos de querer alterar la paz de que disfruta el país».[40]

En mayo se abriría un nuevo frente en la guerra sorda que enfrentaba a Trujillo con la opinión pública cubana y ciertos sectores del gobierno. El 2 de mayo, en carta a Logroño con cuatro anexos,[41] Víctor Garrido, recién nombrado secretario de Estado de Trabajo y Comunicaciones en sustitución del volátil Osvaldo Bazil, denunciaba que estaciones radiotelegráficas del Ejército cubano, y emisoras clandestinas estaban usurpando radiofrecuencias de diferentes países de la región, entre ellas, del Ejército de República Dominicana, lo cual, de comprobarse fehacientemente, entrañaría una forma peligrosa de interferencia y agresión. En los anexos se enumeraban las «letras de llamada» de las emisoras clandestinas cubanas.[42] Toda la información fue enviada a Cestero.

Las autoridades cubanas, informadas por el Ministro dominicano, iniciaron su propia investigación. El 13 de junio, en carta de Guillermo De Blanck, sub-secretario de Estado cubano, a Villanueva,[43] se le anexaba el informe de Gabriel Lora, secretario de Comunicaciones y otro de Jaime Mariné, de la Secretaría de Gobernación y Guerra. En ambos se refutaba la acusación dominicana y se atribuía a un «error técnico, de recepción» los hechos que motivaron la denuncia. No obstante, en los informes se subrayaba que la investigación continuaba su curso para descartar la posibilidad de que alguna emisora clandestina estuviese usando los indicativos asignados a República Dominicana.

Días antes de cumplirse el primer aniversario del derrocamiento de Machado, el canciller cubano remitía a Villanueva una serie de documentos, con el objetivo de autenticar su firma ante el Consulado. No se trataba de unos papeles sin importancia, sino de la solicitud de extradición de Gerardo Machado, huésped de Trujillo,[44] con lo cual el diferendo bilateral entraba en una nueva fase.

No era el primer dardo que se lanzaba en esta contienda, vinculado con la extradición. Ya en su nota 269, fechada el 4 de junio de 1934, dirigida a la Secretaría de Estado cubana, cumpliendo indicaciones de su gobierno, el ministro Cestero demandaba la extradición de Estrella Ureña y su grupo, «por malversación de caudales públicos». Y desde abril, el cónsul en Santiago de Cuba, Fernando Abel Henríquez había estado informando a Villanueva sobre los movimientos y andanzas conspirativas del general Carlos Daniel y el coronel Alfonseca.[45]

Pero mientras se cruzaban espadas diplomáticas, e iban y venían informes confidenciales, lo cierto es que desde los días del gobierno Grau-Guiteras avanzaba en suelo cubano la preparación de la primera expedición armada contra Trujillo. De ella el tirano tenía sobrada información recabada por sus fuentes de inteligencia, y también aportada por la correspondencia entre sus principales dirigentes, la cual era regularmente interceptada, sin contar la que los servicios secretos norteamericanos compartían con su gobierno.

Fue en la pequeña localidad costera del Mariel, al oeste de La Habana, donde se estuvo preparando, desde finales de 1933 y durante parte de 1934, aún bajo el gobierno de Batista-Caffery- Mendieta, la llamada expedición del Mariel.

La expedición del Mariel

En enero de 1934, tras ser derrocado el gobierno de Grau mediante un golpe de Estado alentado por Jefferson Caffery, el nuevo embajador norteamericano, Antonio Guiteras, ex ministro de Gobernación, Guerra y Marina pasa a la clandestinidad. En marzo funda la TNT, y un año después la Joven Cuba, organizaciones de acción y resistencia con ramificaciones en los cuerpos armados, especialmente en la Marina. No es casual que la portada de *Juventud Comunista,* revista clandestina correspondiente a junio-julio de 1934, muestre a un grupo de marinos cubanos a bordo del buque de guerra *Cuba* en el puerto de Antillas, pronunciándose contra sus propios oficiales y la celebración de un mitin del ABC que tenía lugar en la zona.

Este es el ambiente que propicia y explica por qué el primer intento de expedición revolucionaria contra la dictadura de Trujillo, desde Cuba, tuvo lugar por el puerto de El Mariel. El que se encontrase allí un destacamento de la Marina –el cuerpo armado más revolucionario de la época–; el tener una población inferior a los 4,000 habitantes y estar ubicado a más de 33 km de la ciudad, hacían de Mariel un sitio ideal para el entrenamiento y preparación de la expedición.

Mientras los diplomáticos de Trujillo en la isla no le perdían pie ni pisada a sus enemigos políticos más connotados, en el Mariel, al oeste de La Habana, se entrenaba un destacamento de cubanos y dominicanos decididos a luchar. Un informe secreto de inteligencia del Ejército de Batista, probablemente alertado por la inteligencia militar norteamericana, lo confirmaba. En él, un anónimo agente secreto del Ejército informaba al teniente coronel Ignacio Galíndez,[46] jefe del Regimiento número seis, con sede en el campamento 4 de septiembre, todo lo que había podido indagar sobre lo que llamaba «concentraciones de revolucionarios cubanos y dominicanos».

Después de confirmar que este plan contra Trujillo estaba supeditado a la acción de «los elementos dominicanos actualmente en Cuba, a favor del señor Estrella Ureña», y que se estaban entrenado para la lucha armada, el agente informaba que tales concentraciones no se hacían para influir sobre la política cubana, y que contaban con el conocimiento de las autoridades, «de cierta manera discreta». Se declaraba que, a pesar de las sospechas, no se habían hallado pruebas que vincularan estos preparativos con la Marina de Guerra, «[...] no obstante la pública conexión de que elementos de este cuerpo armado están en contacto con revolucionarios del grupo del Dr. Guiteras». El agente, deslizaba en su informe los nombres del comandante Gómez, de la Infantería de Marina, y del comandante Santana, jefe de la Escuela de Cadetes del Morro, que «[...] han estado haciendo investigaciones de este asunto, o han tenido contacto con los directores de las concentraciones revolucionarias dominicanas».

Acerca de la estrecha vigilancia del Servicio Secreto de la Embajada norteamericana en La Habana, sobre todo brote revolucionario, el anónimo informante declaraba que «[...] he podido comprobar que el viernes pasado han estado en el Mariel oficiales del Servicio Secreto, agregados a la Embajada americana, y que el honorable embajador Caffery, ante estos planes, "[...] se muestra claramente en asombro y desagrado"». Para terminar, afirmaba que la «expulsión» de Machado de Santo Domingo fue provocada por la presión del gobierno de los Estados Unidos, «[...] a cambio de la solución de ciertos asuntos bancarios que tenía pendiente el presidente Trujillo, y que ya han sido resueltos favorablemente a este».

El espía informaba también que las autoridades de «Marianao, Bauta, Caimito, Guanajay y Mariel, al no evitar y reportar el cruce de camiones con paisanos con destino a las concentraciones», han mostrado consentimiento o negligencia, y que «se ha comprobado la falta de gran cantidad de personas revolucionarias cubanas, de los términos de Matanzas, Cárdenas, Pinar del Río y La Habana». Se reconocía que el objetivo de las concentraciones era Santo Domingo, pero no se dejaba de recelar de que «[...] la mayoría de los elementos que han ido, lo han hecho con miras de entrenamiento, la captura de armas o de posibilidades de una revolución interior cubana».

Tales sospechas estaban avaladas por la presencia entre quienes se entrenaban en el Mariel de «[...] elementos comunistas, auténticos, abecedarios y guiteristas», reafirmándose que «[...] desde los tiempos del Dr. Grau, y siendo secretario de Gobernación, Guiteras se mostraba partidario decidido de una lucha contra Trujillo, y una vez terminada esta, de una concentración de revolucionarios antillanos para llevar la guerra a Venezuela».

En otro informe del mismo agente, fechado el 5 de diciembre de 1934, aparecen detalles de la vigilancia establecida por la inteligencia militar «al general Ribas y al coronel Ramírez, vecinos de la calle Campanario, esquina a San Rafael, en La Habana, a quienes no se pudo entrevistar por hallarse en la provincia de Oriente».[47] Allí aparece el nombre de Plintha Wos-Gill,[48] una mujer «extraordinariamente inteligente», vecina de la calle Ayestarán, también en La Habana, que prestaba auxilio a todos los revolucionarios dominicanos, y que sería entrevistada por segunda vez. En la correspondencia de Bazil del 1933, aún siendo embajador en la isla, aparece una mención a esta señora, como ciudadana dominicana, debido a gestiones ante una empresa naviera para obtener una rebaja de precio por el envío de sus muebles a Santo Domingo, y ser de muy limitados recursos.

Sobre la forma de traslado de los expedicionarios a República Dominicana, se informaba que «[...] las agrupaciones dominicanas mencionadas tienen, forzosamente, que esperar en sus lugares de concentración, de algunas expediciones armadas, que las transporten al lugar de la lucha», reiterándose la sospecha de que los cubanos participantes podrían desviarlas para sus propios fines subversivos, contra el gobierno constituido. No deja de reiterarse que «la tropa» percibe claramente el peligro que emana de tales «concentraciones». Cuando hablan de Santo Domingo, los conspiradores usan la «frase vulgar» de «No trago... tengo angina».

Los entrenadores de los expedicionarios, según el informe, son «ex oficiales de Machado», que no son enemigos del actual gobierno, pero se subrayaba: «[...] todos los elementos que aparecen ayudando a los dominicanos a preparar una revolución contra Trujillo, lo hacen primero pensando en una revolución en Cuba». Para terminar, se alertaba:

> [...] el presidente Trujillo tiene un servicio secreto en Cuba, que seguramente conoce ya las concentraciones aludidas. Esto puede traer consecuencias gravísimas al gobierno cubano, pues Trujillo protestará ante el gobierno de los Estados Unidos, con el que está en muy buenas relaciones, y este puede reaccionar contra la tolerancia a este movimiento en Cuba.

Sobre las posibles vías de traslado a Quisqueya de los hombres que se preparaban en el Mariel, puede hallarse alguna pista en el informe confidencial del cónsul dominicano Fernando Abel Henríquez, del 13 de abril de 1934.[49]

> En los días en que el vapor *Julián Alonso* pasó en este puerto [Santiago de Cuba] –señala–- Pizarro [uno de sus tripulantes, al parecer de origen dominicano] estuvo en contacto con los revolucionarios, quienes tienen concertada una confabulación, para en un momento dado, apoderarse de uno de los buques de la Empresa Naviera [para el traslado de la expedición]. Tengo informes de que Pizarro está comisionado para difundir las ideas revolucionarias de los dominicanos entre las tripulaciones de los buques de la Naviera, para ir preparando el ambiente y contar con la debida cooperación, caso de que sea puesto en práctica el plan de asalto a uno de sus buques [...].

La idea del Mariel parece haber surgido de la expedición de Gibara, en agosto de 1931, que buscaba el derrocamiento de Machado.

En aquellos momentos, el dictador cubano había pedido ayuda a su par dominicano para interceptar el buque *Ilse Vermaner* que, desde Nueva York, trasladó a los 40 expedicionarios del desembarco de Gibara (el 17 de agosto de 1931), y entre cuyos dirigentes estaban el comandante Agostini y el teniente Feliciano Maderne. Ambos tendrían destacado papel en los preparativos de las expediciones del Mariel (1934) y Cayo Confites (1947).

Gibara aterró a los dictadores del Caribe y les demostró que bastaba un puñado de hombres armados y decididos para desembarcar, y crear una situación comprometida, en el interior de cada país. Si los expedicionarios lograban contactar a otras fuerzas revolucionarias clandestinas, los regímenes represivos podrán sufrir serios perjuicios, por lo que la lección aprendida fue: la mejor forma de luchar contra un desembarco era abortándolo antes de que pudiese llegar a las costas. Y en ello Trujillo demostraría ser un alumno aplicado.

Por la correspondencia entre Ángel Morales, en La Habana, y Federico Velázquez, en San Juan, Puerto Rico, se sabe del papel oportunista jugado por el recién estrenado coronel Batista en los preparativos del Mariel, de sus falsas promesas de apoyo, y lo cobrado a los exiliados dominicanos por tales «servicios». Su giro hacia la derecha, expresado en la amenaza de un golpe de Estado contra Grau, siempre a la sombra de la Embajada norteamericana, y el hecho de haber sido interceptada por Trujillo la carta en que se demostraba que se trataba de un personaje venal, lo colocaron en una posición extremadamente vulnerable.

Batista no tardaría en ser sobornado o chantajeado por Trujillo, lo cual se deduce de la manera brusca en que transitó del campo de la revolución antitrujillista, al de la más abierta contrarrevolución reaccionaria, reprimiendo por igual a revolucionarios dominicanos y cubanos. Alentado también por Caffery, el nuevo embajador norteamericano en Cuba, se dedicó a perseguirlos. Tras el asesinato de Guiteras –ordenado por Batista el 8 de mayo de 1935–, las condiciones en Cuba vuelven a ser completamente desfavorables para semejantes empresas. Nueve días después, abandonado y sin perspectivas de ayuda de parte de las autoridades cubanas, Rafael Estrella Ureña parte de regreso a Nueva York, y se cierra el breve ciclo esperanzador que simbolizó el intento de expedición del Mariel.

Habrá que esperar 12 años, y el retorno al gobierno de Ramón Grau San Martín y el partido Auténtico, para que se iniciasen los preparativos de una nueva expedición contra Trujillo: la de Cayo Confites.

El año 1934 aún depararía noticias. Trujillo endurecería los requisitos para que viajeros cubanos desembarcasen en Santo Domingo, temiendo acciones o el simple contagio con las ideas revolucionarias que estremecían al país. El 20 de diciembre de ese año, una carta del mayor general José García,[50] secretario de Estado de Policía, Guerra y Marina a Logroño indicaba alertar a los cónsules dominicanos para no conceder visado al cubano Manuel Rodríguez Domínguez, recién deportado del país en mismo vapor en que arribó desde Santiago de Cuba, tras haber denunciado su peligrosidad el siempre activo cónsul Henríquez. Ya desde octubre, Eusebio Coterillo, gerente de la Empresa Naviera y agente personal de Trujillo, había informado a Villanueva[51] que se había indicado no expedir pasajes hacia Santo Domingo a ningún viajero que no pudiese presentar la aprobación del Consulado General dominicano.

Y en sentido inverso, para redondear el cerco a los opositores, Logroño instruía a Néstor Pou,[52] cónsul honorario en La Habana, de que debía presentar a los hermanos

Rafael y Virgilio Maynardi, activos en los preparativos del Mariel, como luego en los de Cayo Confites, una notificación judicial, mediante la cual se les comunicaba que habían sido instruidos de cargos criminales en su país.

La contraofensiva trujillista no hacía más que empezar.

El trinar de los canarios

Según José Abigaíl Cruz Infante en su libro *Hombres de Trujillo*,[53] pertenece a Arturo Logroño (otros la atribuyen a Germán Soriano) la frase capaz de resumir uno de los más socorridos *modus operandi* del dictador, a la hora de bregar con sus enemigos, incluso, con amigos e indiferentes: el soborno. «En la campaña de 1930, Logroño recomendó a Trujillo –apunta Cruz Infante– "dele alpiste y oirá al canario cantar"».

No hay dudas de que, de ser cierta la anécdota, Trujillo se convirtió en un experto canaricultor. El soborno sistemático y descarado logró no pocas adhesiones a su gobierno y le facilitó el camino para mantener bajo control a sus enemigos. Pocos resistieron con dignidad los jugosos disparos de billetes conque el sátrapa propiciaba que se hiciese su voluntad. Dinero de por medio, Trujillo logró, por ejemplo, la frustración de dos de las tres principales expediciones armadas que intentaron llevarse desde Cuba a suelo dominicano: la del Mariel, en 1934, y la de Cayo Confites, en 1947. En ambos casos, los destinatarios de los abultados maletines capaces de provocar un trino ininterrumpido fueron los entonces jefes del Ejército, Fulgencio Batista y Genovevo Pérez Dámera.

Para 1934 la diseminación selectiva del alpiste, dentro y fuera del país, ya constituía una práctica política habitual para el gobierno trujillista. Cuando se aprestaban los hombres en el Mariel y arreciaba la campaña de la prensa cubana contra la dictadura dominicana, Trujillo consideró llegada la hora de derramar granos a manos llenas para que se entonase la melodía que sus oídos querían escuchar. Su contraofensiva de entonces estuvo signada, como era de esperar, por una impúdica sucesión de sobornos.

Considerando que todos los hombres tienen un precio, Trujillo diseñó una estrategia para detectar las almas en subasta que habitaban la isla vecina, especialmente entre periodistas, intelectuales, políticos, militares y diplomáticos. En enero de 1934, cuando aún gobernaba el Dr. Grau San Martín, ya el dictador dominicano era capaz de dirigirse directamente a cada periodista cubano que publicase noticias o comentarios favorables a su gobierno, y muy especialmente, a su persona. El caso de Alejandro Soto Lucena y Ruíz, periodista de *Las Noticias* es muy ilustrativo.

A finales de 1933 Soto Lucena había publicado tres artículos sobre lo que llamó «la gestión patriótica de Trujillo en esa hermana República».[54] Como era de esperar, no tardó en ser contactado mediante carta dirigida al director de *Las Noticias,* en la que Trujillo le agradecía el gesto. Ni corto ni perezoso, Soto Lucena respondió pintando un cuadro de enfermedad y desamparo, revelando de paso, que en La Habana, ya el nombre de Trujillo era, para los periodistas venales, sinónimo de dinero. «No tengo otro remedio que dirigirme a usted –escribía–, altruista, magnánimo, siempre conocedor de las necesidades materiales de los periodistas pobres, impetrándole su auxilio, que le suplico me envíe por el Consulado».[55]

A cambio de lo solicitado, Soto Lucena no dudó en ponerse al servicio incondicional de la dictadura dominicana. «Yo sabré corresponder a su gentileza –afirmaba en la despedida– y sabré cumplir con mi deber, pese a ciertos elementos que le son contrarios, a pesar de tanto bien que usted le ha hecho a su Patria».[56]

Por este y otros trinos melodiosos, Soto Lucena recibió en su casa la visita del cónsul Villanueva. El 19 de febrero de ese año, obtuvo un cheque de $50.00 pesos remitido por Trujillo a través de la Secretaría de Estado. De esta manera operaba el sistema. Y no se trató de un caso aislado.

A partir de estos antecedentes, no hay ninguna acción de prensa, de relaciones públicas, o directamente propagandística que Trujillo no haya iniciado en La Habana a través de sus agentes diplomáticos o encubiertos, que no estuviese basada en el soborno. Cuando se invitó a Cestero, en el mes de marzo, a dirigirse al pueblo cubano mediante la emisora CMCD, apenas unas horas después de presentar sus cartas credenciales, la invitación debió ser generosamente pagada, y Cestero no desaprovechó la ocasión para entonar una melopea dirigida a congraciar al régimen que representaba con los radioyentes, y de paso, cortejar un poco al presidente Mendieta.[57]

El alpiste repartido a manos llenas realizó también el milagro de que el representante en La Habana de la UPI[58] visitase el 1° de junio la Legación dominicana para disculparse ante Cestero por las noticias difundidas por el diario *Ahora,* tras agregarle textos a un cable de dicha agencia. «Ellos introdujeron ataques contra el Presidente [Trujillo] en el cable original de la UPI –señalaba Cestero– a lo cual el representante en La Habana declaró ser ajeno. Le manifesté que en ocasiones anteriores *Ahora* ha procedido de la misma forma con cables de la UPI».

Para romper el bloqueo, Cestero movió todos los hilos posibles, entre ellos uno que resultaría sumamente beneficioso para el régimen, y que duraría hasta el triunfo revolucionario del 1° de enero de 1959: estableció estrechas relaciones con la Sociedad Colombista Panamericana, presidida entonces por el conde de Rivero, el reaccionario dueño de *El Diario de la Marina,* y punta de lanza del españolismo rampante en suelo cubano. Esta Sociedad terminaría convirtiéndose, gracias al alpiste trujillista, en la filial cultural del régimen, y en una de sus pantallas predilectas para Cuba y el resto de América Latina. En este caso concreto, la relación entre el gobierno de Trujillo y la Sociedad Colombista de La Habana fue usada para que la segunda intercediese ante la Sweedish American Line, una línea de buques para el turismo, con el objetivo de incluir a Santo Domingo entre sus destinos en América Latina, lo cual fue aprobado para 1935. Similar gestión se realizó también con el Comité Nacional de Norteamérica, garantizando entradas económicas y rompiendo el aislamiento del régimen dominicano.

Para Trujillo, el principal campo de batalla en Cuba, durante esta época, seguía siendo la prensa, y en ello se empeñó con su tenacidad característica. Pocas tareas ocuparon más en La Habana el tiempo de su ministro Cestero que lidiar con periódicos y revistas, elevar notas de protesta, visitar al Presidente y al Canciller para quejarse a nombre de su gobierno, y repartir alpiste, cuando la ocasión era propicia.

Por los ataques de *Bohemia* a Trujillo, Cestero se entrevistó con De Blanck el 20 de marzo. En el encuentro se acordó la publicación de la siguiente nota del Vice-Canciller cubano, la cual apareció en los principales diarios de la capital:

> El gobierno de la República expresa el profundo desagrado con que ha observado los comentarios que se insertan al pie de una fotografía, reproducida en una publicación de esta capital, en la que aparecen el Jefe de Estado de un país, su esposa, y el Presidente de Estados Unidos [...]. Esta actitud, inspirada frecuentemente por extranjeros, está en contradicción con la cortesía y los usos internacionales. La Secretaría de Estado lamentaría que el gobierno se viese obligado a recurrir a los procedimientos legales, lo mismo contra nacionales que contra extranjeros.[59]

Se trató de una pequeña victoria para la causa trujillista, lo que se tradujo en un titular de *El Diario de la Marina* («El gobierno de Cuba da una satisfacción al de Santo Domingo»), y en otro de *Ahora* («Da una satisfacción la Secretaría de Estado al Ministro dominicano»). Pero la nota de De Blanck no lograría acallar nuevas críticas contra el régimen dominicano. De hecho *El País, Información* y *El Mundo* la impugnaron.

Cestero fue instruido por su gobierno de no permitir la publicación de una sola noticia adversa sin que se elevase una enérgica protesta ante las autoridades cubanas. Para ello utilizó, repetidamente, la posibilidad de visitar en su casa a Torriente o De Blanck, acuñando una práctica diplomática nada ortodoxa, pero si muy molesta. Por ejemplo, ante la noticia publicada en la sección «Notas de Palacio», de *El Diario de la Marina,* en su edición del sábado 24 de marzo, de que Estrella Ureña había sido recibido por el presidente Mendieta, se personó en la casa de De Blanck, esa misma noche, logrando el lunes 26 un desmentido oficial de la noticia.[60] No contento con ello, Cestero visitó el domingo al conde de Rivero, dueño de *El Diario de la Marina,* quien le confirmó que Estrella Ureña había estado el día anterior en la redacción con unas declaraciones contra él, «que no se publicarían».[61] Lo más interesante de la visita no fue esta prueba de los estrechos vínculos entre Rivero y Trujillo, sino la constatación de que ya por entonces, y hasta que este diario fue intervenido por la Revolución, el alpiste trujillista constituyó la razón secreta de los constantes trinos a su favor que con enorme júbilo *El Diario de la Marina* siempre le prodigó.

> Respecto a la anterior «combinación» [sic] –continuaba en su informe Cestero– Rivero me reiteró haber sufrido perjuicios [económicos] por haber anticipado a varios [periodistas] la cantidad de

> $175.00 pesos, pues el cónsul Villanueva le manifestó que **los fondos del segundo mes vendrían.** Además, $75.00 pesos pendientes con Frank M. En total, $250.00 [...]. Hablamos también, con la conveniente vaguedad de mi parte, del futuro, recalcándole que **en toda publicación que se haga debe destacarse al presidente Trujillo.** Me manifestó que los revolucionarios dominicanos se irritan mucho con las publicaciones, **y que *El Diario*... es el único con que contamos aquí**.[62]

Para terminar el revelador informe, Cestero agregaba dos noticias: el embarque hacia Oriente de 4 cajas grandes, presumiblemente con armas, habiendo tenido conocimiento de ello por un agente a sueldo que la Legación mantenía en los muelles habaneros. Para dar el seguimiento apropiado, Cestero pedía más fondos y que el siempre alerta cónsul Henríquez, en Santiago de Cuba, «mantuviese contactos más íntimos y activos con el Consulado General». Esto último confirmaba la sospecha de que Fernando Abel Henríquez, vástago desnaturalizado del tronco de don Federico Henríquez y Carvajal, informaba directamente a Trujillo, y no por los canales oficiales, como una especie de espía personal del dictador.

La otra noticia contenida en este informe de Cestero, por repetida no dejó, seguramente, de ser grata a los oídos de Trujillo. «Rivero, que es también Cónsul General de Hungría –escribía– me informa haber propuesto a su gobierno que condecore al presidente Trujillo con la Gran Cruz de la Gran Orden Nacional».[63]

El 13 de abril,[64] Cestero elevaba a Logroño un nuevo informe confidencial relacionado con la batalla por el control de la prensa cubana. En él se descartaba la vía judicial por injurias, al considerarla un procedimiento «enojoso y proclive al escándalo», sugiriendo lo que llamó «la creación de medios propios de defensa y propaganda».

Para el logro de este objetivo, se necesitaban «erogaciones para subvencionar publicaciones» y la creación de:

> [...] un grupo de corresponsales en los principales diarios, cuyo estipendio pague el gobierno [dominicano]. El plan consistiría en restar a la campaña algunas plumas agresivas, mientras se desarrolla en ellas [ya sabemos cómo] el interés de ser amigos. Se ha sugerido la conveniencia de organizar en nuestra capital un congreso de Prensa Latina [...]. También se ha sugerido la publicación de un suplemento gráfico en *El Diario de la Marina* en el cual se presente al presidente Trujillo y las principales obras públicas que ha realizado.[65]

En este importante y revelador informe, Cestero descalificaba a la campaña de prensa contra Trujillo, achacándola enteramente a «la instigación de los revolucionarios dominicanos y de su influencia sobre los periódicos de ideología extrema».[66]

Siguiendo su incesante batallar por encargo contra la prensa habanera, Cestero se entrevistó con el Secretario de Estado los días 15, 17 y 19 de abril, y con Mendieta, el 18. En todos los encuentros se refirió a «las condiciones ya intolerables creadas por un grupo de revolucionarios dominicanos que azuzan a la prensa contra nuestro gobierno».[67] De las reuniones, Cestero resumió, de la siguiente manera lo tratado:

> El gobierno provisional [de Mendieta] no tiene control legal sobre la prensa, [pero] tan pronto se presente un hecho suficiente, someterá a los revolucionarios dominicanos a los Tribunales, para lo cual debemos mantener nosotros la vigilancia, pues la ineficiencia política no le permite a este gobierno confirmar las denuncias, y que tanto en la Policía

> como en los Tribunales abundan los elementos colocados cuando el gobierno de Grau [...]. Cuando visité al Presidente, me expresó que ya estaba listo un Decreto-Ley sobre las transmisiones por radio, y se prepara otro sobre la prensa [...].[68]

Este episodio concluirá, no precisamente de la manera en que se esperaba. A pesar del celo derrochado por Cestero, los avances logrados contra la libertad de prensa, reflejados en las declaraciones de altos funcionarios del gobierno de Mendieta, y su inocultable hostilidad contra las fuerzas revolucionarias cubanas y dominicanas, el ambiente siguió siendo hostil para el régimen trujillista.

El domingo 27 de mayo se produce un atentado en La Habana contra el embajador Caffery, resultando muerto uno de los soldados cubanos de su escolta. Inmediatamente, un asustado Cestero envió cables a la Secretaría de Estado alegando que, unas confidencias habían alertado sobre la posibilidad de un ataque contra la Legación y la casa del secretario Atilio León. Informadas las autoridades cubanas, según reporte enviado dos días después,[69] le fueron ofrecidas todas las garantías.

> «Torriente hubo de manifestarme –concluía Cestero– que la revista *Bohemia* es un centro de revolucionarios, que no debía circular por determinados parajes, y que de preferencia lo visite en su casa, pues en la Secretaría de Estado no hay vigilancia».[70]

Lo que Cosme de la Torriente quería decirle a Cestero, y que no debió escapar a un sagaz Trujillo que sin falta debió de leerlo en su informe a Logroño, era que los diplomáticos trujillistas, y el gobierno que representaban, eran peligrosamente impopulares en una Habana que, a pesar de la represión del Ejército que Batista comandaba, y que alcanzaría cotas nunca antes vistas en 1935, mantenía zonas bajo el control de grupos revolucionarios clandestinos armados.

En un intento desesperado por revertir la campaña hostil de la prensa cubana, Trujillo accedió, en julio de 1934, a pagar directa y desembozadamente a dos periodistas cubanos de alquiler, con el objetivo de que narrasen las bondades de su régimen en un álbum destinado al público de la isla. El 7 de julio de ese año, Logroño se dirigía a Néstor Pou, representante del Consulado General, para que brindase

> [...] toda la protección y cortesías a los periodistas cubanos Antonio Monteagudo y Antonio Escámez, quienes están realizando en la República Dominicana, con el patrocinio y la ayuda económica del gobierno, los trabajos preparatorios para la publicación de un álbum que expondrá los progresos del país. Ellos salen en la próxima semana para Cuba –concluía Logroño– y regresarán aquí en los primeros días de agosto.[71]

Poco lograrían estos amanuenses al servicio del tirano.

Evidentemente, ni el alpiste, ni el trinar incesante de los canarios bien alimentados por la mano dictatorial, eran infalibles. La situación de 1934 era la prueba.

Notas

1 Sumner Welles a Ángel Morales, carta del 7 de junio de 1933. AGN, fondo Bernardo Vega, entrada correspondiente a Rafael Estrella Ureña.
2 Ángel Morales a Sumner Welles, carta del 13 de junio de 1933. AGN, fondo Bernardo Vega, Ibíd.
3 Ángel Morales a Sumner Welles, Ibíd.
4 Ibídem.
5 Documento Confidencial de la Secretaría de Estado norteamericana sobre personalidades políticas dominicanas, 1932-1933. AGN, fondo Bernardo Vega, entrada correspondiente a Rafael Estrella Ureña.

6 Ángel Morales a Sumner Welles, Fuente citada.
7 *Gaceta Oficial* 4614, del 4 de octubre de 1933. Ibíd.
8 Se refería, por supuesto a la retirada de Sumner Welles y a la inminente llegada de Jefferson Caffery.
9 Ángel Morales a Federico Velázquez, carta del 18 de diciembre de 1933. En: Bernardo Vega: *Control y represión en la dictadura trujillista.* Fundación Cultural Dominicana, Santo Domingo, 1986, pp. 46-47.
10 Ibídem.
11 De Federico Velázquez a Ángel Morales, carta del 22 de diciembre de 1933. En: Bernardo Vega: *Control y represión en la dictadura trujillista,* Ibíd., pp. 48-49.
12 Ibídem.
13 Ibídem.
14 Ángel Morales a Federico Velázquez, carta del 18 de diciembre de 1933. Fuente citada.
15 Se trataba del dinero aportado por una compañía norteamericana de obras hidráulicas, interesada en recibir la concesión de las obras del acueducto de Santo Domingo, para lo cual se necesitaba desplazar del poder a Trujillo.
16 De Trujillo a Machado, carta del 23 de enero de 1934. En: http://merrick.library.miami.edu/u?/chc0336 452
17 Ibíd, carta del 2 de abril de 1934. En: http://merrick.library.miami.edu/u?/chc0336.1038. Aún en enero de 1959 existía en la entonces Ciudad Trujillo, un barrio llamado General Machado, según consta en carta de Enrique Aybar a Julio César Ballester, que figura en los documentos del Partido Dominicano conservados en el AGN.
18 Rafael Damirón: (1882-1956). Escritor, político y diplomático dominicano, nacido en Barahona. Fue jefe de Prensa del Partido Dominicano, diputado y cónsul en San Juan, Barcelona, Madrid, y encargado de negocios en México. Fundador de revistas y autor de novelas como: *Revolución* (1940), y *La Cacica,* (1944). Amigo cercano de Arturo Logroño, publicó junto con él *Los yanquis en Santo Domingo.*
19 De Damirón a Logroño, carta del 24 de enero de 1934. AGN, fondo Relaciones Exteriores, Legación Habana, legajo 707 709.
20 Ibídem.
21 Informe de Rafael Rovira Rodríguez, del 5 de febrero de 1934. Ibíd.
22 Arsenio Ortiz, natural de Los Dorados, Palma Soriano, actual provincia de Santiago de Cuba, ingresó al Ejército a inicios del pasado siglo, alcanzando pronto los grados de sargento. Se destacó por su vocación represiva y adquirió notoriedad debido a los numerosos asesinatos que cometió contra la población negra de Oriente, tras el alzamiento del Partido de los Independientes de Color, en 1912, y el alzamiento de los liberales del mayor general José Miguel Gómez, que se enfrentaron en 1917 a los conservadores del presidente Mario García Menocal en la llamada Guerrita de la Chambelona. Alcanzó el grado de comandante al servicio del presidente Gerardo Machado y fue nombrado supervisor militar de la provincia de Oriente. En Santiago de Cuba asesinó a 44 opositores e inocentes

en apenas 90 días, por lo que debido al clamor popular y de la opinión pública internacional, incluyendo a Sumner Welles, Machado se vio obligado a sacarlo del país. Estaba refugiado en la Alemania nazi cuando cayó el gobierno, trasladándose luego a República Dominicana. Fue protegido de Trujillo y trabajó para él en acciones represivas y negocios. Murió en Santo Domingo, el 27 de abril de 1949. Curiosamente, su hijo Arsenio Ortiz Ferrand murió asesinado a mano de militares trujillistas durante la Revolución de Abril de 1965, cuando trataba de organizar el apoyo al movimiento constitucionalista de Santo Domingo, en la localidad de Las Yayas, municipio de Azua.

23 De Cosme de la Torriente a Cónsul cubano en Santo Domingo, cablegrama del 19 de febrero de 1934. AGN, fondo Relaciones Exteriores, Legación Habana, legajo 707 709.

24 De Villanueva a Logroño, carta del 17 de febrero de 1934. AGN, fondo Relaciones Exteriores, Legación Habana, legajo 707 709. Según el informe, el líder de los que denunciaron a Porro, de apellido Fernández López, marinero del vapor *Cuba,* y supuesto agente de Guiteras, se habría retractado y escrito varias cartas a los periódicos habaneros, esclareciendo el caso, sin lograr que se las publicaran. Villanueva reconoce, que este cambio de actitud se debió a haber quedado cesante, tras elevar una queja en su contra a la Empresa Naviera «de la que Trujillo era el principal accionista», por órdenes expresas del «honorable Presidente».

25 Ibíd, y en de Damirón a Logroño, carta del 16 de febrero de 1934. AGN, fondo Relaciones Exteriores, Legación Habana, legajo 707 709. Los textos de ambos documentos no dejan lugar a dudas. «Ante semejante actitud de la prensa –escribía Villanueva–, he llamado al coronel Quiñones, comisionado del conjunto revolucionario ante Trujillo, en solicitud de ayuda [...]. Este iba a hacer una visita de inmediato, al Ejecutivo, a la Secretaría de Estado, y a Miguel Mariano Gómez para manifestarles el deber en que estaban todos de cooperar para un acercamiento y destruir la política de los enemigos del gobierno dominicano, como una de las condiciones del compromiso contraído por el general Menocal». Damirón lo escribió casi textualmente también. «Tengo entendido –afirmaba– que fue compromiso de una gran parte de los hombres que componen el gobierno actual de Cuba, de por lo menos hacer respetar al presidente Trujillo, y el poner coto a las actividades de nuestros adversarios aquí [...]».

26 De Villanueva a Logroño, Ibíd.

27 De Damirón a Logroño, Ibíd.

28 Del Dr. F. Barón González a Trujillo, carta del 23 de febrero de 1934. AGN, fondo Relaciones Exteriores, Legación Habana, legajo 707 709.

29 Del comisario Pou a Teódulo Pina Chavalier, cablegrama del 23 de febrero de 1934. Ibíd.

30 De Osvaldo Bazil a Logroño, oficio del 2 de marzo de 1934. Ibíd.

31 De Logroño a Cestero, carta del 1 de marzo de 1934. Ibíd.

32 De Logroño a Cestero, carta del 6 de marzo de 1934. Ibíd.

[33] De Cestero a Trujillo, carta del 21 de marzo de 1934. Ibíd.
[34] Ibídem.
[35] Ibídem.
[36] De Emilio Spínola a Cestero, carta del 24 de marzo de 1934. Ibíd.
[37] De Logroño a Cestero, carta del 7 de abril de 1934. Ibíd.
[38] Ibídem.
[39] De Logroño a Cestero, carta del 23 de mayo de 1934.Ibíd.
[40] Ibídem.
[41] De Víctor Garrido a Logroño, carta del 2 de mayo de 1934. AGN, fondo Relaciones Exteriores, Legación Habana, legajo 707 709.
[42] Según el informe a Garrido, que se anexaba en la comunicación a Logroño, el 1ro, de mayo de 1934, a las 11.30 a.m., el operador Cordero, del Servicio Radiotelegráfico dominicano, habría captado las siguientes letras de llamada de emisoras clandestinas cubanas, que usurpaban radiofrecuencias pertenecientes a tres países del área: VP75Z (perteneciente a Jamaica), X4AC (México) y H12, H13, H17 y H19 (Ejército de República Dominicana). El día anterior, las radiofrecuencias dominicanas habían sido usadas para enviar un mensaje cifrado.
[43] Carta de De Blanck a Villanueva, del 13 de junio de 1934. Ibíd.
[44] Carta de De Blanck a Villanueva, del 8 de agosto de 1934. Ibíd. En ella se comunicaba a las autoridades dominicanas que el gobierno cubano estaba tramitando la extradición «del ciudadano Gerardo Machado y Morales, que se encuentra refugiado en Santo Domingo, y contra quien se sigue causa por asesinato [...]». Un mes antes, el 2 de junio, en una visita particular que Cestero realizase a la casa del canciller Torriente, se abordó frontalmente el tema de las extradiciones. El diplomático cubano se quejó que no se hubiese dictado auto de prisión provisional en Santo Domingo, tal y como había sido pedido, contra Pepito Izquierdo, como paso previo a su envío a Cuba. También alegó que la solicitud de extradición contra Machado era diferente a la interpuesta contra Estrella Ureña, pues en el primer caso se debe a crímenes comunes, y en el segundo, a delitos políticos. Cestero aportó sus argumentos, pero concluyó afirmando lo que era evidente: «Mi impresión es que este gobierno [el de Mendieta] tramita estas solicitudes sin mayor interés». La vida se encargaría de probarlo. Ver carta de Cestero a Logroño, del 2 de junio de 1934. AGN, fondo Relaciones Exteriores, Legación Habana, legajo 707 709.
[45] Informe confidencial 102 del cónsul en Santiago de Cuba, Fernando Abel Henríquez a Villanueva, del 13 de abril de 1934. AGN, fondo Relaciones Exteriores, Legación en La Habana 1933-1934, legajo 24.
[46] Informe confidencial al teniente coronel Ignacio Galíndez, jefe del Regimiento 6, de diciembre de 1934. Instituto de Historia de Cuba, fondo Servicio de Inteligencia Militar 1934.
[47] Informe confidencial al teniente coronel Galíndez, 5 de diciembre de 1934. Instituto de Historia de Cuba. Ibíd.
[48] Se trata de una de las hijas, residente en Cuba, del general Alejandro Woos y Gil (El Seibo, 5 de mayo de 1856-Santo Domingo, 20 de

enero de 1932) quien fuera presidente de la República, y enemigo político del general Horacio Vázquez. Su nombre estará vinculado también a los que prepararon la expedición de Cayo Confites, en 1947, y figura entre los condenados en contumacia por estos hechos, en la sentencia de la causa de 1948.

49 Informe confidencial 102 del cónsul en Santiago de Cuba, Fernando Abel Henríquez a Villanueva, del 13 de abril de 1934. Ibíd.

50 Del mayor general José García a Logroño, carta del 20 de diciembre de 1934. AGN, fondo Relaciones Exteriores, Legación Habana, legajo 707 709.

51 De Eusebio Coterillo a Villanueva, carta del 25 de octubre de 1934. Ibíd.

52 De Logroño a Néstor Pou, carta del 24 de diciembre de 1934. Ibíd.

53 José Abigaíl Cruz Infante. *Hombres de Trujillo,* Editorial Letra Gráfica, Santo Domingo, diciembre del 2006.

54 De Alejandro Soto Lucena a Trujillo, carta del 6 de enero de 1934. AGN, fondo Relaciones Exteriores, Legación Habana, legajo 707 709

55 Ibídem.

56 Ibídem.

57 Informe de Cestero a Logroño, marzo de 1934. AGN, fondo Relaciones Exteriores, Legación Habana, legajo 707 709. «Esta mañana [al presentar las cartas credenciales] –exageraba Cestero– he sentido la más grata emoción en mis 27 años de servicio diplomático, cuando el presidente Mendieta me estrechó entre sus brazos [...]. Mendieta –concluía– el íntegro y vigoroso patriota que sirve a Cuba sin escatimar sacrificios [...]».

58 United Press International, agencia noticiosa norteamericana, fundada en 1907 como United Press Asociation, por el empresario E. W. Scripps. Caracterizada por su eterna rivalidad con la agencia AP, la improvisación de sus periodistas, su fiero estilo de acaparar las novedades, y su óptica conservadora.

59 Copia de la nota de De Blanck enviada por Cestero a Logroño, carta del 29 de marzo de 1934. AGN, fondo Relaciones Exteriores, Legación Habana, legajo 707 709.

60 Cestero a Logroño, carta del 27 de marzo de 1934. AGN, fondo Relaciones Exteriores, Legación Habana, legajo 707 709.

61 Cestero a Logroño, carta del 26 de marzo de 1934. AGN, fondo Relaciones Exteriores, Legación Habana, legajo 707 709.

62 Ibídem.

63 Ibídem.

64 De Cestero a Logroño, informe confidencial del 13 de abril de 1934. Ibíd.

65 Ibídem.

66 Ibídem.

67 Cestero a Logroño, carta del 20 de abril de 1934. Ibíd.

68 Ibídem.

69 De Cestero a Logroño, informe del 29 de mayo de 1934. Ibíd.

70 Ibídem.

71 Logroño a Néstor Pou, carta del 7 de julio de 1934. Ibíd.

Capítulo 6
EL ESCUDO PERDIDO

A finales de 1933, en medio del convulso panorama nacional, tuvo lugar en Santiago de Cuba un hecho que, a pesar de su peso simbólico, no alcanzó la notoriedad de otros relacionados con las, para entonces, precarias relaciones entre los gobiernos de Cuba y República Dominicana.

En la madrugada del 4 de diciembre fue arrancado y robado el escudo nacional dominicano que figuraba en la puerta del Vice consulado en esa ciudad. De ello dio parte telefónico inmediato a don Pancho, y luego por escrito, un nervioso Fernando Abel Henríquez, quien no solo fungía como cónsul, sino también como agente personal de Trujillo. Esto último, el texto de su informe, y los sucesos posteriores, provocan la sospecha de que se trataba de una medida activa ordenada por el dictador dominicano con el objetivo de satanizar a los revolucionarios cubanos y dominicanos que le adversaban, y de paso, provocar simpatías hacia su régimen.

En el informe enviado a don Pancho, y que este reenvió al cónsul general Villanueva con fecha 7 de diciembre,[1] Fernando Abel Henríquez brinda su versión del suceso, agregando, con pasmosa seguridad, que «[...] este hecho parece ser el inicio de agresiones que se planean contra funcionarios dominicanos acreditados en Cuba, según confirmaciones confidenciales que he obtenido. Se trama la colocación de una bomba en este Consulado».[2]

El sistema de inteligencia al servicio de Trujillo, organizado por Fernando Abel Henríquez en Santiago de Cuba, era, al parecer, muy eficaz para informar, *a posteriori,* sobre las agresiones que *a priori* debió evitar. Esto, sin duda, provoca mucha desconfianza sobre el verdadero carácter de los sucesos y los objetivos que se perseguían con ellos. El cónsul santiaguero no dejó pasar la ocasión para intentar involucrar en el supuesto atentado a un periódico opositor, como lo era *Adelante,* dirigido por Emilio López y René Fiallo, a quienes tildaba, rotundamente, de «enemigos del gobierno dominicano!. La acusación intentaba vincular artículos publicados en el mismo sobre la violación de la correspondencia diplomática del Cónsul cubano en Santo Domingo [lo cual era práctica habitual para el trujillato, desde los inicios del régimen] con el creciente «sentimiento de protesta del pueblo cubano»contra la dictadura vecina.

Ese mismo día, con su mesura característica, y un velado sentimiento de escepticismo, imposible de reprimir en quien conocía de sobra al Jefe y a su propio sobrino,[3] don Pancho comunicó a Fernando Abel Henríquez las medidas adoptadas por la Legación que incluyeron una visita de Villanueva al Jefe de Estado Mayor del Ejército, y una suya, con carácter confidencial, al Dr. Barnet, subsecretario de Estado cubano. Según don Pancho, en su presencia, Barnet indicó a otro funcionario comunicar los sucesos a la Secretaría de Gobernación, solicitando la adopción de «medidas urgentes y eficaces».[4]

Lo más interesante de este caso, es que cerró un año donde se iniciaron tensiones bilaterales que no concluyeron hasta la consolidación reaccionaria del gobierno Caffery-Mendieta-Batista, en 1935, y del propio régimen trujillista. Este último logró, por esta misma época, aplastar a sus más visibles oponentes en el frente interno, sorteando intentos de sublevaciones militares, atentados contra su persona y temporales alejamientos de intelectuales, que terminaron a su servicio, en su gran mayoría.

La bomba en el Consulado santiaguero, pronosticada con tanta antelación por Fernando Abel Henríquez, estalló, finalmente, la noche del 2 de febrero de 1935.[5] Ya no estaba al frente de la Legación su tío don Pancho, ni siquiera Tulio M. Cestero, sino su sucesor, Roberto Despradel.[6]

Despradel había presentado sus cartas credenciales al presidente Mendieta, el 18 de febrero de 1935, apresurándose a solicitar una audiencia a Caffery, el embajador norteamericano, quien se la concedió el 21 del mismo mes, a las 11.00 a.m.[7] Días antes había sido informado por Fernando Abel Henríquez sobre el estallido de la bomba, no dejando pasar la ocasión para volver a la carga culpando a «revolucionarios de extrema izquierda», entre quienes mencionó a los estudiantes exiliados dominicanos y a la Joven Cuba, de Guiteras, atribuyéndole planes aún más agresivos.

> Confidentes de mi entera confianza –advertía al recién estrenado Ministro– me han advertido del propósito que tienen estos mismos elementos de llevar a cabo un nuevo atentado contra esta oficina, y una agresión contra mi persona. Mis informantes creen en la existencia de un plan combinado para poner bombas en esta oficina y el Consulado General, probablemente los días 26 y 27 del presente mes [...].[8]

Para evitar tales actos, el cónsul en Santiago de Cuba contrató los servicios de «dos personas de entera confianza para servir de serenos en el Consulado, previa autorización del coronel Rodríguez, jefe del distrito Militar de

Oriente».[9] También comunicó que Villanueva se había entrevistado con el Alto Comando del Ejército, y que este había ordenado reforzar la vigilancia. Para mantener encendidas las calderas del miedo, no dudó en anexar a su carta el ejemplar de un supuesto pasquín anónimo contra su persona, «[...] para que pueda apreciar el espíritu de agresividad entre estos elementos revolucionarios».

Al día siguiente de escribir esta carta, llegó a la ciudad de Santiago de Cuba, Rafael Estrella Ureña, de lo cual el cónsul informó inmediatamente a Trujillo, y solo tres días después, a su Ministro en la capital. El líder revolucionario dominicano llegó acompañado de su hermano Tavito, y de Ricardo Raposo, Manuel Calderón, Ulises García, Salazar y «un tal Viñitas».[10] Según el tardío reporte a Despradel, se alojó en casa de la familia de Roque Fetué, «un sirio-dominicano, entregado de lleno a actividades revolucionarias, que funge como tesorero de la Junta Revolucionaria[11] [Estrellista] de esta ciudad».

En su informe, Fernando Abel Henríquez comunicaba que Estrella Ureña adquiriría esa misma noche «los primeros 11 fusiles con su parque», aunque concedía que «no hay que temer, de momento, la salida de ninguna nueva expedición». Siguiendo su invariable línea terrorista, concluía afirmando que Raposo había declarado que era preciso darle a Despradel y a Hernández Franco –secretario de la Legación– «[...] un susto para que espanten de La Habana, y que se vayan como Cestero»,[12] poniendo en boca de José Jiménez Grullón y uno de los Fetué la propuesta de «[...] enviar petardos a la Legación, por correo [...]».

El mismo día en que el cónsul dominicano en Santiago de Cuba enviaba a su superior en La Habana el primer informe sobre estos sucesos, Despradel recibía de Logroño el siguiente cablegrama: «Gobierno tiene noticias Estrella Ureña y su grupo se dedican en Santiago de Cuba, impunemente, a preparativos expedicionarios contra la paz en este país. Comunícolo a usted para gestión procedente».[13] La respuesta no se hizo esperar, y denotaba malestar por las tensiones artificiales que Fernando Abel Henrìquez creaba en su afán de protagonismo. «Acabo de conversar con Secretario Torriente –anunciaba–, no cree realidad expedición, sin embargo, de acuerdo con el coronel Batista ha dado las órdenes necesarias para que cesen tales actividades».[14]

Para cerrar el tema, Despradel escribió ese mismo día a su representante en Santiago de Cuba, con el mismo tono que antes, en idénticas situaciones, le habían respondido don Pancho y Cestero. «Aconséjole seguir tomando todas las precauciones [...]. Por mi parte, me dirijo a quien dé lugar para conseguir que se le asegure la debida protección oficial [...]. Le devuelvo el anónimo por usted recibido [...]. Laboramos con confianza en el éxito de nuestra causa».[15]

Una circular de Logroño, fechada por estos días,[16] evidencia que la falta de celo de sus representantes en el exterior lastraba el cumplimiento de las misiones, la primera de las cuales era evitar que se llevasen a cabo planes revolucionarios contra el régimen o campañas de prensa capaces de mostrar su verdadera imagen.

> La Secretaría de Estado ha comprobado –apuntaba– que los enviados extraordinarios y ministros plenipotenciarios no son tan celosos, como deben serlo, en el oportuno envío a esta oficina de informes detallados y completos acerca de todas aquellas cuestiones que se registran en los países donde están acreditados, y que pueden influir en el desarrollo de las relaciones que la República tiene con ellos [...].[17]

Para terminar su filípica, Logroño les criticaba también que no estuviesen en condiciones de informar sobre «[...] cuantos asuntos entrañen conquistas del progreso, en cualquier aspecto, el conocimiento de los cuales fue siempre de alto interés para el gobierno, y lo es ahora más que nunca [...]».[18]

En marzo, el celo de los representantes trujillistas en Cuba seguía siendo sometido a prueba, pues un informe de J. R. Paladín,[19] director de Radiocomunicaciones del régimen, denunciaba que la emisora cubana C09GC se había convertido en «protectora de los revolucionarios dominicanos en Cuba», transmitiendo ese mismo día un mitin político que contó con la presencia de Estrella Ureña, y su «representante en Santiago de Cuba, Ángel Miolán». El informe incluía los datos técnicos de la emisora santiaguera, sus horarios de transmisión, y sus propietarios, «los señores Grau y Caminero», revelando, finalmente, que la dictadura bloqueaba las señales, «mediante una estación del gobierno preparada al efecto, a pesar de que la C09GC cambió 3 veces su posición».[20]

La guerra contra la emisora que daba voz al grupo de exiliados dominicanos de Estrella Ureña movilizó a la Secretaría de Estado, a la Legación en La Habana, y principalmente, al Consulado en Santiago de Cuba. Ante el reclamo de acción de Logroño, Despradel dispuso que Tomás Hernández Franco,[21] primer secretario de la Legación, se entrevistase a mediados de marzo con el Subsecretario de Estado cubano, no sólo para exponerle los hechos, sino también para «[...] que se buscara la manera de evitar esas y otras transmisiones de radio de tenor subversivo»,[22] logrando de este la promesa de «[...] que tales transmisiones no se repetirán». El 1° de abril, en su carta confidencial 80, Fernando Abel Henríquez se quejaba de que «ninguna medida ha asido tomada por las autoridades, para poner cese a esta campaña irrespetuosa»[23] y, además, de que algunos funcionarios provinciales de menor rango, como el Sr. Rafael Balart, jefe de la Policía Secreta «[...] cooperan con los pseudo-revolucionarios dominicanos, apareciendo su foto en la portada del libelo *La Voz del Exilio,* del 30 de marzo».[24]

El infatigable cancerbero de Trujillo en Santiago de Cuba continuaría, durante todo el mes de abril de 1935, bombardeando a Despradel con exigencias y denuncias contra la emisora revolucionaria. El 5 de abril, en su carta confidencial 95, declaraba «[...] no sólo no han cesado las transmisiones, sino que son cada vez más extensas, llegando hasta a una hora, y estando dedicadas a los simpatizadores de la causa revolucionaria en Cuba, y al pueblo dominicano».[25]

En la misma carta, con su malevolencia habitual, el cónsul Henríquez denunciaba que Ricardo Raposo, del grupo «estrellista», según confidencias, «era miembro del Cuerpo Especial del Ejército, y que valiéndose de ello, hacía llegar denuncias falsas al coronel Batista, contra otros dominicanos no adscritos al grupo de los pseudo-revolucionarios».[26]

El 8 de abril se conocía que las autoridades cubanas, por error, habían clausurado la emisora CMKD, de Santiago de Cuba, que nada tenía que ver con las transmisiones antitrujillistas.[27] El 15 de abril, el cónsul dominicano informaba que Estrella Ureña y su hermano Tavito habían partido en automóvil hacia La Habana, según algunos «de retirada», y que ese jueves no se habían efectuado las transmisiones habituales, de acuerdo a sus promotores, «por unas reparaciones en la emisora».[28] Por fin, en su informe confidencial 109, del 26 de abril, el cónsul cantaba victoria, comunicándole a Despradel: «[...] han cesado los conciertos subversivos, y que Ángel Miolán, presidente de la Sección de Propaganda del Comité Revolucionario Dominicano en Santiago de Cuba, ha declarado que continuarán al regreso de Estrella Ureña».[29]

Sobre esto, Fernando Abel Henríquez informaba a Despradel sobre los rumores de que Estrella Ureña regresaría con los pertrechos necesarios para que la expedición contra Trujillo pudiese zarpar antes del 15 mayo. «Yo ni creo en la expedición, ni en el retorno de Estrella Ureña –concluía–. Pienso, por el contrario, que se ha ido de aquí decepcionado y convencido de que nadie ha de aportar el dinero para la descabellada empresa revolucionaria que se propone llevar a cabo».[30]

Gracias al informe del 26 de abril, es posible conocer que, una vez cerrado el campamento revolucionario del Mariel, este se trasladó a una finca en la carretera de Rancho Boyeros, del que pronto comenzaron las deserciones ante la prolongada espera, incluso que un exiliado dominicano llamado Guelo Almonte había muerto, supuestamente envenenado.[31] Despradel le confirmó a Logroño el suceso, agregando que el fallecido «[...] había sido enterrado en el pueblo de Calabazar».[32]

«[...] Llegó la hora de montarme a caballo [...]»

Trujillo, con su sagacidad característica, y contando con abundante información sobre Batista, comprendió, muy pronto, que la neutralización de sus enemigos refugiados en la isla, durante el gobierno de Mendieta y en los sucesivos, dependería de él y por tanto era el interlocutor a quien se debía cortejar, y eventualmente comprar, para asegurarse una alianza como la que estableció antes con Machado. La historia de las relaciones de estos dos personajes, como la vida demostraría, jamás se basó en motivaciones que no fueran el interés y la manipulación mutua. Es probable que desde fecha tan temprana, como 1934, cuando Trujillo interceptó cartas entre Ángel Morales y Federico Velázquez que probaban los devaneos oportunistas de Batista con los que preparaban la expedición del Mariel, pago de sobornos mediante, llegó a la acertada conclusión de que se trataba de alguien para usar, pero en quien no se podía confiar. Aún en los momentos de alianza más cercana, Trujillo dispensaría a Batista un apreciable odio cordial, que no dudó en transmitir a sus más allegados, quienes lo trataron también de la misma manera.

Pero en marzo de 1935, la astucia aconsejaba disimular los agravios del pasado y buscar la colaboración de Batista. Y en ello, personalmente, se empeñó Trujillo.

> Hace días –comunicaba a Despradel en un cablegrama cifrado–[33] luchamos por descifrar totalidad de documento sorprendido en clave, parece que se trata de trama cruel para volar edificio donde se aloja en Columbia el coronel Batista, con su familia. Parece emplean el mismo sistema del cementerio, cuando sepelio de Vázquez Bello. Al parecer, trabajan de noche para llevar cable hasta el campamento, figurando un cura en la trama. Como director, trabaja Guiteras, enemigo peligroso del coronel Batista, y foco central directivo en Santiago de Cuba, llamado Ruperto Hernández, quien estaba Fort de France, y estuvo aquí complicado trama. Lo autorizo a dar información discreta al coronel Batista, ratificándole buenos deseos de amistad.

La jugada era pérfida, pero eficaz. Con un sólo brochazo, Trujillo azuzaba a Batista contra Guiteras, quien apenas dos meses después sería asesinado por el Ejército. También indicaba que las investigaciones debían centrarse en Santiago de Cuba, donde se hallaba el núcleo de enemigos presidido por Rafael Estrella Ureña, y revelaba el nombre de un supuesto participante en la última intentona contra su vida,[34] a los efectos de su neutralización. Por si fuese poco, las «revelaciones» harían que Batista le debiese un enorme favor, que más adelante, tendría ocasión de cobrar.

Por aquellos días el régimen trujillista completaba, en lo fundamental, su definitiva consolidación interna, tras aplastar los últimos vestigios de resistencia en el Ejército, la clase política y la sociedad civil. Había tenido lugar una sistemática campaña de asesinatos selectivos, usando para ello a delincuentes comunes y a militares vestidos de civil, así como feroces represiones abiertas; se habían desarmado, empadronado y controlado los movimientos de la población; cerrado las fronteras, decapitado la independencia económica del empresariado nacional y propugnado el más delirante endiosamiento de la figura del Generalísimo. Por si fuese poco, 1935 marcó un hito en el proceso de capitulación ante el tirano de lo más selecto de la intelectualidad nacional, que entró a su servicio, no como gremio, sino como funcionariado que abdicaba de su función crítica para chapotear en las pantanosas, pero lucrativas aguas del peculado. En ese año, Trujillo se encontró en condiciones de llevar su exitosa ofensiva más allá de los límites de su país, golpeando a sus enemigos del exilio, y a los políticos foráneos que los apoyasen, también de manera sistemática y selectiva. Y el primer frente de esta batalla, como bien sabía, pasaba por Cuba y por la necesidad de supeditar a Batista a sus planes.

Pero Batista, en la isla vecina, no yacía precisamente sobre un lecho de rosas. La agitación revolucionaria, estudiantil, obrera y campesina, unida a la acción de los remanentes de los grupos de acción contra el machadato, mantenían al gobierno de Mendieta en constante zozobra, mientras la Embajada norteamericana exigía mano dura contra los agitadores. El informe de Despradel a Logroño del 7 de marzo de 1935,[35] dos días antes del inicio de una huelga general que estremecería a la nación, mostraba, nítidamente, el sombrío panorama de la política cubana.

> Graves acontecimientos sucedidos en las últimas 24 horas –informaba el representante dominicano

> en La Habana– parecen haber llevado a su clímax la situación [...]. Los actos de terror ininterrumpidos culminaron ayer con el atentado contra el periodista Ramón Vasconcelos,[36] mientras transitaba por la calle Belascoaín, con el resultado de dos muertos y tres heridos [...]. Las bombas de ayer causaron dos muertos y siete heridos.

Ante estos ataques, se anunció claramente que el coronel Batista se decidía a actuar con firmeza.

«Llegó la hora de montarme a caballo»,[37] declaró a un reportero del diario *Avance*:

> [...] Inmediatamente, la ciudad fue tomada militarmente, incluyendo la Universidad [...]. Continúa siendo sensato presumir –concluía Despradel su análisis– que sólo el Ejército tiene medios suficientes para lograr el restablecimiento de la normalidad, y aún cuando la aplicación de tales medios costarán nuevos sacrificios de vidas y mucha sangre, parece ser la única manera lógica de liquidar, definitivamente, esta pugna confusa de intereses e ideas, más o menos desorientadas.[38]

No había, por supuesto, nada de escandaloso en la mirada represiva con que el representante de la tiranía trujillista en Cuba observaba la realidad de la nación en 1935. Precisamente la coincidencia de enfoques y métodos terminarían acercando a trujillistas y batistianos. Al final, culminarían cabalgando juntos hacia el ocaso y la tragedia.

Un mes después de que la represión desatada por Batista lograse el aplastamiento de la huelga general de 1935, en su informe confidencial a Logroño del 15 de abril, un exultante Despradel caracterizaba de la siguiente manera la nueva coyuntura:

> La situación política cubana continúa con aparente normalidad, habiendo logrado el gobierno afianzar ampliamente su autoridad. El reciente fusilamiento de un joven terrorista en Santiago de Cuba, y otras sentencias [similares] que se esperan de los Tribunales Especiales, reafirman la seguridad de que el gobierno está dispuesto a mantener el orden.[39]

Entre las principales misiones encomendadas a Despradel estaba la de lograr un rápido y discreto restablecimiento de las relaciones bilaterales, para lo cual debía presionar a la Cancillería cubana con el objetivo de que se acabase de enviar a Santo Domingo al Dr. Lufriú,[40] recién designado ministro cubano.

> Ratifico mi cable del pasado 13 de abril –reportaba Despradel a Logroño, en carta del 15 de abril–. La Secretaría de Estado acaba de participarme que al Dr. Lufriú se le presentó la disyuntiva de trasladarse a Santo Domingo, o renunciar [...]. El Sr. René Lamar, secretario designado, saldrá próximamente [...].[41]

A esta ofensiva porque se enviase, cuanto antes, al Ministro cubano a Santo Domingo se sumó también Rafael Brache, ministro en Washington, quien con el mismo objetivo visitó el 4 de abril al Dr. Guillermo Patterson, embajador de Cuba en Estados Unidos.

> Recibí su oportuna nota confidencial número 21–le escribía a este último J. A. Barnet, subsecretario de Estado–,[42] sobre la visita que le hizo el Ministro de Santo Domingo, en la que le expresó la extrañeza

> de su gobierno de que habiendo enviado su Ministro a Cuba, no hubiese correspondido el gobierno cubano con el envío del nuestro a Santo Domingo. He tratado ese particular con el Sr. Presidente, y he tenido varias entrevistas con el Sr. Lufriú, para que vaya a ocupar su puesto, y a reserva de resolver la situación de este funcionario, he ordenado que el Dr. René Lamar embarque a ocupar su cargo de primer secretario en Santo Domingo, el 1º de mayo, haciéndose cargo de la Legación.

Los escarceos por el acercamiento habían comenzado desde el año anterior, con cierta reticencia del gobierno de Mendieta, no por falta de identificación con el de Trujillo, sino por temor a la reacción de las fuerzas revolucionarias y de la prensa en la isla. Otra interesante carta del 31 de enero de 1935,[43] esta vez dirigida por el Dr. Cosme de la Torriente, canciller cubano, al Dr. Patterson, embajador en Estados Unidos, despejaba de obstáculos el camino, allanando las diferencias y presagiando la superación de contenciosos del pasado, como los preparativos para la expedición del Mariel y la estancia de Machado en República Dominicana, como invitado personal de Trujillo.

> Puede usted manifestarle al Sr. Rafael Brache, ministro de Santo Domingo en Washington, lo siguiente: que tomo nota en lo relativo a la estancia del ex presidente Machado en Santo Domingo y se lo agradezco; que Cuba celebra la partida de Santo Domingo del ex Presidente; que agradece Cuba [las informaciones brindadas] referentes a los elementos revolucionarios [en Cuba] que contaban con desarrollar planes contra el actual gobierno de la República; que no es cierto lo referente al campo de entrenamiento en el Mariel, y que si es verdad que hubo rumores de que existía, no encontró el

> gobierno pruebas de su existencia, y por eso el gobierno dominicano no puede tener recelo alguno contra Cuba. Pudiera usted sugerir al Ministro Brache, de forma amistosa, lo conveniente que sería que el gobierno de Santo Domingo expresara públicamente, con claridad, su intención de no permitir el regreso del ex presidente Machado.

Por estos días Despradel recibió una carta inquietante, y no precisamente relacionada con los elementos «estrellistas», a los que tenía la tarea de vigilar tan estrechamente. Un delirante Jacinto Bienvenido Peynado,[44] vicepresidente de Trujillo, y autor de la frase de «Dios y Trujillo», tras exaltar la labor patriótica del Jefe, «[...] que con justicia le ha granjeado el amor de sus conciudadanos y le han hecho digno del bronce», lo exhortaba a aportar el equivalente a un sueldo mensual para la colecta destinada a erigirle una estatua.[45] El sablazo «voluntario» no pudo menos que ser reflejado en la carta de Despradel a Logroño, mezclado con otros lamentos sobre la necesidad de un alza del salario, los gastos secretos y de representación.

> La vigilancia que personalmente mantengo sobre nuestros adversarios políticos, se ve reducida a un círculo muy estrecho, por carencia de medios [...]. Nada puede hacerse sin dinero –afirmaba– Es urgente lograr medios para estas atenciones. A mayor normalidad en Cuba –concluía, vaticinando– a mayor aplicación de los principios de autoridad, es indudable que el elemento revolucionario tratará de precipitar cualquier plan para salir de este país [...].[46]

El 22 de mayo, días después del asesinato de Guiteras, paso decisivo en esa «normalización» (reaccionaria) en la isla, a que hacía referencia Despradel, el cónsul dominicano en Santiago de Cuba resumía lo que esta pérdida significaba para los planes revolucionarios del exilio.

> Si resulta cierto que Fellito [Estrella Ureña] se va a Nueva York –analizaba Fernando Abel Henríquez–, no ha de regresar por ahora a Cuba, **pues con el Dr. Guiteras parece que han muerto para esta gente toda esperanza de adquirir recursos para armar sus fantásticas expediciones.**[47]

La contraofensiva trujillista, destinada a recuperar el terreno perdido en Cuba desde la caída de Machado, incluyó también acciones de guerra cultural y de relaciones públicas. El 22 de abril, en carta de Tomás Hernández Franco, primer secretario de la Legación, a la Secretaría de Estado este anunciaba, muy orondo, que «[...] el periódico *El Mundo,* en su edición de ayer, publica a todo ancho de la plana, y con fotografías, declaraciones mías sobre la política dominicana».[48] Para no quedarse atrás en la competencia, el cónsul dominicano en Cienfuegos, Ferrer Bahr, organizaba por esos días un «Festival de la Confraternidad Dominico-Cubano», que contó con el patrocinio de algunas figuras locales y del Liceo Femenino.[49]

Como reflejo de los tiempos que se vivían en Cuba, y de los intentos vergonzantes de acercamiento a Trujillo que desplegaban Mendieta y Batista, Logroño escribía a Despradel (carta del 25 de abril), que el presidente cubano había concedido, públicamente, a don Francisco Henríquez y Carvajal, al mismo don Pancho escarnecido antes por el odio y el recelo de dictador dominicano, la condición de «Gran Amigo de Cuba», la que, por derecho ostentaba sin necesidad de que Mendieta lo proclamase. Y para no desentonar, otro seráfico poeta diplomático, el inspirado Tomás Hernández Franco, solicitaba y recibía de la Secretaría de Gobernación cubana la licencia para portar su pistola *Parabellum.*[50] Unos días después,

Despradel solicitaba una nueva licencia para portar armas (un *Colt* cañón largo), en este caso, a favor del licenciado Luis Romanacce, secretario de segunda clase de la Legación.[51] Antes, en el mes de enero, el solicitante había sido el cónsul general, José E. Villanueva,[52] y el arma, un revólver calibre 30, cañón corto. Era evidente que los diplomáticos dominicanos en La Habana se armaban para ir a las trincheras.

En medio de tales tensiones, cualquier persona que llegada a República Dominicana desde la isla vecina podía ser detenida, interrogada y retenida, como si se tratase de un peligroso agente enemigo. Así ocurrió cuando la señora Josefa Antonia Suero regresó a su país, a bordo del vapor *Cuba,* procedente de Santiago de Cuba, por aquellos días, un alarmante hervidero «estrellista». El general Fiallo, secretario de Interior y Policía, se tomó el trabajo de indagar sobre ella, en cable dirigido a Tomás Fernández Franco.[53] Este, a su vez, le respondió corroborando que su pasaporte había sido visado en el Consulado General de La Habana, pero que se trataba de «[...] una prostituta dominicana que declaró ser concubina de un marinero del mismo vapor *Cuba* que la condujese de regreso, tras haber sido abandonada, y que era una persona inofensiva».[54]

La abundancia de datos disponibles, la eficacia de los mecanismos de consulta y control policiales demostrados en este caso, permitían tener respuesta desde La Habana, en apenas un día, evidenciando que el filtro trujillista de la Empresa Naviera funcionaba a la perfección, y que la maquinaria represiva, para 1935, estaba a plena capacidad y bien engrasada. Había llegado el momento de golpear a los enemigos del exterior.

El 28 de abril de 1935 se cometió en la ciudad de Nueva York lo que parece ser el primer crimen documentado, de los ordenados por Trujillo fuera de las fronteras del país, lo que no tardaría en convertirse en uno de sus métodos preferidos para prolongarse en el poder y silenciar las denuncias en su contra. A partir de este momento, la lista de sus víctimas comprobadas llegará a ser sumamente extensa. Los sicarios del Jefe, cumpliendo sus órdenes personales, actuaron desconociendo las leyes internacionales, y violando la soberanía de otras naciones, entre ellas: Haití, México, Panamá, Costa Rica, Cuba, México, Venezuela, Curazao, Guatemala y Estados Unidos. Los asesinatos se mantendrían, prácticamente, hasta 1961, cuando el propio Trujillo caería abatido en las afueras de Santo Domingo.

La primera víctima de la larga lista fue el licenciado Sergio Bencosme –hijo del general Cipriano Bencosme,[55] uno de los primeros en caer tras la llegada de Trujillo al poder–, aunque el atentado no iba dirigido contra él, sino contra Ángel Morales, con quien compartía el alquiler de un apartamento. En la preparación del crimen participaron el cónsul dominicano en Nueva York, Félix Wenceslao Bernardino, quien alcanzaría el triste honor de ser el ejecutor principal de los enemigos de Trujillo en el exterior, y el entonces teniente Porfirio Rubirosa, casado desde diciembre de 1932 con la primogénita, Flor de Oro Trujillo. El ejecutor directo, que disparó contra Bencosme al confundirlo con Morales, fue Luis de la Fuente Rubirosa, primo de Porfirio. Como sería habitual en futuros casos similares, el sicario huiría inmediatamente a República dominicana, donde sería inmediatamente ascendido a teniente del Ejército… y asesinado unos meses más tarde, por orden de Trujillo, para evitar que fuese interrogado por la Policía de Nueva York.

De acuerdo a historiadores dominicanos, como Bernardo Vega,[56] la orden de asesinato contra Morales, emitida personalmente por Trujillo, y minuciosamente organizada como operación encubierta, buscaba golpear a quien constantemente predisponía a los gobernantes norteamericanos contra la dictadura.

Apenas una semana después de los trágicos sucesos de Nueva York, una carta confidencial de Logroño a Despradel[57] despejaba las últimas dudas acerca de quiénes eran los autores intelectuales del crimen. Tras caracterizar a los enemigos internos del «invicto Jefe, quienes acorralados en sus últimos reductos han intentado atentar contra su vida [...]», y a los del exterior, «[...] ocupados en escarnecer a la Patria con sus diatribas y arterías [...]», Logroño informaba que si bien «[...] hasta ahora la actitud del gobierno ha sido de serena pasividad, este [o sea, Trujillo] piensa que **ya ha pasado la hora de las contemplaciones**, y ha resuelto iniciar una campaña, muy legítima, de defensa contra el dicterio, y de agresión contra las calumnias», para lo cual indicaba a su representante en La Habana «[...] incrementar sus actividades políticas usando la prensa, la radio, las conferencias, y la hábil actuación privada, [...] a fin de que en su jurisdicción no se falsee la verdad, ni se adultere la realidad de la hora dominicana, con ataques apasionados y protervos».

La orden de combate estaba dada, y el ejemplo de la guerra sin cuartel que vendría, había sido mostrado al mundo mediante los disparos asesinos de Nueva York. En consecuencia, por esos días cobraba tanta importancia la alianza con Batista, otro que también había declarado –mediante el aplastamiento de la huelga general de marzo– y el asesinato de Guiteras, ocurrido dos días después que Logroño enviase su carta a Despradel, que junto a Trujillo «seguiría a caballo».

Esto explica por qué, tras remitir a su superior en la capital cubana el último ejemplar de *La Voz del Exilio* que se publicaba en Santiago de Cuba, el cónsul Henríquez le recomendaba apelar a la «[...] fórmula más práctica y eficaz de ponerle fin a este periodicucho: una acción oficiosa cerca del máximo poder militar [de la isla]».[58]

Y tenía toda la razón.

LA ESCALADA

A medida que la represión trujillista dentro de su propio país, iba dejando una estela de crímenes, confiscaciones, prisiones, torturas y violencia, los exiliados dominicanos en la isla, y los revolucionarios cubanos que los apoyaban, sometidos a métodos similares por la represión de Mendieta y Batista, fueron endureciendo y radicalizando sus posiciones.

Mil novecientos treinta y cinco marcó la escalada definitiva en un enfrentamiento que hasta el momento había sido, por parte de los exiliados, más bien de retórica, cabildeos en La Habana y Washington, amagos de desembarco, y denuncias en la prensa. El asesinato de Sergio Bencosme en Nueva York, las justificaciones de Trujillo, expresadas por Logroño días después, de que «se acababan las contemplaciones», junto a las medidas preventivas de seguridad tomadas por la Legación y sus funcionarios, así como la bomba que estalló en el jardín del consulado dominicano en Santiago de Cuba, marcaban hitos de una escalada visible y palpable. Indudablemente, a inicios de 1935 todos los actores de este drama percibían que las cosas pasarían, inevitablemente, «a mayores». Y así ocurrió, abarcando todos los campos del enfrentamiento.

Una carta de Villanueva a Fernando Abel Henríquez, fechada el 11 de febrero,[59] deja entrever que varios representantes trujillistas de paso por La Habana, presumiblemente procedentes de México, entre ellos, los hermanos Matos Díaz y el propio Rafael Damirón, ministro dominicano en ese país, quien había estado destacado temporalmente al frente de la Legación habanera, a la salida de don Pancho del cargo, habían sido atacados, golpeados y heridos en un nebuloso enfrentamiento motivado, sin duda, por rivalidades políticas.

> Tan pronto llegue [a Santiago de Cuba] el vapor *Cuba* –indicaba el Cónsul General–, deseo lo visite y avíseme cómo siguen de los golpes y heridas los hermanos Matos Díaz y Damirón. Me parece muy prudente que les diga –concluía– que no vayan a tierra como medida de precaución, ya que en esa ciudad viven revolucionarios dominicanos.

Con su estridente diligencia habitual, la respuesta del cónsul santiaguero no se hizo esperar.

> Existía aquí, en efecto –confirmaba dos días después–, entre elementos revolucionarios dominicanos y cubanos, el propósito de agredirlos a la llegada del vapor, pero advertido a tiempo por uno de mis auxiliares, puse el caso en conocimiento del Jefe del Distrito Militar, quien ordenó las medidas conducentes a evitar nuevos atropellos a los aludidos compatriotas [...]. Inmediatamente hice una visita a esos jóvenes para advertirles y suplicarles que permaneciesen a bordo hasta esta tarde, en que iré yo a buscarlos, ya que me expresaron el deseo de visitar a la familia del Dr. Henríquez y Carvajal.[60]

Estaba claro que la isla se iba convirtiendo en terreno inhóspito y peligroso para los trujillistas.

Es de imaginar la contrariedad de Trujillo al percatarse de que la isla vecina, otrora retaguardia segura de su régimen, se había convertido en un campo de batalla, sin que el cortejo al que sometía a su nuevo gobierno –especialmente a Batista–, lograse los resultados apetecidos. Para empezar, descargó sus reproches sobre su representante diplomático, a quien Logroño y García Mella, secretario de la presidencia, transmitieron por estos días la insatisfacción reinante en materia de intercambio comercial bilateral e impunidad con que actuaban los exiliados dominicanos en el país.

Sobre el tema comercial, la comunicación cursada por García Mella a Despradel, por encargo directo de Trujillo,[61] recogía el estado de la balanza comercial entre ambos países, y «[...] lo exiguo que ha resultado la exportación de productos dominicanos a Cuba, a pesar de haber asignado el gobierno [dominicano] una subvención a la Compañía Naviera de Cuba, para asegurar los servicios regulares de vapores entre ambos países». Durante 1934, Cuba había exportado a República Dominicana mercancías por valor de $40,385.00 pesos, mientras que en sentido inverso las exportaciones apenas alcanzaron un valor de $3,948.00 pesos. Por supuesto que dicha carta terminaba ordenando al Ministro en La Habana, «[...] hacer todos los esfuerzos y diligencias para aumentar el intercambio comercial entre ambos países».[62]

No era una mala idea: Trujillo sabía de sobra que enlazar el interés de empresarios cubanos con el comercio bilateral, implicaba fomentar un lobby de presión a su favor, dentro de la isla que se tornaba hostil a su mandato, como mismo subvencionar a la Empresa Naviera no solo servía a los fines comerciales, sino de control de los viajeros entre ambos puntos, y de soporte a otras actividades de inteligencia y espionaje.

En cuanto a las labores de relaciones públicas, propaganda y contra propaganda, la Legación en La Habana podía recibir reproches, pero realmente no estaba cruzada de brazos. El 6 de mayo, en carta al Dr. Moisés García Mella,[63] Villanueva informaba que los fotógrafos cubanos Teodoro Menéndez y Emilio García, «[...] quienes antes han estado en Santo Domingo y siempre se han mantenido amigos de nuestro gobierno» viajarían para obsequiar a Trujillo «un hermoso cuadro fotográfico de su ilustre persona, colocándolo entre los amigos del honorable señor Presidente».

Una semana después, Despradel enviaba a Logroño, como muestra de su celo vigilante, una hoja impresa contra Trujillo, firmada «[...] por un tal Virgilio Mainardi

Reyna,[64] granuja de nacionalidad dominicana», y que al contener lo que consideraba insultos dirigidos al Primer Magistrado, «[...] he hecho formal requerimiento a la Secretaría de Estado para que le apliquen las sanciones legales correspondientes».[65]

El 16 de mayo, mediante un detallado informe,[66] Despradel ponía en conocimiento de sus superiores la labor realizada en la isla para cumplir las tareas asignadas, a la que calificaba de «sin interrupción y enérgica», defendiendo de paso su ejecutoria y el cargo que ocupaba. Lo más interesante del documento es que permite una disección de la manera en que operaba la guerra cultural contra los revolucionarios asentados en Cuba y de qué herramientas se valía la Legación para silenciarlos.

> Fue objetivo inicial de esta misión paralizar los medios de expresión calumniosa de nuestros contrarios –afirmaba Despradel–. El resultado obtenido incluye el cese definitivo de las transmisiones de radio por estaciones de Santiago de Cuba y otros lugares, después de múltiples gestiones con la Cancillería, y obtener que los periódicos no diesen acogida a las especies calumniosas de los pseudo-revolucionarios, ni agregasen comentarios a las noticias suministradas por las agencias de información norteamericanas.

Estos resultados, que Despradel consideraba «un triunfo», fueron fruto de:

> [...] una labor subterránea, de acercamiento, simpatía y confraternización con el elemento militante de la prensa, **que ha costado tiempo y dinero**, en la cual hemos participado el Sr. Hernández Franco y yo. Para una mayor efectividad, el Sr. Hernández Franco, con mi autorización, ha sometido diversos

> planes al Sr. Presidente de la República, unos ya realizados y otros pendientes de aprobación.[67]

El informe de Despradel demostraba que Trujillo no solo era el Generalísimo de los Ejércitos de su país, sino también de la batalla de ideas contra sus adversarios, y que todos los planes diseñados para aplastar ideológica, política y culturalmente a sus enemigos del exterior, eran sometidos a su personal aprobación.

Por estos días, ninguna publicación de los exiliados dominicanos circulaba en Cuba sin sufrir el acoso y las persecuciones de las autoridades cubanas, azuzadas por los diplomáticos trujillistas. Cuando Fernando Abel Henríquez enviaba a Despradel cada ejemplar de *La Voz del Exilio,* inmediatamente se desataba un mecanismo que incluía la consabida denuncia de la Legación habanera ante la Cancillería cubana, y la solicitud de que se tomasen medidas enérgicas para ponerle fin.[68]

Estas constantes denuncias y exigencias, iban crispando la relación bilateral, aún cuando existiese una mutua simpatía y un vínculo subterráneo. Trujillo estaba muy insatisfecho con la marcha de sus asuntos en Cuba, y aprovechó la demora en asumir su puesto en Santo Domingo, por parte del Dr. Lufriú, para enviar al gobierno de Mendieta una de sus recurrentes amenazas, que no por veladas, dejaban de serlo.

> Por instrucciones del Presidente –le comunicaba Peynado a Despradel, en carta del 14 de junio–,[69] lleve a conocimiento del gobierno cubano, de manera apropiada, pero categórica, [...] que se está prolongando más de lo esperado la llegada de su Enviado Extraordinario. Es esta una situación que no muestra la necesaria reciprocidad de categorías que debe haber entre representaciones diplomáticas [...]. Mantenga informada a esta Secretaría,

para que el gobierno dominicano pueda tomar la decisión pertinente.

Pero tampoco Trujillo estaba cruzado de brazos. Junio, julio y agosto de 1935 conformarían un verano diferente para sus estrategias destinadas a realzar su imagen y neutralizar hábilmente a sus enemigos. Convencido de que ya tenía pleno control interno de la situación, que el gobierno de Mendieta y Batista, tanto como el de los Estados Unidos, no apoyaría planes revolucionarios en su contra, y consciente de que se desmoronaba la oposición que un día se vertebró alrededor de la figura de Estrella Ureña, realizó un movimiento envolvente por un flanco, saliendo por donde no se le esperaba.

Las tres líneas de contrataque de Trujillo, durante el verano de 1935 fueron: la derogación de las leyes que declaraban «traidores a la patria» al grupo de Estrella Ureña, abriendo las puertas para el inicio de negociaciones secretas que no tardarían en desarrollarse en Nueva York entre este último y el Dr. Brache –ministro dominicano en Estados Unidos–, y que serían continuadas luego por el Dr. Moisés García Mella, secretario de la presidencia ; la oferta pública de que el gobierno dominicano asumiría el costo de los pasajes marítimos de todos sus ciudadanos radicados en el exterior que quisieran regresar al país, lo que constituía, de hecho, una amnistía; y el mantenimiento y recrudecimiento del espionaje y las represalias directas contra los irreductibles, especialmente los llamados «moralistas», o seguidores de Ángel Morales. En el caso cubano, a estas líneas debe agregarse el cortejo incrementado a Batista, para asegurarlo como aliado.

El 12 de junio, Peynado envía a Despradel la carta que abre el proceso de «perdón» a los adversarios de Trujillo en el exterior. Tras alabar al Jefe por «su magnanimidad, patriotismo y espíritu fraternal», se anunciaba que «[...] se ha decidido invitar a todos los dominicanos que se encuentran en el exterior, sin excepción alguna, a regresar por el puerto de Santo Domingo cuando lo deseen, al amparo de las garantías que plenamente se les ofrece por este medio».[70] Despradel era instruido para «[...] poner a disposición de ellos los pasajes necesarios por cuenta del gobierno, y a extenderle la documentación que puedan necesitar para regresar. Comunique y publique esta noble decisión del ilustre Jefe y ponga especial empeño en cumplirla».[71] Ese mismo día la Legación en La Habana publicaba una nota en los principales diarios que rezaba: «Tanto la Legación como el Consulado General ponen a disposición de todos los dominicanos residentes en Cuba, sin exclusión de ninguna persona, él o los pasajes necesarios para su regreso, así como también la documentación que sea de lugar».[72]

En la segunda quincena de junio, mediante otra nota de prensa, se precisaba más aún el alcance de la medida. «El día 18 de junio fue abrogada por el Congreso Nacional la Ley 372, del 29 de septiembre de 1933»[73] –se proclamaba, refiriéndose a la medida que declaraba «traidores a la Patria» a un grupo de seguidores de Estrella Ureña. Sus dos «Considerandos», incluidos en la nota, planteaban que la medida se tomaba porque «[...] de las personas comprendidas en aquella Ley, quien no ha muerto, ha rectificado, de cierta manera su conducta», y porque «[...] aún cuando el Sr. Ángel Morales persiste en su actitud, [...] ello no perjudica las instituciones nacionales, ni engendra temor para la seguridad del Estado, ni para la paz pública, siendo una actitud aislada».[74]

Hernández Franco fue el designado para garantizar que la prensa cubana publicase ampliamente estas decisiones de Trujillo. Según informó directamente al Dr. García Mella, secretario de la Presidencia, en carta del 25 de junio,[75] las notas fueron de inmediato publicadas por *El Noticiero de Cuba, El Mundo* y *El Diario de la Marina,* y al día siguiente, por *El País, Avance* y *Crisol.*

Por la correspondencia conservada, se puede apreciar la marcha del proceso de pacificación del exilio dominicano, puesto en vigor por Trujillo, durante el verano de 1935. Los documentos permiten conocer que transcurrió de una manera en La Habana y, de otra, muy distinta, en Santiago de Cuba, las dos ciudades donde se concentraba el grueso de la disidencia anti trujillista. En la primera no logró el efecto deseado, mientras que en la segunda, si. El 2 de julio, en informe a Trujillo, el flamante secretario de Estado para las Relaciones Exteriores, Dr. Brache, le comunicaba:

> Despradel opina –se informaba– que no priva en el ánimo de ningún exiliado político [de La Habana] regresar al país, ni acogerse a las garantías que se ofrecen. Muchos de ellos están deseosos de abandonar La Habana y dirigirse a Nueva York, y otros lugares, y que se han acercado a la Legación en solicitud de pasaportes que les han sido negados [...]. El ministro Despradel expresa el criterio de que convendría otorgar pasaportes a estos individuos, preferentemente para viajar a Nueva York, **donde la acción policíaca efectiva, el idioma y la lucha por la vida los mantendrán a raya** [...]. El Ministro agrega que el secretario de Estado Barnet [quien había sustituido a Cosme de la Torriente] vería con agrado la salida voluntaria de esos elementos del territorio cubano, pues la cancillería reconoce que son fuente de constante fricción entre ella y nuestra Misión diplomática.[76]

Trujillo, que supervisaba personalmente los efectos de su astuta jugada, indicó ese mismo día que se le comunicara a Despradel «[...] no obstaculizar la salida de los dominicanos que se encuentran allí, y que quieran trasladarse a otro país, pero que no debe expedirle pasaportes»,[77] lo que, de hecho, los retenía en Cuba. No obstante, se evidenciaba que para el tirano la isla era tan importante, estratégicamente hablando, que merecía ser «limpiada» de adversarios, a cualquier precio.

En Santiago de Cuba, ciudad con igual importancia estratégica para el trujillato, el proceso tuvo un efecto más acorde con las intenciones de quien lo había ideado y puesto en vigor. Desde antes que la Legación publicase las notas de prensa, había empezado el proceso de embarque de exiliados que se acogían a las garantías ofrecidas por el régimen. En carta a Despradel del 8 de junio, Fernado Abel Henríquez, le informaba que «[...] el jueves embarcaré algunos exiliados que se acogen a garantías ofrecidas. Ruégole obtener que Empresa Naviera ordene a sus agentes en esta ciudad expedir los pasajes a pagar en Santo Domingo por el gobierno».[78]

El 20 de junio, el cónsul dominicano en Santiago de Cuba, informa que se embarcaron los exiliados Antonio Castillo, José Abraham, Emilio Vargas, José J. Sierra y Luis Santana. También que en el próximo vapor irán «[...] Felipe Villamán y algunos más». Según su informe, estaba recibiendo numerosas cartas de exiliados radicados en diferentes sitios de la provincia de Oriente, «[...] pidiendo ser inscriptos y partir en una próxima ocasión».[79]

Los embarques continuarían hasta agosto. El 23 se informa de la partida de «[...] César Morell, y Minguita Tavárez, y hasta del indigente Lucas Reyes y su esposa».[80] El 28 se acogía a la «magnanimidad» de Trujillo uno de los principales líderes del grupo inicial de Estrella Ureña, que había jugado un destacado papel en los preparativos expedicionarios del año anterior: el coronel Luis Silverio.[81]

Era evidente que la jugada de Trujillo estaba dando resultados, a pesar de que las rivalidades internas en la Legación, especialmente entre Hernández Franco y Despradel, amenazaban con obstaculizar la marcha del proceso, provocando, incluso, que el Ministro se dirigiera directamente a Trujillo pidiendo el traslado de su Secretario.

Según la queja, con sus indiscreciones y conductas impropias estaba poniendo en peligro «la misión».[82] A pesar de eso, el balance político general de la jugada de Trujillo era tan positivo para sus intereses, que Despradel se permitía, incluso, bromear con ello, como puede apreciarse en una carta sin fecha enviada al dictador, sin dejar de reprimir e intrigar.

> En cuanto a nuestros enemigos aquí-afirmaba-no me descuido de ellos, a pesar de que no se les ve hacer nada que valga la pena contra nosotros, fuera de calumniarnos, continuamente. Hace tres días logré que el Servicio Secreto Judicial registrara de improviso la casa de Estrella Ureña [...]. Se me informó que sólo tenía tres pistolas cubiertas por sus permisos legales expedidos por el Ejército[83] [...]. Los llamados «moralistas» están casi todos fuera de aquí, refugiados por Guantánamo, contando en La Habana como su representante al teniente coronel Alfonseca, alias Cambungo, quien hace poco denunció a las autoridades un complot que yo tenía, por orden de usted, para asesinarlo. Cuando lo supe, mandé a decir a Cambungo que usted me había ordenado darle pasaje a todos los dominicanos que quisieran regresar, y aunque seguramente usted no se acordaba de él (por insignificante y sinvergüenza) yo estaba listo para mandarlo a Santo Domingo, a comer bueno otra vez, bajo la protección suya.[84]

Pero dos incidentes que tendrían lugar en julio y agosto, en La Habana y Santiago de Cuba, debieron congelar la sonrisa triunfal de Despradel.

El 5 de julio, el Ministro dominicano en La Habana se vio obligado a enviar un cablegrama urgente a la Secretaría de Estado, con el siguiente texto:

> Cónsul Villanueva golpeado esta tarde. Los agresores son varios dominicanos. Hemos dado parte a las autoridades cubanas que actúan en el caso. Insistiremos en que se haga sanción debida e informaremos. Golpes sin gravedad.[85]

Villanueva, un militar dominicano encargado de las acciones de inteligencia en la Legación habanera, bajo la cobertura de cónsul general, había sido emboscado a la entrada del edificio de la Manzana de Gómez, y golpeado con un objeto contundente, lo que le produjo la fractura del brazo izquierdo. Se trataba de un hecho sin precedentes, que preludiaba una escalada en el enfrentamiento y cancelaba el triunfalismo oficial por el regreso al país de una parte de sus adversarios. En su cable de respuesta a Despradel, el flamante secretario Brache lo calificaba de «brutal atropello», expresando «confianza en la rectitud de la justicia cubana».[86] Y en efecto, el gobierno de Mendieta-Batista actuó de inmediato, lo que en pocos días permitió al Ministro informar a su gobierno que «[...] hay, hasta el momento, seis detenidos: Rafael y Virgilio Mainardi Reyna, Manuel López Valdés, Federico Polanco, Freddy Valdéz y la mujer Inés López Díaz, sorprendido en el club revolucionario Máximo Gómez, en la calle de Aguacate 33. Se les ocuparon armas de fuego e insignias del Ejército cubano [...]».[87] La factura de las atenciones médicas al Cónsul General, y de los masajes posteriores alcanzaría la elevada cifra de US$350.00.[88]

Un mes después, en el Consulado de Santiago de Cuba, estallaba de nuevo la violencia:

> Mi hijo, mecanógrafo del Consulado, agredido por un desconocido que le asestó tremendo puñetazo, lesionándole boca y nariz, y dándose a la fuga. Agresión ejecutada cumpliendo amenazas hechas por pasquines enviados por correo, en los cuales

> también se hacen amenazas contra mí. He puesto caso en conocimiento del Supervisor Militar.[89]

En cable de Despradel a la Secretaría de Estado de su país, informaba haber solicitado a la Cancillería cubana «ordenar las investigaciones y castigar a los culpables».[90] Por si acaso, en el mes de septiembre, la Legación se trasladaba al Reparto La Sierra, una zona más fácil de vigilar, y se pedía autorización al teniente coronel Pedraza para que el vigilante de la Policía, Diego Navia, continuase prestando servicios de protección en su nueva sede.[91]

Fernando Abel Henríquez también tomó sus precauciones, de las que informó a Despradel con lujo de detalles, en carta del 5 de agosto.[92] Por ella se supo que desde ese momento, el cónsul dominicano en Santiago iba armado a todos los lugares, y que andaba averiguando sobre cuatro exiliados, recién llegados de La Habana, a los que acusaba de sospechosos en las agresiones a los hermanos Matos Díaz y a Villanueva. A dos de ellos los vinculaba con la familia de los Mainardi Reyna, o sea, con el grupo «moralista».

Por esa misma carta se conoce que la partida de exiliados acogidos a las garantías trujillistas continuaba, ininterrumpidamente, desde Santiago de Cuba. Tras comentar la repercusión de la salida del coronel Silverio, Fernando Abel Henríquez anunciaba que estaba «[...] en conversaciones con Manuelico Pérez, César Morell y Luis Espinal, y que espero conversar en un par de días con el general Bruno de la Cruz, a quien me propongo convencer de que debe retornar a su casa, lo que constituirá un golpe contundente a las aspiraciones de los pseudorevolucionarios en Cuba».[93]

Al final de la carta, el cónsul Henríquez admitía que ardía en deseos de que «[...] cesen las actividades en Cuba de los facciosos dominicanos, pues tengo absoluta necesidad de descansar un par de meses, [...] tras estos dos años de perenne actividad, al pie del cañón y en la línea de fuego».[94]

A pesar de que la agresión a Villanueva y al hijo de Fernando Abel Henríquez pudo ser obra de exiliados dominicanos del grupo de los «moralistas», también pudo tratarse de una maquiavélica autoagresión ordenada por Trujillo, siempre proclive a tales jugadas de engaño. La duda se robustece cuando se lee el texto de la extensa carta que le remite Hernández Franco al dictador, fechada el 28 de agosto, una vez que ha sido retirado de su cargo en Cuba por las denuncias de Despradel, y se halla en Santo Domingo.

Esta carta demuestra las enconadas rivalidades que enfrentaban a los diplomáticos dominicanos en La Habana, hábilmente explotadas por Trujillo para recibir informaciones incriminatorias directas, que usaría según sus intereses, y también para fomentar un clima de desconfianza y vigilancia mutua, útil para evitar defecciones.

Hernández Franco culpa a Despradel de haberlo recibido con hostilidad, desde que arribó por primera vez a La Habana, el 10 de febrero, y fue a presentarle sus respetos al hotel Presidente, donde residía el Ministro.

> Me expresó -alegaba- que se había opuesto ante usted a mi designación «porque yo era loco y borracho», y que usted le había dicho que «me mandaba [a Cuba] para ver si me mataban allá», porque estaba de mí «hasta la coronilla» [...]. También me recomendó quitarme de la solapa una foto suya que siempre llevo, «porque esos eran fetichismos imbéciles».[95]

Tras explicar que la predisposición de Despradel se debía a celos por su éxito en las relaciones establecidas con periodistas habaneros, con quienes se reunía todas las tardes, de 5:00 a 7:00, en el bar Vázquez, ubicado en la calle Prado 108; y de haber publicado artículos en defensa del régimen, aún en periódicos «enemigos», Hernández Franco revela que fue él quien introdujo al periodista cubano González Scarpetta en el despacho de Despradel, para obligarlo a hacer declaraciones sobre el caso Barletta, pues la táctica del Ministro se reducía a no hacer nada y aprovechar sólo el sueldo del gobierno , tras la amarga experiencia personal que significó su relevo de la legación en Washington. Entre los testigos que enumera a su favor, para dar fe de la pasividad de Despradel, Hernández Franco cita a la Sra. María Hernández Trujillo, prima del dictador, oficinista, e informante personal de este en la Legación habanera.

Pero lo más relevante de la carta a Trujillo es cuando su autor acusa a Despradel de connivencia con ciertos enemigos del régimen, a quienes recibe en su despacho, agasaja, abraza y entrega regularmente dinero. Entre estos extraños adversarios de confianza, se cita a Freddy Valdés, ahijado de la esposa del ministro Luis Sturla:

> [...] quien vive vociferando insultos contra usted, y sorprendentemente, a Ángel Jiménez, acusado y perseguido como el agresor directo del cónsul Villanueva. El día antes de la agresión –concluye Hernández Franco– Ángel Jiménez recibió dos dólares de Despradel, abrazos y caricias en presencia de todo el personal de la oficina.[96]

Es muy probable, que dada las rivalidades y descoordinación existente entre los funcionarios trujillistas de la Legación en La Habana, agravada por las indisciplinas, Hernández Franco nos haya revelado, inconscientemente, los nombres de algunos agentes infiltrados entre los exiliados dominicanos en la isla, las atenciones y pagos que recibían de Despradel, y la posibilidad de que los atentados de julio y agosto hayan sido auto-provocaciones para liquidar a los intransigentes del grupo «moralista».

No menos reveladores son sus comentarios acerca de entrevistas gestionadas por su cuenta con los coroneles Batista y Pedraza, que habían sido denegadas antes a Despradel, y al parecer, se efectuaron, motivando su cólera. Para terminar, Hernández Franco concluía que «el Sr. Despradel necesita estar sólo en La Habana, pues no quiere testigos de su inactividad, y mi popularidad en los medios políticos e intelectuales, le hacía daño».[97]

Días antes de la agresión a Villanueva, la contraofensiva trujillista se extendía hasta el terreno comercial. Brache había comunicado a Despradel una de las «felices ideas del Jefe», que buscaba fortalecer el intercambio comercial entre República, Dominicana, Cuba y Venezuela. «Nuestros cónsules en La Habana, Santiago de Cuba y Caracas –indicaba– deben gestionar la creación de Cámaras de Comercio Dominicanas en dichas ciudades [...]. Recomiendo a Ustedes patrocinar con entusiasmo y eficiencia esa iniciativa y que queden integradas por elementos verdaderamente conspicuos».[98] En el mismo sentido, el 16 de julio se remitía a Ricardo Linares, la documentación cubana y dominicana que lo reconocía como cónsul honorario en Matanzas, incorporándose este importante puerto de la isla a la lista de las ciudades de activo comercio con el exterior, que contaban con representación consular dominicana.

El apego de Trujillo a tener un cónsul en Matanzas se fortalecía por haberle sido aprobado, por decreto del gobierno de Mendieta, la condición de «Puerto Franco». La posibilidad de reeditar esa decisión en su propio país, y de acrecentar así sus ganancias personales, hizo que solicitara a Despradel, a finales de agosto, el texto de la referida ley, «[...] y cuantos datos, reglamentos, y tarifas se publiquen, o estén al alcance de la Legación [un eufemismo para justificar el espionaje, si fuera necesario] sobre este “Puerto Franco”».[99]

El interés de fortalecer lazos bilaterales rebasaba también lo comercial, para llegar a lo militar. Trujillo buscaba en Cuba, a través de sus diplomáticos, toda la información que le permitiese elevar la capacidad combativa, el orden y la disciplina de su Ejército, modernizándolo. En este sentido, en una sola carta, fechada el 25 de septiembre, Luis Romanacce pedía al Ayudante General del Ejército cubano, facilidades para adquirir 17 manuales y reglamentos militares vigentes, entre ellos, de Infantería, Táctica, Tiro, Higiene Militar, Fortificaciones, la Ley de Procedimiento Militar, el Manual del Oficial Investigador, y uno sobre gases de guerra.[100] Por esos meses estaban en curso en Nueva York las conversaciones directas y secretas entre Brache y Estrella Ureña, que continuarían, mediante la correspondencia, entre este último y el Dr. García Mella. El diálogo buscaba la desmovilización de sus seguidores y la neutralización de la figura de mayor relieve político dentro del exilio anti trujillista, lo cual se lograría, al final de un dilatado proceso. Muy bien enterado Despradel de lo que se preparaba, no dudó en indicar al siempre beligerante cónsul Fernando Abel Henríquez, ansioso de venganzas y represalias tras la agresión a su hijo, que «[...] no era conveniente, por el momento, tratar de molestar con ninguna acción policial a los elementos reconocidos como “estrellistas”, ya que con este sector están en pie ciertas conversaciones, no concluidas».[101] De hecho, la violencia de Trujillo se reservaría para los «moralistas», de los cuales no pocos radicaban en Cuba.

A pesar de estas negociaciones, continuaba la labor de aislamiento y control de Estrella Ureña, de lo cual da fe una carta de Despradel al Dr. García Mella, fechada el 3 de octubre. En ella el Ministro dominicano en La Habana responde a la solicitud de Trujillo, quien le pide identificar a los que rodean al líder exiliado, en una fotografía aparecida en el periódico *El Mundo.*

> Casi todos los que aparecen –comentaba Despradel– son cubanos sin importancia en ningún sector de la vida de este país, motivo por el cual son todas caras desconocidas. No dudo que sean estos mismos los que forman la flamante «Junta Revolucionaria Estrellista», compuesta en su mayoría por cubanos anónimos, y cuya lista remití, oportunamente.[102]

En septiembre avanzaban los trabajos para la publicación en Cuba de *El Álbum de Oro,* una especie de compendio laudatorio ilustrado que venía a sumarse a los infinitos honores y alabanzas de que era objeto el dictador en su país, tras cinco años aplastando a sus enemigos y conciudadanos.[103] Siempre desconfiado y celoso de lo que consideraba «su gloria», Trujillo comisionó a Despradel para «vigilar y controlar los trabajos de preparación del álbum», así como efectuar los pagos convenidos a los periodistas cubanos Antonio María Monteagudo y Antonio Escames.[104]

Después de la escalada en el enfrentamiento de julio y agosto, las aguas volvían lentamente a su sitio, y avanzaba la contraofensiva informativa del régimen que tenía como blanco la población cubana. Luis Romanacce, Segundo Secretario de la Legación habanera[105] lograba la publicación en la importante revista *Carteles,* que constaba de más de 50,000 ejemplares para Cuba y el resto de América, de una página ilustrada con fotos previamente enviadas por la Secretaría de la presidencia, sobre «los progresos de nuestro país y la labor desarrollada por el Ilustre Jefe en el ramo de las obras públicas», agregando que «[...] es la primera vez, en cinco años, que (la revista) se presta a hacerle justicia, habiéndose mostrado antes más bien hostil».[106] Al final de la misiva, el entusiasta funcionario pedía más fotos, «todas las que estime necesario e interesantes para publicar en revistas de esta capital».[107]

A fines de septiembre, Trujillo indicó a Brache, Secretario de Estado, que debía intensificarse la labor de espionaje contra sus enemigos, y de propaganda a su favor, que llevaban a cabo las Legaciones dominicanas en el exterior. Era evidente que percibía que se hallaba en el momento preciso y más favorable para «pacificar» a sus adversarios en el extranjero, como ya había hecho con los internos. La circular del 30 de septiembre estableció informes semanales de la Secretaría de Estado a las Legaciones «[...] sobre el desenvolvimiento de la vida en la República, nunca antes tan próspero [...]», y de estas a la Secretaría de Estado, con «[...] labor desarrollada, la propaganda que se realiza a favor del país, y los sucesos de importancia ocurridos en sus jurisdicciones».[108]

Ese mismo día, mediante una carta del Dr. García Mella a Despradel, Trujillo felicitaba a su Ministro en La Habana por haberse entrevistado privadamente con Batista, encuentro que debió tener lugar alrededor del día 20. «El Honorable Presidente considera muy interesante la entrevista sostenida con el coronel Batista –transmitía el Secretario de la Presidencia- y estima que **será muy provechoso su propósito de seguir cultivando tan valiosa amistad**».[109]

En octubre, continuarían el retorno de exiliados dominicanos, pero también tenía lugar un fenómeno preocupante, que obligaría al cónsul Henríquez a posponer su anhelado descanso y seguir al pie del cañón: el traslado y la activación en el oriente del país, especialmente en Santiago de Cuba y Guantánamo, de un grupo de «moralistas» intransigentes, entre ellos, los hermanos Mainardi, el coronel Alfonseca, Manuel Calderón y Manuel López Valdez, de quienes se sospechaba trasegaban con armas y mantenían una constante propaganda anti trujillista,[110] contando, supuestamente, con el apoyo de ciertos políticos cubanos. A pesar de eso, en opinión de Fernando Abel Henríquez, no había peligro alguno de que un gobierno en la isla pudiese volver a los tiempos de enfrentamiento con el régimen dominicano que caracterizó el breve mandato de Grau. «Hace dos años dije –concluía– que Cuba había quedado constituida en la línea de fuego con nuestros enemigos, y esta línea aún se mantiene, cabiéndome la dicha de no haber sido relevado ni un minuto de la avanzada que ocupo [...]».[111]

Comentando la carta anterior, Despradel confirmaba a su amigo el cónsul Henríquez que «[...] el sector de Ángel Morales no tiene ninguna conexión con políticos cubanos, pues nunca ha cultivado relaciones con figuras de la revolución antimachadista, [...] y que si los exiliados dominicanos no lograron ayuda económica de los gobiernos revolucionarios que sucedieron al régimen de Machado, menos podrán tenerla de un gobierno constitucional»[112] como el de Mendieta. No obstante, a pesar de las negociaciones en curso y la falta de apoyo institucional cubano a sus planes, en carta a Trujillo, del 3 de diciembre,[113] uno de sus informantes personales en La Habana, un tal Cástulo Valdez, le comunicaba detalles de las negociaciones de Estrella Ureña con la Havanna Electric (empresa de tranvías) y con la Shell (empresa petrolera), ambas propiedades norteamericanas presentes en la capital cubana, probablemente, buscando apoyo financiero a cambio de promesas de concesiones futuras en República Dominicana.

Este mes sería también testigo de la apertura de otro frente en las conflictivas relaciones bilaterales, y motivo de nuevas tensiones que alejaban la esperada normalización, que tanto ocupaba a Trujillo: la solicitud de prisión provisional contra el prófugo y ex comandante machadista

Arsenio Ortiz Cabrera, acusado de numerosos asesinatos en Santiago de Cuba, Matanzas, y La Habana.

Lamar, el encargado de negocios de Cuba en Santo Domingo, cumpliendo instrucciones de su Cancillería, solicitó la medida, en carta al secretario Brache del 26 de octubre,[114] de la que recibió, dos días después, un diplomático acuse de recibo. En él, Brache le comunicaba haber conferenciado de inmediato con el Departamento correspondiente, habiendo sido notificado que, después de residir en los hoteles Duarte y Universidad, de la capital, Arsenio Ortiz había partido hacía pocos días «[...] dejando solo una caja de madera, con libros».[115] Ese mismo día, Lamar acusa recibo de la carta de Brache y le reitera la solicitud de prisión provisional para el prófugo, con vistas al proceso de extradición sustentado en el Tratado Bilateral vigente.

El 30 de octubre Brache informa de nuevo a Trujillo sobre la marcha del caso –pues lo había hecho el mismo día 26– mediante su hermano, el coronel Anibal Trujillo Molina, jefe de Estado Mayor del Ejército. Entonces, cumpliendo sus instrucciones, había coordinado con el Secretario del Interior, Policía, Guerra y Marina lo que luego sería el *bluff* con el que intentarían engañar a la parte cubana, protegiendo al criminal al que el dictador estaba unido por amistad personal e intereses represivos. En este caso, Brache comunicó al Jefe que había cumplido sus nuevas órdenes y se había entrevistado de nuevo con el Secretario del Interior. El 2 de noviembre, Brache comunicó a Lamar lo que llamó «el informe definitivo del caso». «La Policía constató –informaba– que Arsenio Ortiz había emprendido viaje al Cibao, con el propósito de arrendar una finca, pero que llegó sin demora a la frontera Norte y penetró en Haití»,[116] con lo cual, se daban por cerradas las pesquisas.

Con fina y sutil ironía, sin rebasar su dignidad diplomática, Lamar cerraba el caso agradeciendo a Brache, en carta del 6 de noviembre, el interés mostrado, lamentando «[...] que no se haya podido llevar a efecto la solicitud presentada por circunstancias contrarias a sus deseos y los míos», o lo que es lo mismo, por órdenes del dictador.

Aún el 4 de noviembre, en carta a Brache tras entrevistarse con el Secretario de Estado Barnet, Despradel alertaba de que la presencia de Arsenio Ortiz en Santo Domingo, era para las autoridades cubanas «[...] nuevo motivo que serviría para alborotar contra ambos gobiernos a los enemigos», concluyendo con la recomendación de que «[...] por lo menos, se haga salir del país a ese señor, entre otras razones, para evitar la venganza irracional de los dolientes sobre las pobres personas que aquí tenemos el honor, y quizás el valor, de representar a nuestra nación».[117]

El año cerraba con las solicitudes habituales del clan Trujillo, que utilizaba a los representantes diplomáticos de la República como sus buhoneros particulares en La Habana. El 23 de diciembre, Despradel comunicaba al Jefe del Cuartel Maestre del Ejército cubano la solicitud del mayor José Arismendy Trujillo y Molina (Petán) de «[...] obtener la tela y ornamentos para dos uniformes de guarnición», lo cual incluía guerreras, pantalones, kepis y charreteras.[118] El 28 de noviembre, ya Despradel había informado detalladamente a Emilio Espínola, subsecretario de Estado, como si se tratase de un grave asunto de gobierno, la marcha de los pedidos de confección de pantalones militares y botas hechas por Trujillo a entidades cubanas, estas últimas a la Casa Bulnes, que utilizaría la mejor piel inglesa, y cobraría $30.00 pesos por cada par. Tales encomiendas eran entregadas para su entrega a mano al Sr. Bellón, sobrecargo del vapor *Cuba* de la Empresa Naviera, subsidiada por Trujillo, y uno de sus testaferros para la compra de propiedades inmuebles en la isla.

A pesar de los esfuerzos denodados de Trujillo, sus negociaciones con Batista, y su campaña de relaciones públicas en Cuba, durante 1935 no logró pacificar la línea del frente cubano, de la que hablaba el cónsul Henríquez. A pesar de sus similitudes y simpatías vergonzantes, ni Mendieta ni Batista se atrevían a desafiar a la opinión pública nacional con un estrechamiento visible de los nexos con la tiranía trujillista. «Hasta ahora no he recibido invitación especial para el gobierno dominicano a los actos de inauguración del monumento a Máximo Gómez –se quejaba amargamente Despradel resumiendo estas evidentes distancias–. En el programa publicado no aparece mención a la Patria del Generalísimo[...]».[119] Cosas veredes...

Y en efecto, así mismo ocurrió. El 9 de diciembre, sin el menor recato, el Dr. García Mella indicaba al Ministro dominicano en La Habana, acercarse al eminente jurisconsulto Dr. Antonio Sánchez de Bustamante

> [...] para obtener no solo su voto, como miembro del Instituto Americano de Derecho Internacional, sino su entusiasta patrocinio a la candidatura al premio Nobel de la Paz para los presidentes Vincent y Trujillo, y pedirlo también a sus colegas de la Corte de Justicia Internacional.[120]

Sin dudas, se trataba de cosas que harían temblar a las piedras.

Notas

1 De Francisco Henríquez y Carvajal al Cónsul Villanueva, carta del 7 de diciembre de 1933. AGN, fondo Relaciones Exteriores, Legación Habana, legajo 707 710.

2 Ibídem.

3 Será el mismo con que Cestero, sucesor de don Pancho en La Habana, y Roberto Despradel, quien, a su vez lo reemplazará, acogerán las constantes alertas de atentados tremebundos con que Fernando Abel Henríquez inundará la correspondencia oficial, y que, curiosamente, cesarán de golpe cuando sea nombrado sucesor de Despradel al frente de la Legación dominicana en La Habana.

4 De Francisco Henríquez y Carvajal a Fernando Abel Henríquez, carta del 7 de diciembre de 1933. AGN, fondo Relaciones Exteriores, Legación Habana, legajo 707 710.

5 Según el informe rendido por Fernando Abel Henríquez a Villanueva, con fecha 4 de febrero, se trató de una bomba, «de considerables dimensiones», y estalló en una verja del jardín del Consulado, a las 9:52 p.m., tras haber sido detectada por los hijos de Henríquez, y haberse evacuado la casa. Mediante su red de informantes, el cónsul afirmó conocer ya, apenas dos días después, quiénes habían sido los autores del atentado, «tanto dominicanos como cubanos», pero no disponer de pruebas para llevarlos ante los tribunales. «Sigo amenazado de que se me colocará una segunda bomba», concluía. Ver: Fernando Abel Henríquez a Villanueva, carta del 4 de febrero de 1935. AGN, fondo Relaciones Exteriores, Legación Habana, legajo 706 777.

6 Roberto Despradel: Formó parte del primer gabinete de Trujillo, como secretario del Tesoro. Era hermano de Arturo Despradel, quien fuera secretario de Estado de Relaciones Exteriores, aproximadamente en la misma fecha en que llegó a La Habana como ministro dominicano. En su condición de secretario del Tesoro participó en todo el proceso de renegociación de la deuda externa de su país, y cumplió otras misiones similares. El 27 de junio de 1931 presentó a Herbert Hoover, presidente de Estados Unidos, sus cartas credenciales como ministro. El 17 de septiembre de 1934 recibió un telegrama donde se le informaba que cesaba en sus funciones y debía retornar a Santo Domingo. Según opiniones de Cestero, se debió a malos manejos que otorgaron al cabildero Joseph E. Davies el pago del 3% de la deuda externa del país, a cambio de gestiones para su renegociación. En enero de 1935 fue enviado a La Habana, donde se acreditó como Ministro. Por desacuerdos con Trujillo, relativos a las posibilidades de una nueva intervención norteamericana en el país, y por haber emitido una opinión positiva sobre el presidente Vincent, de Haití, es notificado el 9 de febrero de 1938 que entregue la Legación a Fernando Abel Henríquez, por entonces cónsul en Santiago de Cuba, pero es perdonado a última hora, por el propio Trujillo, en carta del 22 del mismo mes. De todas formas, cesó en sus funciones en Cuba ese mismo año, siendo enviado como ministro ante el III Reich, en Berlín.

7 Caffery a Despradel, carta del 19 de febrero de 1935. AGN, fondo Relaciones Exteriores, Legación Habana, legajo 707 713.

8 Fernando Abel Henríquez a Despradel, carta del 16 de febrero de 1935. Ibíd.

9 Ibídem.

[10] Fernando Abel Henríquez a Despradel, carta del 20 de febrero de 1935. Ibíd.
[11] Ibídem.
[12] Ibídem.
[13] Logroño a Despradel, cablegrama del 20 de febrero de 1935. Ibíd.
[14] Despradel a Logroño, cablegrama del 20 de febrero de 1935. Ibíd.
[15] Despradel a Fernando Abel Henríquez, carta del 20 de febrero de 1935. Ibíd.
[16] Circular de Logroño a los Enviados Extraordinarios y Ministros Plenipotenciarios en el extranjero, del 12 de febrero de 1935. Ibíd.
[17] Ibídem.
[18] Ibídem.
[19] Informe de J. R. Saladín, Director de Radiocomunicaciones, del 7 de marzo de 1935. Ibíd.
[20] Ibídem.
[21] Tomás Hernández Franco: (Santiago de los Caballeros, 29 de abril de 1904- Santo Domingo, 1° de septiembre de 1952) Poeta, cuentista, ensayista, orador, periodista y diplomático. Desde 1921 y hasta 1929 residió y estudió Derecho en París. Fue director del diario *La Información,* compartiendo la responsabilidad con César Tolentino y Joaquín Balaguer. Desde esta tribuna combatió al gobierno de Horacio Vázquez, participando activamente en el movimiento del 23 de febrero de 1930 que lo derrocó. Fue de los primeros intelectuales que se puso incondicionalmente a las órdenes de Trujillo, para el que escribió, por esos días el ensayo «La más bella Revolución de América» y «La fuerza espiritual de un pequeño país», esta última, en 1931. Fue diplomático en Cuba, El Salvador y otros países.
[22] Despradel a Logroño, carta del 22 de marzo de 1935. AGN, fondo Relaciones Exteriores, Legación Habana, legajo 707 713.
[23] Fernando Abel Henríquez, carta confidencial 80, del 1° de abril de 1935. Ibíd.
[24] Ibídem.
[25] Fernando Abel Henríquez a Despradel, carta confidencial 95, del 5 de abril de 1935. Ibíd.
[26] Ibídem.
[27] Fernando Abel Henríquez a Despradel, carta confidencial 100, del 8 de abril de 1935. Ibíd.
[28] Fernando Abel Henríquez a Despradel, carta confidencial 102, del 15 de abril de 1935. AGN, fondo Relaciones Exteriores, Legación Habana, legajo 707 713
[29] Fernando Abel Henríquez, carta confidencial 109, del 26 de abril de 1935. Ibíd.
[30] Ibídem.
[31] Ibídem.
[32] Despradel a Logroño, carta del 29 de abril de 1935. AGN, fondo Relaciones Exteriores, Legación Habana, legajo 707 713.
[33] Trujillo a Legación Cuba, cable cifrado del 10 de marzo de 1935. Ibíd.

[34] Una supuesta conjura contra la vida de Trujillo había sido develada en junio de 1933, e incluía al general Ramón Vázquez Rivera, jefe del Comando Central del Ejército, al teniente coronel Leoncio Blanco, y al mayor-piloto Aníbal Vallejo, formado en Cuba. Los tres serían encarcelados y asesinados de manera encubierta, los dos últimos, después de ser liberados. Dos años después, otro complot se descubriría, en este caso, en la ciudad de Santiago de los Caballeros, donde fueron apresados muchos jóvenes, entre ellos, Juan Isidro Jiménez Grullón y Ángel Miolán, que lograrían emigrar a Cuba y ser destacados luchadores contra el trujillismo.

[35] Despradel a Logroño, carta del 7 de marzo de 1935. AGN, fondo Relaciones Exteriores, Legación Habana, legajo 707 713.

[36] Ramón Vasconcelos Maragliano: (Alacranes, 1890-La Habana, 1965) Periodista, ensayista, político, educador y diplomático cubano. Fue maestro público y cursó estudios en diferentes países europeos. Fundador de diarios como *El Liberal, El Universal* y *Alerta.* Historiador de La Habana de 1920 a 1924. Apoyó la prórroga de poderes de Machado, y es designado en 1927 agregado comercial para Europa, con residencia en París. Fue presidente del Partido Liberal, entre 1933 y 1940. En 1942 es designado ministro de Educación. Entre 1949 y 1957 fue propietario y director de *Alerta,* uno de los diarios de mayor circulación en el país. En 1951, el entonces ministro de Gobernación del presidente Prío, Lamberto Díaz lo denuncia como «subvencionado por el gobierno de Trujillo», lo cual no le pudo ser probado. En 1952, tras el golpe de Estado de Batista, formó parte del Consejo Consultivo de la Presidencia. Entre 1954 y 1958 fue ministro de Comunicaciones, aprobando en este último año la censura previa para los noticiarios de radio y televisión. En 1959 se marchó de Cuba, regresando en 1964, y falleciendo en La Habana, al año siguiente.

[37] El sentido de la frase provocaría una curiosa analogía histórica que involucró a ambos personajes. En 1941 Trujillo fue visitado por una comisión de ciudadanos que pedían su postulación presidencial para el período 1942-47, a lo que respondió con un dicharacho que sería uno de los símbolos movilizadores de esa y otras campañas. «Seguiré a caballo». Un avispado compositor de merengues, Pedro N. Pérez, dio ese nombre a una de sus composiciones, y un joyero de la calle El Conde, en Santo Domingo, no menos avispado, puso en su tienda el letrero siguiente: «Seguiré a caballo, dijiste Jefe, y nosotros te seguiremos a pie».

[38] Despradel a Logroño, carta del 7 de marzo de 1935. Ibíd.

[39] Despradel a Logroño, carta del 15 de abril de 1935. AGN, fondo Relaciones Exteriores, Legación Habana, legajo 707 713

[40] René Lufriú y Alonso (Calabazar, 1889-La Habana, 1943) Fue maestro, diplomático y periodista, llegando a dirigir la redacción de *El Fígaro,* en 1921, y la propia revista, en 1925.

[41] Despradel a Logroño, carta del 15 de abril de 1935. AGN, fondo Relaciones Exteriores, Legación Habana, legajo 707 713.

[42] De J. A. Barnet al Dr. Guillermo Patterson, embajador cubano en los Estados Unidos, carta confidencial del 13 de abril de 1935. Archivo

del Ministerio de Relaciones Exteriores de Cuba, fondo República Dominicana.

43 Del Dr. Cosme de la Torriente al Dr. Patterson, embajador de Cuba en Estados Unidos, carta confidencial del 31 de enero de 1935. Archivo del Ministerio de Relaciones Exteriores de Cuba, fondo República Dominicana.

44 Jacinto Bienvenido Peynado (Puerto Plata, 15 de febrero de 1878-Santo Domingo, 7 de marzo de 1940) Abogado y político, presidente de la República por designación de Trujillo, desde el 16 de agosto de 1938, hasta el 24 de febrero de 1940. Vicepresidente entre 1933 y 1938. Había sido profesor de Derecho en la Universidad de Santo Domingo, ministro de Justicia en los gobiernos de Báez y de Juan Isidro Jiménez, también secretario de Interior y Policía, y secretario de la Presidencia, desde 1932.

45 Jacinto B. Peynado a Despradel, carta del 19 de marzo de 1935. AGN, fondo Relaciones Exteriores, legación Habana, legajo 707 713.

46 Despradel a Logroño, carta del 15 de abril de 1935. Ibíd.

47 Fernando Abel Henríquez a Despradel, carta confidencial 131, del 22 de mayo de 1935. Ibíd.

48 Hernández Franco a Secretaría de Estado, carta del 22 de abril de 1935. Ibíd.

49 Despradel a Ferrer Bahr, carta del 22 de abril de 1935. Ibíd. Este «Festival» tuvo su reseña en el periódico cienfueguero *La Correspondencia.* Se realizó el 14 de abril de 1935 en el teatro Luisa Martínez Casado, y en él se presentó la obra lírica *Himno Hispanoamericano*, del compositor dominicano Augusto Vega, residente en la localidad. Se contó con la Banda de Música Municipal y un coro de cien voces de la Escuela de Bellas Artes. Las palabras centrales correspondieron al alcalde, Dr. José Antonio Cabrera.

50 Barnet a Despradel, carta del 22 de abril de 1935. Ibíd.

51 Despradel a Barnet, carta del 1° de mayo de 1935. Ibíd.

52 Villanueva a Secretario de Estado de Cuba, carta del 26 de enero de 1935. Ibíd.

53 Del general Fiallo a Tomás Hernández Franco, cablegrama del 1° de abril de 1935. Ibíd.

54 De Hernández Franco al general Fiallo, cablegrama del 2 de abril de 1935. Ibíd.

55 El general Cipriano Bencosme se alzó contra Trujillo casi sin recursos, resultó traicionado, asesinado por el Ejército el 19 de noviembre de 1930, y su cadáver desenterrado y exhibido durante dos días en su Moca natal, por órdenes del flamante dictador. La represión contra sus familiares llegó a niveles de obsesión para el tirano, quien asesinaría a cuatro de sus hijos, Sergio, Donato, Alejandro y Boil, así como también a otros descendientes, como el Dr. Ramón Toribio Bencosme, muerto en combate tras el desembarco de la expedición del 14 de junio de 1959, junto a su primo Ercilio García Bencosme. Sergio Bencosme había nacido en Moca en 1890, y se desempeñó como secretario de Guerra y Marina del gobierno de Horacio Vázquez.

[56] Según Bernardo Vega, «[...] el 5 de abril de 1935, Amadeo Barletta, cónsul y empresario italiano en Santo Domingo, junto a otras personas, fue arrestado y acusado de complotar contra la vida de Trujillo, quien buscaba sacar a Barletta del negocio tabacalero. Trujillo recibió una intensa presión diplomática italiana y norteamericana. Él sabía bien que el único enemigo suyo y amigo de Sumner Welles, a quien tenía acceso directo, era Ángel Morales». Ver su obra: *Galíndez, Almoina y otros crímenes de Trujillo en el extranjero.* Fundación Cultural Dominicana, Santo Domingo, 2001, p. 35. A ello habría que agregar que ya para esta época Morales era el más influyente y vertical de los líderes del exilio de la primera ola, tras la desmoralización y posterior regreso al país de Estrella Ureña, y que estaba muy bien relacionado con figuras de la administración Roosevelt, como Welles, que veían en él una alternativa deseable al dictador.

[57] Logroño a Despradel, carta confidencial del 6 de mayo de 1935. AGN, fondo Relaciones Exteriores, Legación Habana, legajo 707 713.

[58] Fernando Abel Henríquez a Despradel, carta del 27 de mayo de 1935. Ibíd.

[59] De Villanueva a Fernando Abel Henríquez, carta del 11 de febrero de 1935. AGN, fondo Relaciones Exteriores, Legación Habana, legajo 706 777.

[60] Fernando Abel Henríquez a Villanueva, carta del 14 de febrero de 1935. Ibíd.

[61] García Mella a Despradel, carta del 17 de abril de 1935. Ibíd.

[62] Ibídem.

[63] Villanueva al Dr García Mella, carta del 6 de mayo de 1935. Ibíd.

[64] Virgilio Mainardi Reyna, miembro de una importante familia de Santiago de los Caballeros, emparentado con Virgilio Martínez Reyna, una de las primeras víctimas de Trujillo, y con el Dr Leovigildo Cuello Hernández, destacado opositor antitrujillista. Abogado, se opuso a la intervención norteamericana y también a las arbitrariedades del gobierno de Horacio Vázquez. Junto a varios de sus hermanos, como Víctor y Rafael, se exilio en Cuba y fue un activo conspirador contra la dictadura. El 21 de enero de 1939, en su casa de El Cano, en las afueras de La Habana, se reunió el grupo constituyente del Partido Revolucionario Dominicano, formado por Juan Isidro Jiménez Grullón, Víctor Mainardi Reyna, Cotubanama Henríquez, Plintha Woss y Gill, Juan Bosch, Alexis Liz y Manuel Calderón

[65] Despradel a Logroño, carta del 13 de mayo de 1935. AGN, fondo Relaciones Exteriores, Legación Habana, legajo 707 712.

[66] Despradel a Logroño, informe del 16 de mayo de 1935. Ibíd.

[67] Ibídem.

[68] Fernando Abel Henríquez a Despradel, carta del 8 de junio de 1935. AGN, fondo Relaciones Exteriores, Legación Habana, legajo 707 713. Se trata de una de las tantas cartas remitidas a la Legación denunciando la aparición de un nuevo número de alguna publicación antitrujillista, en este caso *La Voz del Exilio,* a la que califica

de «periodicucho», «soez libelo», promotor de «canallescas campañas». Al final, el cónsul santiaguero acusaba recibo del oficio de Despradel del 5 de junio en el que se informaba «[...] sobre la queja presentada a la Cancillería cubana contra este periodicucho».

69 Peynado a Despradel, carta del 14 de junio de 1935. Ibíd. Peynado actuaba en su calidad de vicepresidente y secretario Interino de Estado para las Relaciones Exteriores, pues Logroño había sido destituido por Trujillo, tras las desastrosas consecuencias diplomáticas que tuvo para su régimen la prisión de Amadeo Barletta. En una de sus afortunadas salidas, Logroño, que era de una obesidad descomunal, resumió su situación afirmando que «era la primera vez que la soga se rompía por el lado más gordo».

70 Peynado a Despradel, carta del 12 de junio de 1935. Ibíd.

71 Ibídem.

72 Nota de prensa de la Legación dominicana en La Habana, del 12 de junio de 1935. Ibíd.

73 Nota de prensa de la Legación dominicana en La Habana, segunda quincena de junio de 1935. AIbíd.

74 Ibídem.

75 Hernández Franco al Dr. García Mella, carta del 25 de junio de 1935. Ibíd.

76 Brache a Trujillo, informe del 2 de julio de 1935. Ibíd.

77 Dr. García Mella a Secretaría de Estado, carta del 2 de julio de 1935. Ibíd.

78 Fernando Abel Henríquez a Despradel, carta del 8 de junio de 1935. Ibíd.

79 Fernado Abel Henríquez, carta a Despradel. Ibíd.

80 Fernando Abel Henríquez a Despradel, carta del 23 de agosto de 1935. Ibíd.

81 Fernando Abel Henríquez a Despradel, carta del 28 de agosto de 1935. Ibíd.

82 Despradel a Trujillo, carta del 29 de julio de 1935. Ibíd. La queja de Despradel acusaba a Hernández Franco de cometer «indiscreciones peligrosas para todos cometidas bajo borrachera permanente». También de que «por su actuación irresponsable e indisciplinada, me obliga a rogar su urgente retiro de La Habana, donde se necesita personal discreto y serio para seguridad de todos y éxito de la misión».

83 Esta última frase aparece subrayada en el original, lo cual induce a pensar que para Despradel y Trujillo, Batista seguía siendo alguien en quien no se podía confiar, pues gustaba de jugar en dos bandos. La entrega de permisos para portar armas a Estrella Ureña lo corroboraba.

84 Despradel a Trujillo, carta sin fecha, 1935. AGN, fondo Relaciones Exteriores, legación Habana, legajo 707 713.

85 Despradel a Secretaría de Estado, cablegrama del 5 de julio de 1935. Ibíd.

86 Brache a Despradel, cablegrama del 6 de julio de 1935. Ibíd.

87 Despradel a Secretaría de Estado, cablegrama sin fecha, julio de 1935. Ibíd. En carta posterior de Despradel a Fernando Abel

Henríquez, del 13 de agosto de 1935, se afirma que el agresor directo fue «Miguel Jiménez, natural de La Vega», pero que al ocurrir el incidente se hallaban por la zona Manuel López Valdés y Rafael Mainardi, luego absueltos. Es interesante también corroborar, por esta misma carta, que ese grupo formaba parte de la corriente más radical e intransigente, la de los «moralistas».

88 Despradel a Secretaría de Estado, cablegrama sin fecha, julio de 1935. Ibíd.

89 Fernando Abel Henríquez a Despradel, cablegrama del 4 de agosto de 1935. Ibíd.

90 Despradel a Secretaría de Estado, cablegrama sin fecha, agosto de 1935. Ibíd.

91 Del Dr. Luis Romanacce al teniente coronel Pedraza, carta del 27 de septiembre de 1935. Ibíd.

92 Fernando Abel Henríquez a Despradel, carta del 5 de agosto de 1935. AGN, fondo Relaciones Exteriores, Legación Habana, legajo 707 712.

93 Ibídem.

94 Ibídem.

95 Hernández Franco a Trujillo, carta del 28 de agosto de 1935. AGN, fondo Relaciones Exteriores, Legación Habana, legajo 707 713.

96 Ibídem.

97 Ibídem.

98 Brache a Despradel, carta del 1° de julio de 1935. Ibíd.

99 Dr. García Mella a Despradel, carta del 27 de agosto de 1935. Ibíd.

100 De Romanacce al Ayudante General, Ejército cubano, carta del 25 de septiembre de 1935. AGN, fondo Relaciones Exteriores, Legación Habana, legajo 707 713.

101 Despradel a Fernando Abel Henríquez, carta del 13 de agosto de 1935. Ibíd.

102 Despradel al Dr. García Mella, carta del 3 de octubre de 1935. AGN, fondo Relaciones Exteriores, Legación Habana, legajo 707 713

103 Ya para esta época, Trujillo había sido elevado al rango de Generalísimo de los Ejércitos de la República, por «decisión» del Congreso Nacional fechada el 17 de mayo de 1933, y «Benefactor de la Patria», en ceremonia en este cuerpo legislativo, del 16 de agosto del mismo año. Eran incontables los títulos menores otorgados, entre ellos varios Doctorados *Honoris Causa,* estatuas y bustos, nombre de calles y avenidas, parques y clubes, extensivo a puentes y carreteras que también recibieron el nombre de sus familiares más allegados. A finales de 1935, por sus conversaciones y tratos con Vincent, presidente de Haití, comenzó un movimiento de sus aduladores y cortesanos para que se le otorgase el Premio Nobel de la Paz. También, para esta época, se habían hecho colectas entre sus amigos y la población, en general, para obsequiarle un yate y un *Rolls Royce.*

104 Despradel al Dr. García Mella, carta del 25 de septiembre de 1935. AGN, fondo Relaciones Exteriores, Legación Habana, legajo 707 713. Según instrucciones de Trujillo, contenidas en la carta del Dr García Mella a Despradel, fechada el 12 de septiembre, el contrato estipulaba un pago de $10,000.00 pesos, suma que incluía el pago

a los autores, y la edición del libro, una enorme cantidad para la época. Los pagos se distribuirían en tres plazos. La edición del *El Álbum de Oro* constaría de 2500 ejemplares, según el contrato, «de completo lujo y usando el mejor papel».

[105] Luis Romanacce Chalas: (San Pedro de Macorís, 2 de octubre de 1910-Nueva York, 4 de noviembre de 1955). Abogado y diplomático dominicano.

[106] De Romanacce al Dr. García Mella, carta del 11 de septiembre de 1935. AGN, fondo Relaciones Exteriores, Legación Habana, legajo 707 713.

[107] Ibídem.

[108] Circular del Secretario de Estado para las Relaciones Exteriores, del 30 de septiembre de 1935. Ibíd.

[109] Dr. García Mella a Despradel, carta del 30 de septiembre de 1935. Ibíd.

[110] De Fernando Abel Henríquez a Despradel, carta del 30 de octubre de 1935. AGN, fondo Relaciones Exteriores, Legación Habana, legajo 707 712. De Manuel Calderón el cónsul afirmaba «ser amigo del teniente coronel Rodríguez, Jefe del Distrito Militar de Oriente, y su informante», lo cual evidenciaría que sobre los exiliados dominicanos confluían la vigilancia de Trujillo y de Batista.

[111] Ibídem.

[112] Despradel a Fernando Abel Henríquez, carta del 5 de noviembre de 1935. AGN, fondo Relaciones Exteriores, Legación Habana, legajo 707 713.

[113] De Cástulo Valdez a Trujillo, carta del 3 de diciembre de 1935. Ibíd.

[114] De Lamar a Brache, carta del 26 de octubre de 1935. Ibíd.

[115] De Brache a Lamar, carta del 28 de octubre de 1935. Ibíd.

[118] De Brache a Lamar, carta del 2 de noviembre de 1935. Ibíd.

[117] Despradel a Brache, carta del 4 de noviembre de 1935. Ibíd.

[118] Despradel a Cuartel Maestre General del Ejército cubano, carta del 23 de diciembre de 1935. Ibíd.

[119] Despradel a Fernando Abel Henríquez, carta del 16 de noviembre de 1935. Ibíd.

[120] García Mella a Despradel, carta del 9 de diciembre de 1935. AGN, fondo Relaciones Exteriores, Legación Habana, legajo 707 713. En carta respuesta de Despradel a García Mella, cumplida ya la encomienda de contactar al Dr. Bustamante, se comunica que este había comprometido su voto para el Premio Nobel de la Paz en 1935, desde hacía un año, a favor del profesor Consentini, notable tratadista jurídico y su amigo personal, lo cual le impedía hacerlo por «una candidatura tan interesante», como la de Trujillo-Vincent. Ver carta de Despradel a García Mella, del 26 de diciembre de 1935. AGN, fondo Relaciones Exteriores, Legación Habana, legajo 707 712.

Capítulo 7
LOS PREDADORES CUBANOS

El 19 de noviembre de 1935,[1] en carta a Roberto Despradel, ministro dominicano en La Habana, Rafael A. Espaillat, secretario de Estado de Agricultura y Trabajo, solicitaba hacer las gestiones pertinentes para reanudar el envío, desde Cuba, de ciertos insectos controladores de plagas conocidos como predadores. En este caso específico, se trataba del *Chilocorus cacti,* que debía luchar contra la alarmante infestación de las plantaciones de cocoteros del país, afectadas por la plaga del *Aspidictus destructor.*

La solicitud no solo servía para demostrar los estrechos lazos existentes entre ambos países y gobiernos, a reserva de actitudes vergonzantes por parte de Mendieta y Batista, sino también para significar, metafóricamente, que de Cuba el Trujillato podía importar, e importaba, predadores para luchar contra toda plaga incómoda, como demostraba su reciente protección a criminales de la talla de Arsenio Ortiz y otros prófugos del machadato.

La franca tendencia de Trujillo a establecer relaciones con los peores elementos políticos de Cuba, en especial con fuerzas y figuras afines a su forma totalitaria de gobierno, continuó su curso inalterable durante los años siguientes de su mandato. República Dominicana se convirtió en un bastión seguro para la retaguardia de la reacción cubana, y a su vez, en destino predilecto para la exportación de sus predadores en fuga.

A finales de 1935, analizando la marcha de la política en la isla, el ministro Despradel no cesaba de agitar el espantajo de las «fuerzas sovietizantes», organizadoras de tremebundos complots para asesinar al coronel Pedraza, jefe de la Policía, a Pepín Rivero, dueño y director de *El Diario de la Marina,* o al embajador norteamericano, Jefferson Caffery,[2] todos seguros valedores del coronel Batista. Detrás de esta constante preocupación, se encontraban las esperanzas depositadas en el ascendente «hombre fuerte» de la política nacional, y la necesidad de preservarlo y ganarlo para la causa del Trujillismo.

En septiembre de 1935, como se aprecia en carta de Despradel a Brache, y en vísperas de las elecciones presidenciales de diciembre, Batista era considerado como una figura «[...] que se preparaba gradualmente para asumir el gobierno, en su día, apoyado por elementos conservadores y de trabajo del país, que a cambio de paz y tranquilidad respaldarán un gobierno de tipo militar, que parece ser lo que desea establecer en Cuba, por considerarlo necesario, el coronel Batista».[3] Es de suponer que las noticias sonaban cual música celestial en los oídos siempre alertas del dictador dominicano, quien suspiraba por el regreso de los buenos viejos tiempos vividos en alianza con su compadre Gerardo Machado, y que al parecer, estaban a punto de materializarse, una vez más, de la mano de Batista.

El enfoque batistiano acerca del tipo de gobierno que Cuba requería, de las fuerzas políticas y económicas que lo respaldarían en la aventura de una dictadura militar, capaces de sacrificar democracia y libertades a cambio de «orden» y ganancias seguras, como se hizo en República Dominicana, lo acercaba definitivamente al modelo trujillista. Y por si fuera poco, también trujillista era la táctica que empleaba por aquellos días contra sus enemigos irreconciliables de la izquierda, y que Despradel no dudó en caracterizar de la siguiente manera:

> El coronel Batista está provocando por modos subrepticios que estalle una nueva intentona revolucionaria, para aplastarles definitivamente y mostrar al pueblo cubano la eficacia del actual Ejército, que él ha logrado unificar y consolidar bajo su mando, teniendo una nueva y definitiva ocasión para resolver a favor del gobierno y el pueblo el conflicto que puedan provocar los políticos de extrema izquierda [...].[4]

Trujillo no confiaba en Batista con los ojos cerrados, pero lo consideraba un aliado imprescindible para sus planes. Se le acusaba de hipocresía, y de estar en perenne comunicación con Estrella Ureña, mientras se extendía en votos de amistad hacia el régimen dominicano.

> No creo que Batista llegue hasta facilitarle armas, pero si puede ser que lo ayude en todo lo que pueda –le informaba su Ministro en La Habana–. Él nunca da la cara en estas cosas, pero yo sé que ambos mantienen una relación de amistad [y de negocios, pues es indudable que lo único que motivaba a Batista de esta relación eran los sobornos que se le entregaban desde 1934]. Estrella Ureña ve a Batista, en un lugar reservado, cada vez que le interesa hablarle.[5]

La conclusión a que semejante actitud obligaba era una sola. «Estrella Ureña mantiene relaciones con Batista, y como este se jacta siempre de ser un auténtico producto revolucionario, no podemos fiarnos de él, a pesar de las manifestaciones de simpatía hacia usted [...]».[6]

En el camino de fortalecer la alianza estratégica con los elementos más conservadores cubanos, Despradel tramitó de inmediato –a finales de noviembre de 1935–, y Trujillo aprobó, con entusiasmo, el envío a Santo Domingo de un periodista cubano, patrocinado por los diarios *Avance* y *El Diario de la Marina,* y personalmente por el conde de Rivero, vocero de la reacción nacional. Se trataba de documentar los avances obtenidos bajo el gobierno del dictador dominicano para publicar una edición especial conjunta. Despradel también informaba a Trujillo que la Sociedad Colombista Panamericana, que presidía Rivero, se aprestaba a organizar un viaje de 200 maestros cubanos a República Dominicana, concluyendo con el deseo de que «[...] se instalase en nuestro país una filial de ella, integrada por amantes de la grandeza de la era colonial, y muy especialmente, que sean amigos irreprochables de usted».[7]

Si algo caracterizó siempre a Trujillo y sus diplomáticos en la lucha contra la libertad de expresión fuera de sus fronteras, fue la conjugación de métodos expeditos y abiertamente represivos, con el soborno y la compra secreta de voluntades. Cuba no fue la excepción, sino un campo de permanente despliegue de iniciativas de este tipo. En febrero de 1936, en carta al Dr. García Mella, tras regresar de un viaje a Santo Domingo, Despradel dejaba claro que aquel viaje de periodistas cubanos al país, supuestamente promovido por *Avance* y *El Diario de la Marina,* había sido en realidad una idea de Trujillo, y en consecuencia, pagada secretamente a los directores de estos medios.

> Con las instrucciones que me diste en Ciudad Trujillo –afirmaba– me presenté en *El Diario de la Marina,* con el resultado que conoces [...]. Creo que la publicidad constructiva que hiciéramos en *El*

> *Diario...* tendría un efecto sedante sobre las malas voluntades que existen aquí, pero como bien apuntas, si lo hacemos [de forma demasiado notoria, debe agregarse] quedamos expuestos a las solicitudes molestas de los demás periódicos, que ya han comenzado a moverse para mandar agentes a nuestro país, con el objetivo de conseguir contratos. Sistemáticamente les estoy diciendo a todos –concluía– que el gobierno dominicano no paga publicidad en Cuba [...].[8]

El 12 de septiembre, en esta misma línea de fortalecimiento de las alianzas estratégicas, quedaba constituida la Cámara de Comercio Dominicana de La Habana, resultando electos como presidente el Sr. Clemens Landman, de la Compañía de Jarcias, como vicepresidente primero, Alfredo O. Cebeiro, de la Asociación de Industriales de Cuba, y como segundo vicepresidente, Eusebio Coterillo, de la Empresa Naviera.[9]

Era evidente, que, a pesar de las dificultades, las maniobras de Trujillo empezaban a dar sus frutos, limando paulatinamente asperezas con los nuevos gobiernos cubanos, el de José A. Barnet, que sustituyese a Mendieta desde el 11 de diciembre de 1935, y el del presidente Miguel Mariano Gómez, que relevase a Barnet, a partir del 20 de mayo del año siguiente.[10] Una muestra de ellos fue que, a pesar del pesimismo inicial de Despradel, si participó en representación de su país, como invitado de honor, en todos los actos del 18 de noviembre de 1936, al conmemorarse el centenario del natalicio de Máximo Gómez. Dos unidades de la Marina de Guerra cubana, al mando de Enrique Recio senador y comandante del Ejército Libertador, fueron enviadas a Ciudad Trujillo para entregar un busto y tarja en bronce del Generalísimo, donados al pueblo dominicano.[11]

Al asumir el poder Federico Laredo Bru, tras la destitución de Miguel Mariano Gómez, la apreciación que hacía Despradel en un extenso informe sobre su propia gestión, enviado a la Secretaría de Estado, subrayaba que era con Batista con quien Trujillo debía mantener las mejores relaciones, pues se perfilaba en Cuba como el verdadero factor de poder.

> El ambiente político gubernamental –afirmaba– dejó ver muy claramente el predominio que tiene el coronel Fulgencio Batista, quien entra en este momento a dirigir los poderes públicos de un modo más directo. Por la orientación que lleva este gobierno –concluía–, me parece que debemos aprovechar esta oportunidad para estrechar más los nexos, [...] procediendo, desde luego, con la calma debida y sin prodigaciones por nuestra parte.[12]

Pero todo tuvo su maduración durante ese año decisivo que fue 1936, cuando Trujillo comprendió, a su pesar, que Batista era su hombre en Cuba.

Una exquisita neutralidad

Mientras se eclipsaba la estrella revolucionaria de la generación de Estrella Ureña, Ángel Morales y Federico Velázquez, representantes de la vieja escuela de opositores a Trujillo, y sus diplomáticos en La Habana se burlaban del ocaso de los «pseudo revolucionarios», una nueva generación de exiliados políticos continuaba arribando a las costas de Puerto Rico, Venezuela, Estados Unidos, y sobre todo, de Cuba. Entre ellos llegaba, a fines de 1935, un recién amnistiado Dr. Juan Isidro Jiménez Grullón,[13] encarcelado por complotar contra la vida del Jefe en la ciudad de Santiago de los Caballeros, No más llegar a la isla, visitó el Consulado General dominicano para expresar a Villanueva que «[...] su permanencia en esta ciudad era de índole profesional, y que no se metería en asuntos políticos».[14] Por supuesto que no cumpliría la promesa, convirtiéndose junto a Juan Bosch, en una de las principales figura de la nueva hornada de exiliados revolucionarios antitrujillistas.

En República Dominicana, un estridente trujillista, como Tomás Hernández Franco, repuesto de las heridas recibidas en la guerra contra Despradel, era consolado el 7 de enero por el dictador con el nombramiento de subsecretario de Industria y Comercio, y la ciudad capital, a partir del 11 del propio mes, a propuesta del senador Mario Fermín Cabral, era rebautizada como Ciudad Trujillo. Por la misma fecha en que el futuro jefe de los sicarios en el exterior, un incontrolable asesino en serie llamado Félix Wenceslao Bernardino Evangelista[15] era condenado a tres años de prisión por el homicidio de Antonio Dalmasí, el glorioso Generalísimo, Benefactor y Padre de la Patria Nueva invertía en la compra de inmuebles en Cuba a través de sus hombres de paja, y muy especialmente, de José Bellón Fernández, el obsequioso sobrecargo cubano del vapor *Cuba*.[16]

En febrero, Despradel retomaba las órdenes recibidas de promover la candidatura de Trujillo y Vincent, presidente de Haití, al Premio Nobel de la Paz, como recompensa por el acuerdo fronterizo firmado el año anterior. El 21 acusaba recibo de los folletos propagandísticos que le habían sido remitidos desde Santo Domingo y enviaba un listado de 30 instituciones a las que se remitirían, solicitándoles su apoyo, entre ellas, las Academias de Ciencias Físicas y Naturales, de Historia, y de Artes y Letras; la Asociación de Veteranos, el Club Rotario, el Casino Alemán, el American Club, el Havanna y Miramar Yacht Club, Pro-Arte, Ateneo de la Habana, los Centros

Andaluz, Gallego, Vasco y Asturiano, y hasta... el Club Gallístico y el Club de Cazadores del Cerro.[17]

La promoción de los presidentes Trujillo y Vincent al Nobel no prosperaría, pero no por falta de gestiones y entusiasmo de los diplomáticos dominicanos en Cuba. A finales de marzo, Despradel informaba a la Secretaría de Estado que, tras el fracaso de la gestión, realizada en diciembre de 1935, con el Dr. Sánchez de Bustamante, estaba intentando contactar a otros cubanos que eran miembros de organismos internacionales,[18] tales como la Corte Internacional de Justicia y la de Arbitraje de La Haya, y que no podía recabar el apoyo de legisladores, ni catedráticos universitarios «[...] por llevar el Congreso y la Universidad tres años cerrados».[19] Cuando, al fin, pudo entrevistar a alguno de ellos, como Dolz, Céspedes y Torriente, estos le expresaron tener su voto comprometido, desde 1934, con el canciller brasileño Mello Franco, por su mediación en el conflicto fronterizo entre Colombia y Perú, aunque afirmaron, conciliadoramente, que de no prosperar esa propuesta, «[...] tendrían mucho placer en darnos su voto, siempre que los demás cubanos estuviesen de acuerdo, pues solían votar unidos».[20]

Apenas ocho días después de Bonetti Burgos haber tomado posesión como secretario de Estado para las Relaciones Exteriores, enviaba a Despradel una carta amenazante y llena de reproches por su supuesta pasividad ante un renacer de la campaña de los exiliados dominicanos en Cuba, cuando se les creía definitivamente silenciados. Era evidente que el contenido de la misma, y aún su tono, le habían sido dictados por el propio Trujillo, en alguno de sus frecuentes accesos de cólera, y era el resultado de informes exagerados y alarmistas que, por su vía, enviaba el cónsul Villanueva.[21]

> Ha observado esta Secretaría –escribía Bonetti Burgos– una nueva intensificación de la campaña

de procacidades de alguna prensa de esa República contra nuestro gobierno y su ilustre gobernante [...]. Las demasías en que incurren no pueden ser miradas con indiferencia por los funcionarios dominicanos. Por estar al frente de esa Legación un funcionario que a sus dotes agrega la de ser amigo devotísimo del Presidente –concluía– no considero necesario trazarle normas, ni marcarle pautas.[22]

No se trataba de una paternal admonición, sino de una insatisfacción en toda regla, y cada funcionario trujillista de La Era sabía muy bien cómo podía terminar. Por ello, Despradel se apresuró a efectuar sus descargos, contenidos en su carta al Secretario de Estado del 21 de marzo,[23] en la que proclamaba: «[...] precisamente, por mi condición de amigo devotísimo del Presidente, no cedo a nadie la primacía de defender su nombre esclarecido y su actuación de estadista», pasando las responsabilidades por la denodada campaña de prensa antitrujillista en la isla a las autoridades cubanas «del tipo revolucionario», a las que calificaba de «[...] débiles ante la anarquía comunista, que aún impera en Cuba, aunque considerablemente reducida por los esfuerzos del coronel Batista». Para el Ministro cuestionado, «[...] la prensa cubana, en su mayor parte, está constituida por órganos dirigidos de forma irresponsable, presionada por políticos, estudiantes y obreros que parecen poseídos de insania destructora, y que son enemigos naturales de todo lo que represente orden y estabilidad». En este medio adverso a los intereses que representaba en La Habana, Despradel enumeraba «[...] las cinco veces, por lo menos, que he presentado protestas a la Secretaría de Estado [cubana], por insultos contra nuestro gobierno, pero si los que formaban el gobierno cubano no tiene medios de evitar que los maten,[24] ametrallados o escopeteados, ¿cómo podrían evitar que insulten a un gobierno extranjero?».

Al final de esta reveladora carta, Despradel señalaba que la anarquía descrita, y la relativa impunidad de los enemigos de su gobierno, tuvo lugar después de la caída de Machado, y hasta la presidencia de Mendieta, pero que después «[...] del aplastamiento sangriento por el Ejército de la huelga de marzo de 1935, **el saludable temor que ha prevalecido desde entonces**, ha reducido considerablemente el desorden y la indisciplina, y solo de tarde en tarde se publica algo contra nuestro gobierno», a lo que sumaba que se había logrado aislar a los exiliados dominicanos de las élites de poder del país. «Jamás nos hemos encontrado con ninguno de nuestros enemigos –concluía– en parte alguna donde se reúna la gente que influye y decide en esta tierra».[25]

A pesar de las componendas, escaramuzas, emboscadas internas, y de la sorda lucha por el poder que se adivinaba tras incidentes como el anterior, la Legación dominicana en La Habana continuaría su habitual labor propagandística y represora, durante todo 1936, y con Despradel a la cabeza. Por aquellos mismos días, la Secretaría de Estado le indicaba distribuir por la ciudad, «con rapidez y eficiencia», ejemplares de una edición laudatoria a Trujillo, pagada por la Legación dominicana en los Estados Unidos, y publicada por el *Washington Herald,* en una tirada de 55,000 ejemplares.[26]

En la misma línea de propaganda, Despradel recibió en mayo de ese año, una propuesta de Marco Antonio Dolz, director de *Prensa Libre, Diario Hablado del Aire,* para poner la emisora, según sus propias palabras, «[...] al servicio de usted y del gobierno dominicano, sin que nos guíe espíritu de lucro de ninguna clase».[27] Era notable la ampliación, lenta pero constante, del bloque de órganos de prensa cubanos, y de periodistas venales, que se sumaban a la corriente del dinero trujillista.

Una importante entrevista entre Despradel y Caffery, el embajador norteamericano en la isla, fue concertada por órdenes directas de Trujillo, y tuvo lugar el 23 de marzo. El Ministro dominicano había recibido «instrucciones verbales del Presidente», durante su reciente visita al país. El objetivo central era tratar lo que Despradel denominó en su informe «nuestro problema azucarero», para cuya solución se pedían los buenos oficios del representante norteamericano en Cuba,

> [...] para que nos ayude a conseguir la derogación por el gobierno cubano del Decreto de Grau San Martín[28] [...]. No conocía el Decreto y me prometió estudiarlo y ver qué se hace para impedir el *dumping* de los azúcares cubanos, que tanto están perjudicando nuestras ventas a Inglaterra.[29]

Otras cuestiones tratadas fueron el agradecimiento a Trujillo expresado por Caffery, «[...] por haber propuesto que Washington fuese la sede permanente de la Conferencia Panamericana», y, lógicamente, la situación interna del país.

> Él cree –informaba Despradel– que Gómez y Batista desean mantener buenas relaciones, pero tienen amigos que los incitan, a uno, a recuperar la cabalidad del gobierno civil, obligando al Ejército a circunscribirse a sus funciones; y al otro, a no ceder ninguna de sus prerrogativas que las continuas omisiones y debilidades de los gobiernos de Mendieta y Barnet han puesto en manos del coronel Batista.[30]

A finales de marzo de 1936, el cónsul Villanueva, quien llevaba en la legación las tareas de inteligencia y la misión de fomentar relaciones con los mandos militares y policíacos cubanos, escribió directamente a Bonetti para proponerle otorgar a cuatro altos oficiales, entre ellos al coronel Batista, «[...] condecoraciones, por los vínculos de amistad, y especialmente con el Ejército cubano, el cual es la única institución fuerte y poderosa que ha impuesto orden y respeto en este país».[31]

A principios de abril, Bonetti sometió a la opinión de Despradel esta propuesta, recibiendo como respuesta una aguda reflexión sobre la política cubana del momento y el papel que venía jugando en ella Batista. Despradel recomendó a la Cancillería esperar y no precipitarse en el otorgamiento de tales condecoraciones.

> No debe nuestro gobierno dar ese paso, por ahora –expresaba– pues estamos rehaciendo las relaciones con este gobierno, y me parece prudente esperar los acontecimientos que se desarrollarán después de la toma de posesión [del presidente Miguel Mariano Gómez]. Esta opinión se basa en la incertidumbre que prevalece respecto a las relaciones que existirán entre el presidente Gómez y el coronel Batista.[32]

Despradel tenía razón. Las relaciones entre el Presidente electo y el Jefe del Ejército siempre fueron tirantes, al extremo de que el primero no lograría terminar ni siquiera el primer año de su mandato. Batista y la oligarquía cubana, en estrecha alianza con el gobierno norteamericano, veían con recelo y temor cada gobierno reformista, no hablando ya de los revolucionarios, porque después de la caída de Machado se les había escapado de las manos el control del país, con las consabidas afectaciones a sus intereses económicos. Batista ya contaba en su haber la sublevación de los sargentos, en septiembre de 1933, y los amagos de golpes de Estado contra Grau y Mendieta, además de la represión sanguinaria de la huelga de marzo de 1935, y el asesinato de Guiteras, todo lo cual le otorgaba la confianza de sus aliados y lo proyectaba como la figura de reserva para ocupar el poder, en caso de estallar alguna crisis. En este contexto, como bien analizaba Despradel, la convivencia de este proto-dictador con el primer Presidente democráticamente electo en el país, después de agosto de 1933, no podía ser, y no fue, ni cordial, ni pacífica. Y la cautela recomendada no era por pruritos democráticos, sino todo lo contrario: Batista era ya el hombre de Trujillo en Cuba, y había que proteger y trabajar por anudar estrechamente esta relación.

En la batalla que se adivinaba en el horizonte político cubano, durante las semanas que antecedieron a la toma de posesión del nuevo Presidente, las relaciones con República Dominicana jugaban un importante papel. Las dos facciones enfrentadas se apresuraron a buscar el apoyo de Trujillo, dejando a un lado cualquier remilgo anterior. «En reciente visita, el Dr. Lamar –escribía Bonetti a Despradel– me expresó la complacencia con que se vería que el gobierno dominicano acreditase una Embajada Especial para el acto de toma de posesión del presidente Gómez».[33]

El 16 de mayo de 1936 arribó al puerto de La Habana, Tulio M. Cestero, quien se desempeñaba como ministro de la Legación en México, y había ocupado igual cargo en Cuba. Su llegada obedecía a haber sido designado para encabezar, junto a Despradel, la Embajada Especial dominicana a la toma de posesión presidencial que tendría lugar el 20 de mayo. Hubo entrega de copia de las credenciales en la Cancillería, siendo recibidas por el subsecretario, Dr. Morales Coello.[34] La sesión solemne de acreditación tuvo lugar el 18 de mayo, en Palacio. En esa ocasión el presidente provisional, Dr. Barnet, anunció la designación del Dr. Anselmo Díaz del Villar, como embajador extraordinario y ministro plenipotenciario en República Dominicana, con lo cual se restablecían las relaciones, al más alto nivel.[35] El nuevo Presidente juró su cargo el 20 de mayo al mediodía, en el Salón de los Espejos de Palacio.

A pesar de que el horizonte de las relaciones bilaterales parecía despejado, eso no calmaba a un siempre vigilante y receloso Trujillo. Bonetti no dudó en recordarle a Despradel, a principios de junio, que «[...] todo cuanto se relacione con Estrella Ureña y sus actuaciones, tiene gran interés e importancia para el gobierno, y para usted, que es su representante en esa capital».[36] A esto respondería Despradel con una larga carta en la que recordaba a su superior que «[...] en los informes que al menos una vez al mes envío directamente al Sr. Presidente, nunca dejo de decirle la verdadera situación aquí de los enemigos del gobierno».[37] Refutando comentarios acerca de la supuesta beligerancia de este grupo, según declaraciones del líder exiliado publicadas en Puerto Rico, Despradel reafirmaba: «[...] todos los dominicanos que están aquí alrededor de Estrella Ureña, están llenos de necesidad por falta de recursos y trabajo, y todos, sin excepción, desean salir de Cuba».[38]

En su carta, Despradel corroboraba las conclusiones a que había arribado antes sobres las perspectivas de este grupo y su verdadero significado, más o menos lo que siempre había informado en sus cartas a Trujillo.

> Yo, sinceramente, creo –sentenciaba– que hablar tonterías y proferir balandronadas a plazo ilimitado, que es lo único que él ha hecho hasta ahora, no es revolucionar, sino perder el tiempo y ponerse en ridículo [...]. Sin recursos, ni Estrella Ureña, ni nadie puede ser un peligro para nuestro gobierno, [lo mejor] es que se consuman en su propia insignificancia e impotencia mientras los vigilamos constantemente [...]. Supe que Estrella Ureña va a publicar próximamente un folleto histórico sobre la ocupación francesa de Santo Domingo. Como podrá

usted apreciar, un verdadero revolucionario no tiene tiempo, ni espíritu, para ocuparse de cosas tan plácidas como los estudios históricos.[39]

Sobre este particular volvería Despradel, en un informe remitido en julio a la Secretaría de Estado, cuando comunicaba que Estrella Ureña «soñaba» con llevar a Hollywood estas investigaciones, con la esperanza de que se convirtieran en el guión de una película. «Veremos si con este señor llega a ocurrir –ironizaba– algo semejante a lo sucedido con el ex presidente de México, Sr.Huerta, que en su exilio en Los Ángeles se convirtió en un renombrado maestro de canto».[40]

Desde su insomne puesto de centinela trujillista, Despradel no solo utilizaba su estancia en Cuba para vigilar a Estrella Ureña e informar a su Jefe sobre la marcha de la política interna. El 1° de mayo alertaba a la Secretaría de Estado acerca de un folleto turístico de la Cunnard White Star Line, compañía naviera inglesa que ofertaba recorridos por el Caribe, pues «[...] la propaganda que hace sobre nuestro país la considero falsa y perjudicial. Si no se ha hecho –recomendaba– sugiero que nuestra Legación en Londres o Washington trate de obtener que la Compañía lo retire de la circulación, o lo destruya».[41] También enviaba un folleto con el Reglamento de las cárceles cubanas, que le había sido solicitado. Una finta para recuperar el buen nombre de vigilante insomne y leal, que Bonetti había puesto en entredicho con sus señalamientos y reconvenciones.

En julio de ese año ya era muy visible la brecha que separaba al presidente Gómez del Jefe del Ejército. De esta fecha datan los primeros informes que Despradel envió a Trujillo y a la Secretaría de Estado, con análisis detallados de los sucesos, evidenciando el avance constante de Batista y la pérdida de terreno del mandatario electo por el pueblo. El 7 de julio, el Ministro dominicano informaba sobre «la pérdida de confianza del pueblo en el presidente Gómez y en las Cámaras Legislativas [...]. Estas últimas sólo han hecho ocuparse de los intereses personales de sus miembros»,[42] lo cual contrastaba con las maniobras abiertas que el coronel Batista realizaba para minar el terreno por el que se movía el gobierno, llegando al extremo de preparar, junto al coronel Pedraza, un golpe de Estado.

La gravedad de la situación era así descrita por Despradel, en su informe, que curiosamente, era crítico de la actuación del militar conspirador, tono que iría bajando gradualmente, en la misma medida que Batista se afianzaba como fuerza política decisiva en el país, bajo la complacida mirada de Trujillo:

> El coronel Batista sigue siendo un elemento perturbador [...] manteniendo entre sus manos el control de más de la mitad de los legisladores y reservándose el derecho de obstruccionar las leyes y medidas que le convienen. No se guarda de exteriorizar sus actividades políticas, con grave perjuicio para la moral del Ejército, dejando de ser un instituto armado para convertirse en una agencia política que trabaja para su Jefe [...]. La crisis llegó, en días pasados, al extremo de prepararse entre los militares un golpe para derrocar a Gómez y sustituirlo por el coronel Mendieta, que se negó, aconsejando cálidamente a Batista y Pedraza no hacerlo y manteniendo una larga conferencia en Palacio con el Presidente. Se dice que el Embajador norteamericano hizo saber a Batista que su gobierno no vería con gusto estos planes [...]. La deuda cubana ha ascendido a $100 millones.[43]

El 21 de julio, Despradel informaba a su gobierno acerca del proyecto presentado al Presidente cubano por el congresista norteamericano Sirevitch, con el objetivo de que la isla acogiese una «útil emigración de judíos alemanes, para hacer de esta tierra una de las más prósperas de América».[44] Como era habitual, terminaba su comunicación señalando que se informase a Trujillo sobre el particular. Quizás de esta noticia, publicada en su momento en el periódico habanero *Avance*, haya surgido la idea, llevada a la práctica más adelante por Trujillo, de acoger emigrantes judíos, previo pago por el derecho de admisión, y asentarlos en la colonia de Sosua. También de que se estaban presentando problemas con los encuadernadores del lujoso Álbum de Oro, con el que Trujillo deseaba consagrar las glorias de su mandato. Al respecto Despradel alertaba que no podría cumplir el cometido de velar por la buena marcha del proyecto, si los señores Monteagudo y Escamez, sus autores, continuaban tomando decisiones por su cuenta, fuera de lo convenido, y sin avisarle.[45]

El 24 de julio, Despradel reportaba los resultados de una reunión a puertas cerradas sostenida entre el Presidente y Batista, con la presencia del general Montalvo, secretario de Defensa, y Cortina, secretario de Estado. En el encuentro, sostenido en la finca El Pilar, propiedad de Montalvo, «[...] el coronel Batista, que domina un gran número de Representantes y Senadores, se comprometió a apoyar los proyectos de leyes que presente el Ejecutivo, especialmente los relacionados con la Ley de Amnistía y la cuestión universitaria».[46] En esa misma carta a Bonetti, Despradel informaba que los exiliados dominicanos en Cuba estaban intentando emigrar hacia Venezuela, México y los Estados Unidos, y que se debía impedir, por todos los medios posibles, que lo hicieran con destino al primero de esos países «[...] donde ahora todo le es favorable para seguir vociferando contra nosotros».[47] Cuatro días después, al coincidir con Batista y altos jefes militares en el velorio de su suegro, Despradel tendría oportunidad de «cambiar impresiones muy cordiales con él, y otros altos jefes del Ejército».[48]

En ocasión de responder un cuestionario enviado a las Legaciones por Mario Fermín Cabral, presidente de la Junta Directiva del Partido Dominicano,[49] el ministro Despradel brindaba interesantes informaciones sobre la situación de los exiliados dominicanos en la isla y los grupos y partidos políticos cubanos considerados «amigos, enemigos o indiferentes». La razón del envío era coordinar el apoyo de los representantes trujillistas en el exterior, a la estación radial Hin, que se inauguraría el 18 de agosto, y sería la vocera oficial del Partido. Se les pedía monitorear las transmisiones, mandar informes confidenciales que pudiesen servir para la propaganda y denunciar las llamadas «calumnias y campañas del enemigo». Al final, un celoso y ordenado Despradel listaba 22 «enemigos», desde Estrella Ureña, Belisario Heureaux y Jiménez Grullón, hasta Plintha Woss y Gil y el coronel Alfonseca. Los «amigos» eran apenas seis, e incluían a Atilio León y al cónsul honorario Néstor E. Pou, mientras que los «indiferentes» eran siete. En cuanto a los partidos cubanos «amigos», se mencionaba al Liberal, Unión Nacionalista, Acción Republicana y Conjunto Nacional Democrático. Entre los «enemigos» estaban el Auténtico, el ABC y la Joven Cuba.

En los primeros días de agosto, la Legación informaba a la Secretaría de Estado[50] que Octavio Ureña, hermano del ex Presidente, y una de las principales figuras de las conspiraciones militares contra Trujillo desde Cuba, había partido «sigilosamente» hacia Nueva York, junto a su esposa, en lo que se interpretaba como consecuencia del fortalecimiento de la figura autoritaria y represiva de Batista, y su definitivo abandono de la causa dominicana, si es que alguna vez realmente la apoyó, en pos de pactar una alianza estratégica con Trujillo. En cuanto al resto de los exiliados, se reportaba que «[...] siguen el mismo sistema de vida, encontrando cada día más dificultades para ganarse el sustento».[51]

Entre agosto y septiembre la Secretaría de Estado emitía dos circulares con indicaciones a ser cumplidas por las Legaciones. En ambos casos, destinadas a continuar la vieja pelea de Trujillo contra la libertad de prensa en el resto del mundo. La del 4 de agosto, estaba dirigida a evitar que los diplomáticos dominicanos siguieran enviando peticiones de dinero «[...] para acallar campañas de difamación por parte de la prensa amarilla». Se les indicaba, en lo adelante, «limitarse a hacer refutaciones oficiales», pero se dejaba un resquicio para seguir repartiendo, según las prioridades trazadas por el dictador, el alpiste que estimulaba el canto de los canarios, al señalarse que «[...] lo anterior no obsta para que se brinden atenciones y cortesías a la prensa seria».[52]

La circular del 15 de agosto iba encaminada a alertar sobre la proyección del noticiero fílmico norteamericano *The March of Time*,[53] en algunas de cuyas emisiones se emitían conceptos supuestamente lesivos a la figura de Trujillo. Especialmente perseguido fue el noticiario número siete de la serie. En Santo Domingo la maquinaria propagandística trujillista movilizó el 22 de julio a miles de manifestantes, que se reunieron en el parque Colón para «expresar su repudio», y en el Palacio del Ayuntamiento alzaron su voz nueve oradores, con idéntico fin. Por su parte, el Ateneo Dominicano emitió una condena formal, que fue enviada a la Unión Panamericana, en Washington. Para aportar, como siempre, su granito de arena, un vivaz Despradel comunicaba desde La Habana a sus superiores que «[...] en distintas oportunidades he expresado a esa Secretaría de Estado de mis gestiones para evitar que dicha película [sic] se exhiba en los cines de esta isla, y a pesar de las promesas que se me han hecho, estaré alerta para evitar su proyección».[54]

En Cuba, la rápida gestión de los diplomáticos dominicanos, mediante la denuncia de Despradel ante la Secretaría de Estado, y la visita personal de Fernando A. Batlle, primer secretario de la Legación, a Pedro Sáenz, representante en la isla de la RKO, empresa que distribuía la serie, logró que Antonio Beruff, subsecretario de Gobernación, prohibiese la exhibición que estaba prevista, en el teatro Fausto, entre el 11 y el 14 de septiembre. De todo ello dio fe el Dr. Morales Coello, en carta al Ministro dominicano.[55]

El 23 de septiembre, Despradel sostenía una reunión de una hora con el canciller Cortina.[56] El objetivo de la misma fue solicitar el apoyo de Cuba, durante la próxima Conferencia Panamericana de Buenos Aires, a uno de los tantos proyectos de Trujillo que buscaban otorgarle protagonismo internacional, como si de un gran estadista se tratase, y a la vez, mejorar su imagen exterior, en este caso, la propuesta de crear una Sociedad de Naciones Americanas. El gobierno del presidente Gómez prometió brindarle apoyo a la delegación dominicana. Una semana después informaba sobre la conferencia dictada por el Dr. Juan Isidro Jiménez Grullón, en el teatro Martí de La Habana, bajo el auspicio de la progresista Institución Hispano-Cubana de Cultura, presidida por el Dr. Fernando Ortíz, con el tema «Evolución histórica del pueblo dominicano». En su informe, Despradel apuntaba que el conferencista había abordado el tema «con mesura y respeto, sin aludir nombre de personas».[57] Pronto sus informes sobre Jiménez Grullón dejarían de ser tan apacibles.

El 13 de octubre, el Dr. Fernando A. Batlle, uno de los diplomáticos de la Legación dominicana en La Habana, remitía a la Secretaría de Estado el ejemplar número once de la revista *Isla,*[58] por contener

> [...] la primera manifestación pública en contra nuestra que hace el Dr. Jiménez Grullón, desde

> que se encuentra en nuestra capital. La revista es un órgano independiente, de reciente fundación, cuyos escritores y colaboradores son escritores jóvenes, de gran independencia y fuerte relieve en el ambiente cubano.[59]

La reacción de Despradel, ante el nuevo frente que se abría en un panorama que ya daba por pacificado, no requirió de instrucciones superiores. Ante la publicación del artículo titulado «Trujillo y la miseria dominicana», expresó a la Secretaría de Estado que «es necesario tomar una acción definitiva para impedir que esto pueda continuar»,[60] lo cual, en el lenguaje trujillista, significaba permiso para silenciar, a como diese lugar, a este nuevo adversario que se perfilaba mucho más peligroso que los tradicionales seguidores de Estrella Ureña, y que había sido acogido por los más brillantes intelectuales jóvenes de la isla.

> Dispuse que Villanueva se entrevistase con el Jefe de la Policía Nacional, coronel Pedraza, mientras yo me dirigía a la Secretaría de Estado -informaba-. El Dr. Morales Coello me prometió hacerle llamar [al Dr. Jiménez Grullón] para que escogiese entre el silencio discreto y la persecución mediante la Secretaría de Gobernación, con el posible final de un expediente para echarlo de Cuba, pues la Policía le sigue la pista desde hace días, por considerarlo adicto a las ideas y procedimientos de notorios comunistas de este país. El coronel Pedraza le dijo a Villanueva que le haría llamar, junto a otros dominicanos cuyas actividades desagradaban a la Policía, para decirles, claramente, que no se puede atacar al Jefe de un gobierno amigo desde territorio cubano.[61]

Muy a su pesar, y sin que las medidas prometidas se hubieran puesto en vigor, Despradel informaría a la Secretaría de Estado, apenas 15 días después, que acababa de ser publicado en La Habana, y ya circulaba en las librerías, el libro de Jiménez Grullón *Luchemos por Nuestra América,* con prólogo de José Vasconcelos.[62] Sin duda, algo que debió preocupar sobremanera a Trujillo y a sus representantes en la isla.

Aún en la entrevista sostenida con el subsecretario de Estado, Dr. Morales Coello, que tuvo lugar el 31 de octubre, Despradel le entregó un ejemplar de la revista *Isla* con el artículo de la discordia, recibiendo de este la promesa de llamar a su Director, el Dr. Santovenia «[...] para expresarle el deseo que tiene la Secretaría de Estado, de que no se ataque a un Jefe de estado amigo».[63]

El día antes, Despradel había recibido unas indicaciones de Trujillo, a través de Bonetti Burgos, sobre el caso de Jiménez Grullón y su padre. Tras afirmar que el Sr. José Manuel Jiménez estaba enviando copias del artículo escrito por su hijo a personas de la capital dominicana, en sobres con membretes de instituciones profesionales y culturales cubanas, Bonetti comunicaba a Despradel que «[...] el presidente Trujillo le ha indicado estar advertido y que considere la conveniencia de limitar, y hasta cortar definitivamente las relaciones que tenga, o haya podido establecer, con estas personas [...]».[64]

En la recta final del año 1936 se precipitarían los acontecimientos.

> [...] La situación política cubana se va acercando a una peligrosa crisis –analizaba el Ministro dominicano– que terminará con el prevalecimiento [sic] absoluto del coronel Batista y con la salida del poder del Dr. Gómez, a quien se obligaría a renunciar; o con el fracaso de los planes del coronel, que podrían ser derrotados por el veto de Washington

> al golpe de Estado que se me asegura dará Batista después del 4 de noviembre.[65]

Entre las señales del agravamiento de la crisis, Despradel citaba la renuncia de Walter del Río, secretario de Hacienda, y de Manuel Hartman, director de la Renta de la Lotería, ambos cercanos colaboradores del presidente Gómez, ante

> [...] los constantes asedios y exigencias de los militares de cargos para amigos y parientes, pero como la Renta de Lotería es el departamento que ha servido de base tradicional para las componendas y ayudas financieras conque obsequia el Ejecutivo a sus amigos y protegidos, el Presidente no ha aceptado la de este último [...]. La lucha sorda y despiadada sigue en pie.[66]

A finales del mismo mes, una nueva operación de Trujillo en Cuba provocaría otro escándalo. En La Habana, agentes a sueldo del dictador interceptaron una carta para Estrella Ureña que le enviase su hermano Tavo, desde Nueva York, haciéndola llegar a Santo Domingo. Despradel recibiría una copia fotostática anexa a una misiva confidencial de Bonetti Burgos, de todo lo cual acusaría recibo en carta del 31 de ese mismo mes. Por indicaciones de Trujillo, informaba, solicitó una entrevista con el Dr. Morales Coello, subsecretario cubano de Relaciones Exteriores, con el objetivo de mostrarle el contenido de la misiva robada y que tomase nota de los nombres en ella mencionados. Al parecer, el texto exponía detalles de la relación política entre Fello Brache, Estrella Ureña y Ángel Morales y mencionaba que un tal Sr. Elizalde, recientemente llegado a Cuba desde Nueva York, había traído en su equipaje personal un saco supuestamente perteneciente a Belisario Heureaux, uno de los hijos del asesinado presidente Ulises Heureaux, y miembro del servicio diplomático cubano, que iba destinado, en realidad, a otro exiliado dominicano de apellido Almonte. La ridícula denuncia, acompañada de la exigencia de adoptar medidas legales contra Heureaux[67] y Elizalde por haber burlado al fisco nacional, amparando esa ropa en las franquicias vigentes para los diplomáticos, fue rechazada por el Dr. Morales Coello por carecer de pruebas y ser impracticable.

En cuanto a la parte política del asunto, según Despradel, el Subsecretario «[...] tomó nota de todo y me prometió adoptar las medidas requeridas para impedir todo movimiento subversivo contra nosotros»,[68] aprovechando la ocasión para enseñar al Ministro dominicano, un ejemplar del periódico *La Opinión,* en su edición del 2 de octubre, «[...] donde se maltrata el amor propio del presidente Gómez, rogándome hacer lo posible para que el gobierno impida que se publiquen noticias mortificantes para su cuñado».[69] Sobre este particular, Despradel concluía recomendando «[...] que se evite, en lo posible, esta clase de escritos». Estas componendas, sin dudas, recordaban los buenos viejos tiempos en que Machado y Trujillo intercambiaban favores represivos.

La reunión que Despradel narra en su carta, permitió abordar otro asunto mucho más delicado: la relación conflictiva y peligrosa que existía entre el Presidente cubano y el Jefe del Ejército. Tras sondear a su interlocutor, buscando confirmar «si gozaba de la confianza íntima de nuestro Presidente», el Dr. Morales Coello preguntó si sabía de las declaraciones:

> [...] que le habían hecho [a Trujillo] ciertos distinguidos funcionarios extranjeros respecto a la situación política cubana, presentándole al coronel Batista como la única autoridad de este gobierno, y al presidente Gómez como un títere sometido a

> sus deseos [...]. Deseaba que le transmitiera que el Presidente, su familia y amigos, agradecían profundamente los sentimientos de amistad y de consideración que había hecho llegar nuestro Presidente al presidente Gómez, a propósito de los conceptos expresados contra este último. Le aseguré que el presidente Trujillo estaba siempre con la legalidad, sin que pudieran contar con su apoyo, ni su simpatía, las actividades contra los gobiernos legalmente constituidos.[70]

El 3 de noviembre, Despradel volvía a escribir al Secretario de Estado acerca de esta entrevista, aportando más detalles. Comentaba que ya Belisario Heureaux se había jubilado y que se hallaba gravemente enfermo del corazón, por lo que dejaba de ser un objetivo a tener en cuenta. También que el Dr. Morales Coello había brindado «[...] la mejor acogida a mi sugerencia de que este gobierno mantenga una constante vigilancia sobre las actuaciones de Estrella Ureña y sus compañeros, para ver si logro, al fin, hacerlo salir de aquí, que es lo que más deseo».[71] Finalmente anunciaba que en la reunión se había convenido celebrar «una entrevista discreta» con el presidente Gómez, para expresarle que el gobierno dominicano quería establecer «[...] las mejores relaciones bilaterales, sobre la base ineludible de que se imposibilite a nuestros enemigos que puedan actuar contra nosotros, de ninguna manera».[72]

Dos días después el Ministro dominicano en La Habana dedicaba su carta a reseñar las medidas tomadas para silenciar al Dr. Jiménez Grullón, afirmando: «[...] no descansaré hasta lograr que no se atreva a escribir nada contra el gobierno dominicano, y que se le haga salir de aquí, por comunista».[73]

El clímax de la breve luna de miel entre los gobiernos de ambos países tuvo lugar apenas un mes antes de la destitución del presidente Miguel Mariano Gómez, en ocasión de conmemorarse, el 18 de noviembre de 1936, el centenario del natalicio de Máximo Gómez. Marcó, sin dudas, el reinicio de las relaciones cordiales entre ambos Estados, y un espaldarazo público a la tiranía trujillista, además de un éxito para su diplomacia. Si no tuvo mayor impacto se debió a lo efímero del gobierno cubano, caracterizado por Despradel como «muy cordial»[74] hacia los intereses que representaba.

El gobierno de Gómez tomó la decisión, no solo de conmemorar en Cuba el centenario del natalicio del Jefe del Ejército Libertador, sino de enviar un testimonio de justo reconocimiento a su patria de origen, simbolizado en un busto de mármol blanco de Carrara, con los escudos de Cuba y República Dominicana, y una tarja de bronce para Baní, su pueblo natal. Para dar mayor relevancia a la ceremonia, los presentes fueron acompañados por una delegación compuesta de tres congresistas, un historiador, y un nieto de Máximo Gómez, en representación de su familia. La comitiva, acompañada de un destacamento militar cubano compuesto por 222 alistados y 18 oficiales, se trasladó en el crucero *Patria,* de la Marina de Guerra, y en el transporte *Columbia.* También viajaron algunos periodistas.

La delegación oficial cubana a los actos conmemorativos por el centenario fue presidida por el senador Enrique Recio, comandante del Ejército Libertador.[75] La componían el también senador Electo Rosell, el representante Juan Francisco López, presidente de la Comisión de Relaciones Exteriores de la Cámara, el Dr. Salvador Salazar, historiador y profesor de la Universidad de La Habana, y Rafael Gómez Calas, nieto de Gómez.[76] Al frente de las tropas, y como representante personal de Batista, se designó al teniente coronel Ferrer. La comitiva salió de Santiago de Cuba el 15 de noviembre, arribó el 17 y regresó el 19.

Luego se sabría, por carta de Despradel a Bonetti del 23 de noviembre, que la comisión que viajó a Santo Domingo había sido escogida por Batista, lógicamente, entre sus incondicionales. Teniendo como telón de fondo la lucha por el poder que transcurría tras bambalinas, no fue más que otra acción ofensiva del coronel, e indicaba que tener a Trujillo de aliado, era importante para ambas partes, o lo que es lo mismo, que ya su régimen influía sobre la política doméstica. La intromisión de Batista, *manu militari,* «[...] causó cierto resquemor en el amor propio del gobierno civil –escribiría Despradel–. Esta es una lucha encarnizada, aunque sorda, y no debemos comprometer carta alguna, todavía [...]».[77]

Contrariamente a lo que recomendaba, el Ministro dominicano en La Habana si tenía su preferencia definida en esta guerra subterránea por el poder, y estaba del lado de Batista. «Aconsejo tratar a Comisión [cubana] entera como [si fuéramos] oportunistas amigos de Gómez y Batista»[78] –fue su recomendación final–. Días antes había sugerido que «[...] a los miembros de la Comisión se les dé ocasión de conversar por un rato con nuestro querido Presidente, y vean los progresos**, para que puedan ser voceros de justicia en nuestro favor, cuando regresen aquí».**[79] Y así ocurriría, pues después de la visita varios de sus miembros actuarían, en la política cubana, como agentes al servicio de Trujillo.

También Trujillo tendría su presencia en la celebración cubana del centenario de Máximo Gómez. Al informar a la Secretaría de Estado sobre los actos celebrados en La Habana, Despradel apuntaría que el 18 depositó una ofrenda floral con los colores de la bandera dominicana ante el monumento al prócer, y que esta llevaba una cinta con la inscripción «El presidente Trujillo Molina, a su glorioso compatriota, el Libertador de Cuba».[80]

Por supuesto que el régimen trujillista captó, desde el inicio, el filón que sumarse a la conmemoración podría significar para mejorar su imagen ante la opinión pública nacional. En otro de sus informes, Despradel confirmaba que «[...] en los festejos de Gómez se pudo apreciar el respeto y la devoción ilimitados que se guarda aquí a la memoria del Caudillo». Sobre esta base, valoraba altamente el eco que había tenido en la prensa cubana la conmemoración en Santo Domingo.

> Indudablemente –afirmaba– ha llegado el momento de aprovechar las favorables circunstancias [presentes] para asegurarnos, con nuestra amistad con el gobierno y el Ejército, contra lo que pudieran desde aquí, un día, intentar nuestros enemigos. Debemos ahora seguir tratando tanto al presidente Gómez como al coronel Batista, [...] para que no se nos pueda tildar de parciales.[81]

La maquiavélica obsesión de Despradel por ofrecer una supuesta imagen de imparcialidad, fue una constante durante los meses finales de 1936, llegando a ser el *leit motiv* en todas sus cartas e informes de entonces. «Lo único que nos conviene es que ambos contendientes nos consideren sus amigos –sentenciaba– ya que abrigan la esperanza de poder contar con nosotros, como posible punto de apoyo, en el momento de los apuros».[82] Y para ilustrar las ventajas de esta posición, narraba que había tenido ocasión de hablar con Batista, «[...] quien se expresó de forma muy elogiosa y agradecida del tratamiento que ha dado el presidente Trujillo a su representante personal, el teniente coronel Ferrer».[83] Eufórico ante las perspectivas de las amistades cultivadas en las altas esferas de la política cubana, Despradel informaba que en el periódico *Avance* del 21 de octubre, se había publicado la querella de Estrella Ureña, presentada a la Policía de La Habana, por el robo de la carta de su hermano Tavito, y publicada en *El Listín Diario.* «Naturalmente –concluía, con cinismo, y sabiendo asegurada ya la complicidad de esas mismas autoridades–, esto, y tirar piedras al vacío, es lo mismo».[84]

El 1° de diciembre, Despradel informaba a la Secretaría de Estado que «[...] el periodista que más ha escrito sobre su visita [a Santo Domingo, formando parte de la delegación cubana a los festejos del centenario] ha sido el señor José Sánchez Arcilla, con una columna diaria en *Avance*».[85] Se trataba de un periodista y dramaturgo nacido en Madrid, quien, junto a Agustín Rodríguez, había escrito el libreto de la zarzuela cubana *Cecilia Valdés,* y que en los años 40 escribiría los más de 960 capítulos de la radionovela *El collar de lágrimas.* Sería también reportero de *El Diario de la Marina,* y enviado a la zona franquista, desde donde cubrió la marcha de la Guerra Civil. Desde este periódico, y a partir de su visita de 1936, Sánchez Arcilla demostrará ser un aliado incondicional del trujillismo y uno de sus principales promotores en Cuba, es de suponer, que cobrando generosamente por sus servicios. El 21 de diciembre, siguiendo sus interesadas alabanzas, también publicará en la revista *Carteles* otro artículo con ditirámbico título: «Impresiones de un viaje al país que jamás se olvida: Santo Domingo».

Pero no sólo Sánchez Arcilla regresó ganado para la causa de la dictadura, sino también el senador López Recio y el teniente coronel Ferrer. La Secretaría de la Presidencia dominicana se apresuró a enviar a Despradel, a finales de noviembre, un resumen de los contactos sostenidos con ellos y las promesas realizados por estos.

> Estoy cultivando la amistad de ambos, con tacto y constancia –reportaba el representante dominicano en Cuba– a ver si se consigue que de las ofertas hechas en el calor del entusiasmo de la visita, se cumpla, aunque sea una parte [...]. El teniente coronel Ferrer vino hoy a conversar un rato conmigo

> (me ha visitado tres veces desde que regresó) [...]. No me cansaré de repetir que todo esto debemos tomarlo a beneficio de inventario, empeñándonos en **mantener una exquisita neutralidad**, que sería fuente segura de la amistad de ambas partes y modo de conservar su buena voluntad para ayudarnos a limpiar esto de enemigos nuestros.[86]

Lo que buscaban los diplomáticos trujillistas cultivando estas amistades por encargo expreso del Jefe, no era solo acabar con la oposición a su gobierno asentada en la isla, sino también influir sobre la política nacional, en su intensa búsqueda de un firme aliado dentro del gobierno cubano. El objetivo de este cortejo estaba claramente definido en la carta del Secretario de Estado de Relaciones Exteriores dominicanos a su Ministro en La Habana, fechada el 27 de noviembre: «[...] lograr que empleen sus buenos oficios para todo cuanto sea auspiciar un mayor acercamiento entre los dos gobiernos y pueblos, así como evitar cualquier actividad que tratase de malograr estos nobles fines».[87] En ese sentido, el hombre a quien había que llegar y asegurar era, inequívocamente, Batista. «Convine con el teniente coronel Ferrer –informaba Despradel a sus superiores– en que la mejor oportunidad de hablar con el coronel Batista sería fuera de la ciudad [...]. Dentro de pocos días iré a Pinar del Río, a pasarme un día con él, quien sale mañana a un recorrido militar por esa provincia».[88] La etapa final de la conspiración para deponer al presidente Gómez estaba en marcha, y en ella figuraba, jugando su papel, el representante de Trujillo en la isla.

El 9 de diciembre, Despradel remitía a su gobierno una carta que Batista le enviase antes, agradeciendo las atenciones recibidas por los miembros del Ejército participantes en las ceremonias del centenario. Con agudo olfato político, perfecto dominio de la situación cubana, y muy lejos de la «exquisita neutralidad» que tanto recomendase, Despradel sugirió publicarla en la prensa dominicana,[89] mandando un guiño de simpatía al coronel. A pesar de ello, las relaciones con el gobierno civil seguían siendo buenas, como atestigua el permiso concedido por la Cancillería, al día siguiente, para que varios guardacostas dominicanos, recién adquiridos en Estados Unidos pudiesen aprovisionarse de combustible en Nuevitas y Baracoa.[90]

Es asombroso constatar que apenas un mes después de regresar de su visita a la isla vecina, ya funcionaba, con matemática precisión, y a toda máquina, el recién estrenado *lobby* trujillista en Cuba. Al ser aprobadas por el gobierno de Gómez varias modificaciones a la Ley de Inmigración, a propuesta del Congreso, el Ministro dominicano en La Habana recibió la encomienda de abogar porque se exceptuase de las nuevas regulaciones a los naturales de su país. Para ello concertó una entrevista con el Dr. Morales Coello, quien mostró simpatía ante la solicitud, pero aclaró que hacerlo solo era prerrogativa del Legislativo, pasando a informar a Despradel que «[...] lo había llamado por teléfono el senador Recio con idénticos fines, anunciándole que presentaría al Congreso un proyecto de Ley, en este sentido».[91]

En la misma carta, Despradel informaba que el senador Recio le había dejado un recado telefónico con su secretario en el que le informaba que «[...] **tenía muy buenas noticias que darnos acerca de las cuestiones que le encargó nuestro gobierno**, y que ya había convenido con el senador Rosell, el representante López y el Sr. Gómez Calas reunirse a comer cualquier día próximo para entonces comunicarme lo que tiene que decirme».[92] Acostumbrado a las evasivas y promesas vacuas de políticos semejantes, Despradel informaba que le había mandado a decir que «[...] estaba a sus gratas órdenes en el momento que desee, pero que le agradecería ponerme en condiciones cuanto antes de poder informar a mi gobierno sobre las cuestiones pendientes a su cuidado».[93]

Trujillo comprometió con su causa a los representantes cubanos que participaron en la visita al país, en ocasión del centenario, y debió hacerlo por medios públicos y secretos. Luego se consideró con derecho a darles órdenes y a fijarle tareas, siempre mediante las refinadas maneras diplomáticas de Despradel.

> Los miembros de la Misión [cubana] –decía Bonetti en una de sus cartas– no desperdiciaron oportunidad para manifestar su aprecio y admiración por la República y el gobierno [...]. Aproveche la primera oportunidad que tenga con ellos para recordarles que una o más estaciones radiofónicas cubanas están realizando una campaña de insultos al gobierno, y que ellos se habían ofrecido espontáneamente para tratar de evitarlo. Esto, desde luego, debe ser una insinuación delicada.[94]

El teniente coronel Ferrer, según Bonetti, pieza clave en la jugada de influencias, fue «muy efusivo en sus demostraciones de admiración hacia nuestro Ilustre Jefe, y es del todo probable que, como Ayudante de Batista, pueda llevar al ánimo de este la mejor impresión con respecto al honorable Presidente». La posibilidad de que estos personajes hayan aceptado dádivas y sobornos de Trujillo quedaba casi al descubierto, con las sibilinas palabras de Bonetti Burgos a Despradel al concluir su carta: «No creo necesario agregar ninguna explicación más en esta carta, pues tu inteligencia y tu claro juicio son más que suficientes para suplir lo que en ella no he podido decirte».[95]

El día 14, Despradel anuncia por carta a la Secretaría de Estado que «[...] la lucha entre el poder civil y militar se acentúa». En realidad, el desenlace de la misma tendrá lugar pocos días después. El detonante de la crisis fue la presentación al Congreso, por parte de legisladores batistianos, de un proyecto de Ley que gravaba con un impuesto de nueve centavos cada saco de azúcar de 350 libras que se produjese en el país, con el objetivo de recaudar los dos millones de pesos exigidos por el Jefe del Ejército, supuestamente para el mantenimiento de las Escuelas Rurales Cívico-Militares[96] –una creación personal de Batista, y que formaban parte de su programa propagandístico, de control de la población, de fomento del clientelismo y de debilitamiento de las estructuras tradicionales del Estado, no hablando ya de las posibilidades de enriquecimiento personal que tales programas representaban para su grupo–. A ello se oponían los partidarios del presidente Gómez, lógicamente interesados en no aceptar nada que fortaleciese a sus enconados adversarios.

Desde el día 8, Batista se encontraba realizando una gira triunfal por la provincia de Pinar del Río, siendo recibido por multitudes, como Despradel informaría a sus superiores,[97] lo cual confirmaba que el desenlace estaba cercano. Sin mayoría en el Congreso, combatido rudamente por la maquinaria populista y propagandística de Batista, y con menguado apoyo popular, el presidente Miguel Mariano Gómez fue acusado de «interferir la labor del Poder Legislativo», por su veto a la Ley del Impuesto sobre el Azúcar para las Escuelas Rurales Cívico-Militares, y forzado a dimitir, el 24 de diciembre de el mismo año en que había tomado posesión, asumiendo la presidencia el coronel Federico Laredo Brú, quien había fungido como vicepresidente. Todos estos sucesos fueron condensados por Despradel a la Secretaría de Estado en un escueto cablegrama, enviado el mismo 24 de diciembre:

> Presidente Gómez destituido anoche por el Senado. Ruégole instrucciones inmediatas respecto a

> invitación recibida para asistir hoy al juramento del Vicepresidente Laredo Bru. Morales Coello preguntóme hoy, confidencialmente, si esta Legación podría asilar presidente Gómez y familiares, en caso circunstancias le obligaran. Aunque esta posibilidad es remota todavía, le ruego instrucciones precisas y rápidas para poder afrontar sin titubeos los acontecimientos posibles.[98]

El cablegrama de Despradel fue respondido de inmediato.

> Usted queda autorizado a dar asilo en la Legación, en caso necesario, al presidente Gómez y familiares –indicaba el Secretario de Estado de Relaciones Exteriores– Usted puede tomar cuantas medidas favorezcan respeto seguridad de asilo. Expréselo así Subsecretario Morales Coello. Continúe informando.[99]

En medio de la Navidad, Despradel informaba, finalmente, sobre los sucesos de la política cubana, durante el año que finalizaba, y sus posibles consecuencias para la causa que representaba:

> Un nuevo período se inicia con la Presidencia del coronel Laredo, reputado como político inteligente y hábil, [...] a quien la opinión bien informada atribuye las cualidades requeridas para gobernar de acuerdo con el coronel Batista, elevado al punto más alto de su influencia personal, después de los sucesos que llevaron al Dr. Gómez a su casa [...]. En cuanto a nuestro interés, considero que **ha llegado el momento de cultivar nuestra amistad con el coronel Batista, sin titubeos, tratando**

> **por medios directos de ganarnos su amistad y confianza, hasta donde sea posible, tratándose de un hombre tan reservado en su pensamiento verdadero**. A este fin me preparo a visitarlo en estos días [...].[100]

Al día siguiente, el diplomático trujillista informaba la llegada de los primeros ejemplares del faraónico *Album de Oro* de Trujillo, a bordo del vapor *Cuba,* y como era de esperar, en la lista de sus destinatarios principales figuraba, en primerísimo lugar, un triunfal coronel Batista, que apenas tres años después ocuparía, por un período de cuatro años, la presidencia de la República. También se enviaban ejemplares al coronel Pedraza, jefe de la Policía Nacional y al general Rafael Montalvo, secretario de Defensa.

El año que marcó el inicio de la larga alianza entre Batista y Trujillo, que transcurriría no sin rupturas y enfrentamientos, cerraba con dos fintas trujillistas de pura cepa: la primera, el envío de una carta de protesta de «la colonia cubana en Ciudad Trujillo», dirigida al presidente Gómez, y que fuera entregada por Despradel al nuevo secretario de Estado, el comandante Luis Rodolfo Miranda y de la Rúa, motivada «por los ataques que hacen contra el gobierno dominicano las emisoras cubanas CMQ y COCO».[101] La segunda, aún más retorcida: la solicitud de ayuda a los lobistas cubanos del trujillato, el senador Recio y el teniente coronel Ferrer,[102] para obtener la liberación de los ex comandantes Castells y Trujillo, jefe del Presidio Modelo de Isla de Pinos, y jefe de la Policía Secreta del machadato, quienes, por sus crímenes, guardaban prisión desde agosto de 1933, con el objetivo de que pudiesen ser contratados por Trujillo y que contribuyesen, con su amplia experiencia criminal, a recrudecer y hacer más moderna y eficaz, la ya asfixiante represión contra el pueblo dominicano.

La idea había sido expresada abiertamente por Trujillo, en la sobremesa del almuerzo brindado a la misión cubana, en la mansión presidencial.

> El senador Recio y el teniente coronel Ferrer –revelaba Bonetti a su representante en Cuba– hicieron cálidos elogios de estos militares, a quienes califican de correctos y pundonorosos, grandes poseedores de capacidad militar. El honorable Presidente se interesó por ellos y expresó el deseo de que fueran liberados, por sentirse dispuesto a ofrecerles, en cuestiones militares, y en la República, ocupación adecuada al rango y la capacidad de ellos [...]. Recomiendo a usted, que del modo más discreto posible, converse con el senador Recio y el teniente coronel Ferrer, para cerciorarse si ellos, tal y como expresaron que harían, han tenido oportunidad de tratar en La Habana este asunto [...].[103]

En rigor, esta gestión había comenzado desde mucho antes, y que se haya sumado a ella al incipiente *lobby* trujillista en Cuba, siendo una de sus primeras encomiendas, sólo indica que era una prioridad para el tirano. Despradel venía informando al respecto desde marzo, siete meses antes de la visita de la Misión cubana a las actividades del centenario. Desde entonces ya ponía en conocimiento de Trujillo, por mediación de Bonetti, que como se hablaba de una amnistía que pondría en vigor el nuevo gobierno de Miguel Mariano Gómez, «me mantendré al tanto para gestionar la libertad de su recomendado»,[104] refiriéndose, probablemente, al ex comandante Trujillo.[105]

El ciclo concluía: el año de 1936, se iniciaba y cerraba con la importación desde Cuba a República Dominicana de predadores letales. El propio Batista elevado a los altares en ese mismo año, se encargaría de mantener la tradición.

NOTAS:

1 De Rafael A. Espaillat a Despradel, carta del 19 de noviembre de 1935. AGN, fondo Relaciones Exteriores, Legación Habana, legajo 707 712.

2 Despradel a Brache, carta del 11 de noviembre de 1935. Ibíd.

3 Despradel a Brache, carta del 11 de septiembre de 1935. Ibíd.

4 Ibídem.

5 Despradel a Trujillo, carta del 21 de octubre de 1935. Ibíd.

6 Ibídem.

7 Despradel a Trujillo, carta del 30 de noviembre de 1935. AGN, fondo Relaciones Exteriores, Legación Habana, legajo 707 777.

8 Despradel al Dr. García Mella, carta del 7 de febrero de 1936. Ibíd.

9 De Villanueva a Ricardo Linares, cónsul honorario en Matanzas, carta del 14 de septiembre de 1935. Ibíd.

10 La crisis política cubana, fruto de la frustración de la Revolución de 1933, tuvo expresiones señeras en la sucesión de gobiernos instaurados en el país, hasta la aprobación de la Constitución de 1940, proceso que sería a su vez interrumpido por el golpe de Estado de Batista, del 10 de marzo de 1952. Después de la renuncia de Mendieta, se sucedieron los gobiernos de José A. Barnet (11 de diciembre de1935-20 de mayo de 1936), Miguel Mariano Gómez (20 de mayo de 1936-24 de diciembre de 1936), Federico Laredo Bru (24 de diciembre de 1936-10 de octubre de 1940) y luego, el primer gobierno de Fulgencio Batista, que dio paso a los llamados gobiernos Auténticos de Grau y Prio.

11 Informe de Despradel a Brache, sin fecha, fines de 1936. AGN, fondo Relaciones Exteriores, Legación Habana, legajo 707 777.

12 Informe de gestión del Ministro Despradel a la Secretaría de Estado, 1936. Ibíd.

13 Dr. Juan Isidro Jiménez Grullón: (Santo Domingo, 17 de junio de 1903-Santo Domingo, 10 de agosto de 1983) Ensayista, historiador, filósofo, educador y político .Graduado de médico en París, en 1929. Regresó al país en 1930. Encarcelado en 1934 y liberado a finales de 1935. Residió 26 años en el exilio, en Puerto Rico, Venezuela, Estados Unidos y Cuba. Fundador del Partido Revolucionario Dominicano (1939), en Cuba, y de la Alianza Patriótica Dominicana, en Venezuela. Tomó parte en la organización de la expedición del 14 de junio de 1959, desde Cuba. Regresó al país en 1961, y en 1962 funda el Partido Alianza Social-Demócrata. Profesor de Sociología, Filosofía, Literatura e Historia de la UASD. Autor de obras como *República Dominicana: una ficción, Luchemos por nuestra América* (1936), *Una Gestapo en América* (1946) y *Nuestra falsa izquierda.*

14 De Espínola a Villanueva, carta del 20 de diciembre de 1935. AGN, fondo Relaciones Exteriores, Legación Habana, legajo 707 777.

15 Félix Wenceslao Bernardino Evangelista: Músico, diplomático, y jefe de los sicarios de Trujillo en el exterior, encargado de secuestrar y asesinar a sus adversarios políticos y llevar a cabo otras acciones encubiertas de inteligencia. Nació en El Seibo y conoció a Trujillo a los 11 años, cuando este trabajaba para su padre en colonias

cañeras de Las Caobas y el Cabrecito. A principios de los años 20 fue uno de los primeros saxofones en la Banda de Santo Domingo, y también formó parte de otra, la tristemente célebre 42, dedicada a sembrar la muerte y el terror que dio la presidencia a Trujillo, en las elecciones de 1930. En 1936, es condenado a tres años de prisión por el asesinato de Antonio Dalmasí. Se graduó de abogado en la prisión y pasó a servir al Jefe, bajo cobertura diplomática en el exterior. Está asociado con los asesinatos de importantes adversarios de Trujillo, como Mauricio Báez, desaparecido en La Habana, el 8 de diciembre de 1950, Andrés Requena, el 2 de octubre de 1952, Jesús de Galíndez, secuestrado en Nueva York, el 12 de marzo de 1956, y un intento de secuestro y asesinato de José Almoina, que tuvo lugar en La Habana, en febrero de 1954. Formó Los Jinetes del Este, un grupo paramilitar que apoyaba a Trujillo. A la muerte del Dictador, el 1° de octubre de 1962, se inició un juicio en su contra, acusado de varios asesinatos, robo de tierras y otros desmanes. Se mantuvo en prisión hasta el 20 de abril de 1966, cuando fue liberado y le fueron restituidas sus propiedades, durante el gobierno provisional de García Godoy. Murió en Estados Unidos, el 18 de marzo de 1982.

16 Ver carta de Bonetti Burgos a Despradel, del 24 de enero de 1936. AGN, fondo Relaciones Exteriores, Legación Habana, legajo 707 777. Se anexa acta notarial de venta otorgada por Bellón a favor del presidente Trujillo, con un memorándum del licenciado Rafael Rovira.

17 Despradel a Secretaría de Estado, carta del 21 de febrero de 1936. Ibíd.

18 Estos eran los señores Desvernine, Dolz, Céspedes, Cosme de la Torriente y César Selaya, a los que se dificultaba contactar por estar fuera del país, enfermos o sumidos en tareas políticas. Ver Despradel a Bonetti, carta del 21 de marzo de 1936. Ibíd.

19 Ibídem.

20 Ibíd. Ver también carta de Despradel a Bonetti, del 13 de abril de 1936. Ibíd.

21 En este caso específico, Villanueva había informado al Dr. García Mella, o sea, directamente a Trujillo, que en un acto celebrado ante el monumento a Máximo Gómez, en La Habana, en ocasión del 27 de febrero, «Estrella Ureña atacó duramente la política del presidente Trujillo [...] y otros oradores, como el cubano Lino Dou y Tulio Cestero Burgos, también lo hicieron». Ver carta del 28 de febrero de 1936. AGN, fondo Relaciones Exteriores, Legación Habana, legajo 707 777. Las exageraciones de Villanueva fueron refutadas por Despradel, en carta a Bonetti Burgos, del 21 de marzo de 1936, calificándolas de «inexactas», y afirmando que el acto «no tuvo trascendencia alguna, y que, en consecuencia, protestar ante la Secretaría de Estado cubana sería dar importancia a nuestros enemigos [...]». Ver carta de Despradel a Bonetti Burgos, del 21 de marzo de 1936. Ibíd.

22 Bonetti Burgos a Despradel, carta del 9 de marzo de 1936. Ibíd.

23 Despradel a Bonetti Burgos, carta del 21 de marzo de 1936. Ibíd.

24 Ibídem.

[25] Ibídem.
[26] Bonetti Burgos a Despradel, carta del 9 de marzo de 1936. Ibíd.
[27] Marco Antonio Dolz a Despradel, carta del 15 de mayo de 1936. Ibíd.
[28] En un artículo publicado por el propio ex presidente Grau, en la revista *Bohemia* del 26 de agosto de 1934, titulado «El Nacionalismo Auténtico y sus Leyes», describe de la siguiente manera las leyes económicas aprobadas por su gobierno, a las que debió referirse Despradel en su conversación con Caffery: «Nuestra labor económica fue abundante y multiforme. Se decretó la zafra libre para los pequeños ingenios y cuota para las grandes compañías, así favoreciendo al hacendado cubano y a los intereses netamente nacionales. Se estableció el derecho de tanteo en los remates para disolver los grandes latifundios y recuperar la tierra para el patrimonio nacional; ya se ha visto el mal uso que posteriormente se ha hecho de esta Ley tan cubana, tan previsora y tan patriótica.» Se afirma que la puesta en vigor de la llamada Ley del Tanteo (Decreto- Ley 102, del 8 de enero de 1934), con el objetivo de que las grandes empresas extranjeras, especialmente dueñas de los centrales azucareros, burlaran al fisco, fue el detonante para que Caffery presionara a Batista y lo impulsara a demandar la renuncia de Grau, que tuvo lugar pocos días después.
[29] Despradel a la Secretaría de Estado, informe del 23 de marzo de 1936. AGN, fondo Relaciones Exteriores, Legación Habana, legajo 707 777.
[30] Ibídem.
[31] Villanueva a Bonetti, carta del 25 de marzo de 1936. Ibíd. La propuesta de Villanueva incluía, además de Batista, al teniente aviador Menéndez «por su vuelo a España», al coronel Ángel Evelio González, jefe de la Marina de Guerra, y al comandante Jaime Mariné, «[…] ayudante de campo, y junto al coronel González, depositario de toda la confianza del coronel Batista».
[32] Despradel a Bonetti, carta del 24 de abril de 1936. AGN, fondo Relaciones Exteriores, Legación Habana, legajo 707 777.
[33] Bonetti a Despradel, carta del 2 de abril de 1936. Ibíd.
[34] El Dr. Morales Coello era, además, cuñado del presidente Gómez y había sido designado en la Cancillería de forma interina, en un intento por frenar el avance de la influencia de Batista en el gobierno. Jugaría un destacado papel en las relaciones con la Legación dominicana y fue una fuente de información de primera mano, mediante la cual Despradel recibía noticias detalladas y constantes sobre la marcha de la guerra sorda que terminaría con la renuncia del Presidente.
[35] Informe de la Legación dominicana a la Secretaría de Estado, mayo de 1936. AGN, fondo Relaciones Exteriores, Legación Habana, legajo 707 777.
[36] Bonetti a Despradel, carta del 4 de junio de 1936. AIbíd.
[37] Despradel a Bonetti, carta del 9 de junio de 1936. Ibíd.
[38] Ibídem.
[39] Ibídem.
[40] Despradel a Bonetti, informe del 7 de julio de 1936. Ibíd.
[41] Despradel a la Secretaría de Estado, carta del 1° de mayo de 1936. Ibíd.

[42] Despradel a Bonetti, informe del 7 de julio de 1936. Ibíd.
[43] Ibídem.
[44] Despradel a la Secretaría de Estado, carta del 21 de julio de 1936. Ibíd.
[45] Despradel a Bonetti, carta del 21 de julio de 1936. Ibíd.
[46] Despradel a Bonetti, carta del 24 de julio de 1936. Ibíd.
[47] Ibíd. La referencia de Despradel a la situación venezolana se explica por la muerte del dictador Juan Vicente Gómez, estrecho aliado de Trujillo, ocurrida el 17 de diciembre de 1935, y el ascenso al poder del general Eleazar López Contreras, quien ocuparía la presidencia del país hasta el 5 de mayo de 1941. Durante el mandato de López Contreras se moderó mucho el clima represivo que caracterizó el largo mandato de Juan Vicente Gómez, promulgándose la Constitución de 1936, y acometiéndose numerosas reformas en las que jugó un destacado papel el escritor Rómulo Gallegos, nombrado ministro de Educación. Se comprenden las aprehensiones de Despradel hacia el nuevo gobierno venezolano y su temor de que pudiese apoyar la causa de los exiliados dominicanos.
[48] Despradel a Bonetti, carta del 28 de julio de 1936. AGN, fondo fondo Relaciones Exteriores, Legación Habana, legajo 706 782.
[49] Despradel a Mario Fermín Cabral, respuesta a cuestionario, 30 de julio de 1936. AGN, fondo relaciones Exteriores, Legación Habana, legajo 707 786.
[50] Despradel a la Secretaría de Estado, carta del 1° de agosto de 1936. AGN, fondo Relaciones Exteriores, Legación Habana, legajo 707 777.
[51] Despradel a Bonetti, carta del 24 de agosto de 1936. Ibíd.
[52] Circular de la Secretaría de Estado del 4 de agosto de 1936. Ibíd.
[53] *The March of Time* fue una serie radial y cinematográfica norteamericana producida por la CBS, que existió entre 1931 y 1951. Su premier cinematográfica tuvo lugar el 1° de febrero de 1935, simultáneamente en 500 cines, con una duración promedio de media hora. La serie produjo 200 noticiarios, cada uno de ellos a un costo de US$50,000.00, y una frecuencia mensual. Dejó de producirse y exhibirse en 1951, al surgir la televisión.
[54] Despradel a la Secretaría de Estado, carta del 7 de septiembre de 1936. AGN, fondo Relaciones Exteriores, Legación Habana, legajo 707 777.
[55] Del Dr. Morales Coello a Despradel, carta del 14 de agosto de 1936. AGN, fondo Relaciones Exteriores, Legación Habana, legajo 706 785.
[56] Despradel a Bonetti, carta del 23 de septiembre de 1936. AGN, fondo Relaciones Exteriores, Legación Habana, legajo 707 777.
[57] Despradel a Bonetti, carta del 30 de septiembre de 1936. Ibíd.
[58] Revista *Isla: Al servicio de los intereses cubanos:* Fundada el 23 de mayo de 1936, fue una publicación quincenal, dirigida por el Dr. Emeterio Santovenia, y con Federico Ichazo, como subdirector. Contó entre sus colaboradores a intelectuales de la talla de Carlos Rafael Rodríguez, Camila Henríquez Ureña, Jorge Mañach, Raymundo Lazo, Emilio Ballagas, Mariblanca Sabás Alomá, Eugenio

Florit, José María Chacón y Calvo, Rafael García Bárcenas, Manuel Bisbé y Antonio Sánchez de Bustamante.

59 Del Dr. Fernando A. Batlle a la Secretaría de Estado, carta del 13 de octubre de 1936. AGN, fondo Relaciones Exteriores, Legación Habana, legajo 707 777.

60 Despradel a Bonetti, carta del 13 de octubre de 1936. Ibíd.

61 Ibídem.

62 Despradel a la Secretaría de Estado, carta del 29 de octubre de 1936. Ibíd.

63 Despradel a la Secretaría de Estado, carta del 31 de octubre de 1936. Ibíd.

64 Bonetti a Despradel, carta del 30 de octubre de 1936. Ibíd.

65 Despradel a la Secretaría de Estado, informe del 19 de octubre de 1936. Ibíd.

66 Ibídem.

67 Bonetti a Despradel, carta del 31 de octubre de 1936. AGN, fondo Relaciones Exteriores, Legación Habana, legajo 706 786. En el caso de Heureaux, Trujillo, personalmente, indicó denunciarlo a la Secretaría de Estado cubana «por este acto, aparentemente insignificante, pero que reviste importancia si se tiene en cuenta la ayuda que este ofrece a los enemigos del gobierno dominicano, siendo funcionario cubano [...]».

68 Despradel a Bonetti, carta del 31 de octubre de 1936. AGN, fondo Relaciones Exteriores, Legación Habana, legajo 707 777.

69 Ibídem.

70 Ibíd. Como se aprecia, Trujillo jugaba con ambas cartas, cortejando con detalles delicados al presidente Gómez y haciendo lo mismo, en secreto, con Batista.

71 Despradel a la Secretaría de Estado, carta del 3 de noviembre de 1936. AGN, fondo Relaciones Exteriores, legajo 707 777.

72 Ibídem.

73 Despradel a Secretaría de Estado, carta del 5 de noviembre de 1936. Ibíd.

74 Despradel a Secretaría de Estado, carta del 9 de noviembre de 1936. AGN, fondo Relaciones Exteriores, Legación Habana, legajo 707 777.

75 Enrique Recio y Agüero, Agramonte y Cisneros, como solía firmar para subrayar su linaje vinculado con los grandes patricios independentistas del Camagüey, fue comandante del Ejército Libertador, senador y gobernador de su provincia natal.

76 La inclusión de un familiar de Máximo Gómez inquietó a Trujillo, pues sabía, de oídas, que uno de sus hijos radicado en la isla, de apellido Gómez Reinoso, nacido en Guayubín, Montecristi, tomaba parte activa en las acciones contra su gobierno, había estado en los preparativos de la expedición del Mariel y figuraría, años después en la fundación del Partido Revolucionario Dominicano, y en la frustrada expedición de Cayo Confites. Despradel tranquilizaría a su Jefe, en carta del 11 de noviembre, afirmando que «[...] el único pariente de Gómez que nos ha atacado es Gómez Reinoso, su pretenso hijo [...]. El Dr. Bernardo Gómez Toro (otro hijo) formó parte de los pseudo-revolucionarios, pero renunció por los procedimientos

y falta de seriedad. Nunca más ha escrito contra nosotros El nieto, Ingeniero Agrónomo, graduado en Cornell, solicitó empleo a nuestro gobierno [...]». Ver carta de Despradel a la Secretaría de Estado, del 11 de noviembre de 1936. AGN, fondo Relaciones Exteriores, Legación Habana, legajo 707 777.

77 Despradel a Bonetti, carta del 23 de noviembre de 1936. AGN, fondo Relaciones Exteriores, legación Habana, legajo 707 777.

78 Despradel a Secretaría de Estado, carta del 11 de noviembre de 1936. Ibíd.

79 Despradel a Secretaría de Estado, carta del 9 de noviembre de 1936. Ibídem.

80 Despradel a Secretaría de Estado, carta del 21 de noviembre de 1936. Ibíd. Otras actividades centrales de la conmemoración fueron los discursos pronunciados por el Dr. Benigno Souza y Emilio Roig, en la sesión solemne convocada por el Ayuntamiento de la capital, y la conferencia del Dr. Emeterio Santovenia, ofrecida en la Academia Cubana de la Historia bajo el título de «Gómez, el Máximo».

81 Despradel a Secretaría de Estado, carta del 23 de noviembre de 1936. Ibíd.

82 Ibídem.

83 Ibídem.

84 Ibídem.

85 Despradel a Estado, carta del 1º de diciembre de 1936. AGN, fondo Relaciones Exteriores, Legación Habana, legajo 707 777.

86 Despradel a Secretaría de Estado, carta del 5 de diciembre de 1936. Ibíd.

87 Bonetti a Despradel, carta del 27 de noviembre de 1936. AGN, fondo Relaciones Exteriores, Legación Habana, legajo 706 786.

88 Ibíd.

89 Despradel a Secretaría de Estado, carta del 9 de diciembre de 1936. AGN, fondo Relaciones Exteriores, Legación Habana, legajo 707 777.

90 Despradel a Secretaría de Estado, carta del 10 de diciembre de 1936. Ibíd.

91 Despradel a Bonetti Burgos, carta del 15 de diciembre de 1936. Ibíd.

92 Ibídem.

93 Ibídem.

94 Bonetti a Despradel, carta del 27 de noviembre de 1936. Ibíd.

95 Ibídem.

96 Las Escuelas Rurales Cívico-Militares fueron creadas por el Consejo Corporativo de Educación, Sanidad y Beneficencia, institución paramilitar creada por el coronel Batista, usurpando para sus propios intereses, las funciones y el presupuesto de otras instituciones estatales. El objetivo del Consejo era «aplicar la política social del Estado cubano en el sexenio 1935-1940» supeditándola al Ejército Constitucional. Las Escuelas Rurales Cívico-Militares se fundaron durante la presidencia interina de Barnet, mediante el Decreto-Ley 620, del 27 de febrero de 1936. En lo fundamental, más de 1,000 sargentos de tercera fueron los que impartieron las clases en ellas. El Patronato que las dirigía estaba encabezado por el Ayudante General del Ejército y contaba con representantes de la Asociación

Nacional de Hacendados y la de Colonos. Al aprobarse la Constitución de 1940, pasaron a subordinarse al Ministerio de Salubridad y Asistencia Social.

[97] Despradel a la Secretaría de Estado, carta del 14 de diciembre de 1936. AGN, fondo Relaciones Exteriores, Legación Habana, legajo 707 777.

[98] Despradel a Secretaría de Estado, cablegrama del 24 de diciembre de 1936. AGN, fondo Relaciones Exteriores, Legación Habana, legajo 707 790.

[99] Secretaría de Estado a Despradel, cablegrama s/f, diciembre de 1936. Ibíd.

[100] Despradel a Secretaría de Estado, carta del 25 de diciembre de 1936. AGN, fondo Relaciones Exteriores, Legación Habana, legajo 707 777.

[101] Despradel a la Secretaría de Estado, carta de fines de diciembre de 1936. Ibíd.

[102] Despradel a Bonetti Burgos, carta del 8 de diciembre de 1936. Ibíd.

[103] Bonetti a Despradel, carta del 2 de diciembre de 1936. AGN, fondo relaciones Exteriores, Legación Habana, legajo 707 786.

[104] Despradel a Bonetti, carta del 5 de marzo de 1936. Ibíd.

[105] Todo indicaba que el caso más difícil era el del ex comandante Trujillo, ya que Castells fue «absuelto» antes de finalizar el año, y aunque no existen evidencias, debe haberse cobijado, como tantos otros, a la sombra del tirano dominicano. En entrevista sostenida con el teniente coronel Raymundo Ferrer, ayudante de Batista, a Despradel se le comunicó que el ex comandante Trujillo enfrentaba cargos más serios, como por ejemplo, «el asesinato de un tal Iglesias», y que Castells ya había sido absuelto, por ser «uno de los militares más serios y útiles de Cuba». Ver carta del 29 de noviembre de 1936, de Despradel a su hermano Arturo, recién nombrado secretario de Estado de Relaciones Exteriores. AGN, 29 de noviembre de 1936, fondo Relaciones Exteriores, Legación Habana, legajo 706 785.

Capítulo 8
LOS AFFAIRES INSULARES DEL TRUJILLATO

En los tres años anteriores al primer gobierno de Batista, la presidencia de la República fue ocupada por el coronel Federico Laredo Brú. Fueron años de bonanza para el Jefe del Ejército Constitucional, el verdadero poder tras el trono, en su preparación para alzarse con la silla presidencial, hecho que tuvo lugar tras las elecciones de 1940. Y por supuesto, fueron años relativamente tranquilos para Trujillo, quien también utilizó el tiempo para consolidar su presencia en Cuba y apostar por su aliado más seguro.

Las redes trujillistas en la isla supieron aprovechar la relativa estabilidad del país, tanto durante el gobierno de Laredo Brú, como en los años del primer gobierno de Batista. No solo se hicieron más extensas, sino más profundas, llegando a adquirir un nivel de penetración solo superado por el de los agentes civiles y militares de los gobiernos norteamericanos. No hubo esfera de la vida nacional a la cual, de manera pública o secreta, no hubiesen llegado sus agentes, desde la prensa y las relaciones públicas, hasta la economía, las instituciones armadas, la cultura, y por supuesto, la política. Es asombroso como un pequeño país subdesarrollado del Caribe, ya desde mediados de la década de los años 30, implementó redes de espionaje, acciones encubiertas, sobornos, e influenció en tantos países de la región, y especialmente en Cuba. Eso también explica, en grado no despreciable, la larga sobrevida de una dictadura como la de Trujillo, que ubicó la primera línea defensiva de su régimen bien lejos de sus fronteras nacionales, desarrollando una capacidad desconocida en la región para atacar o cooptar preventivamente a sus enemigos.

Ya desde 1936 algunas acciones de los diplomáticos y otros enviados trujillistas, que se movían libremente por la mayor de las Antillas, lo demuestran. Esta tendencia se fortalecerá en años sucesivos.

La Legación dominicana en la isla, debido a la favorable ubicación geográfica del país, las facilidades de transporte y comunicaciones, y sobre todo, por ser paso obligado de tantos visitantes, era un centro muy activo, un nodo esencial en las estrategias trujillistas, del que irradiaban políticas hacia otras naciones de la región. Roberto Despradel, desde el punto de vista organizativo y funcional fue, sin duda, uno de los más eficaces representantes de su gobierno, y a quien pertenece probablemente el triste mérito de haber fortalecido y desarrollado la telaraña cubana de Trujillo con mayor visión de futuro y un tacto notable.

En noviembre y diciembre de 1936, es posible hallar notas de Despradel a Noel Henríquez, encargado de negocios dominicano en Caracas, y a José M. Pichardo, cónsul de su país en Miami, donde se traspasaba información confidencial, que buscaba activar la vigilancia y el espionaje sobre exiliados como el coronel Alfonseca y Julio Sánchez.[1] En este último caso, por ejemplo, tras haberlo visto, casualmente en el aeropuerto de Miami, Despradel alertaba al cónsul Pichardo «[...] para que le sigas la huella». Sin duda, en el argot trujillista, semejante exhortación entrañaba una orden perentoria, lo cual demuestra que el Ministro en La Habana jugaba un papel dentro de la red hemisférica mucho más destacado del que podía suponerse, al menos, para los países ubicados en la cuenca del Caribe.

Tampoco los que viajaban desde Cuba dejaban de ser sometidos a los férreos controles instituidos en República Dominicana, mucho más si trabajaban para la Compañía Naviera de Cuba, un coto cerrado de Trujillo, en la que tenía personal cubano de su absoluta confianza, como el gerente Eusebio Coterillo y el sobrecargo del vapor *Cuba,* José Bellón Fernández, no solo su correo confidencial, sino también su testaferro en la compra de casas y otros negocios en La Habana.[2] Una carta del mayor general José García, secretario de Estado de Interior y Policía, al Secretario de la Presidencia, informaba sobre la solicitud oficial hecha a la Compañía Naviera Cubana para que se removiese de su puesto al capitán Ramón Díaz del Gallego, a cargo del vapor *Cuba* que rendía viajes regulares entre ambas islas, debido a que «[...] jamás desembarcaba en Ciudad Trujillo, a pesar de reiteradas invitaciones, aunque si lo hacía en San Juan, Puerto Rico, y porque, en ocasiones, se expresó en términos desfavorables hacia la política de reconstrucción nacional del presidente Trujillo».[3]

Otra muestra de la extensión del espionaje trujillista en Cuba fue el *affaire* relacionado con un ex cónsul cubano en República Dominicana, de indudable vocación rufianesca, llamado Miguel Ángel Cabello. En enero de 1936, dicho personaje escribió directamente a Trujillo, y luego se entrevistó con Despradel, ofreciendo la venta de información sensible sobre los planes de los exiliados dominicanos del grupo de Estrella Ureña. A cambio pedía la entrega, por adelantado, de $2,000.00 dólares, y posteriormente, que se le entregasen otros $ 4,000.00 que recogería en Santo Domingo, «cuando los pájaros estén en la jaula». Entre los datos que se aprestaba a informar, según sus propias palabras, estaban los barcos, el armamento que debía trasladarse, el ya trasladado, y los puntos de desembarco de una expedición que se aprestaba. También «[...] el nombre de los gobernadores provinciales [cubanos] involucrados en los preparativos, y de cierta sociedad secreta que presta su concurso monetario y de hombres a Estrella Ureña».[4]

A principios de febrero, Bonetti indicaba a Despradel que «[...] ninguna suma será adelantada al individuo de apellido Cabello, por sus informaciones, pero el gobierno lo recompensará por cualquier información útil que entregue, siempre por conducto de la Legación».[5] Sobre el mismo tema, 14 días después, Despradel informaba a su superior que había conversado al respecto con Trujillo, en su reciente viaje al país, y le había informado, en carta del 1° de febrero, «[...] que este individuo no merece ningún crédito y me parece que se trata de un vagabundito que quiere sacarnos dinero», aunque admitió que el grupo de Estrella Ureña está «tratando de hacer algo».[6]

En febrero, cuando aún se mantenía abierta la puja entre Despradel, como representante de su gobierno, y el delator Cabello, este último compendió que el negocio se le escapaba de las manos, por lo que rebajó sustancialmente los honorarios a cobrar por su traición. Tras quejarse amargamente ante el mismo Trujillo, en carta del 12 de febrero, Cabello acusaba a Despradel de «infantil», al negarse a darle el adelanto pedido, por lo que:

> [...] para probar su buena fe, he dicho al Sr. Despradel que con $300 dólares anticipados daría los datos prometidos y otros nuevos, como por ejemplo, [...] las personas que dirigirán a los expedicionarios, el nombre de dos oficiales [dominicanos] comprometidos con Estrella Ureña, y el de un norteamericano que viaja a menudo a Santo Domingo,

> y que es secretario de un financiero de su país que suministra fondos a Estrella Ureña.[7]

Aunque se pierde en los archivos el rastro del *affaire* Cabello, podemos intuir que el *bluff* no prosperó. No en vano el delator terminó su última carta a Trujillo con un amenazador «[...] si el 22 [de febrero] no tengo en mis manos los $300 dólares, daré este asunto por cerrado».[8] Por lo menos, este intento de timo sirve para comprobar el papel que jugaban la Legación cubana y el propio Despradel, en las acciones preventivas contra los enemigos de Trujillo en Cuba, y cómo funcionaba la maquinaria implacable de la represión sin fronteras.

Otra evidencia del modus operandi de la inteligencia y contrainteligencia del trujillato salta a la vista al examinar la correspondencia entre Despradel y Fernando Abel Henríquez, cónsul dominicano en Santiago de Cuba, alrededor de una queja presentada en agosto de 1936, por la Secretaría de Comunicaciones, a través del Dr. Morales Coello, durante el corto gobierno del presidente Gómez.

Lo que podría denominarse como *affaire* Radiofan comenzó cuando la Secretaría de Comunicaciones elevó a la Secretaría de Relaciones Exteriores, y mediante esta a la Legación dominicana, en carta del 6 de agosto, que:

> [...] el Sr. Frank Henríquez, hijo del cónsul dominicano en Santiago de Cuba, tiene instalado en su domicilio, donde radica el Consulado, una estación radiotelefónica con el indicativo CO.2RC, y que realiza transmisiones, intercambiando mensajes familiares con República Dominicana. No ha llenado los requisitos, ni puede utilizar un indicativo de llamada que solo esta Secretaría puede asignar.[9]

En su respuesta a la queja, Fernando Abel Henríquez ofrece a Despradel una ingenua versión de lo sucedido.

> Mi hijo –señalaba– un entusiasta y competente «radiofan», tiene desde hace cinco o seis meses una planta radiotelefónica construida por él mismo, que jamás ha usado para intercambiar mensajes familiares, pues no tenía potencia [...]. Lo hemos hecho por la planta de mi amigo Rodrigo Alea, cuyo indicativo es CO.8AV.[10]

Esta explicación que no aclaraba, por ejemplo, el uso indebido de un indicativo para las transmisiones que se hacían desde un consulado extranjero, y que estaba reñida, evidentemente, con lo informado por el sistema de monitoreo radiotelegráfico cubano, fue elevada de inmediato por Despradel al despacho del Dr. Morales Coello. Este a su vez, le respondió afirmando que «[...] el Secretario de Comunicaciones, en su despacho del 9 de septiembre, agradece las gentiles explicaciones del cónsul en Santiago de Cuba».[11] Quedaba zanjada la cuestión, a nivel oficial. El cónsul en Santiago de Cuba, un represor furibundo que reportaba directamente a Trujillo, y que sería recompensado con el puesto de Ministro en Cuba, tras la partida de Despradel, mantenía la capacidad de comunicación directa con su Jefe, especialmente justificada para ellos, por el hecho de ser esa ciudad un refugio seguro para una numerosa colonia dominicana, tradicionalmente antitrujillista, ubicada en una región muy propicia para la preparación y el envío de expediciones armadas.

Unos meses antes, un previsor Fernando Abel Henríquez había renovado la licencia para seguir portando su *Colt.38,* de cañón largo.[12] No era para menos.

Otro *affaire* trujillista de la época, exponente de sus redes de influencia en Cuba, podría denominarse *affaire* Monteagudo.

Según carta del Dr. García Mella, Secretario de la Presidencia, a Despradel: «[...] el amigo Antonio Monteagudo ha presentado al Honorable presidente Trujillo, durante su reciente visita, un proyecto para obtener la cooperación de *El Diario de la Marina* en la difusión de la obra que viene realizando el gobierno, en bien del pueblo dominicano».[13] Se trataba, en consecuencia, de una nueva acción del periódico que era el vocero de la reacción cubana y de los intereses norteamericanos, y antes españoles, en la isla, y que, tras bambalinas venía recibiendo subsidios de Trujillo, aunque seguía proclamándose un abanderado de la opinión pública independiente, y de la libertad y objetividad de la prensa.

> Es deseo del Sr. Presidente –indicaba García Mella– previo entendido con el Sr. Monteagudo de lo que se deba hacer, que vea al administrador de *El Diario de la Marina,* y planee, dentro de las mejores condiciones económicas para nosotros, lo que, en principio, tenemos acordado, y que él le explicará.[14]

A pesar de la extrema reserva de los funcionarios trujillistas, avezados conspiradores y continuadores de la línea de silencio del Jefe, la operación de la que era mediador el Sr. Monteagudo, era descrita en carta del 17 de enero, del propio García Mella.

> Se trata –afirmaba– de hacer una edición especial de *El Diario de la Marina* [dedicada a la obra de Trujillo]. El gobierno es enemigo de ella si el periódico no rebasa la cifra de un millón de ejemplares. Solo si es muy recomendable, el gobierno pagará la cifra de $ 5,000 pesos, que es lo que se pide.[15]

Sobran los comentarios.

Para poder entender el alcance de las operaciones encubiertas de Trujillo en Cuba, puede también analizarse lo que podemos llamar «affaire Resurrección», que involucra nada más y nada menos que a Osvaldo Bazil, de regreso, en 1936, a la misma Habana que abandonase, como fugitivo, al estallar la Revolución de 1933.

Osvaldo Bazil, en su incesante búsqueda de los placeres de la vida muelle, llegó a La Habana, en viaje privado y sin ostentar representación oficial, en noviembre de 1936. Era, por esa época, el ministro dominicano en Brasil, pero Trujillo no olvidaba su demostrada valía para las conspiraciones. Despradel fue alertado al respecto, por carta de Bonetti Burgos fechada el día 10. Como el tirano no desperdiciaba ninguna ocasión para mover sus fichas sobre el tablero de la política cubana, aprovechó el viaje de Bazil y le ordenó retomar algunos de sus anteriores contactos en la isla.

> Es deseo del honorable Presidente –revelaba Bonetti en su carta– aprovechar esta oportunidad para que Bazil se ponga en contacto con personas de su amistad que hoy ocupan importantes cargos en el gobierno cubano, con el propósito de hacer ambiente de simpatía y de confianza entre los círculos políticos y sociales habaneros, a favor de República Dominicana y su gobierno.[16]

Por su parte, y a regañadientes, Despradel le contestaba que había tomado nota de lo indicado, por lo que «[...] ofreceré al Sr. Bazil las mejores atenciones y facilidades para que cumpla a cabalidad y fielmente la diligencia que sin carácter oficial, se le ha encargado».[17]

El 29 de noviembre, Despradel respondía a otra carta de Bonetti Burgos, en la que se le indicaba precisar con el senador Recio, que se hallaba al frente del recién estrenado lobby trujillista en Cuba, acerca de unas instrucciones que le diese el dictador para «[...] que un proyecto de ley sobre la moneda nacional dominicana sea sometido al estudio de especialistas cubanos, y que le sea remitido a la mayor brevedad posible».[18] Tras entrevistarse con Recio, Despradel comunicaba que este pedirá a Trujillo que el Sr. Eduardo Montolieu, ingeniero cubano de Minas y Metalurgia graduado en Harvard, compañero de curso del presidente Roosevelt, y nombrado por Laredo Bru ministro de Hacienda, viaje a República Dominicana, «para verlo todo allí, directamente».[19]

Pero lejos de ayudar en estas y otras gestiones encomendadas, la presencia disociadora de Bazil no tardaría en tornarse molesta para el Ministro dominicano en la isla, causando el mismo efecto que el de un elefante en una cristalería.

> Bazil me informó que Trujillo le encargó, confidencialmente estas diligencias –se quejaba Despradel en carta a Abelardo N. Nanita, secretario de Estado de la Presidencia– y que creyó procedente no decírmelo. Dejando a un lado la propiedad, para mi dudosa, de esa reserva baziliana, debe quedar claro, por fin quién queda encargado del asunto [del asesoramiento cubano al proyecto de ley de moneda nacional dominicana] pues Bazil defendió [dar la tarea] a otra persona [distinta de Montolieu], y cuyo nombre no recordaba, pues estaba cargado [ebrio]. Agradeceré al gobierno –concluía– que me diga qué actitud debo asumir ante este cruce de alambres.[20]

En una última carta sobre el tema, Despradel informaba a su hermano Arturo que el día anterior había visitado al senador Recio, y en la entrevista de más de dos horas:

> [...] este me explicó los motivos de su dilación en ocuparse de las transcendentales cuestiones que le confió el Honorable presidente Trujillo. Me informó

> que Montolieu aceptó ocuparse del asunto, y que este le mostró extrañeza de que Bazil le había hablado, a nombre del gobierno dominicano, a individuos sin importancia ni conocimientos técnicos. Se le informó que Bazil no traía encargo oficial alguno [...].[21]

Al parecer, Osvaldo Bazil había visto pasar, definitivamente, los tiempos de gloria en que se autoproclamaba el «contact man» de Trujillo en La Habana. A pesar de su evidente decadencia, aún se anotaría un triunfo al sostener una entrevista privada con Batista, en los primeros días de febrero de 1937, jugándose así una de las infinitas cartas que un fullero de la talla de su jefe guardaba siempre en la manga.

Por su parte, Montolieu remitiría una carta a Desprادel, fechada el 12 de enero de 1937, donde le informaba haber recibido de manos del senador Recio los memorándums y el proyecto de ley para la reforma monetaria en República Dominicana, que Trujillo deseaba que examinase, y que eran los mismos que le había entregado el Ministro dominicano en Washington, con idéntico propósito. De los borradores presentados, el llamado Proyecto B, según sus palabras, «[...] era el que se ajusta en casi todo a las ideas que mantengo al respecto».[22] Imposibilitado de viajar por sus nuevas responsabilidades políticas, no perdió la oportunidad de recordar que su abuelo paterno había sido deportado con su familia a Puerto Plata, durante la Guerra de los Diez Años, y que consideraba la encomienda trujillista como «una distinción».

De manera piadosa no mencionó, siquiera, la desastrosa tentativa de acercamiento del otrora irresistible Osvaldo Bazil.

ANUDANDO LAS PUNTAS DE LA NOCHE

Mil novecientos treinta y siete se inició con el ímpetu arrollador que Trujillo le imprimía a todo lo que consideraba esencial para sus planes. En estos primeros días del año el motivo de sus obsesiones fue lograr, a toda costa, una alianza estratégica con el coronel Batista, al que, no sin razón, consideraba la llave de la situación política cubana y el garante de que esta girase definitivamente a su favor. Para ello, como era habitual, no escatimaría medio oficial u oficioso, ni artimaña alguna para alzarse con la presa escogida.

El 23 de enero, Bonetti Burgos enviaba a Despradel una carta y los recortes del diario *La Prensa,* de Nueva York, en su edición del día 19, donde se publicaba el manifiesto político de una recién creada organización revolucionaria de exiliados dominicanos denominada Joven Trinitaria, inspirada quizás en el espíritu de la Joven Cuba de Antonio Guiteras. El nexo debió haber sido confirmado, por alguno de los tantos espías pagados por Trujillo en esa ciudad, pues el objetivo de la remisión era, precisamente, demostrarle a Batista que ambos gobiernos tenían enemigos comunes y que estos actuaban bajo las pautas del comunismo.

> Por las ideas y el género literario del manifiesto –apuntaba Bonetti, no sin cierta razón–, está clara la tendencia que persiguen sus autores, que es la de exacerbar los ánimos de las masas comunistas para provocar sus actividades desintegradoras y perturbadoras [...]. Recomiendo a usted tratar de mostrar el recorte, oficiosamente, al coronel Batista llamando su atención hacia la expresada índole del manifiesto [...].[23]

Para concluir se instruía a Despradel «[...]hacer resaltar, discretamente, que esos mal llamados revolucionarios dominicanos son realmente peligrosos agitadores comunistas que están de acuerdo con los revolucionarios comunistas cubanos, opuestos al régimen político actual».[24]

Por esos días, el régimen ordenaba a Despradel contactar a Batista, sin revelarle que Bazil tenía en La Habana la misma encomienda, solo que para otros fines. Las gestiones en paralelo convergiendo sobre una misma figura demostraban la premura con que actuaba Trujillo y su enorme interés en llegar a Batista, por una u otra vía. El 25 de enero Bonetti urgía y alentaba a su representante oficial en Cuba a perseverar en la misión encomendada, expresándole: «[...] esperamos que usted continuará sus gestiones sobre el particular hasta alcanzar un éxito completo».[25]

En ese mismo mes, Trujillo envía a Cuba, como secretario de Primera Clase de la Legación, a Máximo Ramón Lovatón Pittaluga,[26] hermano de Yolanda Lina Lovatón, quien fuese reina del Carnaval de Santo Domingo, la amante favorita del tirano, y con la cual tendría dos hijos. Su designación fue inesperada, por lo que Trujillo se vio obligado a empeñarse personalmente para justificarla.[27] Como militar joven, culto y capaz, se le confiaron tareas de enlace e inteligencia entre los militares cubanos, por lo que jugaría un papel destacado en el cortejo a Batista y a otros altos oficiales del Ejército.

La entrevista de Osvaldo Bazil con Batista tuvo lugar el 3 de febrero y fue extensamente relatada en carta confidencial a Trujillo, enviada al día siguiente, desde el hotel Inglaterra, donde el poeta-cortesano se hospedaba. Todo había empezado el día 31 de enero, según sus palabras,[28] cuando en una fiesta benéfica a la que ambos asistían fueron presentados, «[...] manifestando [Batista] en alta voz –anotaba Bazil– sus simpatías por nuestro país y su admiración por usted. Esa noche quedó acordada la entrevista».[29]

La descripción de lo sucedido está narrada en el tono entre grandilocuente y pintoresco de Bazil, pensando en impresionar a Trujillo y quedar siempre como un negociador irresistible.

> Me recibió solo en su despacho –comentaba–. Comencé por tratarle lo grato que le sería a usted un encuentro con él, de modo de conocerlo personalmente. Acogió con viva simpatía esa idea, y convino que para llevarla a cabo estudiaría, en su viaje a Oriente, el lugar propicio. Él saldría en avión a una inspección y Ud. de cacería en su barco. Nadie tendría que saber de esto, que se prestaría a comentarios y parecería que él invade esferas que le son ajenas [...]. No iría con el Presidente [Laredo Brú], sino solo, en avión, a pasar una noche de charla íntima con usted [...]. Él cree oportuno, como yo me embarco, que usted avise a Despradel del espíritu de mi entrevista, para acordar con él los detalles y someter a usted fecha y lugar [...].[30]

Tampoco Batista desaprovechó la oportunidad, cortejando a su vez a Trujillo, al que, sin dudas, sabía enfermo de vanidad y egolatría.

> Me dijo que su obra y su plan es la continuación de lo que él está haciendo en Cuba –informaba Bazil–. Yo le manifesté también la admiración que usted siente por él **y de cómo estaba dispuesto a prestarle cooperación en sus empeños de estabilizar el orden y la paz aquí.** Le hablé del asunto de los caballos, y me dijo que le iba a reunir una buena cantidad de ejemplares. Le dije que usted estaba dispuesto a comprar los que les ofreciera [...].[31]

Trujillo había encargado a Bazil las mismas gestiones que al teniente coronel Raymundo Ferrer, ayudante de Batista, durante su estancia en República Dominicana con motivo del centenario de Máximo Gómez.[32]

> En cuanto a las armas –señalaba–, me explicó que estaba modernizando los fusiles *Springfields,* encargando piezas a Estados Unidos, por el elevado precio que ahora tienen. Cada uno vale US$55.00, de $17 que le valían antes a Cuba [...]. Hablamos hora y media, y puedo asegurarle a usted que podemos confiar en su amistad y cooperación. Lo demás lo hará usted con solo un abrazo a bordo, cuando lo vea [...]. Le conté, a petición de él, cómo era usted en la intimidad, y le di un Trujillo por dentro y por fuera, que no se sabe cuál de los dos es mejor, pero ambos son verídicos, ciertos, reales [...].[33]

La carta anterior fue remitida el 5 de febrero a Despradel por su hermano Arturo, subsecretario de Relaciones Exteriores, pues era deseo «[...] del honorable presidente Trujillo, que usted esté en conocimiento de los pormenores de esa carta, y que proceda de acuerdo a lo que el Sr. Bazil indica en ella».[34] Sin dudas, Trujillo compartía el proyecto de sostener un encuentro secreto con Batista.

Por aquellos días, el Jefe del Ejército cubano estaba presente hasta en las cartas familiares de Trujillo. Bonetti Burgos así lo confirmaba, remitiendo a Despradel, por indicaciones del Jefe, una carta de su prima, María Romana Pluyer Trujillo, residente en La Habana, y fechada el 29 de enero.[35] En ella se pedía «[...] al estimado primo Rafael», el envío de una tarjeta de presentación para el coronel Batista «[...] acreditando que yo soy su pariente cercana», para solicitarle trabajo para ella y su hija Gloria, de 16 años. Si bien es cierto que Bonetti orientaba hacer por esa causa todo lo posible, también indicaba esperar la oportunidad y mantener la discreción necesaria. Despradel lo asumiría, apenas tres días después, inventando una trama truculenta y reenviando la carta a Batista a través del teniente coronel Ferrer.

> Una señora dominicana, amiga mía y muy insistente en sus propósitos –afirmaría– me atosiga por todos los medios de que se valen las mujeres cuando desean algo, para que le presente al coronel Batista, me he negado a complacerla, pero no he podido evitar que me comprometa a encaminar la carta adjunta [...].[36]

Sin una cercanía especial, y una gran confianza con Batista, un hombre tan sereno y ecuánime como Despradel no le hubiese reenviado la carta anterior, ni un hombre tan astuto y calculador como Trujillo se lo hubiese ordenado. Con tal envío se estaban tanteando los límites de su compromiso y consideración para con el tirano dominicano, pues se acercaban momentos de pedidos mayores y más comprometedores.

Tras la partida de Bazil, la tarea de continuar las conversaciones con Batista recayó en Despradel. El 16 de febrero ya pudo rendir cuenta de la misión asignada, en carta enviada a Nanita, el Secretario de la Presidencia, no sin dejar claro que, a pesar del secretismo teatral de Bazil, ya tenía conocimiento, por otras fuentes, de los temas tratados por este en la entrevista del día 3.

> Me comuniqué con el coronel Batista –reportaba–. Él está interesado en el asunto, pero desea estar solo, sin el Presidente [Laredo], para evitar la publicidad consiguiente. Cree que el momento oportuno es a fines de marzo, que saldrá para Oriente en un recorrido meramente militar; los de la prensa, como siempre, irán con él, pero el día escogido los

> mandará a un campamento lejano donde se celebrará un acto cualquiera, y al cual prometerá asistir, pero se enfermará a última hora, trasladándose directamente a un punto cercano a la costa que se habrá escogido e indicado a tiempo, donde podrán conversar, sin que nadie los moleste.[37]

Es obvio que tanto misterio y tanta conspiración, en el caso de Batista, rayana en la violación de la Constitución y al borde de la traición al presidente Laredo, solo indicaba que los temas a tratar con Trujillo eran de vital interés para el futuro de ambos. De esta manera, la carrera política de estas dos figuras se hermanaba en las sombras, presagiando el renacimiento de la alianza represiva que antes había florecido bajo el gobierno de Machado. Y era tan necesaria la entrevista que, aun cuando Despradel aseguraba que de todas maneras se conocería y se haría pública por alguna indiscreción inevitable, e incluso, trascendería a la prensa norteamericana, valía la pena asumir los riesgos. «Habrá que enfrentarlos –concluía–, para lograr que se efectúe la entrevista, que será tan útil a los dos gobiernos y países».[38]

No se han hallado evidencias en los archivos de que la entrevista tuviese lugar, pero dado el interés de estos personajes, y lo reservados que eran para las conspiraciones, pudo haberse efectuado. Lo cierto es que tales conversaciones y entrevistas, y otras que se sostuvieron durante 1937, y en años sucesivos, forjaron una alianza que aunque atravesó momentos de crisis –como la del verano de 1956, en que ambos países estuvieron a punto de iniciar una guerra–, demostró ser de importancia estratégica para los dos dictadores, y en consecuencia, fue primorosamente abonada y cultivada con innumerables gestos de amistad.

Existen evidencias de que a partir de febrero de 1937 el acercamiento entre Trujillo y Batista alcanzó *status* de sistemático y en constante expansión, sumando a altos oficiales y funcionarios de ambos países.

El Vuelo Panamericano Profaro de Colón

La Sociedad Colombista Panamericana, con sede en La Habana, era la entidad encargada de fomentar estudios y actividades encaminadas a enaltecer la presencia hispana en la América Latina y Anglosajona. Si bien es cierto que su presidente, José María Chacón y Calvo, y luego Miguel Ángel Campa, gozaban de un bien ganado prestigio intelectual, la realidad del accionar de la institución y de su director, el capitán J. Martínez Castell, sus vínculos con el trujillismo, y su evolución, hasta que cesaron sus labores tras el triunfo de la Revolución de 1959 –fecha en que Trujillo le propuso mudar su sede a República Dominicana–, permiten caracterizarla como una entidad conservadora y defensora de un hispanismo a ultranza con aires de reconquista neocolonial, al menos, en el ámbito cultural. Tan estrechos fueron sus vínculos con Trujillo, unidos en la promoción de una hispanidad que lindaba con el racismo, que este la utilizó como su quintacolumna en la isla, figurando entre los más estrechos aliados de las acciones de sus diplomáticos, sirviendo de trampolín para la expansión del trujillismo en América, y del lavado constante de su imagen. Ninguna otra entidad cultural cubana, si exceptuamos periódicos como *El Diario de la Marina,* que recibían subsidios del tirano dominicano, estuvo más incondicionalmente al servicio de la tiranía. En esta línea se inscribe su proyecto de Vuelo Panamericano Pro-Faro de Colón, que tuvo su gestación y trágico final en el año de 1937.

Como antecedente del proyecto, la Sociedad Colombista preparó un acto en el Lyceum, en ocasión del 27 de febrero, aniversario de la independencia dominicana, del cual el cónsul Villanueva informó a la Secretaría de Estado. Llegado el momento, el orador principal no fue el Dr. Herminio Rodríguez, como se había anunciado, sino el teniente coronel Raymundo Ferrer, activo miembro del *lobby* trujillista habanero. La conferencia que pronunció en aquella ocasión versó sobre lo visto durante su estancia en la isla vecina, durante los festejos por el centenario del natalicio de Máximo Gómez, extendiéndose en loas a la obra del gobierno de Trujillo, y a la propia figura del dictador.[39] Tan eficaz fue la exégesis que Martínez Castell envió el texto íntegro de la conferencia a Despradel.

Apenas unos días después, el presidente Laredo firmaba y daba a conocer el decreto que amparaba la creación de la Comisión Nacional Cubana Pro-Faro de Colón, integrada por el Secretario de Estado, el Secretario de Educación, el Subsecretario de Estado, los presidentes de las Comisiones de Relaciones Exteriores del Senado y de la Cámara, el Jefe de la Marina de Guerra, el Ministro Jefe de la Oficina Panamericana de la Secretaría de Estado y el Director de la Sociedad Colombista Panamericana.[40] A juzgar por la cantidad y calidad de sus miembros, la cuestión dominicana había alcanzado un rango elevado en las prioridades del gobierno cubano, y eso había que agradecerlo al *lobby* trujillista, a Batista, a los diplomáticos de ese país en La Habana, y a la infatigable Sociedad Colombista Panamericana.

Otro antecedente fue el proyecto de la Sociedad de llevar a República Dominicana, para «visitar los sitios colombinos», a una amplia delegación de más de cien personas, entre los que se contarían sus miembros, catedráticos, profesores, periodistas y afiliados a otras corporaciones científicas y culturales del país. El viaje se programó al detalle, previéndose el traslado en el vapor *Cuba*.[41] Con la visita de la Misión enviada por el centenario de Gómez, se había comprobado el efecto que un trato de lujo podía ejercer en el ánimo de visitantes desinformados y vulnerables a las zalamerías oportunistas de Trujillo. La Sociedad Colombista se prestaba a ser la «turoperadora» cubana de la dictadura.

La propuesta inicial del vuelo panamericano[42] surgió, aparentemente, como un acuerdo de la Sociedad Colombista, pero puede conjeturarse, por los sucesos posteriores y el uso que se hizo de la iniciativa, que se trató de una propuesta de Trujillo, enmascarada bajo una cobertura «neutral». El 10 de febrero de 1937, en carta de Bonetti Burgos a Despradel, se comunicaba, oficialmente, la aceptación del gobierno dominicano a tomar parte activa en el proyecto. «El gobierno acepta muy complacido, la invitación de la Sociedad Colombista Panamericana para el Vuelo –comunicaba Bonetti a Despradel– propuesta por el teniente Menéndez,[43] y está de acuerdo en todos los detalles planteados por la Sociedad».

En esa misma carta, otro fragmento mostraba las carnales relaciones existente entre ambos gobiernos, y especialmente, entre sus instituciones armadas, o lo que es lo mismo, entre Batista y Trujillo.

> El gobierno dominicano –afirmaba Bonetti– adquirirá un avión expresamente para este objeto, y como el gobierno cubano hará lo mismo, desearíamos saber si la persona que se dirigirá a Estados Unidos a comprarlo podría aceptar el encargo de comprar el nuestro [...]. El gobierno dominicano no solo cubriría los gastos de su avión, sino que contribuiría a pagar los gastos del comisionado.[44]

A partir de este entendido, durante todo el año se generó una copiosa correspondencia alrededor del tema, actuando como mediadora la Sociedad Colombista. Por ejemplo, en carta del 10 de junio de 1937, De la Campa, canciller cubano, aceptaba la propuesta de la muy diligente

Sociedad, acerca de la manera en que habría de realizarse la propaganda conjunta del Vuelo. Poniendo el dedo en la llaga, y conociendo a Trujillo y su afán de publicidad, la parte cubana se apresuraba a declarar que, como el Vuelo tendría carácter oficial, «[...] toda información deberá ser previamente sometida a conocimiento de la Secretaría de Relaciones Exteriores, a fin de autorizar su publicación»,[45] y que la propaganda «deberá ser inspirada en los altos ideales del Panamericanismo, colaboración, mantenimiento de la paz, acrecentamiento de las relaciones comerciales, y mayor vinculación cultural».[46]

En comunicación de Martínez Castells dirigida a Despradel, con fecha 25 de agosto, se describía, con lujo de detalles, las formas en que se realizaría la propaganda radial y escrita. La Sociedad ponía a disposición de ambos gobiernos las direcciones de correo de todas las instituciones oficiales y culturales con las que mantenía correspondencia en América. También se señalaba que a bordo de una de las naves, como cronista oficial del Vuelo, viajaría el periodista y diplomático cubano Ruy Lugo Viña.[47]

Como todo lo relacionado con la propaganda del Vuelo era tan importante, Trujillo decidió aportar a la Sociedad US$2,000.00 para estos fines, como se desprende de la carta de Balaguer, subsecretario de Estado, a Roberto Despradel, del 3 de noviembre.[48] En agosto, el mismo Balaguer había aceptado la propuesta de la manera en que se realizarían las gestiones conjuntas con los diplomáticos cubanos, en cada país donde la escuadrilla tendría que recibir autorización para aterrizar o despegar.[49]

La ceremonia de inicio del vuelo fue ocasión propicia para justificar el envío a República Dominicana de una de las más nutridas delegaciones oficiales cubanas, símbolo de la «luna de miel» que se vivía con el régimen trujillista. Al frente de la misma viajó el embajador Dr. José Manuel Carbonell, como jefe de Misión, el teniente coronel Manuel Benítez, como representante del Ejército, el capitán de fragata Aurelio García, en representación de la Marina de Guerra, representantes del Secretario de Comunicaciones, de Agricultura, de los gobernadores de Oriente, de Cienfuegos y de La Habana, de la Secretaría de Sanidad, de Educación, y de la Sociedad Colombista. También la Banda de Música de la Marina de Guerra formada por 82 soldados, clases y oficiales, una compañía del Regimiento 4 de Septiembre, al mando del capitán Quirino Uría, un equipo cinematográfico, y 18 periodistas de los principales órganos de prensa del país.

Como colofón, Villanueva recibió de Despradel una nota, fechada el 12 de noviembre de 1937, que rezaba:

> Acabamos de recibir de la Cancillería de República Dominicana el siguiente informe: «Después de impresionante ceremonia, iniciose a las 10.00 a.m. el Vuelo Panamericano Pro-Faro de Colón. Participó la Embajada cubana, 15 ministros, 2 cruceros de la Marina de Guerra de Cuba. La despedida contó con un bellísimo discurso del presidente Trujillo.[50]

El Vuelo estaba planificado para cubrir 53 etapas. Después de alcanzar Puerto Rico, Guyana Francesa y Holandesa, Venezuela, Trinidad, Argentina, Chile, Brasil, Uruguay, Perú y Ecuador, con un gran despliegue publicitario, la escuadrilla se internó en Colombia para llegar a Panamá. El 29 de diciembre, cerca de Cali, mientras volaban sobre el cañón de un río, el teniente Menéndez, a bordo del *Santa María,* realizó un giro inesperado y se estrelló. Los otros dos aviones cubanos, creyendo que esa era la maniobra correcta, siguieron al navegante y corrieron idéntica suerte. Solo sobrevivieron el piloto dominicano y su mecánico, porque volaban a mayor altura y su avión era más potente. Se enteraron de la tragedia tiempo después, al aterrizar en Panamá.

Despradel fue informado de inmediato y envió un cable urgente a Trujillo con el siguiente texto: «Informa Marina de Guerra que los tres aviones cubanos se estrellaron en tormenta cerca de Cali, pereciendo los siete tripulantes».[51]

Las primeras versiones trataron de justificar la tragedia, bien con el mal tiempo, o con los errores humanos, pero quien siga la correspondencia que acompañó al proyecto del Vuelo, comprenderá que las causas fueron mucho más profundas. Ni las tripulaciones estaban suficientemente familiarizadas con una ruta tan extensa y accidentada, que debía ser cubierta en tiempo record, ni se dio tiempo a crear las condiciones óptimas para la seguridad de los viajeros. Estas siete personas fueron inmoladas por el afán y la premura de Trujillo en protagonizar una hazaña de semejante envergadura, y de limpiarse la sangre del rostro, después de la matanza de haitianos que había ordenado, meses antes. Trujillo, Balaguer y otros funcionarios, presionaron todo el tiempo a una débil y obsequiosa contraparte cubana, muy deseosa también de congraciarse con el tirano dominicano, especialmente Batista, para que el vuelo saliese a como diese lugar, alegando ventajas a alcanzar y gastos efectuados. Así se demuestra, por ejemplo, en el siguiente cablegrama cifrado de Balaguer a Despradel, que debió haber sido enviado a fines de octubre:

> Emplee todos los medios posibles evitar aplazamiento del Vuelo. Insinúo visitar Batista y explicarle graves inconvenientes posposición fecha, que causaría gobierno dominicano importantes perjuicios orden económico y perjudicaría, moralmente, peregrinación de buena voluntad. Presidente [Trujillo] estima que el Vuelo podría iniciarse con tres aviones, y luego, curso de ruta, incorporarse avión de la Marina [de Guerra cubana].[52] Insinúe esto y actúe con celo y actividad habituales.

Consciente de su cuota de responsabilidad en el fatídico suceso, y de lo que podía costarle ante la opinión pública cubana y mundial, Trujillo, como era habitual en él, se apresuró a ponerse por delante de los acontecimientos. Al día siguiente de la tragedia, convocó al Congreso y decretó duelo nacional. La Secretaría de Estado lo comunicó a Despradel mediante un cablegrama que incluía la descripción del ambiente en República Dominicana. «Pueblo profundamente conmovido. Teatros cerrados. Radiodifusoras suspenden programas».[53]

Ese mismo día, en La Habana, se reunía con carácter extraordinario el Consejo de gobierno de la Sociedad Colombista. Su presidente, Miguel Ángel Campa, hacía saber a Despradel el texto de los ocho acuerdos adoptados, en homenaje a los fallecidos en Cali, entre ellos, el nombramiento de una comisión para presentar condolencias a los familiares, la propuesta de colocación de tarjas conmemorativas en le calle Colón, de La Habana, y en el Faro que se construiría en República Dominicana, y la solicitud de pensiones a los familiares de las víctimas.[54]

El último día del año, Despradel recibía aún otro cable sobre el tema, conteniendo la propuesta grandilocuente de Trujillo en su intento por presentarse como el más afectado por las muertes.

> Sugiera a gobierno cubano declarar terminado el Vuelo para que el mayor Félix desmonte el avión y se dirija a Colombia, para acompañar hasta Cuba a héroes-mártires y asistir a su enterramiento. Gobierno dominicano enviará Comisión a Habana, con destacamento del Ejército, para asistir apoteosis. Urge respuesta [...].[55]

Mientras llegaba la respuesta, se puso oficialmente fin al desastroso vuelo panamericano. Así consta en cablegrama de la Secretaría de Estado a la Legación en Cuba, fechado el 3 de enero de 1938. «Gobierno dominicano –se afirmaba– ha decidido poner fin al Vuelo. Mayor Félix tiene instrucciones de regresar con despojos de sus infortunados y gloriosos compañeros».[56]

Pero no todo era tan sencillo como enviar un cablegrama. En Cuba, incentivado por reportajes escritos y publicados por periodistas colombianos, comenzaba a incubarse un sentimiento de rechazo al mayor Félix, como responsable de lo sucedido. En alguna fecha posterior al cable anterior, Despradel comunicaba a la Secretaría de Estado:

> Secretario Remos me dijo hoy que coronel Batista le informó sobre injusta inquina popular formada contra mayor Félix, motivo desastre Cali, aconseja por seguridad personal este no incluirlo Misión. Este gobierno, aunque considera absurdo franca previsión calumniosos ataques contra Félix, entiende que las buenas relaciones entre ambos gobiernos autoriza prevención para evitar cualquier acto de torpe venganza popular, difícilmente controlable. Ruego rápida contestación.[57]

Antes de que el cablegrama llegara a su destino, Trujillo había conformado una Misión Especial para los funerales. Estaba integrada por el ministro Despradel, el Dr. Max Henríquez Ureña, el Dr. Joaquín Balaguer, todos «[...] investidos con carácter de embajadores»; Lovatón y Federico Henríquez y Carvajal «investidos como secretarios de Embajada»: el teniente coronel Antonio Leyba Pou, el mayor Frank Félix, el capitán José García Trujillo, el capitán Rafael G. Ramírez, el capitán Mario Lovatón Pittaluga y el segundo teniente Julio Simó, «como agregados militares».

> [...] Asistirá una compañía de infantería de 119 hombres y una banda de música de 51 miembros,

> en total, 170 alistados y 5 oficiales. Saldrán en vapor *Presidente Trujillo* hasta Santiago de Cuba y luego por carretera a La Habana. En Santiago de Cuba rendirán honores al apóstol Martí, y al día siguiente seguirán viaje [...]. Los Agregados Militares, conducidos por el ministro Despradel, deberán hacer visita de cortesía al coronel Batista, a nombre del Generalísimo.[58]

Pero la realidad era mucho más compleja que los proyectos de relaciones públicas del Jefe. Así se evidenciaba en el siguiente cablegrama de Despradel, fechado el 8 de enero de 1938:

> Me entrevisté con Batista, quien ordenará crucero *Patria* no conduzca al mayor Félix, desalentándolo caso encontrarse a bordo. Coronel ruega al gobierno dominicano lo autorice hacer declaraciones sobre catástrofe Comisión cubana investigación a bordo del *Patria*. Coronel Batista y Secretario Remos consideran prudente gobierno dominicano no envíe fuerzas militares funerales y ruega mantener Embajada Especial con Agregados Militares quienes serán considerados huéspedes de honor del gobierno cubano, y hospedados en el Hotel Nacional por cuenta este. Coronel Batista estuvo extremo cordial, encargándome manifestarle a Presidente su gran sentimiento tropas dominicanas no viniesen a Cuba en esta oportunidad, lo cual considera prudente [...]. Considera cualquier incidente pudiera ser premeditado por personas interesadas en quebrantar cordiales relaciones en perjuicios de ambos gobiernos [...].[59]

Trujillo consideró la conveniencia de rectificar y así lo comunicó en un cablegrama a Despradel, siendo, como era, un hombre eminentemente práctico: «Nos pusimos en contacto con el mayor Félix y le dimos instrucciones permanecer en Panamá. Presidente ha decidido que toda la Misión y la Compañía del Ejército vaya a Cuba y asista funerales, omitiendo solamente mayor Félix [...]».[60]

No obstante, la soberbia de Trujillo no podía dejar de expresarse, y con ella, quizás otras razones culpables mucho más profundas. Su respuesta al cable anterior lo demuestra:

> Presidente Trujillo, acogiendo sugerencia hecha a usted por gobierno cubano, ha resuelto mantener Embajada Especial con Agregados Militares. Gobierno dominicano pagará gastos en que incurrirá. Se han dado instrucciones mayor Félix de abstenerse de hacer declaraciones Comisión investigadora cubana.[61]

La realidad apuntaba críticamente hacia el piloto sobreviviente, y por eso Despradel rompía lanzas a su favor, en carta a la Secretaría de Estado del 10 de enero de 1938:

> Anexo recorte de la sección «Onda Corta» de *El Mundo,* donde el periodista colombiano J. González, en la edición del 9 de enero, hace una justa defensa de nuestro glorioso piloto mayor Félix [...]. Aunque en una parte de la opinión pública de esta el mayor Félix pudo tener alguna responsabilidad, ningún periódico cubano ha dicho nada al respecto [...]. Estaré vigilante en este enojoso asunto para defender como procede a nuestro glorioso piloto, cuya salvación es la gran tragedia, parece haber producido una innoble envidiosa reacción en ciertos ambientes de este país [...].[62]

Independientemente de lo sucedido, una de las consecuencias de estos hechos se reflejó en la siguiente carta de Fernando Abel Henríquez, para entonces ministro dominicano en La Habana, a Martínez Castells:

La Secretaría de Estado, en escrito del 17 de marzo, refiriéndose a sus oficios que le dirigiera esta Legación del 9 de diciembre, y del 12 de enero de 1938, en relación con la solicitud de ayuda económica hecha por la Sociedad Colombista, nos dice: «La solicitud de la Sociedad está siendo objeto de la más atenta consideración, pero debido a razones de presupuesto y de orden económico, no será posible acceder a esta petición por ahora».[63]

Trujillo no perdonaba.

Máscaras, serpentinas y disfraces

Durante el gobierno del presidente Laredo Bru continuó el proceso de fortalecimiento de la alianza entre Trujillo y Batista, y el fomento de relaciones de colaboración y amistad entre altos jefes militares y funcionarios de ambos países, hermanados por su vocación represiva y la necesidad de luchar contra enemigos que tenían mucho en común.

En esta época continuó la solicitud de documentos rectores y normativos de las instituciones armadas cubanas a fin de que sirvieran de base al proceso de modernización del Ejército trujillista. El 23 de marzo, el capitán de fragata Aurelio García Leal, auxiliar del Jefe de Estado Mayor de la Marina de Guerra cubana, remitía a Despradel un ejemplar de la Ley Orgánica de ese cuerpo y prometía el envío del Reglamento, tan pronto concluyese la revisión a que lo sometía una comisión.[64]

Asimismo, las cordiales relaciones se expresaban en el envío de solicitudes para que acreditadas casas de confecciones militares de La Habana, como la Casa Montalvo-Corral, se hiciesen cargo de pedidos de uniformes para la alta oficialidad trujillista. Con ese objetivo, Fernando Peña Batlle, secretario de la Legación, visitó a principios de enero el establecimiento, recibiendo la información de que, con anterioridad, allí se habían elaborado uniformes para el general José García, el coronel Fiallo, el mayor McLaughlin, el capitán Héctor Fiallo y el coronel Fernando Sánchez, y que estaban dispuestos a aceptar nuevos pedidos, enviando a un maestro a tomar las medidas en República Dominicana.[65] Al mes siguiente, ya se le solicitaba la confección de los trajes de gala para dos capitanes del Estado Mayor.[66]

Menudearon las cortesías y zalamerías mutuas, los envíos de presentes y recuerdos (armas incluidas). El 20 de octubre el teniente coronel Gregorio Querejeta, auxiliar del Cuartel Maestre del Ejército cubano remitía una carta a Máximo Lovatón, en la cual le informaba que «[...] por orden expresa del coronel Batista le remito ocho fusiles *New Springfield,* que pongo a su disposición para uso del gobierno de esa República hermana, de acuerdo con sus gestiones».[67] De ello se deduce que se trataba de la respuesta a una solicitud tramitada por Lovatón, pues Trujillo estaba informado de las modernizaciones que se hacían en el país a estas armas.

La caja de madera conteniendo los fusiles fue embarcada el 21 de octubre en el vapor *Cuba,* bajo la custodia del sobrecargo, Sr. González Cruceiro.[68] El 2 de noviembre, el general de brigada Héctor Bienvenido Trujillo, hermano del tirano y jefe del Estado Mayor del Ejército dominicano, acusaba recibo a Despradel, afirmando que los fusiles habían llegado en perfecto estado. Apenas un mes después Despradel le enviaba otro paquete a través del Sr. Bellón, también sobrecargo del *Cuba.* Esta vez se trataba de un obsequio personal que le hiciese el teniente coronel Manuel Benítez, jefe del Regimiento Ríus Rivera, asentado en Pinar del Río, y quien fuera uno de los jefes de la Misión cubana que asistió a la ceremonia de despedida de la escuadrilla del vuelo panamericano. Con toda cordialidad, el jefe militar cubano le mandaba a su camarada dominicano una pistola niquelada, marca *ATCSA.*

Anudando tan provechosas relaciones, Despradel asistiría, el 30 de diciembre, a un almuerzo que la Sociedad Colombista organizase para homenajear al propio teniente coronel Benítez y al capitán de fragata Aurelio García Leal, los dos oficiales de mayor graduación que visitasen República Dominicana, en la ocasión ya señalada.

De esta manera, se iba tejiendo, pacientemente, una red de relaciones e influencias en los cuerpos armados cubanos. Cada nueva relación era halagada, obsequiada, y terminaba abriendo nuevas puertas para los representantes trujillistas en la isla. Cada intercambio o visita contribuía a agregar un nuevo eslabón a la cadena. En el caso del capitán de fragata Aurelio García Leal, es apreciable la manera en que se fue trabajando este vínculo en el Estado Mayor de la Marina de Guerra. En julio figuraba recomendando con una carta a Despradel para que fuese debidamente atendida su solicitud de expertos pesqueros a contratar por el gobierno dominicano.[69] Ya en noviembre formaba parte de la Misión que viajó a Santo Domingo, donde fue agasajado.

Un mes antes, Bonetti había comunicado a Despradel la necesidad de «[...] conseguir ex oficiales de la Marina cubana [machadistas, separados del servicio por su pasado represivo, tras la Revolución de 1933] o náuticos graduados españoles para prestar servicio en la Marina Mercante».[70] Como por esos días Despradel viajaba a Nueva York por un mes, para atenderse una lesión en las arterias coronarias, dejó este asunto en manos de Lovatón, expresándole a Bonetti que «[...] tiene muy buenas relaciones con militares y marinos».[71]

La parte cubana no se quedaba atrás. En mayo, el presidente Laredo Bru concedía la Gran Cruz de la Orden Carlos Manuel de Céspedes a Bonetti Burgos, el Canciller dominicano, y la Banda de Música de la Marina de Guerra estrenaba en el Anfiteatro de La Habana la obra musical *El beso de la Patria,* que el sargento de ese cuerpo, Emilio

Guede, había compuesto, especialmente en homenaje a Trujillo.[72]

Estas excelentes y expansivas relaciones se usaban también cuando se trataba de temas más complicados, como era la represión de los enemigos. En su carta del 19 de marzo, dirigida al coronel Ángel González, jefe de la Marina de Guerra de Cuba, Despradel le adjuntaba copia de la que enviase a Trujillo desde México, el periodista dominicano Darío Mañón, uno de sus más rabiosos partidarios, denunciando «[...] las actividades subversivas de cubanos y dominicanos desafectos a los actuales gobiernos de estas Repúblicas».[73] Se trataba de una estación de radio instalada a bordo de un buque, según la denuncia de Mañón, «[...] que sale de puertos norteamericanos, se sitúa en aguas internacionales, y transmite boletines incitando a la revolución contra Batista. Lo urgente es que están operando con dinero, y que la Joven Trinitaria, de Nueva York, se ha unido y transmite información en español e inglés, contra Batista y contra Trujillo».[74] El propio Mañón cerraba su informe sugiriendo «[...] confidencialmente, que la Armada de Cuba podría contribuir a localizarlos».[75] Ese propósito perseguía Despradel al solicitar «[...] investigar con atención, a fin de establecer su existencia y poder contrarrestar su actuación de propaganda política, calumniosa y subversiva».[76]

Otro hermano de Trujillo, José Arismendy, también alto oficial del Ejército, conocido por Petán, solicitaba, en carta a Despradel, los nombres y direcciones de los mejores médicos cubanos, especialistas en vías digestivas, para tratarse en la isla.[77]

Tan estrechas eran las relaciones que cuando la Legación necesitaba informes confiables acerca de una empresa u organización cubana, incluso, ciertas referencias personales, las solicitaba a Martínez Castells, de la Sociedad Colombista, o al comandante Jaime Mariné, ayudante de Batista. Este último, por ejemplo, respondía en noviembre a Máximo Lovatón, a su solicitud de información sobre la empresa cinematográfica Royal, de La Habana, la cual había propuesto a Trujillo realizar una serie de documentales propagandísticos sobre el país.[78]

Es lógico suponer que estos canales oficiales de consulta se utilizaban también cuando Trujillo recibía solicitudes de militares cubanos interesados en servir en el Ejército dominicano, como fue el caso, en febrero, del entonces ex teniente Pedro García Tuñón[79] y de Juan Ríos Montenegro, que se ofrecía como piloto, y era alistado de la Marina de Guerra.[80] En el primer caso, después del informe positivo rendido por Lovatón,[81] tras pedir referencias, precisamente, a los tenientes Rivero Espinosa y Pérez Díaz, que habían formado parte de la Misión cubana en los actos por el centenario del natalicio de Máximo Gómez, Trujillo se mostró muy interesado, aceptando sus servicios. Fue Pedro García Tuñón, ya capitán del Ejército cubano, a quien correspondió la misión, junto al también capitán Pedro Barreras, de abrirle paso a Batista al campamento militar de Columbia, a través de la posta 4, en la madrugada del 10 de marzo de 1952, durante el golpe de Estado que derrocó al presidente Prío Socarras. Escuela para ello le sobraba.

Otras expresiones de la estrecha colaboración militar tuvieron lugar ese mismo año. El 11 de agosto, Lovatón informaba mediante un cablegrama a Fernando Abel Henríquez,[82] cónsul en Santiago de Cuba, que al día siguiente, temprano en la mañana, saldría para hacer escala en esa ciudad un avión *Reflection* del Ejército dominicano, piloteado por el capitán Mélido Marte, «[...] que conduce nombrado Amado Soler, repatriado por recomendación de esta Legación. Le ruego prestarle atención y darle facilidades para continuar viaje a Ciudad Trujillo». Al día siguiente la misma nota fue remitida por Despradel a la Secretaría de Estado. Este inusual interés en enviar por la vía expedita y más costosa a un repatriado, cuando lo usual era hacerlo por vía marítima, se explica por la biografía de Amado Soler,[83] un destacado luchador y hombre de acción antitrujillista, cuyo regreso debió ser considerado como una victoria personal de los diplomáticos dominicanos en Cuba. Despradel le extendió, incluso, un salvoconducto dirigido a las autoridades civiles y militares dominicanas, donde se certifica que el exiliado viajaba acompañado por el aviador Mélido Marte «[...] autorizado por esta Legación».[84] Es obvio que Amado Soler no poseía pasaporte, lo cual justificaba la emisión de este documento, y dice mucho del grado de colaboración existente entre la Legación y las autoridades militares cubanas de la época, que se le haya permitido abandonar el país en esas condiciones, a bordo de un avión militar extranjero.

Y por si fuese poco, el avión halló un mal tiempo en su ruta, se vio obligado a retornar y se accidentó durante un aterrizaje forzoso en el central Stewart, recibiendo de inmediato, por órdenes expresas del coronel Batista, toda la ayuda requerida para que pudiese ser reparado y continuar su viaje. A estos fines, el 16 de agosto, se envió desde La Habana un avión *Corsario 33* «[...] llevando propela y material necesario para reparación del avión 12 123 de esa República hermana», según nota enviada por Mariné a Despradel,[85] lo que motivó la redacción de una nota de agradecimiento a Batista, entregada personalmente en Columbia.

Uno de los momentos paradigmáticos del grado de compenetración que se iba logrando entre Trujillo y Batista, y a su vez, entre los militares de ambos ejércitos, fue motivado por una grave enfermedad de Ramfis Trujillo, quien a la sazón contaba con ocho años de edad.

En 1932, ya Ramfis y su madre habían viajado a La Habana para ser atendidos por médicos cubanos. La crisis estallaría cinco años después, alcanzando el nivel de un asunto de Estado, desplazando el resto de las prioridades de la Secretaría de Relaciones Exteriores y los diplomáticos dominicanos en la isla, involucrando de paso, a médicos, agencias de aviación, a Batista y a otros funcionarios cubanos.

Todo comenzó con un cable de Trujillo a Despradel, fechado el 27 de abril, a las 4:00 p.m., donde se le indicaba estar atento a una llamada telefónica, para la cual debía invitar a la Legación al Dr. Martínez, un pediatra cubano que había atendido a Ramfis anteriormente, a fin de que su médico de cabecera pudiese conferenciar con él sobre el curso de su enfermedad. «Ramfis con difteria –adelantaba Trujillo– se necesita que el mejor especialista para el caso venga rápido, a más tardar mañana. Si es necesario, flete avión o solicítelo al gobierno cubano».[86]

Despradel intentó comunicarse enseguida con su carnal Batista, pero el jefe del Ejército cubano se hallaba de gira por Pinar del Río. Ante la imposibilidad de contar de inmediato con este apoyo, se dirigió a Mr. Mason, alto ejecutivo de Cubana de Aviación, y amigo de Trujillo, quien al instante dispuso de un avión fletado para que condujese al Dr. Martínez a la isla vecina. En principio se esperaba la llegada a la capital dominicana al día siguiente, en la tarde, pero a las 9:42 de la noche, del mismo 27 de abril, Batista llamó por teléfono, a Despradel desde Pinar del Río.

> El coronel Batista acaba de llamar –se apresuraba a informar a Trujillo– disponiendo que avión del Ejército cubano lleve al Dr. Martínez a Ciudad Trujillo, permaneciendo allí el tiempo que sea necesario. Llegará entre dos y tres de la tarde [del día siguiente, 28 de abril]. Coronel interesa vivamente la salud de Ramfis y envía los mejores votos. Cancelé avión fletado.[87]

Trujillo se apresuró a indicarle a Despradel que debía expresar a Batista, «[...] mi reconocimiento por sus atenciones y el interés que le ha merecido la enfermedad de mi hijo».[88]

Tres días después, el 1° de mayo, regresaba a La Habana el Dr. Martínez. «Ramfis sin fiebre, en franca convalecencia» –telegrafiaba Trujillo–. Pero dos días más tarde, ante temores de un repunte de la enfermedad, el atribulado padre ordenaba a su Ministro en La Habana que localizara al Dr. Clemente Inclán Costa,[89] uno de los más reputados pediatras cubanos, y quien ya había consultado a Ramfis en 1932. «Avise si puede contratar los servicios del Dr. Inclán para salir próximo avión hacia acá», fue el lacónico mensaje de un sombrío Trujillo. Despradel, como era de esperar, puso manos a la obra.

En aquellos momentos, el Dr. Inclán, en medio de sus numerosas ocupaciones, aceptó ir atendiendo la evolución del caso, mediante el intercambio de cablegramas con la madre de Ramfis, y otros intermediarios. Varias veces al día se le reportaban los parámetros vitales del enfermo y cualquier detalle que pudiera ser de interés, incluyendo cuando este, como todos los niños, se negaba a tomar alguna medicina. Para el Dr. Inclán el problema no expresaba una recaída, sino una infección benigna en la laringe y las amígdalas, o un simple catarro. Ante la denodada insistencia, el Dr. Inclán, acompañado de su hijo, también médico, viajó a Ciudad Trujillo en un avión fletado para la ocasión, el 6 de mayo, regresando dos días después. Continuó la atención mediante el intercambio cablegráfico, hasta fines de mes, en que Ramfis se restableció, completamente. Una nota en clave, manuscrita, que copiaba un mensaje enviado probablemente de Bonetti Burgos a Despradel, resumía el proceso:

«Dr. Inclán regresó a esa por avión, esta mañana. Presidente le pagó $4,000.00».[90]

Los mensajes de agradecimiento y testimonio de amistad, cruzados entre Trujillo y Batista en aquellas circunstancias, demuestran el compadrazgo que ya habían construido. El primero en escribir fue Trujillo, aprovechando el regreso del avión cubano que había trasladado al Dr. Martínez. Se remitió copia de esta carta a Batista anexa a la que Nanita, secretario de la Presidencia, hiciese llegar a Despradel el 30 de abril.

> Aprovecho para expresarle mi sentido agradecimiento por tan señalada prueba de amistad y fina cortesía. Tanto por la oportunidad del servicio, cuanto por el afectuoso interés demostrado por la salud de mi hijo, le estoy profunda y sinceramente agradecido [...]. Considero innecesario agregar que usted tiene en mí un amigo que con gusto sabrá reciprocar el señalado servicio que usted ha prestado.[91]

La respuesta de Batista fue en el mismo tono y está fechada en la fortaleza de Columbia.

> Recibí su muy atenta y gentil carta –expresaba–. Me es grato reiterarle aquí el testimonio y los votos que por la tranquilidad y la salud de su pequeño, manifesté al Ministro de su gobierno, mi estimado amigo, el Sr. Despradel.[92] Al reiterarle el testimonio de mi amistad –finalizaba– aprovecho la oportunidad para desearle larga vida, salud y clara inteligencia a su hijo, y prosperidad, bienestar y dicha a su pueblo.[93]

Otro *affaire* en que se probó la estrecha relación existente entre los gobiernos de Laredo Bru y Trujillo, y más exactamente, entre este último y Batista, fue en la crisis desatada por la matanza de haitianos ordenada por el Jefe, a finales de septiembre y principios de octubre de ese mismo año, que tuvo consecuencias negativas para la imagen internacional de su régimen, y mostró al mundo el monstruoso rostro ensangrentado que escondía bajo la máscara de orden y progreso.

Las relaciones entre estas naciones vecinas siempre fueron, y son, de extrema complejidad. El tema migratorio, de límites fronterizos y de seguridad ha constituido una fuente de permanentes tensiones, de frecuentes incidentes, incluso de guerras, que ha enfrentado a ambos pueblos. Trujillo –un fanático obsesionado con el cierre hermético de las fronteras de su país y el control absoluto sobre su territorio, con tal de reinar sin dificultades ni peligros provenientes del exterior–, concedió siempre a las relaciones con Haití un lugar destacado, tratando de mantener bajo su control a los gobernantes de aquel país. Entre 1930 y 1937 realizó cuatro visitas oficiales a Haití, sosteniendo frecuentes reuniones con el presidente Estenio Vincent. En marzo de 1936 se firmó un nuevo tratado fronterizo, que actualizaba el de 1929. Todo parecía indicar que, al menos en este frente, Trujillo había asegurado su paz personal.

Según el censo de 1935, vivían legalmente en República Dominicana algo más de 52,000 haitianos, pero en la franja fronteriza y más allá, los haitianos penetraban al margen de la ley, existía un próspero contrabando en ambos sentidos, circulaba la moneda de aquel país y los límites eran burlados con frecuencia. Eran comunes los arrestos, los asesinatos y robos en una especie de tierra de nadie, signada por una descarnada violencia ancestral. La intelectualidad trujillista, abanderada de las ideas de la hispanidad pro occidental, el catolicismo ortodoxo y el blanqueamiento de la raza, contribuyó, y no poco, a fomentar una especie de psicosis anti-haitiana en el país, que estalló a finales de septiembre. En medio de una gira por Montecristi, y tras conocer denuncias de actos vandálicos y delictivos ocurridos en la zona fronteriza, Trujillo ordenó a sus jefes militares eliminar a todo haitiano ilegal que se hallase en la zona. A ello se sumaron campesinos y otros sectores de la población, alentados por la propaganda, la ignorancia, el racismo y el afán de mostrar su lealtad al tirano.

«El Corte», como se llamó al período de 12 días, comprendido entre el 28 de septiembre y el 8 de octubre de 1937, provocó el asesinato de 15,000 haitianos, sin distinguir entre hombres, mujeres o niños, y sus propiedades arrebatadas por los asesinos.[94]

Una de las primeras medidas tomada por Trujillo, ante el creciente rechazo internacional a estos sucesos, fue desatar una intensa campaña de prensa y cabildeo, movilizando para ello a juristas, periodistas, diplomáticos y sus redes y *lobbies* en todo el mundo. La Secretaría de Estado de Relaciones Exteriores envió de inmediato un cablegrama cifrado a Despradel con el siguiente texto:

«Vea a Batista a nombre del presidente Trujillo, y explíquele nuestra actitud para confirmar su apoyo».[95]

La respuesta de Despradel fue inmediata. Tras entrevistarse con Remos, el canciller cubano, envió un cablegrama cifrado con el siguiente texto:

«Visité canciller Remos dándole explicaciones de su cable. Presidente Laredo deja solicitud mediación [entre ambos países] a cargo de Remos, quien tiene instrucciones del coronel Batista de favorecer nuestro interés».[96]

El gobierno de Laredo Bru, junto al de Roosevelt, y Lázaro Cárdenas, en México, intentaron mediar en el conflicto, pero Trujillo no aceptó que la matanza se sometiera a un escrutinio internacional, que lo condenaría. Todo se hizo para minimizar lo sucedido. Por ejemplo, en una circular de Balaguer, subsecretario de Relaciones Exteriores, fechada el 28 de octubre, se denominaba al Corte, como «pequeños incidentes en la frontera norte».[97] Bonetti, por su parte, indicaba a Despradel hacer en La Habana todo lo posible para evitar que el gobierno cubano insistiera en la mediación, junto a los de Estados Unidos y México, porque «[...] las relaciones diplomáticas entre ambos países continúan desarrollándose normalmente, en un ambiente de cordialidad y mutua comprensión».[98]

Como prueba de la maquiavélica e inescrupulosa política trujillista, y la complicidad de personajes como Balaguer, apenas una semana después de constatar Bonetti la supuesta amistad y cordialidad que unía a los gobiernos de Trujillo y Vicent, Despradel recibió una carta confidencial del Subsecretario de Estado, con un texto periodístico anexo, en el que de forma anónima se comparaba las nuevas Constituciones de Haití y Brasil, y en consecuencia, los gobiernos de Vincent y Getulio Vargas, tildándolos de «fascistas y totalitarios». «Se le recomienda –susurraba Balaguer al oído del Ministro dominicano en La Habana– que estos comentarios sean publicados en la prensa de ese país, sin que se indique, desde luego, la procedencia [...]».[99] Sobre la misma carta, de su puño y letra, Despradel anotó las razones que desaconsejaban esta operación encubierta, las que, por supuesto, no eran de índole moral, sino práctica, y que expresaría en carta a Balaguer, del 30 de noviembre:

> Considero que no debemos publicar esto en La Habana, porque la indiscreción característica de los periodistas criollos hará que el Ministro de Brasil sepa que fuimos nosotros [...]. Contamos con la simpatía de Brasil, en estos momentos, pero si publicamos eso, seguramente nos la enajenaríamos.[100]

Otros asuntos políticos, y de índole diversa, indicaban también la confluencia que se iba logrando entre ambos regímenes. En Cuba se contrataban peloteros para reforzar el equipo del Club Ciudad Trujillo, durante el campeonato Presidente Trujillo, entre ellos Veitía, Ramón Bragana y el gran Martín Dihígo, mediante gestiones de la Cancillería dominicana y la Legación en La Habana.[101] También crecía la red clientelar cubana, los innumerables órganos de prensa e instituciones que se iban incorporando y comenzaban a girar en la órbita trujillista, buscando dinero fácil y seguro.

Es extensa la lista de periódicos y revistas que, solo en 1937, propusieron directamente a Trujillo, o mediante la Legación dominicana en La Habana, la publicación de reportajes laudatorios o números especiales dedicados a su régimen. En ella figuran *La Ilustración de Cuba,* dirigida por el Dr. Julio Fernández, *El Radical,* dirigido por Pedro S. Núñez, *El Mundo,*[102] cuyo director, Guillermo de Pina-Mata afirmaba ser primo del déspota, por la rama del coronel Trujillo Monagas, el abuelo paterno; la otrora combativa revista *Bohemia,* quien pedía un buen financiamiento para hacer una edición continental a favor de Trujillo; la revista *Selecta,* dirigida por Jorge Martí; la revista *Avance,* dirigida por Oscar Zayas Portela, quien pedía US$5,000.00 por publicar un número especial con una tirada de 75,000 ejemplares, dedicado a «los positivos progresos obtenidos por el gobierno de Trujillo»; la revista *Quién es Quién en Cuba,* dirigida por Luisa Margarita de la Cotera y la revista *Actualidades,* dirigida por José López Rosabal. En algunos casos, se concedió el dinero pedido, en otros se indagó, y si no eran publicaciones conocidas, se denegó.

Otro frente en que penetraba el trujillismo en Cuba era el de las instituciones culturales, mediante el fomento de relaciones clientelares con artistas, escritores e intelectuales, quienes influían en la opinión pública nacional.

Algunos escritores se dirigían espontáneamente a Trujillo, o a sus diplomáticos en la isla, proponiéndoles escribir libros y folletos a su favor, a cambio de una generosa remuneración, como fue el caso del Dr. Félix de la Torriente, y el abogado Alberto Trujillo, que se proponía escribir «[...] algo sobre la situación real de República Dominicana y la exacta significación político-patriótica del hombre que rige sus destinos».[103] Luis de Oteyza,[104] el conocido escritor y periodista español, quien se hallaba con su familia en La Habana, trabajando para *El Diario de la Marina,* ofreció escribir un libro exegético sobre Trujillo, como antes había escrito uno sobre Senegal, para el gobierno francés. Oteyza fijó inicialmente sus honorarios en US$5,000.00. Al respecto, Arturo Despradel respondió a nombre del Jefe, mediante una carta a su hermano en la Habana, del 23 de julio, donde precisaba que «[...] el Presidente podría utilizar los servicios del escritor para la redacción de piezas oficiales, piezas de oratoria, artículos periodísticos, etc., por un sueldo mensual, y mediante un contrato por dos o tres años [...]».[105] Oteyza terminó por ajustar sus honorarios a un sueldo de US$350.00 mensuales, más la colocación de sus hijos en Santo Domingo.

La respuesta desde Santo Domingo no fue positiva, quizás tras el Generalísimo tomar informes más detallados sobre Oteyza y su pasado republicano y radical. Para tales menesteres se solía solicitar información a Martínez Castells quien, por supuesto, no avalaría a alguien con veleidades de izquierda, ni siquiera liberales. «Por el momento –escribía Pedro R. Batista, subsecretario de Estado de la Presidencia a Despradel–, no será posible atender la proposición [de Oteyza], a reserva de volverla a considerar en el futuro, en razón –alegaba– de lo muy elevado de su precio».[106]

Un despechado Oteyza provocará un incidente, a fines de 1938, entre el Canciller Arturo Despradel y Fernando Abel Henríquez, ya para entonces ministro en La Habana. Tras la publicación en el influyente *Diario de la Marina* de un artículo de Oteyza, en forma de carta abierta a Despradel, sobre la iniciativa de Trujillo de crear una Liga de Naciones Americanas, este le reprochó al Ministro dominicano en Cuba porque «[...] ese recorte de prensa fue recibido por conducto particular, sin que hasta la fecha su oficina haya hecho la mención correspondiente».[107] A su vez, el ministro Henríquez le respondió calificando a Oteyza de «mal documentado periodista», incapaz de apreciar la «trascendental y brillante iniciativa de nuestro ilustre Jefe», concluyendo con la afirmación de que «[...] cuando remití a usted, bajo sobre y con carácter particular ese recorte, ofrecí mi criterio de no darle beligerancia al majadero de Oteyza [...]. Sé que el cónsul Villanueva ha remitido a usted este recorte, bajo escrito oficial».[108]

Una personalidad atormentada y retorcida, como la de Fernando Abel Henríquez, no tardaría en tomar venganza de Villanueva, en quien no confiaba y consideraba un enemigo potencial que aspiraba a desplazarlo del cargo.

En otra de las escaramuzas de relaciones públicas y clientelismo en el frente de las comunicaciones y las artes, el 6 de marzo enviaba Trujillo un cheque por valor de US$100.00 para cada uno de los fotógrafos habaneros que habían visitado el país, y tomado vistas de las actividades por el centenario de Máximo Gómez. En este caso se trataba de Antonio González y Emilio Molina. Un mes después, contrataba como ingeniero sanitario a Rafael Gómez Calas, nieto del prócer dominico-cubano, con una remuneración mensual de US$200.00.[109]

La telaraña cubana de Trujillo también se nutrió de otras ramas artísticas de la isla, por ejemplo, la música y las artes plásticas. En agosto, Despradel daba curso a la oferta de Andrés Álvarez Naranjo, «[...] competente pintor y escultor, con buenas notas en la Academia de San Alejandro, y que aunque pertenece a la raza de color, está considerado uno de los primeros valores del arte en el país».[110] La propuesta consistía en la elaboración de un busto de Trujillo. En el mismo sentido, solo que a una escala mayor, José Pennino Barbato, propietario del taller de escultura en mármol más reconocido en el país, quien trabajase en las obras de El Capitolio, y en bustos y monumentos a José Martí y Máximo Gómez, había remitido en mayo un memorándum al Ministro dominicano,[111] dando cuenta de la marcha de los trabajos previos a la realización de un monumento a Trujillo, en Santo Domingo. El encargo le había sido hecho por el vicepresidente Jacinto Peynado, a través del insumergible Osvaldo Bazil, cuando estuvo de paso por La Habana.

En el terreno musical, también se consolidaban las relaciones cubanas de Trujillo. Por encargo expreso de este, Máximo Lovatón ofreció, a fines de julio, una cena-homenaje, en el lujoso cabaret Sans Soucci, a la notable pianista cubana Margot de Blanck, hija de Hubert de Blanck, fundador del Conservatorio Nacional, y aclamada concertista con varias temporadas de presentaciones en el Carnegie Hall, de Nueva York, y otros teatros del mundo. El homenaje fue ampliamente reseñado por la prensa, alertada antes por Lovatón, lo cual causó regocijo al Jefe.[112] Y para fines de noviembre, Despradel fue visitado en su residencia por la directora de la Sociedad Coral de La Habana, María Muñoz de Quevedo, acompañada por el gran escritor español Juan Ramón Jiménez, quienes organizaban una gira del conjunto vocal por Puerto Rico, y solicitaban ayuda económica al gobierno dominicano para extenderla a esa nación vecina, «[...] llevando un mensaje de arte y cordialidad del pueblo cubano».[113]

Como era de esperar, tal iniciativa, verdaderamente cultural, no interesó a los prohombres del trujillato, y así se expresó en carta de Logroño, Secretario de Estado de la Presidencia, al Secretario de Relaciones Exteriores, con fecha 2 de mayo de 1938: «Por ahora no es posible tomar en consideración la oferta de la Sociedad Coral de La Habana, lo que lamenta mucho el gobierno».[114]

No todas las propuestas eran bien recibidas. Mientras, en agosto, se brindaban facilidades y cortesías para que visitase el país, a solicitud de Despradel, el Sr. Luciano López Ferrer, ex ministro español en La Habana, y enviado personal de Franco, de gira propagandística por América Latina,[115] no se recibía a los comisionados por la Delegación cubana de la Institución Indo-Americana, que cumpliendo un acuerdo del Comité Ejecutivo, habían acordado otorgar a Trujillo la condición de presidente honorario.[116] Sobre este particular, como se estilaba, Despradel recibió instrucciones de indagar, y lo hizo recabando información de la Cancillería cubana, y del siempre dispuesto Martínez Castells, de la Sociedad Colombista, quien a su vez se asesoró con Juan Luis Martín, del *Diario de la Marina.*

> El objetivo principal de esta organización –concluía Despradel–, es propender al auge de la cultura y civilización indo-americana, con una tendencia marcadamente contraria a todo lo español en América [...]. No es conveniente que nuestro ilustre Presidente, paladín de gloriosas tradiciones históricas, acepte la Presidencia de Honor de dicho organismo.[117]

Trujillo no solo no aceptó la propuesta, sino que tampoco recibió al periodista cubano Julio Oliva de Armas, comisionado para hacerle entrega de las credenciales y entrevistarlo.[118]

En la política de incremento de los intercambios con Cuba, varias instituciones del régimen comenzaron a donar libros y folletos a instituciones cubanas, canalizando hacia la isla parte de la sistemática propaganda trujillista que caracterizaba la vida nacional dominicana. El 26 de octubre, Despradel donaba 26 títulos a la Universidad de La Habana, por intermedio del rector Cadenas, enviados por la Secretaría de Educación Pública y Bellas Artes.[119] En abril, ya habían sido donados 60 títulos para la Exposición del Libro Panamericano, organizada en la ciudad de Sancti Spíritus.

Las coordinaciones represivas, mucho menos elegantes que las iniciativas culturales, también se incrementaron. Suscitaron un gran interés en Trujillo los trabajos organizativos para celebrar en La Habana el Primer Congreso Iberoamericano Anticomunista. A sus indagaciones respondió De la Campa, el canciller cubano, en carta a Despradel del 5 de junio, prometiendo enviar más información y precisar la manera de designar delegaciones.[120]

En otro caso singular, vinculado con la figura del Dr. Jiménez Grullón, en Santiago de Cuba, y su prédica antitrujillista, también se evidenció la estrecha cooperación existente entre el tirano dominicano y las autoridades civiles y militares cubanas. El 7 de abril de 1937, Bonetti envió a Despradel el texto del Decreto 1854, fechado el 6 de abril de 1937 y firmado por Trujillo, que revocaba el indulto concedido a Jiménez Grullón, en 1935. La sorprendente razón aducida no remitía a las sistemáticas actividades políticas de Jiménez Grullón desde el exilio, sino a que en su causa original se conjugaban no solo delitos políticos, susceptibles de ser amnistiados, con comunes, que no podían serlo. A esto se unió la emisión del Decreto 1846, del 5 de abril, mediante el cual se establecía que, por practicar «[...] un indigno comunismo, penado en la legislación del país, se prohíbe su entrada al territorio nacional o la prisión del delincuente, en caso de que se ponga al alcance de las autoridades».[121] Bonetti recomendaba a Despradel, «[...] darlo a conocer a a las autoridades cubanas, del modo más apropiado[...]». [122]

No contento con ello, Fernando Abel Henríquez, cónsul dominicano en Santiago de Cuba, y quien había sido antes derrotado por Jiménez Grullón en una polémica sostenida en la prensa santiaguera, recabó la ayuda de las autoridades militares del territorio, al conocer que se aprestaba a radiar una de sus conferencias.

> Por hallarse fuera de la ciudad –afirmaba en carta a Despradel–, no pude intercambiar con el teniente coronel Rodríguez, jefe del Distrito Militar, para no consentir a Jiménez Grullón, dictar su conferencia

> por radio. Hablé con el teniente Marquetti, supervisor de la Policía Municipal, y me dijo que se iba a personar en la emisora CMKR, y que no iba a consentir que en Santiago de Cuba se insultara al presidente Trujillo [...]. Hice gestiones para que la conferencia no fuera retransmitida por CMKC, ni por CMKW. Ambas se abstuvieron. No me extrañó que Jiménez Grullón dictase la conferencia; las autoridades hacen promesas que no cumplen [...]. Los patrocinadores de este infiel dominicano son de la Hermandad de Jóvenes Cubanos, formada por pseudoestudiantes, ex miembros de la Joven Cuba, ex Auténticos, y ex Abecedarios. ¡Magnífica amalgama para una extrema izquierda![123]

Para enconar el odio contra Jiménez Grullón, y desatar todo tipo de represalias por parte de las autoridades cubanas, Fernando Abel Henríquez apeló a un viejo recurso trujillista: el de la incentivación de la paranoia.

> Los patrocinadores de Jiménez Grullón-afirmaba-son solapadamente enemigos del coronel Batista y del Ejército Constitucional [...].Esta conferencia es la primera de una serie contra Trujillo, que encierra una silenciosa propaganda contra Batista. Ya he informado de esto al teniente coronel Rodríguez [...]. En este distrito consular –concluía– hay un funcionario que sabe cumplir con sus deberes, y que está siempre alerta [...].[124]

Por su parte, la Cancillería cubana afirmaba, en el mismo espíritu, que «[...] si, en efecto, los informes que llegan a la Legación fueran confirmados, se adoptarían las resoluciones correspondientes, de acuerdo a las leyes [...]».[125]

Los *affaires* insulares del trujillismo concluían, por esta época, con unas reflexiones comerciales y una nota carnavalesca. Desde finales de 1936, la Cámara de Comercio Dominico-Cubana había enviado a Despradel un extenso informe sobre lo que dificultaba el comercio bilateral, y no permitía aprovechar las oportunidades de negocios con Cuba. En el se señalaba la poca atención prestada por las autoridades dominicanas; el equivocado concepto de que ambas economías repetían sus producciones, y los altos aranceles de importación cubanos. Entre las fortalezas comerciales dominicanas, se mencionaba que Cuba solo producía el 12 % del arroz que consumía, y que era un mercado fijo para afrecho, ajos, ajonjolí, cuero, frijoles colorados y negros, judías, malanga, maní, sales minerales, caoba, cedro, café, plátano macho, aves y huevos... «Se están perdiendo buenas oportunidades» –concluía el informe.[126]

Quienes no se cruzaban de brazo ante la perspectiva de invertir en República Dominicana eran los políticos de Chicago que habían estado al servicio de Alfonso Capone, cuando este era su dueño. Uno de ellos, Michael R. Durso, ex representante a la Cámara del Estado de Illinois entre 1923 y 1933, precisamente por la época en que aquel Capone invertía en la compra de políticos y policías la enorme suma de 75 millones de dólares, obteniendo ganancias anuales superiores a los 100 millones. Durso contactó a Villanueva en La Habana mediante un testaferro cubano y le envió una carta con una propuesta de negocios, que este envió al Secretario de Estado con fecha 2 de junio. Al no recibir respuesta, Durso insistió y le volvió a escribir a Villanueva, quien a su vez la reenvió a Balaguer, a finales de octubre. «Su proyecto –resumía Villanueva– es la construcción en Ciudad Trujillo de un hotel-balneario con casino [...]».[127] Sin duda, el tipo de persona y de negocio que gustaba tanto a la mafia, y que también tendría en la Cuba de los 50, un ambiente propicio para su expansión.

El alegre carnaval trujillista comenzaba con el nombramiento de María A. Hernández Trujillo, prima e informante del déspota, como canciller en la Legación habanera,[128] y continuaba con Virgilio Alvarez Pina, presidente del Consejo Administrativo del Distrito de Santo Domingo, solicitando a Villanueva, la adquisición en La Habana de «[...] una buena cantidad de pájaros de alpiste a enviarme, en la primera ocasión, al cuidado del Mayordomo del vapor *Cuba,* pues el día 23 de diciembre inauguraremos el parque Ramfis, y allí hay una hermosa pajarera».[129]

No se trataba de la imaginación, sino de una delirante realidad expresada en la apoteosis de disfraces, serpentinas, y máscaras como metáforas del régimen. Para el carnaval de 1937, donde la bella Lina Lovatón, de apenas 17 años, desquiciaba al tirano, los diplomáticos dominicanos en La Habana seguían la pista de la confección en El Encanto de los disfraces que usaría la familia presidencial, como si de un asunto de Estado se tratase. Trujillo figuraría ataviado como Napoleón, Ramfis como Felipe II y la Primera Dama, más contenida, aparecería con un traje de noche.[130] En medio de la premura por hacer llegar los disfraces en un avión que aterrizaría en San Francisco de Macorís, Despradel los confundió con encargos anteriores, y en sus partes al Secretario de Estado comenzó a hablar, indistintamente, de los disfraces y de unos *fracs* y uniformes de gala, también encargados en El Encanto para el dictador. Bonetti Burgos se sintió obligado a hacer una precisión tan ridícula, como la propia situación. «Frac militar y traje corto del Presidente –diferenciaba, solemnemente– son de etiqueta, y nada tienen que ver con el carnaval».[131]

Para no quedarse atrás, pero más modesto, el general Héctor Bienvenido Trujillo encargaba también a la Legación en La Habana, por mediación de Bonetti, «[...] doce aparaticos lanza-serpentinas y dos libras de purpurina bronce oscura».[132]

Notas:

1 De Despradel a Noel Henríquez, carta del 9 de noviembre de 1936, y a José M. Pichardo, carta del 9 de diciembre de 1936. AGN, fondo Relaciones Exteriores, Legación Habana, legajo 707 786.

2 Despradel a Bonetti, carta del 3 de marzo de 1936. AGN, fondo Relaciones Exteriores, Legación Habana, legajo 706 785. En este despacho, Despradel comunicaba sobre la operación de compra de dos casas que Bellon estaba realizando para Trujillo, señalando que «[...] hasta la fecha no he enviado el acta notarial que hizo el abogado, Dr. Joaquín de Freixas, y que se me encargó protocolizar, de la venta de dos casas otorgada por el Sr. José Bellón Fernández al honorable presidente Trujillo, porque se hace indispensable aguardar el turno correspondiente [...]».

3 Mayor general José García a Secretario de Estado de la Presidencia, carta del 6 de marzo de 1936. AGN, fondo Relaciones Exteriores, Legación Habana, legajo 706 786.

4 De Miguel Ángel Cabello a Trujillo, carta del 31 de enero de 1936. AGN, fondo Relaciones Exteriores, Legación Habana, legajo 706 785.

5 Bonetti a Despradel, carta del 5 de febrero de 1936. Ibíd.

6 Despradel a Bonetti, carta del 19 de febrero de 1936. Ibíd.

7 Cabello a Trujillo, carta del 12 de febrero de 1936. Ibíd.

8 Ibídem.

9 Queja de la Secretaría de Comunicaciones en carta del Dr. Morales Coello a Despradel, del 6 de agosto de 1936. Ibíd.

10 Fernando Abel Henríquez a Despradel, carta del 15 de agosto de 1936. Ibíd.

11 Del Dr. Morales Coello a Despradel, carta del 23 de septiembre de 1936. Ibíd.

12 Despradel a Jorge Luis Echarte, secretario de Estado, carta del 5 de febrero de 1936. Ibíd.

13 Del Dr. García Mella a Despradel, carta del 10 de enero de 1936. Ibíd

14 Ibídem.

15 Del Dr. García Mella a Despradel, carta del 17 de enero de 1936. AGN, fondo Relaciones Exteriores, Legación Habana, legajo 706 785.

16 Bonetti Burgos a Despradel, carta del 10 de noviembre de 1936, citada en la respuesta de Despradel a Bonetti, del 27 de noviembre de 1936. Ibíd.

17 Despradel a Bonetti Burgos, carta del 27 de noviembre de 1936. Ibíd.

18 Despradel a Bonetti Burgos, carta del 29 de noviembre de 1936. Ibíd.

19 Ibídem.

20 Despradel a Abelardo N. Nanita, carta del 13 de diciembre de 1936. Ibíd.

21 Roberto Despradel a Arturo Despradel, carta del 30 de diciembre de 1936. Ibíd.

22 Montolieu a Despradel, carta del 12 de enero de 1937. AGN, fondo Relaciones Exteriores, Legación Habana, legajo 706 792.

23 Bonetti Burgos a Despradel, carta del 23 de enero de 1937. AGN, fondo Relaciones Exteriores, Legación Habana, legajo 706 789. En

el citado manifiesto, la Joven Trinitaria se reconocía como «[...] una organización antiimperialista y antifascista, fundada por el ala izquierda de los exiliados dominicanos y los trabajadores». Tenía entre sus objetivos propiciar nuevas tácticas de lucha contra la tiranía «[...] cerrando el ciclo infantil de las expediciones imposibles, pasando al período revolucionario constructivo, con una teoría y una táctica revolucionarias, [...] que esté en consonancia con la realidad histórica, social, política y económica de la República Dominicana».

24 Ibídem.

25 Bonetti a Despradel, carta del 25 de enero de 1937. AGN, fondo Relaciones Exteriores, Legación Habana, legajo 706 787.

26 Máximo Ramón Lovatón Pittaluga: Fue uno de los seis hijos del matrimonio formado por Rosa Colombina Pittaluga Cambiaso y Ramón Otilio Lovatón Mejía. Después de prestar importantes servicios en Cuba, durante 1937, fue designado encargado de negocios en Chile, presentando sus cartas credenciales el 20 de octubre de 1938, y ocupando el puesto hasta 1942. Curiosamente, después de servir por largos años al trujillato, aparece formando parte del gabinete constituido tras la Revolución de Abril, de 1965, como ministro de Relaciones Exteriores, junto al coronel Alberto Caamaño, quien ocupó la cartera del Interior.

27 Ver carta de Trujillo a Despradel, del 29 de enero de 1937. AGN, fondo Relaciones Exteriores, Legación Habana, legajo 706 789. Un inusualmente paternal Trujillo se muestra en esta misiva, cuando dice a Despradel que «[...] te recomiendo de manera especial atenderle, ayudarle, aconsejarle para que se forme a tu lado un diplomático que pueda en el futuro servir con eficiencia ejemplar a nuestro país. La misma recomendación quiero hacerla a María Antonia [su prima asignada a la Legación habanera] para que ayude a Máximo y a Zaida [su esposa] en todo lo que humanamente sea posible».

28 Bazil mentía para exagerar su papel en el asunto. No hubo tal casualidad en el encuentro con Batista, ni se le concedió la entrevista como consecuencia de lo que narra. Desde el día anterior, el cónsul Villanueva había escrito una nota oficial al comandante Jaime Mariné, ayudante de Batista, solicitando oficialmente la entrevista para Bazil. Ver carta de Villanueva a Mariné, del 29 de enero de 1937. AGN, fondo Relaciones Exteriores, Legación Habana, legajo 706 720.

29 Bazil a Trujillo, carta del 4 de febrero de 1937. AGN, fondo Relaciones Exteriores, Legación Habana, legajo 706 789.

30 Ibídem.

31 Ibídem.

32 Evidentemente, por esta época Trujillo buscaba con ansiedad la modernización de sus Fuerzas Armadas. La tarea de gestionar la compra de armas y municiones se le encomendó, al mismo tiempo al teniente coronel Ferrer y a Bazil, incluso, directamente a Despradel, como se desprende de la carta de Bonetti Burgos al Ministro dominicano en Cuba, fechada el 2 de febrero, un día antes de la entrevista de Bazil con Batista. «El honorable presidente Trujillo

desea que usted encamine diligencias para enterarse, con la discreción necesaria, si hay posibilidades de que el gobierno pueda hacer compras de armas, municiones, caballos y otros equipos militares en esa, sean productos de ese gobierno o adquiridos en otra parte por mediación de él [...]. Investigue cerca del coronel Batista, como fruto de la cordialidad existente entre ustedes, si puede tener éxito esta cuestión. Informe de los precios de los rifles modernos tipo *Springfield*, municiones, caballos militares entrenados, formas de pago, posibilidades de transportación, etc.». Ver carta de Bonetti a Despradel, del 2 de febrero de 1937. Ibíd.

33 Ibídem.

34 Arturo a Roberto Despradel, carta del 5 de febrero de 1937. Ibíd.

35 Bonetti a Despradel, carta del 9 de febrero de 1937. Ibíd.

36 Despradel al teniente coronel Raymundo Ferrer, carta del 12 de febrero de 1937. Ibíd.

37 Despradel a Nanita, carta del 16 de febrero de 1937. Ibíd.

38 Ibídem.

39 De Villanueva a Bonetti, carta del 2 de abril de 1937. AGN, fondo Relaciones Exteriores, Consulado General Habana, legajo 707 721. «El teniente coronel Ferrer hace elogiosos comentarios de sus agradables impresiones cuando visitó nuestro país –señalaba Villanueva–y relata de manera justiciera la personalidad de nuestro ilustre y querido Jefe [...]», es evidente que Villanueva anexó a su carta el texto íntegro de la conferencia, que enviase el día antes Martínez Castells a Despradel.

40 Villanueva a la Secretaría de Estado, carta del 9 de abril de 1937. AGN, fondo Relaciones Exteriores, Legación Habana, legajo 706 720.

41 Martínez Castells a Despradel, carta del 21 de enero de 1937. AGN, fondo Relaciones Exteriores, Legación Habana, legajo 706 792.

42 Vuelo Panamericano Pro Faro de Colón: La Quinta Conferencia Panamericana, celebrada en Santiago de Chile, entre los días 25 de marzo y 13 de mayo de 1923, había acordado, unánimemente, la construcción de un faro en homenaje a Cristóbal Colón en Santo Domingo. La Unión Panamericana creó una Comisión Permanente y convocó a un concurso internacional en el que participaron 455 arquitectos de 48 países. En 1929, en Río de Janeiro, el Jurado escogió la propuesta del arquitecto inglés J. L. Gleave. En este contexto es que se organiza el Vuelo Panamericano Pro-Faro de Colón. A estos efectos, la escuadrilla estaba integrada por 4 naves, 3 del modelo *Stinson-Reliant SR-9D,* de Cuba, y una del modelo *Curtis Wright 19 R,* de República Dominicana. Los aviones fueron bautizados como las tres carabelas de Colón: *La Niña, La Pinta* y la *Santa María.* El avión dominicano se bautizó con el nombre de *Colón.* La escuadrilla despegó del aeródromo de Miraflores, en Santo Domingo, el 12 de noviembre de 1937, a las 9:50 a.m., con destino a San Juan, Puerto Rico. La intención era recorrer las 26 naciones americanas. Tras un largo recorrido que los llevó a Chile, Perú, Argentina y Brasil, el 26 de diciembre, la escuadrilla sufrió un accidente en el cañón del río Cali, en Colombia, destruyéndose los tres aviones cubanos y falleciendo sus siete tripulantes. De aquel accidente solo sobrevivieron

los dos tripulantes dominicanos, el mayor Frank Félix Miranda, y el copiloto, sargento Tejeda.

43 Primer teniente Antonio Menéndez Peláez: En la historia del Vuelo Panamericano Pro Faro de Colón figura como el principal promotor, al que respaldó en su proyecto la Sociedad Colombista y luego los gobiernos de Cuba y República Dominicana. Fue el navegante de la escuadrilla, volando a bordo de la nave llamada *Santa María.* Se considera que su error en la navegación, en una ruta difícil y desconocida, provocó la catástrofe que le costaría la vida, junto a siete de sus compañeros. Había sido el primer latinoamericano en cubrir la ruta Camagüey-Sevilla, volando en solitario sobre el Atlántico en un *Lockheed 8A Sirius.* Llama la atención que el 30 de enero, en carta de Villanueva a Bonetti, se informe que «[...] de manos del Sr. Menéndez, primer teniente del Cuerpo de Aviación de la Marina de Guerra de Cuba, recibí ayer las tres fotografías que tengo el honor de remitirle adjunto, dedicadas al presidente Trujillo, como demostración de afecto y respeto». Ver: carta de Villanueva a Bonetti, del 30 de enero de 1937. AGN, fondo Relaciones Exteriores, Consulado General Habana, legajo 707 721.

44 Ibídem.

45 De la Campa a Despradel, carta del 10 de junio de 1937. AGN, fondo Relaciones Exteriores, Legación Habana, legajo 706 791.

46 Ibídem.

47 Martínez Castells a Despradel, carta del 25 de agosto de 1937. AGN, fondo Relaciones Exteriores, Legación Habana, legajo 706 792.

48 Balaguer a Despradel, carta del 3 de noviembre de 1937, AGN, fondo Relaciones Exteriores, Legación Habana, legajo 706 787.

49 Balaguer a Legación en La Habana, carta del 17 de agosto de 1937. Ibíd.

50 Despradel a Villanueva, carta del 12 de noviembre de 1937. Ibíd.

51 Despradel a Secretaría de Estado y Trujillo, cablegrama s/f (debió ser del 29 de diciembre de 1937). Ibíd.

52 Balaguer a Despradel, cablegrama cifrado, s/f (finales de octubre de 1937). Ibíd.

53 Secretaría de Estado a Despradel, cablegrama del 30 de diciembre de 1937. Ibíd.

54 Miguel Ángel Campa a Despradel, carta del 30 de diciembre de 1937. AGN, fondo Relaciones Exteriores, Legación Habana, legajo 706 797.

55 Secretaría de Estado a Despradel, cablegrama del 31 de diciembre de 1937. AGN, fondo Relaciones Exteriores, Legación Habana, legajo 706 787.

56 Secretaría de Estado a Legadom, cablegrama del 3 de enero de 1938. AGN, fondo Relaciones Exteriores, Legación Habana, legajo 706 793.

57 Despradel a Secretaría de Estado, cablegrama sin fecha (probablemente, inicios de enero de 1938). AGN

58 Secretaría de Estado a Legadom, cablegrama del 7 de enero de 1938. AGN, fondo Relaciones Exteriores, Legación Habana, Legajo 706 793.

59 Despradel a Secretaría de Estado, cablegrama cifrado del 8 de enero de 1938. Ibíd.

60 Secretaría de Estado a Despradel, cablegrama del 8 de enero de 1938. Ibíd.
61 Secretaría de Estado a Legadom, cablegrama del 9 de enero de 1938. Ibíd.
62 Despradel a Bonetti, carta del 10 de enero de 1938. AGN, fondo Relaciones Exteriores, Legaciòn Habana, legajo 706 794.
63 Fernando Abel Henríquez a Martínez Castells, carta del 12 de abril de 1938. Ibíd.
64 Del capitán de fragata Aurelio García Leal a Despradel, carta del 23 de marzo de 1937. AGN, fondo Relaciones Exteriores, Legación Habana, legajo 706 792.
65 A. Corral a Fernando Peña Batlle, carta del 13 de enero de 1937. Ibíd.
66 Cable a Corral del 17 de febrero de 1937. Ibíd.
67 Teniente coronel Gregorio Querejeta a Máximo Lovatón, carta del 20 de octubre de 1937. Ibíd.
68 Lovatón al general de brigada Héctor Bienvenido Trujillo, carta del 21 de octubre de 1937. AGN, fondo Relaciones Exteriores, Legación Habana, legajo 706 789.
69 Despradel a Arturo Ojeda, jefe de la Sección de Marina Mercante, Pesca y Alumbrado de Costas, carta del 20 de julio de 1937. Ibíd.
70 Bonetti a Despradel, carta del 1° de junio de 1937. Ibíd.
71 Despradela Bonetti, carta del 7 de junio de 1937. Ibíd.
72 Arturo Despradel a Villanueva, carta del 19 de mayo de 1937. AGN, fondo Relaciones Exteriores, Legación Habana, legajo 706 720.
73 Despradel al coronel Ángel González, carta del 19 de marzo de 1937. AGN, fondo Relaciones Exteriores, Legación Habana, legajo 706 789.
74 Darío Mañón a Trujillo, reenviado por Bonetti a Despradel en carta del 11 de marzo de 1937. Ibíd.
75 Ibídem.
76 Despradel a coronel Ángel González. Ibíd.
77 José Arismendy Trujillo a Despradel, carta del 6 de septiembre de 1937. AGN, fondo Relaciones Exteriores, Legación Habana, legajo 706 792. Despradel le contestaría, en carta del 9 de septiembre, recomendándole a los doctores Pedro A. Barilla y Francisco Laza.
78 Comandante Jaime Mariné a Lovatón, carta del 24 de noviembre de 1937. AGN, fondo Relaciones Exteriores, Legación Habana, legajo 706 792.
79 Pedro García Tuñón a Trujillo, carta del 4 de febrero de 1937. AGN, fondo Relaciones Exteriores, Legación Habana, legajo 706 789. En su carta de solicitud, García Tuñón informaba tener 25 años, ser blanco, soltero, Bachiller en Ciencias y Letras. También haberse graduado en la Academia Militar con notas sobresalientes, y estar dispuesto a «adoptar la ciudadanía de esa progresista República [...]».
80 Ver carta de Bonetti a Despradel, del 26 de febrero de 1937, y de Lovatón al general Héctor Bienvenido Trujillo. Ibíd.
81 Lovatón a Bonetti Burgos, carta del 30 de marzo de 1937. Ibíd.
82 Lovatón a Fernando Abel Henríquez, cablegrama del 11 de agosto de 1937. AGN, fondo Relaciones Exteriores, Legación Habana, legajo 706 787.

[83] José Amado Soler: (Santo Domingo, 24 de abril de 1910- Managua, 7 de abril de 1954). Destacado luchador antitrujillista y revolucionario internacionalista comprometido con la lucha de los pueblos latinoamericanos contra las dictaduras. Participó en un intento para eliminar a Trujillo mediante una bomba colocada frente al Cuartel de Bomberos. Sufrió prisión y torturas, quedando sin trabajo. Emigró a Cuba, y según estos documentos del AGN, aceptó ser repatriado en 1937, asilándose en la Embajada de México en Santo Domingo, en 1945. Exiliado en Venezuela, organiza numerosos mítines antitrujillistas en los que Juan Bosch era el orador principal. En 1947 participó en la preparación de la frustrada expedición de Cayo Confites. Se trasladó a Costa Rica y luego a Nicaragua, donde es apresado en el momento en que intentaba ajusticiar al tirano Anastasio Somoza, cercano aliado de Trujillo, siendo salvajemente torturado y asesinado.

[84] Salvoconducto de Roberto Despradel a favor de Amado Soler, 11 de agosto de 1937. AGN, fondo Relaciones Exteriores, Legación Habana, legajo 706 789.

[85] Mariné a Despradel, carta del 16 de agosto de 1937. Ibíd.

[86] Trujillo a Despradel, cable del 27 de abril de 1937, 4.00pm. AGN, fondo Relaciones Exteriores, Legación Habana, legajo 706 787.

[87] Despradel a Trujillo, cablegrama del 27 de abril de 1937, 9:42 de la noche. AGN, fondo Relaciones Exteriores, Legación Habana, legajo 706 789.

[88] Trujillo a Despradel, cablegrama del 28 de abril de 1937, 10:43 a.m. Ibíd.

[89] Dr. Clemente Inclán Costa: (La Habana, el 19 de marzo de 1879-?). Especialista en Pediatría y fundador de la revista del mismo nombre. Fue rector de la Universidad de La Habana, donde se le confirió, de manera excepcional, el título de Rector Magnífico. Fue vicepresidente y presidente de la Academia de Ciencias Médicas, Físicas y Naturales de La Habana, por varios períodos, hasta 1962, y también presidente de la Academia Cubana de Pediatría. A pesar de sus relaciones profesionales con la familia de Trujillo, fue un decidido luchador por la causa de la democracia y la libertad. Desde su cargo apoyó todas las iniciativas y luchas estudiantiles contra las tiranías de América. Del 29 de marzo al 7 de abril de 1943, por ejemplo, presidió y acogió en el Paraninfo universitario un congreso antitrujillista, del que surgieron los planes iniciales para la expedición de Cayo Confites.

[90] Nota manuscrita que copia cablegrama recibido, descifrado, probablemente enviado por la Secretaría de Estado a Despradel, alrededor del 9 o 10 de mayo de 1937. AGN, fondo Relaciones Exteriores, Legación Habana, legajo 706 789.

[91] Trujillo a Batista, carta del 30 de abril de 1937. AGN, fondo Relaciones Exteriores, Legación Habana, legajo 706 787.

[92] A tal extremo Batista estaba unido por lazos de amistad a Despradel, que este se sentía en libertad de enviarles sus recomendados personales para ser favorecidos en cargos políticos. «El Sr. Manuel Cuevas, a quien conozco desde Santo Domingo –le escribía

Despradel, en carta del 8 de diciembre de 1937–, desea presentarse nuevamente como candidato a Representante por un distrito de Oriente, y tiene sumo interés que usted sepa que se cuenta entre los partidarios sinceros de su persona2. Ver: Despradel a Batista, carta del 8 de diciembre de 1937. AGN, fondo Relaciones Exteriores, Legación Habana, legajo 706 789.

[93] Batista a Trujillo, carta del 5 de mayo de 1937. AGN, fondo Relaciones Exteriores, Legación Habana, legajo 706 792.

[94] Al ser interrogado en 1939, en Nueva York, por periodistas que indagaban la cifra exacta de muertes haitianas durante El Corte, un cínico Trujillo respondería: «No sé con exactitud cuántos fueron los haitianos que murieron en esa ocasión, pero de lo que estoy seguro es de que fueron mucho menos que los mexicanos que murieron en su frontera». Para mitigar las consecuencias, atenuar el rechazo internacional y comprar el silencio de las autoridades haitianas, Trujillo acordó con Vincent el pago de US$250.00 por cada víctima. De más de tres millones previstos, solo se pagaron $750,000.00; de los cuales, según palabras de Anselmo Paulino, el enviado de Trujillo, el gobierno haitiano solo entregó $0.50 a los familiares de cada víctima.

[95] De Secretaría de Estado de Relaciones Exteriores a Despradel, cablegrama s/f, de finales de septiembre o inicios de octubre de 1937. AGN, fondo Relaciones Exteriores, Legación Habana, legajo 706 787.

[96] Despradel a Secretaría de Estado, cablegrama cifrado, s/f, enviado a fines de septiembre o inicios de octubre de 1937. Ibíd.

[97] Circular de Balaguer a los diplomáticos dominicanos, 28 de octubre de 1937. AGN, fondo Relaciones Exteriores, Legación Habana, legajo 707 721.

[98] Bonetti a Despradel, carta del 17 de noviembre de 1937. AGN, fondo Relaciones Exteriores, Legación Habana, legajo706 789.

[99] Balaguer a Despradel, carta del 25 de noviembre de 1937. Ibíd.

[100] Despradel a Balaguer, carta del 30 de noviembre de 1937. Ibíd.

[101] Ver cablegramas sobre estas gestiones, cursados entre la Secretaría de Estado de Relaciones Exteriores y Villanueva, durante los meses de marzo y abril de 1937. AGN, fondo Relaciones Exteriores, Legación Habana, legajo 706 720.

[102] Despradel a José María Bonetti, subsecretario de la Presidencia, carta del 16 de diciembre de 1937. AGN, fondo Relaciones Exteriores, Legación Habana, legajo 706 789. Despradel, al recomendar a Manuel Gómez, periodista de *El Mundo* que viajaría a realizar el reportaje en República Dominicana, hacía énfasis en que la intención era abordar el diferendo con Haití, a favor de Trujillo, lo cual demostraba anexando carta de este , fechada el 10 de diciembre, en la que definía la intención de su trabajo: «Hacer información sobre problema fronterizo e incluir detalles gráficos que demuestren la necesidad de contener las turbas hambrientas [haitianas] que en estado de salvajismo, a cada rato, atraviesan la frontera, en violación de las leyes».

[103] Alberto Trujillo a Villanueva, carta del 22 de marzo de 1937. AGN, fondo Relaciones Exteriores, Legación Habana, legajo 707 720.

[104] Luis de Oteyza (Zafra, Badajoz, 30 de junio, 1883-Caracas, Venezuela, 11 de marzo de 1961). Periodista y escritor y poeta del Modernismo español. Director en 1904 de *Madrid Cómico* y del diario *La Libertad,* fundado en 1919. En 1927, junto al fotógrafo Alfonso Sánchez, realizó un viaje aéreo desde Marsella a Senegal, conociendo en Marruecos a Antoine de Saint Exupery. Fue presidente de la Asociación de Radioaficionados Españoles. En 1921 fundó en Madrid Radio Libertad. Fue republicano de izquierda. Nombrado embajador en Venezuela, en 1933. Entre sus obras en prosa se destacan *Abdel Krim y los prisioneros* (1924), *Anticípolis* (1931), *El diablo blanco* (1932).

[105] Arturo a Roberto Despradel, carta del 23 de julio de 1937. AGN, fondo Relaciones Exteriores, Legación Habana, legajo 706 789.

[106] Pedro R. Batista a Despradel, carta del 1° de febrero de 1938. AGN, fondo Relaciones Exteriores, Legación Habana, legajo 706 796.

[107] Arturo Despradel a Fernando Abel Henríquez, carta del 7 de noviembre de 1938. Ibíd.

[108] Fernando Abel Henríquez a Arturo Despradel, carta del 21 de noviembre de 1938. AGN, fondo Relaciones Exteriores, Legación Habana, legajo 706 793.

[109] Arturo a Roberto Despradel, carta del 29 de abril de 1937. AGN, fondo Relaciones Exteriores, Legación Habana, legajo 706 789.

[110] Despradel a Abelardo Nanita, carta del 6 de agosto de 1937. Ibíd.

[111] José Pennino a Despradel, carta y memorándum del 3 de mayo de 1937. AGN, fondo Relaciones Exteriores, Legación Habana, legajo 706 792.

[112] Bonetti a Lovatón, carta del 5 de agosto de 1937. AGN, fondo Relaciones Exteriores, Legación Habana, legajo 706 789.

[113] María Muñóz de Quevedo a Despradel, carta del 25 de noviembre de 1937. AGN, fondo Relaciones Exteriores, Legación Habana, legajo 706 792.

[114] De Logroño al Secretario de Estado de Relaciones Exteriores, carta del 2 de mayo de 1938. AGN, fondo Relaciones Exteriores, Legación Habana, legajo 706 795.

[115] Ver correspondencia al respecto entre Cruz Ayala, secretario de la Presidencia, y Despradel, de los días 17 y 23 de agosto de 1937. AGN, fondo Relaciones Exteriores, Legación Habana, legajo 706 789. López Ferrer viajaba a República Dominicana, como antes a Colombia y países centroamericanos, «para cumplir los encargos que le hizo su Jefe». Descaracterizando a López Ferrer, la Legación republicana española en La Habana reseñó una de sus conferencias a favor del levantamiento franquista, señalando que «su beatífica silueta panglossiana buscaba el amparo de un buen clima y de tranquilidad económica», y que olvidaba, en su propaganda fascista, que inicialmente había enviado cables de apoyo incondicional a Manuel Azaña, presidente del Consejo de Ministros de la República.

[116] Carlos Caraballo y Romero, presidente de la Delegación cubana, Institución Indo-Americana, a Trujillo, carta del 7 de agosto de 1937. AGN, fondo Relaciones Exteriores, Legación Habana, legajo

706 789. Se premiaba a Trujillo, por ser «un ciudadano ejemplar, y desarrollar, desde la Primera Magistratura, un programa de acción que está de acuerdo con los principios y postulados ideológicos que sustentamos». Sin dudas, una incoherencia, o una cruda expresión de oportunismo.

[117] Despradel a Cruz Ayala, carta del 4 de octubre de 1937. AGN, fondo Relaciones Exteriores, Legación Habana, legajo 706 789.

[118] Cruz Ayala a Despradel, carta del 11 de octubre de 1937. Ibíd.

[119] Despradel al rector Cadenas, carta del 26 de octubre de 1937. Ibíd. El listado incluía obras de Salomé Ureña, novelas y ensayos de Emilio Jiménez, obras de Peña Batlle, ejemplares de la Constitución trujillista y hasta la novela *La Mañosa,* de Juan Bosch, para entonces ya en el exilio.

[120] De la Campa a Despradel, carta del 5 de junio de 1937. AGN, fondo Relaciones Exteriores, Legación Habana, legajo 706 791.

[121] Bonetti a Despradel, carta del 6 de abril de 1937. AGN, fondo Relaciones Exteriores, Legación Habana, legajo 706 789.

[122] Ibídem.

[123] Fernando Abel Henríquez, carta del 22 de marzo de 1937. AGN, fondo Relaciones Exteriores, Legación Habana, legajo 706 791.

[124] Fernando Abel Henríquez a Despradel, carta del 18 de marzo de 1937. Ibíd.

[125] De la Campa a Despradel, carta del 14 de junio de 1937. Ibíd.

[126] Martínez Castelles y Juan Alemán a Despradel, informe del 30 de diciembre de 1936. AGN, fondo Relaciones Exteriores, Legación Habana, legajo 707 720.

[127] Villanueva a Balaguer, carta del 30 de octubre de 1937. AGN, fondo Relaciones Exteriores, Legación Habana, legajo 707 721.

[128] Bonetti a Despradel, 30 de enero de 1937. AGN, fondo Relaciones Exteriores, Legación Habana, legajo 706 789.

[129] Virgilio Alvarez Pina a Villanueva, carta del 22 de noviembre de 1937. AGN, fondo Relaciones Exteriores, Legación Habana, legajo 706 720.

[130] Existe un copioso intercambio de cables entre la Legación habanera y la Secretaría de Estado alrededor de los disfraces del carnaval de Trujillo y su familia. Pueden consultarse, por ejemplo, los cables enviados o recibidos entre el 2 y el 6 de febrero de 1937. Ibíd.

[131] Bonetti a Despradel, cablegrama del 2 de febrero de 1937. Ibíd.

[132] Bonetti a Despradel, cablegrama del 23 de enero de 1937. Ibíd.

Índice onomástico

C

D

E

F

G

H

I

J

K

L

M

N

O

P

Q

R

S

T

U

V

W

Z

Publicaciones del Archivo General de la Nación

Vol. I *Correspondencia del Cónsul de Francia en Santo Domingo, 1844-1846.* Edición y notas de E. Rodríguez Demorizi, C. T., 1944.

Vol. II *Documentos para la historia de la República Dominicana.* Colección de E. Rodríguez Demorizi, Vol. I, C. T., 1944.

Vol. III *Samaná, pasado y porvenir.* E. Rodríguez Demorizi, C. T., 1945.

Vol. IV *Relaciones históricas de Santo Domingo.* Colección y notas de E. Rodríguez Demorizi, Vol. II, C. T., 1945.

Vol. V *Documentos para la historia de la República Dominicana.* Colección de E. Rodríguez Demorizi, Vol. II, Santiago, 1947.

Vol. VI *San Cristóbal de antaño.* E. Rodríguez Demorizi, Vol. II, Santiago, 1946.

Vol. VII *Manuel Rodríguez Objío (poeta, restaurador, historiador, mártir).* R. Lugo Lovatón, C. T., 1951.

Vol. VIII *Relaciones.* Manuel Rodríguez Objío. Introducción, títulos y notas por R. Lugo Lovatón, C. T., 1951.

Vol. IX *Correspondencia del Cónsul de Francia en Santo Domingo, 1846-1850.* Vol. II. Edición y notas de E. Rodríguez Demorizi, C. T., 1947.

Vol. X *Índice general del «Boletín» del 1938 al 1944,* C. T., 1949.

Vol. XI *Historia de los aventureros, filibusteros y bucaneros de América.* Escrita en holandés por Alexander O. Exquemelin, traducida de una famosa edición francesa de La Sirene-París, 1920, por C. A. Rodríguez; introducción y bosquejo biográfico del traductor. R. Lugo Lovatón, C. T., 1953.

Vol. XII *Obras de Trujillo.* Introducción de R. Lugo Lovatón, C. T., 1956.

Vol. XIII *Relaciones históricas de Santo Domingo.* Colección y notas de E. Rodríguez Demorizi, Vol. III, C. T., 1957.

Vol. XIV *Cesión de Santo Domingo a Francia. Correspondencia de Godoy, García Roume, Hedouville, Louverture, Rigaud y otros. 1795-1802.* Edición de E. Rodríguez Demorizi, Vol. III, C. T., 1959.

Vol. XV *Documentos para la historia de la República Dominicana.* Colección de E. Rodríguez Demorizi, Vol. III, C. T., 1959.

Vol. XVI *Escritos dispersos (Tomo I: 1896-1908).* José Ramón López. Edición de A. Blanco Díaz, Santo Domingo, D. N., 2005.

Vol. XVII *Escritos dispersos (Tomo II: 1909-1916).* José Ramón López. Edición de A. Blanco Díaz, Santo Domingo, D. N., 2005.

Vol. XVIII *Escritos dispersos (Tomo III: 1917-1922).* José Ramón López. Edición de A. Blanco Díaz, Santo Domingo, D. N., 2005.

Vol. XIX *Máximo Gómez a cien años de su fallecimiento, 1905-2005.* Edición de E. Cordero Michel, Santo Domingo, D. N., 2005.

Vol. XX *Lilí, el sanguinario machetero dominicano.* Juan Vicente Flores, Santo Domingo, D. N., 2006.

Vol. XXI *Escritos selectos.* Manuel de Jesús de Peña y Reynoso. Edición de A. Blanco Díaz, Santo Domingo, D. N., 2006.

Vol. XXII *Obras escogidas 1. Artículos.* Alejandro Angulo Guridi. Edición de A. Blanco Díaz. Santo Domingo, D. N., 2006.

Vol. XXIII *Obras escogidas 2. Ensayos.* Alejandro Angulo Guridi. Edición de A. Blanco Díaz. Santo Domingo, D. N., 2006.

Vol. XXIV *Obras escogidas 3. Epistolario.* Alejandro Angulo Guridi. Edición de A. Blanco Díaz, Santo Domingo, D. N., 2006.

Vol. XXV *La colonización de la frontera dominicana 1680-1796.* Manuel Vicente Hernández González, Santo Domingo, D. N., 2006.

Vol. XXVI *Fabio Fiallo en La Bandera Libre.* Compilación de Rafael Darío Herrera, Santo Domingo, D. N., 2006.

Vol. XXVII *Expansión fundacional y crecimiento en el norte dominicano (1680-1795). El Cibao y la bahía de Samaná.* Manuel Hernández González, Santo Domingo, D. N., 2007.

Vol. XXVIII *Documentos inéditos de Fernando A. de Meriño.* Compilación de José Luis Sáez, S. J., Santo Domingo, D. N., 2007.

Vol. XXIX *Pedro Francisco Bonó. Textos selectos.* Santo Domingo, D. N., 2007.

Vol. XXX *Iglesia, espacio y poder: Santo Domingo (1498-1521), experiencia fundacional del Nuevo Mundo.* Miguel D. Mena, Santo Domingo, D. N., 2007.

Vol. XXXI *Cedulario de la isla de Santo Domingo, Vol. I: 1492-1501.* fray Vicente Rubio, O. P., edición conjunta del Archivo General de la Nación y el Centro de Altos Estudios Humanísticos y del Idioma Español, Santo Domingo, D. N., 2007.

Vol. XXXII *La Vega, 25 años de historia 1861-1886. (Tomo I: Hechos sobresalientes en la provincia).* Compilación de Alfredo Rafael Hernández Figueroa, Santo Domingo, D. N., 2007.

Vol. XXXIII *La Vega, 25 años de historia 1861-1886. (Tomo II: Reorganización de la provincia post Restauración).* Compilación de Alfredo Rafael Hernández Figueroa, Santo Domingo, D. N., 2007.

Vol. XXXIV *Cartas del Cabildo de Santo Domingo en el siglo XVII.* Compilación de Genaro Rodríguez Morel, Santo Domingo, D. N., 2007.

Vol. XXXV *Memorias del Primer Encuentro Nacional de Archivos.* Santo Domingo, D. N., 2007.

Vol. XXXVI *Actas de los primeros congresos obreros dominicanos, 1920 y 1922.* Santo Domingo, D. N., 2007.

Vol. XXXVII *Documentos para la historia de la educación moderna en la República Dominicana (1879-1894).* Tomo I. Raymundo González, Santo Domingo, D. N., 2007.

Vol. XXXVIII *Documentos para la historia de la educación moderna en la República Dominicana (1879-1894).* Tomo II. Raymundo González, Santo Domingo, D. N., 2007.

Vol. XXXIX *Una carta a Maritain.* Andrés Avelino, traducción al castellano e introducción del P. Jesús Hernández, Santo Domingo, D. N., 2007.

Vol. XL *Manual de indización para archivos,* en coedición con el Archivo Nacional de la República de Cuba. Marisol Mesa, Elvira Corbelle Sanjurjo, Alba Gilda Dreke de Alfonso, Miriam Ruiz Meriño, Jorge Macle Cruz, Santo Domingo, D. N., 2007.

Vol. XLI *Apuntes históricos sobre Santo Domingo.* Dr. Alejandro Llenas. Edición de A. Blanco Díaz, Santo Domingo, D. N., 2007.

Vol. XLII *Ensayos y apuntes diversos.* Dr. Alejandro Llenas. Edición de A. Blanco Díaz, Santo Domingo, D. N., 2007.

Vol. XLIII *La educación científica de la mujer.* Eugenio María de Hostos, Santo Domingo, D. N., 2007.

Vol. XLIV *Cartas de la Real Audiencia de Santo Domingo (1530-1546).* Compilación de Genaro Rodríguez Morel, Santo Domingo, D. N., 2008.

Vol. XLV *Américo Lugo en Patria. Selección.* Compilación de Rafael Darío Herrera, Santo Domingo, D. N., 2008.

Vol. XLVI *Años imborrables.* Rafael Alburquerque Zayas-Bazán, Santo Domingo, D. N., 2008.

Vol. XLVII *Censos municipales del siglo XIX y otras estadísticas de población.* Alejandro Paulino Ramos, Santo Domingo, D. N., 2008.

Vol. XLVIII *Documentos inéditos del arzobispo Adolfo Alejandro Nouel.* Tomo I. Compilación de José Luis Saez, S. J., Santo Domingo, D. N., 2008.

Vol. XLIX *Documentos inéditos del arzobispo Adolfo Alejandro Nouel.* Tomo II. Compilación de José Luis Sáez, S. J., Santo Domingo, D. N., 2008.

Vol. L *Documentos inéditos del arzobispo Adolfo Alejandro Nouel.* Tomo III. Compilación de José Luis Sáez, S. J., Santo Domingo, D. N., 2008.

Vol. LI *Prosas polémicas 1. Primeros escritos, textos marginales, Yanquilinarias.* Félix Evaristo Mejía. Edición de A. Blanco Díaz, Santo Domingo, D. N., 2008.

Vol. LII *Prosas polémicas 2. Textos educativos y Discursos.* Félix Evaristo Mejía. Edición de A. Blanco Díaz, Santo Domingo, D. N., 2008.

Vol. LIII *Prosas polémicas 3. Ensayos.* Félix Evaristo Mejía. Edición de A. Blanco Díaz. Santo Domingo, D. N., 2008.

Vol. LIV *Autoridad para educar. La historia de la escuela católica dominicana.* José Luis Sáez, S. J., Santo Domingo, D. N., 2008.

Vol. LV *Relatos de Rodrigo de Bastidas.* Antonio Sánchez Hernández, Santo Domingo, D. N., 2008.

Vol. LVI *Textos reunidos 1. Escritos políticos iniciales.* Manuel de J. Galván. Edición de Andrés Blanco Díaz, Santo Domingo, D. N., 2008.

Vol. LVII *Textos reunidos 2. Ensayos.* Manuel de J. Galván. Edición de Andrés Blanco Díaz, Santo Domingo, D. N., 2008.

Vol. LVIII *Textos reunidos 3. Artículos y Controversia histórica.* Manuel de J. Galván. Edición de Andrés Blanco Díaz, Santo Domingo, D. N., 2008.

Vol. LIX *Textos reunidos 4. Cartas, Ministerios y misiones diplomáticas.* Manuel de J. Galván. Edición de Andrés Blanco Díaz. Santo Domingo, D. N., 2008.

Vol. LX *La sumisión bien pagada. La iglesia dominicana bajo la Era de Trujillo (1930-1961).* Tomo I. José Luis Sáez, S. J., Santo Domingo, D. N., 2008.

Vol. LXI *La sumisión bien pagada. La iglesia dominicana bajo la Era de Trujillo (1930-1961).* Tomo II. José Luis Sáez, S. J., Santo Domingo, D. N., 2008.

Vol. LXII *Legislación archivística dominicana, 1847-2007.* Archivo General de la Nación, Santo Domingo, D. N., 2008.

Vol. LXIII *Libro de bautismos de esclavos (1636-1670).* Transcripción de José Luis Sáez, S. J., Santo Domingo, D. N., 2008.

Vol. LXIV *Los gavilleros (1904-1916).* María Filomena González Canalda, Santo Domingo, D. N., 2008.

Vol. LXV *El sur dominicano (1680-1795). Cambios sociales y transformaciones económicas.* Manuel Vicente Hernández González, Santo Domingo, D. N., 2008.

Vol. LXVI *Cuadros históricos dominicanos.* César A. Herrera, Santo Domingo, D. N., 2008.

Vol. LXVII *Escritos 1. Cosas, cartas y... otras cosas.* Hipólito Billini. Edición de Andrés Blanco Díaz, Santo Domingo, D. N., 2008.

Vol. LXVIII *Escritos 2. Ensayos.* Hipólito Billini. Edición de Andrés Blanco Díaz, Santo Domingo, D. N., 2008.

Vol. LXIX *Memorias, informes y noticias dominicanas.* H. Thomasset. Edición de Andrés Blanco Díaz, Santo Domingo, D. N., 2008.

Vol. LXX *Manual de procedimientos para el tratamiento documental.* Olga Pedierro, et. al., Santo Domingo, D. N., 2008.

Vol. LXXI *Escritos desde aquí y desde allá.* Juan Vicente Flores. Edición de Andrés Blanco Díaz, Santo Domingo, D. N., 2008.

Vol. LXXII *De la calle a los estrados por justicia y libertad.* Ramón Antonio Veras (Negro), Santo Domingo, D. N., 2008.

Vol. LXXIII *Escritos y apuntes históricos.* Vetilio Alfau Durán, Santo Domingo, D. N., 2009.

Vol. LXXIV *Almoina, un exiliado gallego contra la dictadura trujillista.* Salvador E. Morales Pérez, Santo Domingo, D. N., 2009.

Vol. LXXV *Escritos. 1. Cartas insurgentes y otras misivas.* Mariano A. Cestero. Edición de Andrés Blanco Díaz, Santo Domingo, D. N., 2009.

Vol. LXXVI *Escritos. 2. Artículos y ensayos.* Mariano A. Cestero. Edición de Andrés Blanco Díaz, Santo Domingo, D. N., 2009.

Vol. LXXVII *Más que un eco de la opinión. 1. Ensayos, y memorias ministeriales.* Francisco Gregorio Billini. Edición de Andrés Blanco Díaz, Santo Domingo, D. N., 2009.

Vol. LXXVIII *Más que un eco de la opinión. 2. Escritos, 1879-1885.* Francisco Gregorio Billini. Edición de Andrés Blanco Díaz, Santo Domingo, D. N., 2009.

Vol. LXXIX *Más que un eco de la opinión. 3. Escritos, 1886-1889.* Francisco Gregorio Billini. Edición de Andrés Blanco Díaz, Santo Domingo, D. N., 2009.

Vol. LXXX *Más que un eco de la opinión. 4. Escritos, 1890-1897.* Francisco Gregorio Billini. Edición de Andrés Blanco Díaz, Santo Domingo, D. N., 2009.

Vol. LXXXI *Capitalismo y descampesinización en el Suroeste dominicano.* Angel Moreta, Santo Domingo, D. N., 2009.

Vol. LXXXIII *Perlas de la pluma de los Garrido.* Emigdio Osvaldo Garrido, Víctor Garrido y Edna Garrido de Boggs. Edición de Edgar Valenzuela, Santo Domingo, D. N., 2009.

Vol. LXXXIV *Gestión de riesgos para la prevención y mitigación de desastres en el patrimonio documental.* Sofía Borrego, Maritza Dorta, Ana Pérez, Maritza Mirabal, Santo Domingo, D. N., 2009.

Vol. LXXXV *Obras,* tomo I. Guido Despradel Batista. Compilación de Alfredo Rafael Hernández, Santo Domingo, D. N., 2009.

Vol. LXXXVI *Obras,* tomo II. Guido Despradel Batista. Compilación de Alfredo Rafael Hernández, Santo Domingo, D. N., 2009.

Vol. LXXXVII *Historia de la Concepción de La Vega.* Guido Despradel Batista, Santo Domingo, D. N., 2009.

Vol. LXXXIX *Una pluma en el exilio. Los artículos publicados por Constancio Bernaldo de Quirós en República Dominicana.* Compilación de Constancio Cassá Bernaldo de Quirós, Santo Domingo, D. N., 2009.

Vol. XC *Ideas y doctrinas políticas contemporáneas.* Juan Isidro Jimenes Grullón, Santo Domingo, D. N., 2009.

Vol. XCI *Metodología de la investigación histórica.* Hernán Venegas Delgado, Santo Domingo, D. N., 2009.

Vol. XCIII *Filosofía dominicana: pasado y presente.* Tomo I. Compilación de Lusitania F. Martínez, Santo Domingo, D. N., 2009.

Vol. XCIV *Filosofía dominicana: pasado y presente.* Tomo II. Compilación de Lusitania F. Martínez, Santo Domingo, D. N., 2009.

Vol. XCV *Filosofía dominicana: pasado y presente.* Tomo III. Compilación de Lusitania F. Martínez, Santo Domingo, D. N., 2009.

Vol. XCVI *Los Panfleteros de Santiago: torturas y desaparición.* Ramón Antonio, (Negro) Veras, Santo Domingo, D. N., 2009.

Vol. XCVII *Escritos reunidos. 1. Ensayos, 1887-1907.* Rafael Justino Castillo. Edición de Andrés Blanco Díaz, Santo Domingo, D. N., 2009.

Vol. XCVIII *Escritos reunidos. 2. Ensayos, 1908-1932.* Rafael Justino Castillo. Edición de Andrés Blanco Díaz, Santo Domingo, D. N., 2009.

Vol. XCIX *Escritos reunidos. 3. Artículos, 1888-1931.* Rafael Justino Castillo. Edición de Andrés Blanco Díaz, Santo Domingo, D. N., 2009.

Vol. C *Escritos históricos.* Américo Lugo, edición conjunta del Archivo General de la Nación y el Banco de Reservas, Santo Domingo, D. N., 2009.

Vol. CI *Vindicaciones y apologías.* Bernardo Correa y Cidrón. Edición de Andrés Blanco Díaz, Santo Domingo, D. N., 2009.

Vol. CII *Historia, diplomática y archivística. Contribuciones dominicanas.* María Ugarte, Santo Domingo, D. N., 2009.

Vol. CIII *Escritos diversos.* Emiliano Tejera, edición conjunta del Archivo General de la Nación y el Banco de Reservas, Santo Domingo, D. N., 2010.

Vol. CIV *Tierra adentro.* José María Pichardo, segunda edición, Santo Domingo, D. N., 2010.

Vol. CV *Cuatro aspectos sobre la literatura de Juan Bosch.* Diógenes Valdez, Santo Domingo, D. N., 2010.

Vol. CVI *Javier Malagón Barceló, el Derecho Indiano y su exilio en la República Dominicana.* Compilación de Constancio Cassá Bernaldo de Quirós, Santo Domingo, D. N., 2010.

Vol. CVII *Cristóbal Colón y la construcción de un mundo nuevo. Estudios, 1983-2008.* Consuelo Varela, edición de Andrés Blanco Díaz, Santo Domingo, D. N., 2010.

Vol. CVIII *República Dominicana. Identidad y herencias etnoculturales indígenas.* J. Jesús María Serna Moreno, Santo Domingo, D. N., 2010.

Vol. CIX *Escritos pedagógicos.* Malaquías Gil Arantegui. Edición de Andrés Blanco Díaz, Santo Domingo, D. N., 2010.

Vol. CX *Cuentos y escritos de Vicenç Riera Llorca en* La Nación. Compilación de Natalia González, Santo Domingo, D. N., 2010.

Vol. CXI *Jesús de Galíndez. Escritos desde Santo Domingo y artículos contra el régimen de Trujillo en el exterior.* Compilación de Constancio Cassá Bernaldo de Quirós, Santo Domingo, D. N., 2010.

Vol. CXII *Ensayos y apuntes pedagógicos.* Gregorio B. Palacín Iglesias. Edición de Andrés Blanco Díaz, Santo Domingo, D. N., 2010.

Vol. CXIII *El exilio republicano español en la sociedad dominicana* (Ponencias del Seminario Internacional, 4 y 5 de marzo de 2010). Reina C. Rosario Fernández (Coord.), edición conjunta de la Academia Dominicana de la Historia, la Comisión Permanente de Efemérides Patrias y el Archivo General de la Nación, Santo Domingo, D. N., 2010.

Vol. CXIV *Pedro Henríquez Ureña. Historia cultural, historiografía y crítica literaria.* Odalís G. Pérez, Santo Domingo, D. N., 2010.

Vol. CXV *Antología.* José Gabriel García. Edición conjunta del Archivo General de la Nación y el Banco de Reservas, Santo Domingo, D. N., 2010.

Vol. CXVI *Paisaje y acento. Impresiones de un español en la República Dominicana.* José Forné Farreres. Santo Domingo, D. N., 2010.

Vol. CXVII *Historia e ideología. Mujeres dominicanas, 1880-1950.* Carmen Durán. Santo Domingo, D. N., 2010.

Vol. CXVIII *Historia dominicana: desde los aborígenes hasta la Guerra de Abril.* Augusto Sención (Coord.), Santo Domingo, D. N., 2010.

Vol. CXIX *Historia pendiente: Moca 2 de mayo de 1861.* Juan José Ayuso, Santo Domingo, D. N., 2010.

Vol. CXX *Raíces de una hermandad.* Rafael Báez Pérez e Ysabel A. Paulino, Santo Domingo, D. N., 2010.

Vol. CXXI *Miches: historia y tradición.* Ceferino Moní Reyes, Santo Domingo, D. N., 2010.

Vol. CXXII *Problemas y tópicos técnicos y científicos.* Tomo I. Octavio A. Acevedo. Edición de Andrés Blanco Díaz, Santo Domingo, D. N., 2010.

Vol. CXXIII *Problemas y tópicos técnicos y científicos.* Tomo II. Octavio A. Acevedo. Edición de Andrés Blanco Díaz, Santo Domingo, D. N., 2010.

Vol. CXXIV *Apuntes de un normalista.* Eugenio María de Hostos. Edición de Andrés Blanco Díaz, Santo Domingo, D. N., 2010.

Vol. CXXV *Recuerdos de la Revolución Moyista (Memoria, apuntes y documentos).* Edición de Andrés Blanco Díaz, Santo Domingo, D. N., 2010.

Vol. CXXVI *Años imborrables* (2da ed.). Rafael Alburquerque Zayas-Bazán, edición conjunta de la Comisión Permanente de Efemérides Patrias y el Archivo General de la Nación, Santo Domingo, D. N., 2010.

Vol. CXXVII *El Paladión: de la Ocupación Militar Norteamericana a la dictadura de Trujillo.* Tomo I. Compilación de Alejandro Paulino Ramos, edición conjunta del Archivo General de la Nación y la Academia Dominicana de la Historia, Santo Domingo, D. N., 2010.

Vol. CXXVIII *El Paladión: de la Ocupación Militar Norteamericana a la dictadura de Trujillo.* Tomo II. Compilación de Alejandro Paulino Ramos, edición conjunta del Archivo General de la Nación y la Academia Dominicana de la Historia, Santo Domingo, D. N., 2010.

Vol. CXXIX *Memorias del Segundo Encuentro Nacional de Archivos.* Santo Domingo, D. N., 2010.

Vol. CXXX *Relaciones cubano-dominicanas, su escenario hemisférico (1944-1948).* Jorge Renato Ibarra Guitart, Santo Domingo, D. N., 2010.

Vol. CXXXI *Obras selectas.* Tomo I, Antonio Zaglul, edición conjunta del Archivo General de la Nación y el Banco de Reservas. Edición de Andrés Blanco Díaz, Santo Domingo, D. N., 2011.

Vol. CXXXII *Obras selectas.* Tomo II. Antonio Zaglul, edición conjunta del Archivo General de la Nación y el Banco de Reservas. Edición de Andrés Blanco Díaz, Santo Domingo, D. N., 2011.

Vol. CXXXIII *África y el Caribe: Destinos cruzados. Siglos XV-XIX,* Zakari Dramani-Issifou, Santo Domingo, D. N., 2011.

Vol. CXXXIV *Modernidad e ilustración en Santo Domingo.* Rafael Morla, Santo Domingo, D. N., 2011.

Vol. CXXXV *La guerra silenciosa: Las luchas sociales en la ruralía dominicana.* Pedro L. San Miguel, Santo Domingo, D. N., 2011.

Vol. CXXXVI *AGN: bibliohemerografía archivística. Un aporte (1867-2011).* Luis Alfonso Escolano Giménez, Santo Domingo, D. N., 2011.

Vol. CXXXVII *La caña da para todo. Un estudio histórico-cuantitativo del desarrollo azucarero dominicano. (1500-1930).* Arturo Martínez Moya, Santo Domingo, D. N., 2011.

Vol. CXXXVIII *El Ecuador en la Historia.* Jorge Núñez Sánchez, Santo Domingo, D. N., 2011.

Vol. CXXXIX *La mediación extranjera en las guerras dominicanas de independencia, 1849-1856.* Wenceslao Vega B., Santo Domingo, D. N., 2011.

Vol. CXL *Max Henríquez Ureña. Las rutas de una vida intelectual.* Odalís G. Pérez, Santo Domingo, D. N., 2011.

Vol. CXLI *Yo también acuso.* Carmita Landestoy, Santo Domingo, D. N., 2011.

Vol. CXLII *Memorias de Juanito: Historia vivida y recogida en las riberas del río Camú.* Reynolds Pérez Stefan, Santo Domingo, D. N., 2011.

Vol. CXLIII *Más escritos dispersos.* Tomo I. José Ramón López. Edición de Andrés Blanco Díaz, Santo Domingo, D. N., 2011.

Vol. CXLIV *Más escritos dispersos.* Tomo II. José Ramón López. Edición de Andrés Blanco Díaz, Santo Domingo, D. N., 2011.

Vol. CXLV *Más escritos dispersos.* Tomo III. José Ramón López. Edición de Andrés Blanco Díaz, Santo Domingo, D. N., 2011.

Vol. CXLVI *Manuel de Jesús de Peña y Reinoso: Dos patrias y un ideal.* Jorge Berenguer Cala, Santo Domingo, D. N., 2011.

Vol. CXLVII *Rebelión de los capitanes: Viva el rey y muera el mal gobierno.* Roberto Cassá, Santo Domingo, D. N., 2011.

Vol. CXLVIII *De esclavos a campesinos. Vida rural en Santo Domingo colonial.* Raymundo González, Santo Domingo, D. N., 2011.

Vol. CXLIX *Cartas de la Real Audiencia de Santo Domingo (1547-1575).* Genaro Rodríguez Morel, Santo Domingo, D. N., 2011.

Vol. CL *Ramón –Van Elder– Espinal. Una vida intelectual comprometida.* Compilación de Alfredo Rafael Hernández Figueroa, Santo Domingo, D. N., 2011.

Vol. CLI *El alzamiento de Neiba: Acontecimientos y documentos (Febrero de 1863).* José Abreu Cardet y Elia Sintes Gómez, Santo Domingo, D. N., 2012.

Vol. CLII *Mediaciones de cultura. Laberintos de la dominicanidad.* Carlos Andújar Persinal, Santo Domingo, D. N., 2012.

Vol. CLIII *El Ecuador en la Historia (2da. ed.).* Jorge Núñez Sánchez, Santo Domingo, D. N., 2012.

Vol. CLIV *Revoluciones y conflictos internacionales en el Caribe.* José Luciano Franco, Santo Domingo, D. N., 2012.

Vol. CLV *Cuba: La defensa del Imperio español.* José Abreu Cardet, Santo Domingo, D. N., 2012.

Vol. CLVI *Didáctica de la geografía para profesores de Sociales.* Amparo Chantada, Santo Domingo, D. N., 2012.

Colección Juvenil

Vol. I *Pedro Francisco Bonó. Textos selectos.* Santo Domingo, D. N., 2007

Vol. II *Heroínas nacionales.* Roberto Cassá. Santo Domingo, D. N., 2007.

Vol. III *Vida y obra de Ercilia Pepín.* Alejandro Paulino Ramos. Santo Domingo, D. N., 2007.

Vol. IV *Dictadores dominicanos del siglo XIX.* Roberto Cassá. Santo Domingo, D. N., 2008.

Vol. V *Padres de la Patria.* Roberto Cassá. Santo Domingo, D. N., 2008.

Vol. VI *Pensadores criollos.* Roberto Cassá. Santo Domingo, D. N., 2008.

Vol. VII *Héroes restauradores.* Roberto Cassá. Santo Domingo, D. N., 2009.

Vol. VIII *Dominicanos de pensamiento liberal: Espaillat, Bonó, Deschamps (siglo XIX).* Roberto Cassá. Santo Domingo, D. N., 2010.

Colección Cuadernos Populares

Vol. 1 *La Ideología revolucionaria de Juan Pablo Duarte.* Juan Isidro Jimenes Grullón. Santo Domingo, D. N., 2009.

Vol. 2 *Mujeres de la Independencia.* Vetilio Alfau Durán. Santo Domingo, D. N., 2009.

Vol. 3 *Voces de bohío. Vocabulario de la cultura taína.* Rafael García Bidó.Santo Domingo, D. N., 2010.

La telaraña cubana de Trujillo, de Eliades Acosta Matos, se terminó de imprimir en los talleres gráficos de Editora Búho, S. R. L. Santo Domingo, R. D., en el mes de marzo de 2012, con una tirada de 1,000 ejemplares.